刑 事 侦 查 实 用 百 科 丛 书
XINGSHI ZHENCHA SHIYONG BAIKE CONGSHU

刑事侦查与水文

XINGSHI ZHENCHA YU SHUIWEN

总 主 编　杨玉章
本册主编　童海滨

群 众 出 版 社
河南科学技术出版社

图书在版编目（CIP）数据

刑事侦查与水文/童海滨主编．—郑州：河南科学技术出版社，2019.6
（刑事侦查实用百科丛书／杨玉章总主编）
ISBN 978-7-5349-8227-9

Ⅰ．①刑…　Ⅱ．①童…　Ⅲ．①水文分析-刑事侦查　Ⅳ．①D918②P333

中国版本图书馆 CIP 数据核字（2016）第 146282 号

出版发行：群众出版社　　地址：北京市丰台区方庄芳星园三区 15 号楼
邮编：100078　　电话：（010）83903254
河南科学技术出版社　　地址：郑州市郑东新区祥盛街 27 号
邮编：450016　　电话：（0371）65737028　65788139
策划编辑：李肖胜　曲　先
责任编辑：曲　先
责任校对：丁秀荣
封面设计：张　伟
版式设计：栾亚平
责任印制：张艳芳
印　　刷：河南日报报业集团有限公司彩印厂
经　　销：政法系统内部发行
开　　本：889mm×1194mm　1/16　　印张：14　　字数：450 千字
版　　次：2019 年 6 月第 1 版　　2019 年 6 月第 1 次印刷
定　　价：126.00 元

“刑事侦查实用百科丛书”编委会

《刑事侦查与水文》编写人员

主　　编　童海滨

副 主 编　李柳阳　侯晓庆　卓　鹏　李婉璐　刘　喆

编　　者　王慧慧　赵港辉　何海珊　杨天娇　刘　聪
余成寅　庄莹莹　邓梓滢　付素霞　张　鑫
席　阳

总序言

目前，全国政法系统正在深入学习贯彻习近平新时代中国特色社会主义思想，扎实推进新时代平安中国建设、法治中国建设、政法队伍建设，为决胜全面建成小康社会、夺取新时代中国特色社会主义伟大胜利创造安全稳定的社会环境、公正规范的法治环境、优质高效的服务环境。新时代需要新担当、新作为，培养一支“信念过硬、政治过硬、责任过硬、能力过硬和作风过硬”的政法队伍，造就一支“对党忠诚、服务人民、执法公正、纪律严明”的公安队伍成为当务之急。

近些年来，以审判为中心的诉讼制度改革不断深入，错案终身追究制度及与之相关的配套制度逐步确立，特别是《中华人民共和国刑事诉讼法》（2012年修正）确立的一系列诉讼原则和证据制度，进一步强化了对犯罪嫌疑人人权的保障，扩大了律师在侦查阶段的诉讼职能，规范和约束了侦查权的行使，提高了审判证明的标准，尤其是明确规定了证据确实、充分必须符合的具体条件。这一切都体现出我国法治的进步，同时也对侦查办案质量提出了新的、更高的要求，侦查过程中侦查人员必须坚持以证据为中心，全面取证，规范取证，以确实、充分和具有排他性的证据体系有效支持诉讼的顺利推进。

在实际案件侦破工作中，随着信息技术的不断发展及其在侦查工作中的全面运用，一些侦查员过分依赖视频侦查、技术侦查、网安侦查这三种新的侦查手段，此所谓新“三板斧”。这种现象导致侦查员对现场物证的全面发现提取和对犯罪行为人主观行为动机的系统分析趋于弱化，对微量物证的提取和检验的重视程度弱化，对运用多学科、多专业专门知识综合分析、研究、鉴定现场物证的意识弱化，一些行之有效的传统侦查方式方法被日益边缘化。

毋庸置疑，在信息化社会、大数据时代，信息技术日益成为侦查的主导技术，电子证据成为侦查的重要证据类型，但犯罪证据多样化的现实情况以及侦查取证需要各个门类科学技术支撑的总体状况并未发生根本性的改变。侦查取证的过程中，面对各种各样的证据，侦查员必须具备各方面的专业知识或者有查询这些知识的能力，而这些知识内容庞杂，可参考的书籍和资料也相当分散。在一些案件的侦查过程中，侦查员经常会因为对一些微量物证的利用价值分析不到位或检验鉴定不到位而丧失很多破案机会。为了有效打击犯罪、保护人民生命及财产安全，为一线刑侦人员办案提供充分的智力支持，2012年，我国知名刑侦专家、河南省公安厅副巡视员杨玉章先生发起并组织了这套“刑事侦查实用百科丛书”（以下简称“丛书”）的编撰工作。

“丛书”共26卷，首批出版的12卷基本涵盖了刑事侦查工作日常涉及的专业领域，包括《刑事侦查与行为证据》《刑事侦查与痕迹》《刑事侦查与有毒物品》《刑事侦查与植物》《刑事侦查与动物》《刑事侦查与昆虫》《刑事侦查与地理》《刑事侦查与土壤》《刑事侦查与水文》《刑事侦查与塑料制品》《刑事侦查与岩石矿物》《刑事侦查与纺织品》。为了高质量地完成该丛书的编撰工作，成立了“丛书”编委会，杨玉章同志任“丛书”总主编，各卷设立了主编。自2012年编撰伊始至成书，编委会多次召开不同形式的论证会和研讨会，对编撰工作进行了有效的组织领导和质量审核。“丛书”在编撰过程中得到了中国科学院、北京自然博物馆、河南省公安厅、郑州市公安局、河南大学、郑州大学等20多家合作单位近300名专家和学者的鼎力支持，“丛书”是相关专业领域专家学者集体智慧的结晶，更是我国当代刑事侦查交叉学科研究水平的集中展示。

在“丛书”编撰过程中，各卷作者始终围绕三条主线进行编撰：一是注重侦查导向，即各卷所述知识始终围绕服务刑侦破案这一核心，注重对认定案件性质、划定案件范围、刻画犯罪行为人脸谱等工作提供专业知识支撑；二是注重与人关联，即各卷所写知识内容必须与人相关，经常出现、运用在五行八作、三教九流的正常人类生产活动之中；三是注重时空维度，即各卷内容注重揭示、阐明相关事实、现象与特定时间节点、空间分布（经纬度）之间本质的、必然的、普遍的、稳定的固有联系。这三条主线贯穿各卷始终。“丛书”涉及20余门学科，共计600余万字、2000余张图片，图文并茂，理论联系实战，是对与刑事侦查工作关联紧密的多种学科资源的系统整合，学科门类齐全，知识架构完整。“丛书”的编撰是一项具有鲜明侦查专业特色的重大跨学科工程，在一定程度上填补了国内侦查应用研究的空白，具有独特的学术价值和实用价值。“丛书”既可作为广大刑事侦查人员的业务工具书，也可作为公安院校广大师生的教学参考用书。

“丛书”在编写过程中引用了很多经典的实战案例，作为相关学科和专业知识在实战中应用的范例，力图使读者在使用该丛书时能获得鲜明、生动、直观的阅读体验。

“丛书”内容浩繁，编写队伍庞大，因编者水平有限，其中知识、文字、图片的疏漏和不足之处在所难免，期望读者不吝指正，待再版时予以完善。

郝宏奎

2018年8月

前言

刑侦工作的顺利开展依赖于对多学科知识的了解，水文学也是其中之一，为此，我们编写了“刑事侦查实用百科丛书”之《刑事侦查与水文》，以供相关领域的读者查阅。2013年9月，我们在郑州市召开了“刑事侦查实用百科丛书”之《刑事侦查与水文》的编写工作协调会，讨论并制订了丛书的编写提纲及编写计划。

《刑事侦查与水文》可供刑事侦查工作人员自学使用，也适用于从事水文工作的工作人员。因此，本书涉及面较广，但内容力求简明扼要、通俗易懂，以实用为主，同时适当介绍了现代的先进技术。

本书共分为八章。第一章介绍了水文学的总体概况、水资源的现状及存在的问题。这部分是入门知识，是对水文学的大致认识。第二章主要阐述了水的物理性质。其中，二十四节气和天干地支的知识与人类生活联系比较紧密；对于地表水的水温、流速、水位、波高等知识，需要一定的理解能力，因为这些知识应用到了数学推理与计算的逻辑思维；地下水的物理性质中潜水与承压水的区别需要理解并能够分辨；等水压线与等水位线的绘制需要了解并能够在实际生活中从这些图中读出包含的水文信息。第三章主要阐述了水的化学性质。其中，地表水的水质特征讲述了地表水包含的化学成分及不同水质的分布；地下水的化学性质讲述了地下水的化学成分和由于这些化学成分的分布差异导致的地方病，及这些地方病在人体的表现特征等。第四章主要阐述了水的运动及物理过程。其中，大气水的运动讲述了日常天气中的雨、雪、冰、霜等的形成过程，相对来说比较容易理解；地表水的运动讲述了流速、流量与河流形态的关系和潮汐的形成，这部分内容需要一定的理解能力和分析能力；地下水的运动主要阐述了结合水、毛管水和重力水的运动，包括结合水运动规律、毛管现象、重力水运动的基本形式及线性渗透规律。本章内容需要一定的物理基础知识，比前几章稍微增加了点难度。第五章主要阐述了水的化学运动，包括大气水的化学过程，主要是酸雨的形成及危害。其中，地表水的化学过程主要讲述污染物的迁移、扩散等，及其对人类的影响；地下水的化学过程主要讲述溶滤作用、混合作用等。本章内容需要具备一定的化学基础知识，相对来说较容易理解。第六章主要阐述了同位素水文的基本原理及其应用，包括稳定同位素中的质量守恒原理、瑞利分馏原理和水源判别、放射性同位素的放射性衰变原理和计时原理，这部分知识可用于对水的源头、流路以及水的年龄的判别。第七章主要阐述了水的同位素特征及其分布规律，包括大气水、地表水和地下水的同位素特征，需要同位素方面的物理化学知识才能更好地理解这部分内容。第八章主要介绍了水文信息在刑事侦查工作中的运用，重点介绍了可拓学。

本书引用了国内外很多资料和国内不少同志的研究成果。由于作者水平有限，书中可能存在不足之处，敬请广大读者、专家批评指正。

编　者

2018年6月

目　录

第一章　总述 …… (1)
第一节　水文学的发展历程 …… (1)
第二节　水文学的研究对象和研究方法 …… (2)
一、研究对象 …… (2)
二、研究方法 …… (2)
第三节　水的物理指标 …… (2)
一、水的密度 …… (2)
二、水的冰点和沸点 …… (2)
三、水的比热容 …… (2)
四、水的导热率 …… (2)
五、水的表面张力 …… (2)
六、水的压缩比 …… (3)
七、水的偶极性 …… (3)
第四节　水相变化 …… (3)
一、水相变化的物理过程 …… (3)
二、水相变化的判据 …… (4)
三、水相变化中的潜热 …… (4)
第五节　水体及其分类 …… (4)
一、水体的概念及作用 …… (4)
二、水体的分类 …… (5)
第六节　地球上的水循环 …… (5)
一、水循环的基本过程 …… (5)
二、水循环的特点 …… (5)
三、水循环的类型 …… (6)
四、影响水循环的因素 …… (7)
第七节　水及水资源的数量与分布 …… (8)
一、地球上水的分布 …… (8)
二、地球上的水资源 …… (8)
三、中国的水资源 …… (9)
第八节　人类与水资源 …… (12)

一、水孕育了人类的文明 …… (12)
二、人类利用水资源的发展历程 …… (12)
第二章 水的数量、物理特征及其分布规律 …… (14)
第一节 大气水 …… (14)
一、大气水的组成 …… (14)
二、空气湿度及其对人和环境的影响 …… (14)
三、二十四节气反映的大气水的特征和对人类活动的影响 …… (14)
第二节 地表水 …… (18)
一、地表水的分类 …… (18)
二、河流 …… (18)
三、湖泊、水库 …… (30)
四、海洋 …… (31)
五、冰川 …… (33)
六、沼泽 …… (34)
第三节 地下水 …… (35)
一、地下水的定义 …… (35)
二、地下水的物理性质 …… (35)
三、地下水的类型 …… (37)
四、地下水的分布规律 …… (45)
第三章 水的质量、化学特征及其分布规律 …… (47)
第一节 水的化学性质的基本知识 …… (47)
一、水的几个常见化学指标 …… (47)
二、常用的浓度单位 …… (48)
第二节 各类地表水的化学成分特点 …… (49)
一、河水的化学成分特点 …… (49)
二、湖水的化学成分特点 …… (49)
三、海水的化学成分特点 …… (50)
第三节 地下水的化学成分、性质和类型 …… (50)
一、地下水的化学成分 …… (51)
二、地下水的化学性质 …… (54)
三、地下水的化学类型 …… (55)
第四章 水的运动及其物理过程 …… (56)
第一节 大气水的物理变化及运动 …… (56)
一、蒸发 …… (56)
二、凝结 …… (57)
三、降水 …… (59)
第二节 地表水的运动 …… (66)
一、河水的运动 …… (66)
二、河流的泥沙运动 …… (69)
三、潮汐 …… (74)
四、波浪 …… (81)
第三节 地下水的运动 …… (82)
一、结合水运动 …… (82)

二、毛管水运动 …… (83)
三、重力水运动 …… (84)
第五章 水体中的化学过程、水质和水污染 …… (87)
第一节 大气降水的酸化——酸雨 …… (87)
一、酸雨的概念 …… (87)
二、酸雨酸性物质的排放源 …… (87)
三、酸雨的形成过程 …… (88)
四、酸雨区的分布 …… (88)
五、酸雨的危害 …… (89)
六、酸雨的防治 …… (91)
第二节 地表水的水质 …… (91)
一、河水的水质及其问题 …… (92)
二、湖泊水质问题 …… (94)
三、海洋水质问题 …… (97)
第三节 地下水的水质和化学作用 …… (98)
一、地下水的化学成分 …… (98)
二、地下水的生物特征 …… (98)
三、地下水的化学作用 …… (99)
四、地下水质与地方病 …… (102)
五、人类活动对地下水成分的作用 …… (103)
第四节 水污染情况及其危害 …… (104)
一、水体污染源 …… (104)
二、水体污染物 …… (106)
三、地表水污染 …… (109)
四、地下水污染 …… (117)
第六章 同位素水文的基本原理及其应用 …… (121)
第一节 同位素水文基本知识 …… (121)
一、同位素及其应用 …… (121)
二、同位素的组成及表示方法 …… (121)
三、同位素分馏 …… (122)
四、水的“指纹”——水的同位素特征 …… (122)
第二节 同位素水文基本原理 …… (123)
一、十条宏观原理 …… (123)
二、三大微观定律 …… (124)
三、放射性核素的衰变、生长和放射性平衡 …… (127)
第三节 同位素水文基本原理的应用 …… (134)
一、稳定同位素水文基本原理的应用 …… (134)
二、放射性同位素水文基本原理的应用 …… (136)
第七章 水的同位素特征及其分布规律 …… (146)
第一节 大气水的同位素特征 …… (146)
一、天然水中$^{18}O/^{16}O$与$^{2}H/^{1}H$之间的关系 …… (146)
二、大气的组成 …… (148)
三、大气中的水分 …… (149)

四、水循环中的稳定同位素作用 …………………………………………………… (150)
第二节 地表水的同位素特征 ……………………………………………………… (161)
一、江河水氢、氧同位素的组成及其变化 ……………………………………… (161)
二、江河水其他环境同位素的组成及其变化 …………………………………… (167)
三、湖泊氢氧稳定同位素的组成及其变化 ……………………………………… (172)
第三节 地下水同位素的特征及分布规律 ……………………………………… (176)
一、根据水-岩同位素交换反应得到的各类型地下水及其同位素特征……………… (176)
二、地下卤水的同位素特征 ………………………………………………………… (179)
三、矿区地下水的同位素特征——以皖北矿区为例 ……………………………… (186)
第八章 在刑侦工作中运用水文信息的初步设想 ………………………………… (192)
第一节 在刑侦工作中运用水文信息的逻辑框架——以可拓学中求知问题的求解逻辑为纲 ……………………………………………………………………… (192)
一、可拓学相关知识 ………………………………………………………………… (192)
二、可拓学理论基础 ………………………………………………………………… (194)
三、可拓集合 ………………………………………………………………………… (197)
四、可拓分析方法 …………………………………………………………………… (198)
五、可拓学的应用 …………………………………………………………………… (201)
六、结语 ……………………………………………………………………………… (201)
第二节 在刑侦工作中运用水文信息的一些设想——以水中同位素信息的应用为例 …… (201)
一、放射性衰变原理的运用 ………………………………………………………… (201)
二、稳定同位素分馏原理的应用 …………………………………………………… (202)
三、利用同位素进行溯源调查 ……………………………………………………… (203)
四、结语 ……………………………………………………………………………… (203)
附录 和水有关的几个案例………………………………………………………… (205)
一、推断溺亡地点案例一 …………………………………………………………… (205)
二、推断溺亡地点案例二 …………………………………………………………… (205)
三、推断死亡原因案例一 …………………………………………………………… (206)
四、推断死亡原因案例二 …………………………………………………………… (206)
参考文献 ……………………………………………………………………………… (209)

第一章　总　述

水是刑侦干警在侦查破案过程中的常见物质。水体及水循环是在静态和动态的不同形式下对水的总体描述。熟悉并掌握这部分内容，能为做好刑事侦查过程中涉及水的工作打下坚实的基础，有利于刑侦干警在运用“三定”（定性质、定范围、定脸谱）侦查法开展侦查破案过程中，对案件有更清晰准确的认识。如掌握不同的水体类别，便于了解生活在不同水体附近的人员的生活方式、生产生活工具等，从而正确地运用“八看”（看大环境和小环境、看发案时间和作案时机、看进出口和进入方式、看发案时间和作案动机选择、看发案区域的发案情况、看惯技行为、看犯罪行为人的语言特点、看现场物证及其反映出的心理痕迹情况）划定侦查范围；掌握水资源分布的差异性，便于开展对在不同环境下生活的被害人的研究并对嫌疑人进行心理画像。

第一节　水文学的发展历程

水是人类最早接触的自然物质之一。从人类出现到现在，为了谋求生存和更好的物质生活条件，特别是在抵抗旱涝灾害的过程中，人类不断地在和水打交道。

从上古时期到 14 世纪末，水文学处于经验总结、定性描述阶段。对水文现象的原始观测可以追溯到大禹治水过程中的“随山刊木”。战国和秦朝时期的都江堰、郑国渠、灵渠等，都体现了当时水文水利知识、经验的积累达到了很高的水平。北魏时期郦道元所著《水经注》系统地记载了我国各大河流的水源水情，并且记载了水循环的概念和其他水文知识。

15 世纪到 19 世纪是水文科学体系的形成阶段。在文艺复兴运动和工业革命的推动下，自然科学和技术科学迅速发展，如微积分创立、力学体系建立并不断完善，各个学科开始将数学方法引入学科研究，从理论上追求严格的数学表达和数学证明。水文学科也开始从定性分析向定量分析发展。1674 年，法国科学家佩劳特在塞纳河进行了三年的雨量观测，并且分析计算得出“塞纳河伯格底以上流域年径流量是年降水量的六分之一”的结论。之后一系列的水文记录国际标准和雨量器相继诞生。

20 世纪初到 20 世纪 50 年代，应用水文学兴起，水文测验理论体系逐渐成熟。经济建设中出现的防洪、发电、供水等问题对水文学提出了更高的要求，以工程水文学为代表的应用水文学应运而生。下渗理论、汇流理论、单位线、等流时线等大大提高了水文预报的速度和精度。

20 世纪 50 年代以来，随着计算机技术的普及和飞速发展，水文学进入电算化时代。卫星遥感技术、雷达技术、同位素方法纷纷被用于水文学。现代技术的应用使人们能够获取并且处理更多的数据，对水文过程了解得更透彻。今天的水文观测与分析除了研究自然水体的运动变化规律，为工程建设提供理论资料外，还要为水资源管理、评价和优化利用提供依据，及为人类活动的水文效应分析等提供依据。

第二节　水文学的研究对象和研究方法

一、研究对象

水文学，在字面上的意思是“关于水的科学”，包括对地表水、地下水运动及其水文现象，水的运动变化规律及其与地理环境中的物质组分、生物、人类社会之间关系的研究。

二、研究方法

传统水文学的研究方法分为“白箱系统”（成因分析法）和“黑箱系统”（数理统计法和地理综合法）。

（1）成因分析法。以力学和数学推理为基础，研究水文现象的形成演变过程，通过现象分析其本质、成因及其相互之间的内在联系。其结果往往是建立某些偏微分方程。

（2）数理统计法。以概率和统计理论为基础，依据大量的实测数据，运用概率与统计的方法得出各个现象因素之间的相关关系。

（3）地理综合法。以空间自相关理论（地理学第一定律）为基础，考察水文现象的地带性和非地带性规律，以地图为主要工具直观地揭示地区水文的特征。

第三节　水的物理指标

一、水的密度

大部分液体都有热胀冷缩的性质。但是水的密度在4℃时最大，为1000kg/m^3。水在0℃时的密度为999.87kg/m^3。从0℃到4℃，随温度升高，水的密度反而增加。同样温度下液态水的密度要比固态水（冰）大。

二、水的冰点和沸点

在1atm（atm是atmosphere的简写，指地球上海平面的标准大气压，1atm≈101kPa）下，纯水的冰点（凝结点）为0℃、沸点为100℃。

三、水的比热容

水的比热容大约为4.2kJ/(kg·℃)，一般比其他的固体和液体都大。因此，水一般可以用作冷却液，冬季供暖以水来输送热量就是这个原因。

四、水的导热率

水的导热率较小，只有0.599J/(m·s·℃)，但是水有很强的对流性。一壶水能够烧开不是热量从底部传到了上面，而是通过对流实现的。

五、水的表面张力

水的表面张力特别大。0℃时，水的表面张力为7.55×10^{-2}N/m，100℃时为5.72×10^{-2}N/m。除水银外的其他液体的表面张力都比水小。水由于表面张力特别大，所以会有明显的毛管现象。

六、水的压缩比

水的压缩比特别小，一般认为是不可压缩的。故一般认为深层的海水不会因为受压而密度变大。

七、水的偶极性

水分子由 1 个氧原子和 2 个氢原子结合而成，水分子的正负电荷中心不重合使得水分子具有偶极性（图 1-1）。

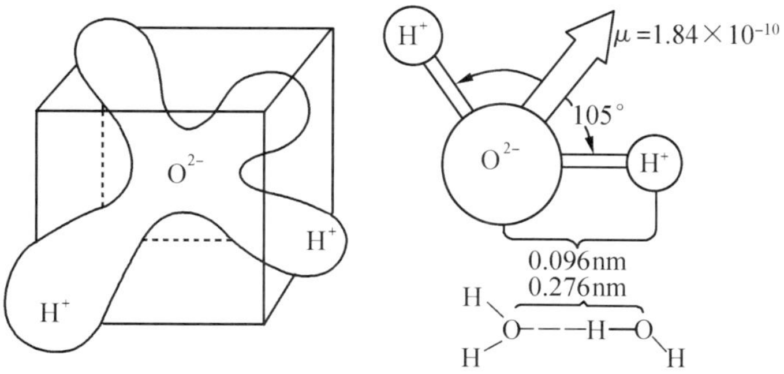

图 1-1　水分子的电子云及水分子的结构和氢键

正是因为这种偶极性，水分子间产生了很强的氢键键能，每个水分子的氢极均具有与另一个水分子的氧极产生吸引的能力。因此，水是由若干水分子以氢键相互连接成为的巨大缔合分子团。

第四节　水相变化

在自然界中，常有由一种或数种处于不同物态的物质所组成的系统。在几个或几组彼此性质不同的均匀部分所组成的系统中，每一个均匀部分叫作系统的一个相。例如，水的三种形态——气态（水汽）、液态（水）和固态（冰），称为水的三相。物质从气态转化为液态的必要条件之一就是温度必须低于它自身的临界温度（临界温度是指各种气体都具有的一个温度值，在这个温度之上无论加多大压力进行等温压缩，都不能使气体液化，这个温度称为临界温度。在临界温度时，使气体液化的最小压力称为临界压力），而水汽的临界温度 t_k 为 374℃。大气中的水汽基本集中在对流层和平流层内，该处大气的温度不但永远低于水汽的临界温度，而且常低于水的冻结温度，因此水汽是大气中唯一能从一种相转变为另一种相的成分。这种水相的相互转化就称为水相变化。

一、水相变化的物理过程

从分子运动论来看，水相变化是水的各相之间进行分子交换的过程。例如，在水和水汽两相共存的系统中，水分子在不停地运动着。在水体的表面，一部分水分子的动能超过离开水面所需要的功时，水分子就可能克服周围水分子对它的吸引力而跑出水面，进而成为水汽分子，进入水面上层空间。与此同时，在水面附近的一部分水汽分子也可能受到水面水分子的吸引或相互碰撞使自身运动方向发生改变，从而飞向水面重新落入水中。单位时间内跑出水面的水分子数与速度大的水分子数成正比。速度大的水分子数与温度成正比。温度越低，速度大的水分子数就越少，因此单位时间里跑出水面的水分子数也越少。落入水中的水汽分子数则与大气中的水汽浓度成正比。

如果大气中的水汽浓度不大，单位时间内跑出水面的水分子比落入水中的水汽分子多，也就是说，大气中的水有一部分变成了水汽，这就是蒸发过程。

蒸发的结果是大气中的水汽浓度变大，水汽压随之增大。此时，水汽分子相互碰撞的机会也随之变大，那么落入水中的水汽分子也就增多了。如果这个过程持续下去，那么就存在这样的时刻，在这一时刻内跑出水面的水分子和落入水面的水汽分子一样多，大气中的水量和水汽分子含量都不再发生变化。也就是说，水和水汽之间达到了平衡，这种平衡叫作动态平衡。动态平衡时水汽称为饱和水汽，此时的水汽压称为饱和水汽压。

二、水相变化的判据

假设 N 为单位时间内跑出水面的水分子数，n 为单位时间内落入水中的水汽分子数，就可以得到水和水汽两相变化和平衡的物理判据：当 $N>n$ 时，为蒸发（未饱和）；当 $N=n$ 时，为动态平衡（饱和）；当 $N<n$ 时，为凝结（过饱和）。但在实际工作中不测量 N 和 n，因此以上判据不能直接用。

由水汽的气体状态方程 $e=\rho_w R_w T$ 可知，当温度 T 一定时，水汽压 e 与水汽密度 ρ_w 成正比，而 ρ_w 与水汽分子数 n 成正比，水汽压 e 和水汽分子数 n 成正比。也就是说，当水汽压 e 为定值时，就会有一个确定的 n 值。在某温度下，当水和水汽达到动态平衡时，水汽压 E 为饱和水汽压，相对应地落入水中的水汽分子数为 n_s，n_s 又与此时跑出水面的水分子数 N 相等，E 与 N 成正比。可依据此原理来进行判断：当 $E>e$ 时，为蒸发（未饱和）；当 $E=e$ 时，为动态平衡（饱和）；当 $E<e$ 时，为凝结（过饱和）。

如果 E_s 为某温度下相应的冰面上的饱和水汽压，与上文类似也可以得到冰和水汽两相变化平衡的判据：当 $E_s>e$ 时，为升华；当 $E_s=e$ 时，为动态平衡；当 $E_s<e$ 时，为凝华。

以上判据说明，水相变化可以由实测的水汽压值 e 与同温度下的饱和水汽压值 E 的比较来判断。

三、水相变化中的潜热

（一）蒸发潜热、凝结潜热

在水相的变化过程中，还存在着能量的转换。蒸发过程中，具有较大能量的水分子跑出水面，则水面温度降低。如果想保持水面温度不变，就必须要有外部的热量供给，这部分热量与蒸发潜热 L 相等，L 与温度 t 的关系如下：

$$L=(2500-2.4t)\times 10^3(\mathrm{J/kg}) \tag{1-1}$$

式中，L 随着温度的升高而减小，不过温度变化不大时，L 的变化也不大。当水汽发生凝结时，这部分潜热又会释放出来，这就是凝结潜热。温度相等时，蒸发潜热与凝结潜热相等。

（二）升华潜热、凝华潜热

冰升华为水汽时也需要消耗热量，此热量包含两部分，即由冰融化为水所需要消耗的溶解潜热和由水变为水汽所需要消耗的蒸发潜热，则 $L_s=(2.5\times10^6+3.34\times10^5)\ \mathrm{J/kg}\approx2.8\times10^6\mathrm{J/kg}$。

第五节 水体及其分类

一、水体的概念及作用

水体又称为水环境，是各类“储水体”的总称，是一个完整的自然综合体。水体中的化学组成十分复杂，物理、化学、生物作用更是错综复杂。一般水体的温度自水面向下递减；溶解氧含量也向下迅速减少，即由氧化环境转变成还原环境；阳光也自水面向下递减，由强光环境变成弱光环境。

水圈中的水上界至大气对流层顶部，下界至深层地下水的下限，包括大气中的水汽、地表水、土壤水、地下水和生物体内的水。各种水体参加水循环，不断交换水量和热量。水圈中大部分水以液态形式储存于海洋、河流、湖泊、水库、沼泽及土壤中；部分水以固态形式存在于极地的广大冰原、冰川、积雪和冻土中；水汽主要存在于大气中。三者常通过热量交换而部分相互转化。

水圈内水体的总储量为13.86亿立方千米，其中海洋为13.38亿立方千米，占总储量的96.5%。分布在大陆上的水包括地表水和地下水，各约占余下的一半，水汽占总储量的极小一部分。在全球水的总储量中，淡水仅占2.53%，其余均为咸水。

水体又是一个开放的自然系统，在其形成和演变的过程中，与外界发生着复杂的物质能量交换作用，不断改变着自身的状态和环境特征。水体的三大作用分别是：

（1）物理作用。水体的迁移、输送、沉淀、扩散。

（2）化学作用。气体、液体、固体在水体中发生的化学变化。

（3）生物作用。生物对水体的物理、化学作用的催化作用。

二、水体的分类

根据不同的分类标准，对水体有不同的分类方法。水体可以按类型分，也可以按区域分。按类型分时，水体可以分为大气水体、海洋水体和陆地水体，陆地水体又可分成地表水体和地下水体。地表水包括海洋、湖泊、江河、水库、沼泽、冰地和冰川等。地下水分为潜水和承压水。按区域划分时，水体是指某一具体的被水覆盖的地段。如太湖、洞庭湖、鄱阳湖按区域划分是三个不同的水体，但在按陆地水体类型划分时，它们都属于湖泊；又如长江、黄河、珠江，在按陆地水体类型划分时它们同为河流，而在按区域划分时则分属三个水系。

以下是水体按类型分成的三大类，也是本书采用的划分标准。

（一）大气水

大气水是包含于大气层中的水汽及由水汽生成的液态水和固态水的总和。常见的大气水的表现形式有水蒸气、云、雾、雨、雪、霜、冰雹等。

（二）地表水

地表水是陆地表面动态水和静态水的总称，是最常见的水体存在形式。主要有河流、湖泊、沼泽、冰川、冰盖等。

（三）地下水

地下水是与地表水有显著区别的、所有埋藏于地表以下的、各种形式的重力水。地下水主要包括三类：含水层中饱和含水带的水；向下流动或渗透、使土壤和岩石饱和的水，这种水是泉水和井水的主要补给源；存于地下岩石缝隙中的水。

第六节　地球上的水循环

一、水循环的基本过程

水循环是指地球上各种形态的水，在太阳辐射、地心引力等作用下，通过蒸发、水汽输送、凝结降水、下渗及径流等环节，不断地发生相态转换和周而复始运动的过程。

图1-2为全球海陆间水循环过程概化图。整个过程可以分解为水汽蒸发、水汽输送、凝结降水、水分下渗，及地表径流、地下径流等五个基本环节。这五个基本环节相互联系、相互影响，又各成体系、交叉并存，在不同的环境条件下，形成了不同尺度、不同类型的地区水循环。

二、水循环的特点

（1）服从质量守恒定律。整个水循环过程具有连续性，无始无终。从本质上来说，水循环过程

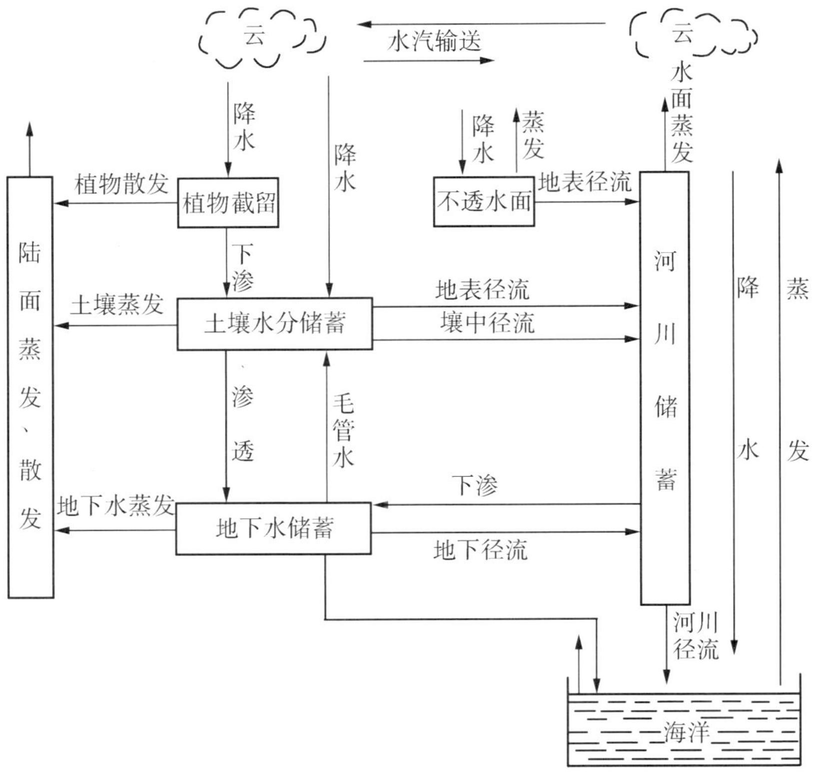

图 1-2　全球海陆间水循环过程概化图

是物质与能量的传输、储存和转化的过程，它们存在于水循环的各个环节。液态水转化为气态水产生了热量的消耗，而气态水凝结降水则伴随着潜热的释放，因此蒸发与降水是地面与大气之间互相输送热量的过程。由降水转化为地面径流和地下径流的过程是重力势能转化为动能的过程。这些动能成为水流的动力，在沿途的搬运、冲刷和堆积过程中消耗，注入海洋时消耗殆尽。

（2）太阳辐射与重力作用是水循环的基本动力。该动力存在，水循环就能持续发生。在常温常压条件下水的气态、液态和固态之间的转化是水循环的前提条件。外部环境（如地形地貌、海陆分布、纬度差异等）制约了水循环的类型、尺度与强弱。

（3）水循环广布整个水圈，并深入大气圈、岩石圈和生物圈。水循环的路径并非是单一的，它通过无数的线路实现循环和相变，因此水循环系统是由许多不同尺度、不同类型的局部水循环所构成的复杂巨系统。

（4）全球水循环是闭合系统，但局部水循环却是开放系统。因为地球和宇宙之间也存在水分交换，但每年交换的水量却微乎其微，所以可以将全球水循环近似认为既无输入也无输出，是一个封闭系统。对于地球内部各圈层，对陆地、海洋及陆地上的特定地区或某一水域而言，既有水分的输入又有水分的输出，是一个开放系统。

（5）地球上的水分在交替循环过程中，总是溶解并携带着某些物质一起运动，如溶于水的各种化学元素、气体及泥沙等固体杂质等。

三、水循环的类型

通常按照水循环的不同尺度与途径，可将全球的水循环分为大循环和小循环。

（一）大循环

大循环是指发生于全球海洋与陆地之间的水分交换过程，由于遍布全球，故名大循环，又称外循环。在大循环过程中，水分主要通过蒸发与降水两大基本环节在海洋与大气、陆地与大气之间进行垂向交换，同时又通过水汽输送和径流进行横向的交换。

在垂向交换过程中，陆地的年降水量大于年蒸发量，海洋情况与之相反；在横向交换过程中，从海洋上空向陆地输送的水汽比陆地向海洋送回的水汽多，两者之差称为海洋的有效水汽输送。正是有效的水汽输送在陆地上转化为地表径流和地下径流，最终汇入海洋，维持了海陆间水量的相对平衡。

（二）小循环

小循环是指发生在陆地与大气之间或海洋与大气之间的水循环，又称内部循环。前者称陆地小循环，后者称海洋小循环。

海洋小循环较为简单，主要包括海面的蒸发和降水两大环节。相比之下，陆地小循环情况较为复杂，内部差异显著。从水汽来源看，有陆地自身蒸发的水汽，也有来自海洋的水汽，并在地区分布上很不均匀，其普遍规律是距海越远、水汽含量越少，因此水循环的强度呈现出从海洋向内陆递减的趋势。如果某地区植被条件好，储水比较丰富，该地区的蒸发就会比较旺盛，有利于降水的形成，可以促进该地区的小循环。

陆地小循环可进一步分为大陆外流区小循环和内流区小循环。其中外流区小循环除了自身垂向的水分交换外，还有多余的水量以地表径流和地下径流的形式汇入海洋，同时高空也有等量的水分从海洋输送到陆地，因此也存在着陆地与海洋间横向的水分交换。在陆地上的内流区，多年平均降水量等于蒸发量，形成一个独立的水循环系统，地面并不直接和海洋相沟通，水分交换以垂向为主，仅仅借助大气循环，在高空和外界进行一定量的水汽输送和交换活动。

水循环的各种基本类型如图 1–3 所示。

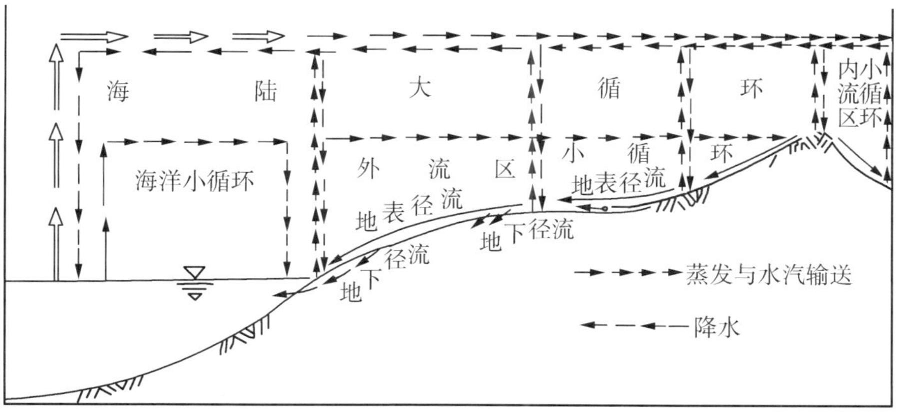

图 1–3　水循环的各种基本类型

四、影响水循环的因素

影响水循环的因素有很多，既有自然因素，又有人为因素。自然因素包括气象条件（大气环流、风向、风速、温度、湿度等）和地理条件（地形、地质、土壤、植被等），人为因素对水循环也有直接或间接的影响。

（一）自然因素

形成水循环的内因是水自身所具有的物理化学性质。太阳辐射和水的重力构成水循环的能量和动力条件，为水循环的外因。大气则是水循环的关键。地球上分布广泛、储量巨大的水资源，是水循环得以不断进行的物质基础。

由于地球上太阳辐射的强度不同，各地区的水循环情况也不一样。如赤道地区，太阳辐射强度大，降水一般比中纬度地区多。土壤表面热量和水汽的收支关系较复杂。土壤水分很重要，它能储存好几个月。温度和环流对土壤的湿度非常敏感。土壤初始状态时的湿度对环流和降水的影响可长达几周或数月。当土壤表面覆盖上沙或冰雪时，沙、冰雪可以反射掉大部分太阳辐射，从而影响地表的热量平衡。比如，当撒哈拉沙漠和美洲高原的反照率增加时，这些地区的降水就会明显减少。反照率的增加会加剧土壤的沙漠化。

（二）人为因素

人类活动不断改变着自然环境，越来越强烈地影响着水循环过程。人类建造水库，开凿运河、沟渠，及大量开采地下水，改变了水流原来的路径，引起水的分布的变化。工农业的发展、森林的破坏及城市化进程所产生的大气污染、热岛效应等都影响着水循环的过程。

第七节 水及水资源的数量与分布

水是世界上分布最广泛的物质之一。它以气体、液体、固体三种形态存在于自然界中，成为大气水、地表水、地下水及动植物体内的生物水，组成了一个统一的相互联系的水圈。

一、地球上水的分布

地球上的水，水平分布很广，垂直分布在大气圈、生物圈、岩石圈之中，水量很丰富，约为13.86亿立方千米，因此地球有“水的行星”之称。

地球总面积为5.1亿平方千米，其中海洋面积为3.613亿平方千米，约占地球总面积的70.8%。海洋的总水量为13.38亿立方千米，占地球总水量的96.5%，折合成水深可达3700m，如果平铺在地球表面，平均水深可达2640m。除了海洋，还有河流、冰川、沼泽、湖泊等。地表约3/4被水覆盖。

大气中的水分来自地表水的蒸发、植物的蒸腾及土壤中水的蒸发等，并通过空气的垂直交换向上传输。一般来说，随着高度的增加，空气中的水分逐渐减少。观测证明，在1500~2000m的高度，空气中水分的含量已减少为地面的一半；在5000m高度减少为地面的1/10；再向上，空气中的水分含量就很少了，最高到达对流层顶部。大气水在7km内总量约有12900km^3，折合成水深约为25mm，仅占地球上水总量的0.001%，虽然数量不大，但却是云、雨、雾、雪、雹、霰等的来源。

地表之下储存在地壳约10km范围内含水层中的重力水，称为地下水。由于全球各地的地质构造、岩石条件等变化复杂，难以对地下水的数量做出精确计算。从已发表的研究成果来看，可能会差一个数量级。根据苏联学者1974年发表的研究成果，地面以下2km内的地下水存储量为2340万立方千米。

土壤水是指储存在地面最上层约2m内土层中的水分。据调查，土壤中的平均湿度为10%，相当于含水深度0.2m。如果以陆地上土层覆盖总面积8200万平方千米算，那么土壤中的储水量为16400km^3。地球表面生物体内的储水量为1120km^3。

二、地球上的水资源

水资源是指可以被人类利用、开发的那部分水量，主要指可以常年更新的那部分淡水资源。最能反映水资源数量和特征的是年降水量和河流年径流量。年径流量不仅包括降雨时的地表水的水量，还包括地下水的补给量。因此，一般以多年平均径流量表示水资源量。

包括南极冰川在内，世界各大洲陆地年径流量总量为4.68万亿立方米，折合平均径流深为314mm（表1-1）。1971年世界总人口为36.4亿人，人均年径流量约为12900m^3；1982年世界总人口为45亿人，人均年径流量为10400m^3；1990年世界人均年径流量下降为7800m^3，我国人均年径流量为2338m^3。年径流量超过10000亿立方米的国家有巴西、加拿大、美国、印度尼西亚、中国、印度等。

世界上人均年径流量超过10000m^3的国家有40多个。其中，加拿大的人均年径流量最多，达129600m^3；其次为新西兰，达94640m^3。

水资源在不同地方、不同年份、不同季节的分配是极不均衡的。由于农业的快速发展、人口的急剧增加和人类生活水平的提高，及水资源的不合理利用和浪费的现象比较严重，在许多国家，不断增加的需水量和有限的水资源的矛盾日益突出。目前，世界上60%的地区面临淡水不足的困境，40多个国家淡水资源严重匮乏。有的国家排放大量的污水污染水资源，不仅加剧了水资源不足的矛盾，而且破坏了生态环境，给人类的健康和生存环境造成了威胁。

表1-1　各大洲的水资源

大陆（连同岛屿）	平均径流深/mm	径流量/km^3	占总径流的比例/%	产水量	
				面积/万平方千米	径流模数/[$m^3/(s \cdot km^2)$]
欧洲	305	3210	7	10500	9.7
亚洲	332	14410	31	43475	10.5
非洲	161	4570	10	30120	4.8
北美洲	339	8200	17	24200	10.7
南美洲	661	11760	25	17800	21
澳大利亚	453	348	1	7603	1.44
大洋洲	1610	2040	4	1267	61.1
南极洲	156	2310	5	13980	5.2
总陆面	314	46800	100	14900	10.0

三、中国的水资源

（一）水资源总量

我国疆域辽阔，又毗邻海洋，水汽来源丰富。总体来说，水资源总量可观。据调查计算，全国年平均降水总量超过6万亿立方米，约占全球陆地降水总量的4.7%，折合降水深为628mm，其中约有44%的降水形成径流。

据统计，全国有大小河流6000多条，河流总长度43万千米。多年平均径流总量为2.65万亿立方米（包括地下径流排泄量和冰雪融水补给量在内），占世界河川总径流量的5%以上，在世界各国中位居第6。全国地下水的总补给量（包括降水的补给量和地表水的入渗补给量）7700多亿立方米。但是，由于我国人口超过10亿人，如以人均来计算，每人平均拥有的水资源量仅为2600m^3左右，只有世界人均水资源占有量的1/4左右，在世界各国中居第85~87位。

（二）水资源分布

受海陆位置、水汽来源、地形条件等因素影响，我国水资源分布很不均匀，总体上沿东南沿海向西北内陆逐渐减少。

我国河川径流主要靠降水补给，因此水资源分布与降水量分布有密切的关系，并且有明显的地带性规律。但由于地面因素的影响，地区分布很不均匀。根据年降水量与年径流量的多少，可将全国分为5个地带。

1. 多雨-丰水带

年降水量大于1600mm，年径流量超过800mm，年径流系数（年平均径流系数是一定汇水面积内总径流量与降水量的比值，是任意时段内的径流深度与造成该时段径流所对应的降水深度的比值）在0.5以上，包括浙江、福建、台湾、广东等省的大部分地区，广西东部、云南西南部、西藏东南部及江西、湖南、四川西部的山地。其中台湾东北部和西藏东南的部分地区，年径流量达到5000mm，是我国水资源最丰富的地区。

2. 湿润-多水带

年降水量 800~1600mm，年径流深 200~800mm，年径流系数 0.25~0.5，主要包括秦岭、淮河以南，长江中下游及云南、贵州和广西等广大地区。

3. 半湿润-过渡带

年降水量 400~800mm，年径流深 50~200mm，年径流系数 0.1~0.25，包括黄淮海平原，陕西、山西和东北大部分地区，四川西北部和西藏东部。

4. 半干旱-少水带

年降水量 200~400mm，年径流深 10~50mm，年径流系数在 0.1 以下，包括东北西部，内蒙古、宁夏、甘肃大部，新疆西部和北部。

5. 干旱-干涸带

年降水量小于 200mm，年径流深不足 10mm，有的地区为无流区，包括内蒙古、宁夏、甘肃的荒漠和沙漠，青海的柴达木盆地，新疆的塔里木盆地和准噶尔盆地，西藏北部羌塘地区。

由于降水、地表水、水文地质条件的不同，我国平原地区地下水资源的差异也很大。

（三）我国七条大河

流域是地表水与地下水分水线所包围的集水区或汇水区。由于地下水线不易确定，因此习惯上将地表水的集水区或汇水区称为流域。我国河流的流域包括外流流域和内流流域两大部分。外流流域包括太平洋流域、印度洋流域和北冰洋流域，总面积达 6114728km^2，约占我国领土总面积的 63.97%。内流流域主要位于蒙新干旱地区和青藏高原内部，面积为 3444642km^2，约占我国领土总面积的 36.03%。

我国绝大多数河流分布在东南半部的外流流域，内流流域的水系很不发达。水系的这种不均衡分布，主要与气候和地形条件有关。我国外流流域处于东南季风和西南季风的影响范围之内，降水丰沛，水源充足，而且地表起伏显著，极少有封闭地形，因而河流众多，形成许多庞大水系。我国内流流域距海较远，又受山地和高原影响，湿润气流难以深入，降水稀少，蒸发旺盛，除某些山地地区外河流稀少，河网很不发育。

现在以我国的七条大河——黑龙江、辽河、海河、黄河、淮河、长江及珠江为例来介绍我国水系的特征。

1. 黑龙江

黑龙江位于我国东北地区北部，有南北两源。南源为额尔古纳河，位于大兴安岭西坡的海拉尔河是它的源流之一；北源为石勒喀河（上源鄂嫩河），发源于蒙古肯特山东麓。两源于内蒙古自治区东北端的恩和哈达附近汇合后始称黑龙江，最终注入鞑靼海峡。从石勒喀河及鄂嫩河为源算起，黑龙江全长 4370km（我国境内 3101km），流域面积 184.3 万平方千米，我国境内为 88.85 万平方千米。黑龙江有大小支流 200 多条，其中以在我国境内的松花江为最大支流。

黑龙江流域属于温带湿润季风气候，降水较多，蒸发较弱，森林茂密，有利于涵养水源，还有水冻土和季节性冻土层存在，限制了水流下渗，地表径流丰富。据统计，在乌苏里江河口处测得黑龙江干流平均年径流量 2710 亿立方米，由我国境内汇流的约 1146 亿立方米，占 42%。其中松花江径流量为 733 亿立方米，占黑龙江乌苏里江口径流总量的 20%，占我国国境线内黑龙江径流量的 60%。可见，松花江在黑龙江水文中占有重要的位置。

2. 辽河

辽河主要由西辽河和东辽河水系组成。西辽河上游北源西拉木伦河出内蒙古克什克腾旗西南白岔山，南源老哈河出河北平泉县光头山（海拔 1729m），流经河北、内蒙古、吉林、辽宁等四省区，并与发源于吉林省东辽县吉林哈达岭的东辽河汇合后始称辽河。

以西辽河源地为起点算起，辽河长达 1390km，把太子河与浑河、内流区计算在内，辽河流域面积达 21.9 万平方千米，相当于松花江流域面积的 39%。但辽河流域气候比较干旱，从东到西，由湿润气候过渡到半湿润半干旱气候，故河川径流量远不及松花江丰富，全流域年平均径流量为148亿立方米，只有松花江的20%，而且地区分布不均。基本处于半湿润半干旱环境的西辽河，流域面积占辽河流域总面积的64%，而径流量仅占全流域的21.6%；基本属湿润和半湿润地区的辽河中下游一带，流域面积只占全流域的31%，而径流量却占73%。辽河流域工农业发达，耗水量大。因此。辽河流域是我国东部地区仅次于海河流域的第二个缺水区。辽河流域仍属季风气候区，降水变化大，河川径流最大年与最小年的比值达4.6~5.2，水旱灾害频率很高，需加强河流的整治工程。

3. 海河

海河主要指由潮白河、永定河、大清河、子牙河、卫河等五大支流构成的扇状水系。此外，也常把独流入海的徒骇河、马颊河及冀东沿海诸河也划归为海河流域。海河全流域面积26.5万平方千米，按发源于太行山腹地的最长的卫河河源为起点算起，海河全长1090km，其中干流仅指天津以下至大沽的一段，长仅74km。

海河流域的主体是海河平原，属于暖温带半湿润季风气候，年降水量400~800mm，燕山、太行山迎风坡700~800mm，背风坡和内蒙古高原东南部为400~500mm，广大海河平原也仅400~500mm，故产水量较少，全流域平均降水深559mm，低于全国平均数。流域内耕地多，人口多，城镇比较密集，耗水量大，是我国东部季风气候区域中缺水最为严重的地区。

海河流域的另一大特点是季节和年际变化大，年径流量50%~60%集中于7、8月，洪、枯年水量比值也较大。因此，海河流域虽然径流量少，受旱灾威胁严重，但洪水灾害十分频繁。各支流多发源于海河平原西缘山地，山区性河流径流短急，汛期易形成山洪。

4. 黄河

黄河是我国第二大河，也是世界上著名的河流之一。黄河发源于青海巴颜喀拉山，流经青海、四川、甘肃、宁夏、内蒙古、陕西、山西、河南、山东等九个省区，于山东垦利注入渤海，全长5464km，流域面积75.24万平方千米，如果加上鄂尔多斯高原上的闭流区，则流域面积为79.5万平方千米。

黄河主要流经干旱、半干旱和湿润地区，产水量少，多年平均径流量仅563亿立方米（只有长江径流量的6%），而且沿程变化很大。黄河水源以雨水补给为主，径流量的70%~80%集中在夏秋季，除河套地区至河口镇段秋水大于夏水外，大部分河段都是夏水大于秋水，冬季径流量仅占10%左右，春季径流量占15%~18%。

在汛期流量过大、含沙量高，是黄河为害的主要自然因素。黄河洪水主要由夏秋季的暴雨所致。黄河流域的主要暴雨中心在中游的泾、洛、渭河流域，因此，黄河的洪水主要来源于中游的黄土高原，与之相伴的是水土流失所带来的巨量的泥沙。为了根治水害，已建成的龙羊峡、刘家峡、盐锅峡、八盘峡、青铜峡、三盛公、天桥和三门峡等一系列大中型水利枢纽工程发挥着防洪、发电等重要作用。

5. 淮河

淮河发源于河南桐柏山，向东流经河南、安徽，于江苏注入洪泽湖，出湖后分两路下泄，一路通过洪泽湖南岸的三河闸，过高邮湖在江都市三江营入长江；另一路过洪泽湖东岸的高良涧闸，经苏北灌溉总渠于扁担港入黄海。淮河全长1000km，整个流域，北以郑州至梁山的黄河南大堤和沂蒙山一线，与黄河流域分界；南以桐柏山、大别山和张八岭一线与长江流域分界。淮河流域面积（含沂河、沭河、泗河）一共约26.15万平方千米，其中淮河流域18.9万平方千米。

淮河是我国东部地区一条重要的自然地理界线，河流两侧，气候、地貌条件有很大的不同，淮南、淮北的水文情况也有很大的差别。淮南多山地、丘陵，年降水量可超过1000mm，最多处可达1400~1500mm，河流虽然短小，径流量却很丰富；淮北流域面积大，支流多且长，但由于降水量减少，年降水量均在800mm以下，故各支流径流量较小。

淮河径流还有季节分配不均、年际变化大的特点。一年中，50%~70%的径流量均集中在7~8月两个月内。淮河流域也是暴雨中心之一。从整体上看，淮河的径流量还是比较大的，但由于年内分配过于集中，年际变化大，调蓄工程不足，所以淮河流域不仅水患频繁，而且旱灾也比较严重，也是我国东部季风气候区域中的缺水地带。因此流域水利工程既要抗洪又要抗旱。

6. 长江

长江发源于唐古拉山，流经青海、西藏、四川、云南、重庆、湖北、湖南、江西、安徽、江苏和上海等 11 个省区，在崇明、长兴、横沙三岛附近注入东海，全长 6300 余千米，是我国第一大河、世界第三大河。流域面积 180.85 万平方千米，年径流总量 9335 亿立方米。从河源到河口总落差 6600 多米，可开发水能资源达 1.9 亿千瓦，占全国可开发水能资源总量的 40%。

长江全流域除河源区外，基本属于亚热带湿润气候区，降水丰沛，径流量大。长江多年平均径流量占全国河川径流总量的 34.7%。径流主要来自中上游，比较平稳，年内分配比较均匀，年际变化不像其他河流那么大，对水资源的开发利用特别有利。另外，水能资源丰富，特别是第一阶梯与第二阶梯、第二阶梯与第三阶梯过渡河段。

7. 珠江

珠江流域面积 44.2 万平方千米（不计越南境内的 1.1 万平方千米），由西江、东江和北江三大支流组成。其中，以西江为最长，是珠江的主干。

珠江是一条雨型河，由于全流域基本属于亚热带季风气候，雨量丰沛，河川径流量大，多年平均径流量达 3360 亿立方米，约为黄河的 6 倍，占全国径流总量的 13%，仅次于长江，居全国第二位。

年内径流总量主要集中在夏季，但雨季来得早、去得晚，一般从 4 月开始进入汛期，10 月结束，汛期长达半年以上。汛期内有两个高峰，一个在 5、6 月，另一个在 8、9 月。

珠江流域也是我国降水强度大、暴雨多的地区之一，汛期洪水相当频繁。一般西江洪水多发生在 6~8 月，东江的上游是 5、6 月，中下游是 7、8 月（受台风影响），北江与东江接近。因此，作为三江汇聚区的珠江三角洲，洪水威胁相当严重。

总之，珠江特别是西江，是一条沙少、水丰、径流量变化比较平稳的河流，为水资源开发利用提供了有利条件。珠江水系通常年通航里程达 1.2 万千米，水运量仅次于长江，居全国第二位。水能资源也很丰富，尤其是西江。其不利的条件是洪水威胁较大，特别是对珠江三角洲。

第八节　人类与水资源

水资源是除土地资源以外与人类联系最密切，最重要的自然资源。

一、水孕育了人类的文明

回顾整个人类进化史，从原始社会到现在的文明社会，人类与水结下了不解之缘。人类从 300 万年前出现的时候，就开始了逐水草而居的生活，后来的亚非四大文明古国也都发源于大河流域，如古埃及文明（尼罗河流域）、古巴比伦文明（两河文明：幼发拉底河和底格里斯河流域）、古印度文明（印度河流域）、古中国文明（长江–黄河流域）。

二、人类利用水资源的发展历程

（一）利用河流并且听命于河流阶段

在原始社会时期，人类为谋生存逐水而居，却因为改造自然的能力有限，不得不听命于自然，对于河流的变化无能为力，唯一可以抵御河流灾害的方法就是将村庄建在相对高处。

（二）利用河流并且可以抵御河流灾害阶段

发生在奴隶社会的“大禹治水”代表了最早期的人类抵御河流。到了封建社会，人类改造利用河流的能力进一步提高，可以兴修较大型水利工程，如都江堰、郑国渠。但是人类抵御旱涝灾害的能力仍然有限。

（三）改造河流为人类服务阶段

随着人类生存能力的极大提高，人类改造自然的能力达到空前水平。以中国为例，先后有各大综合性水利枢纽（三峡、葛洲坝、小浪底等）、跨流域调水（引滦入津、南水北调等）工程。人类对河流的大规模无序开发却危害了河流的健康，导致了一系列的水问题，危及了生态环境和可持续发展。

（四）人水和谐发展阶段

水问题的严重性引起了全球的关注，实现水资源的可持续利用、建立水生态文明社会成了社会建设的重要目标之一。人类追求人水和谐发展的进程不断加深加快。

第二章　水的数量、物理特征及其分布规律

本章就大气水、地表水和地下水三种类型，介绍三种水体的数量、物理性质及分布规律。根据不同地域并结合二十四节气分析大气水的降水量，有助于刑侦干警对涉及降雨、降雪等自然因素的案件的发案时间、犯罪行为人及受害人的居住范围做出更准确的判断；掌握地表水及地下水的相关特征，有助于对案件中的“水”展开分析。如地表水的特点，能为准确地对地表水中漂浮无名尸体来源做出判断提供参考；对地下热水、矿水、肥水等地下水特点的掌握，能对以地下水源为生活用水地域的居民生活习惯、性格特征有更为准确的刻画。

第一节　大气水

一、大气水的组成

大气水是存在于大气中以气态形式存在的水及派生的液态水和固态水的总和，仅占地球上水体总量的0.001%。常见的天气现象（云、雾、雨、雪、霜等）是大气水的存在形式。

大气层的密度随着海拔的增加而逐渐减小，海拔越高空气越稀薄。整个大气层可以分为对流层、平流层、中间层、暖层、散逸层。对流层是大气层的最底层，靠近地球表面，其高度为10~20km，因此，对流层受地球表面的影响较大，云、雾、雨等大多发生在这一层，水汽也几乎全部存在于这一层。

二、空气湿度及其对人和环境的影响

空气湿度是表示空气干湿程度的物理量。在一定的温度下，一定体积的空气里含有的水汽越少则空气越干燥，反之就越湿润。

空气湿度有多种测量方法，日常生活中人们最关心的是水汽压、绝对湿度和相对湿度。

（一）水汽压

水汽压是大气压力中水汽的压力，其单位是百帕（hPa）。在一定温度下，空气中水汽压达到饱和时的压力称为饱和水汽压。空气中饱和水汽压与温度呈正相关关系。

（二）绝对湿度

绝对湿度是指在一个标准大气压（101kPa）下单位体积湿空气中所含有的湿空气的质量。

（三）相对湿度

相对湿度是指在一定温度和一定压强的条件下，空气中的水汽压与饱和水汽压的比值。

空气湿度与人体健康、人的皮肤状况、流行疾病的传播等都有着密切的联系。

三、二十四节气反映的大气水的特征和对人类活动的影响

（一）二十四节气

节气是中国古代用于农事的一种补充历法，二十四种节气完全根据太阳的运行周期制定，更加方便指导农业的耕种和收获。在我国古代，主要的政治、经济、文化中心在黄河流域，故二十四节气主

要是依据黄河流域的气候特征而制定的。早在春秋时期，人们利用土圭来测量正午太阳影子的长短，在土圭上正午时分影子最短的一天为夏至、最长的一天为冬至，影子长度适中的为春分或者秋分。战国时期，人们就已经有了日南至、日北至的概念，并根据日月的运行规律和植物的生长状况把一年划分成了二十四等分。西汉刘安著的《淮南子》一书里就有完整的二十四节气记载了。经过不断发展和演化，二十四节气逐渐确立。

太阳和地球无时无刻不在进行着自转和公转，地球绕太阳公转的轨道称为黄道，根据地球在黄道上的位置，划分出了二十四节气，太阳垂直照射赤道时为"黄经零度"，从零度出发，按照每 15°划分一个节气，地球绕太阳运行一周 360°，为一个回归年，共 24 个节气，详见图 2-1。

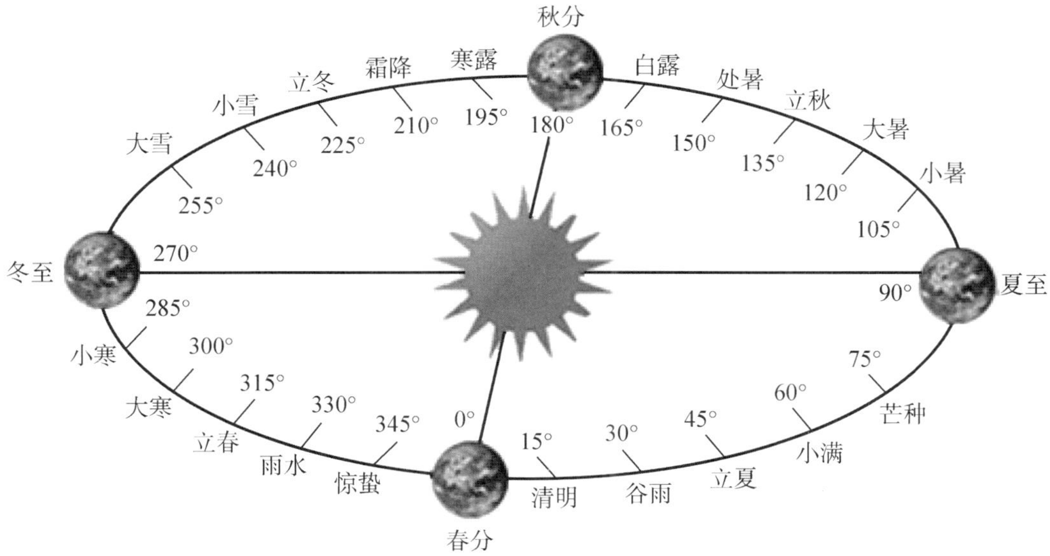

图 2-1　二十四节气与太阳、地球的位置关系

二十四节气的名称分别为立春、雨水、惊蛰、春分、清明、谷雨、立夏、小满、芒种、夏至、小暑、大暑、立秋、处暑、白露、秋分、寒露、霜降、立冬、小雪、大雪、冬至、小寒、大寒。"立"是开始的意思，立春、立夏、立秋、立冬就表示四个不同季节的开始，公历是每年的 2 月 4 日、5 月 5 日、8 月 7 日、11 月 7 日前后。"至"是"最"的意思，表示极致，夏至和冬至表示夏天和冬天的极致，夏至日、冬至日在每年公历的 6 月 21 日和 12 月 22 日。夏至日，当太阳直射北纬 23. 5°、黄经 90°，北半球白昼最长。冬至日，太阳直射南纬 23. 5°、黄经 270°，北半球白昼最短。"分"则是平分的意思，表示昼夜长短相等，春分、秋分两个节气一般在每年公历的 3 月 20 日和 9 月 23 日左右。春分、秋分，黄道和赤道平面相交，此时黄经分别为 0°、180°，太阳直射赤道，昼夜相等。

从二十四节气命名可以看出，其划分考虑了气候、物候、季节等多种变化因素。立春、立夏、立秋、立冬是季节的划分，反映了一年中主要的四个季节；根据太阳高度角的变化、折射点的位置移动又划分出了春分、夏至、秋分、冬至四个节点；小暑、大暑、处暑、小寒、大寒，则是根据不同时期温度的变化，反映了各自对应的寒热程度；雨水、谷雨、小雪、大雪和一年四季的降水强度及相应的时间有关；白露、寒露、霜降通过水汽凝结、凝华现象反映出了气温下降的过程和程度，气温越低，水汽越容易出现凝华现象；小满、芒种则反映有关作物的成熟和收成情况；惊蛰、清明反映的是自然物候现象，尤其是惊蛰，它用天上初雷和地下蛰虫的复苏来预示春天的回归。人们为了方便记忆二十四节气的时间，还专门编制了二十四节气歌：

地球绕着太阳转，绕完一圈是一年。
一年分成十二月，二十四节紧相连。
按照公历来推算，每月两气不改变。
上半年是六廿一，下半年逢八廿三。

这些就是交节日，有差不过一两天。
二十四节有先后，下列口诀记心间：
一月小寒接大寒，二月立春雨水连；
惊蛰春分在三月，清明谷雨四月天；
五月立夏和小满，六月芒种夏至连；
七月大暑和小暑，立秋处暑八月间；
九月白露接秋分，寒露霜降十月全；
立冬小雪十一月，大雪冬至迎新年。
抓紧季节忙生产，种收及时保丰年。

（二）二十四节气的气候特征与人类活动

1. 立春

立春拉开了春天的序幕，万物复苏，大地回春，欣欣向荣。主要气候特征表现为白昼逐渐变长，从海洋吹来的季风开始影响中原地区，江河开始解冻。

2. 雨水

在每年的2月19日前后，“雨水”顾名思义，表示此时的气候特征主要表现为空气湿度增加、降水增多，候雁开始北飞，草木萌动，农民开始准备春耕。

3. 惊蛰

表示冬眠了一季的生物开始活动。在每年的3月5日或6日，天气逐渐回暖，雨水也随之增多，但此时的气温变化大，处于乍寒乍暖之际。在这个时节人们也会利用惊蛰前后的雷鸣来预报天气，俗语“未过惊蛰先打雷，四十九天云不开”说的就是其中一种情况。

4. 春分

当太阳到达黄经0°时，昼夜平分，气温回升很快，温暖潮湿，这正是植树造林的好时候，柳树发芽，绿茵丛生。燕子归于北方，鸟语花香，真正的春天到来。

5. 清明

太阳位于黄经15°，一般在每年的4月4日或5日。清明时节，气温回暖，阳气升腾，冰雪消融，已经告别了冬天的凄凉景象。俗语云“清明前后，种瓜种豆”，这个时候春播开始。

6. 谷雨

在每年的4月20日或21日，就到了谷雨时节，以晴暖为主，早晚时冷时热，降雨明显增多，有利于谷物的生长发育。谷雨于暮春之际，告别了寒意，离炎热的夏季还远，是牡丹花开的时节，适合踏青赏花。

7. 立夏

太阳位于黄经45°，一般在每年的5月5日或6日，立夏时节是万物开始快速生长的季节，池里蛙鸣，田间野菜生长，连续五天日均气温达22℃以上，标志着夏季的到来。

8. 小满

一般在每年的5月21日或22日，名字的由来主要是指这时的农作物开始长得繁茂，籽粒饱满，但离完全成熟还有一段时间。此时气温明显升高，应多注重农作物的灌溉，到了去田间插秧的时候。同时到了前汛期，应提前做好防汛工作。

9. 芒种

一般在每年的6月5日前后。《月令七十二候集解》中“五月节，谓有芒之种谷可稼种矣”指的就是有芒类作物到了收获的季节，也即到了农忙的时候。芒种之后，长江中下游地区常有低气压形成，进入了梅雨时节。关于梅雨时的雨量，根据中国的一些古老的谚语，如“发尽桃花水，必是旱黄梅”“行得春风，必有夏雨”“寒水枯，夏水枯”可以看出，梅雨的雨量与春季的降雨、冬季的雨量，及春风（一般指东南风）的盛行与否有着密切的关系。

10. 夏至

这一天昼最长、夜最短。一般在每年的 6 月 21 日前后，太阳到达黄经 90°，标志着夏至的来临。这一天，太阳高度角最大，直射北回归线，过了夏至日，太阳直射位置逐渐南移，北半球昼渐短，夜渐长；而南半球昼渐长，夜渐短。

11. 小暑

“暑”即炎热的意思，而“小”表示炎热的程度。进入小暑以后，气温明显升高，小暑到立秋的这 31 天里被人们称为“伏夏”，分为初伏（头伏）、二伏和三伏，是一年中气温高、阳气旺的时候。此时的气候特征为热浪袭人，阵雨、暴雨多发。

12. 大暑

在每年的 7 月 23 日或 24 日，就到了最为炎热的季节，太阳到达黄经 120°。有古语“三伏不热，五谷不结”的说法，反映了这段时间的气温和农作物的收成有着密切的关系。此时的气候特征为酷热多雨，人容易中暑。

13. 立秋

一般在每年的 8 月 7 日或 8 日，预示着夏天的结束、秋天的来临。此时下一次雨气温下降一次，因此有“一场秋雨一场寒”的说法。

14. 处暑

一般在每年的 8 月 23 日或 24 日。“处”有结束的意思，因此处暑表示暑气开始退去，但暑热余威仍然明显。

15. 白露

太阳到达黄经 165°，在每年的 9 月 7 日或 8 日，昼夜温差大，因为天气转凉，空气中的水蒸气容易凝结于易散热的物体上形成露水。由于秋季五行属金，而金所对应的颜色是白，故称“白露”。这个时候各种候鸟开始南飞，各种鸟类开始换羽毛，并且开始准备过冬的食物。

16. 秋分

在每年的 9 月 23 日前后就进入了秋分，“分”表示平分的意思，指的是这一天昼夜等长，各 12 小时，太阳直射赤道，北半球进入秋季，南半球进入春季。秋分之后逐渐昼短夜长，每场秋雨都会带来一定的降温，冬眠的动物开始进入自己的巢穴。

17. 寒露

在每年的 10 月 8 日或 9 日，太阳到达黄经 195°。顾名思义，寒露即叶子上的水珠凝结成了露，表示晚上的气温更凉了，而早晨的温度也更低了，反映出空气中的水蒸气凝结成露水的现象。露水先白而后寒，阴气渐盛，秋凉而成白露，秋冷而成寒露。此时菊花绽放，成为赏菊的好时节。

18. 霜降

在每年的 10 月 23 日或 24 日，太阳到达黄经 210°，气温进一步降低，空气中的水蒸气开始直接凝华成霜。霜降指的是初霜，此时不耐寒的植物将停止生长。各种冬眠的动物在其藏身之处不食不动。

19. 立冬

在每年的 11 月 7 日或 8 日，太阳到达黄经 225°。立冬预示着冬季的来临，气温迅速下降，阳气潜藏，阴气变盛，水面开始结冰，土壤中的水分也开始上冻，季节性冻土开始形成，地面开始变硬。

20. 小雪

在每年的 11 月 22 日或 23 日，太阳到达黄经 240°，气温进一步下降，降雨时会出现雪花，但只是初雪，雪量不大，小雪节气之后的降雪一般被人称为瑞雪，瑞雪兆丰年就表示这种降雪有利于作物来年的丰收。

21. 大雪

在每年的 12 月 7 日前后，太阳到达黄经 255°。此时西伯利亚地区的蒙古高压占优势，西北季风盛行，气温持续降低，降雪明显增多，雪量也逐渐变大，有积雪覆盖于作物表面，在对植物起到保暖作用的同时也给植物带来水分。

22. 冬至

在每年的12月22日前后，太阳到达黄经270°。冬至这天，太阳直射南回归线，北半球昼最短、夜最长，北极圈以内出现极夜现象。过了冬至，北半球夜渐短、昼渐长，而南半球正好相反。此时气候特征主要表现为：冷空气活动频繁，但还不是最冷的时候。民间的“九九歌”可以形象地描述出冬至之后的天气变化：“一九二九不出手；三九四九冰上走；五九六九，沿河看柳；七九河开；八九雁来；九九加一九，耕牛遍地走。”

23. 小寒

在每年的1月5日或6日，太阳到达黄经285°。此时的气候特征为：常有寒潮爆发，会带来剧烈降温。小寒一过，就到了“三九四九冰上走”的时候了，此时冰最坚，可以保存很长时间，古时的凌官都在此时凿冰藏冰。农作物栽培上应适时做好防寒措施。

24. 大寒

一年中最后一个节气，在每年的1月20日或21日，太阳到达黄经300°，进入了一年中最冷的时候，冷空气刺骨，风大，气温很低，地面积雪不化，呈现出冰天雪地的景象。而大寒之后，人们也开始为即将来临的除夕做准备。

第二节　地表水

一、地表水的分类

地表水是指存在于地壳表面、暴露于大气的水，亦称“陆地水”，主要包括河流、海洋、湖泊、水库、冰川、沼泽、湿地等。地表水是最为常见的一类水，它是人类生活用水的重要来源之一，也是各国水资源的主要组成部分。

水的温度是一个很重要的物理性质，它影响到水中的生物生长、水的自净过程和人类对水的利用。天然水的温度因得到热量的来源不同而异。太阳辐射是地球上各种水体的主要热量来源之一。因此本节介绍的各类地表水的物理特征之中，水温是重要的一个方面。

二、河流

（一）河流的相关基本概念

1. 河流

降水或由地下涌出地表的水，汇集在地面低洼处，在重力作用下经常或周期性地沿流水本身造成的情形凹地流动，这就是河流。

根据河流的地理-地质特征，常常把河流分为河源、上游、中游、下游和河口五段。河流最初具有地表水流形态的地方，称为河源，这是全流域海拔最高的地方。紧接河源的一段称上游，它的特征是比降大、河谷窄、流速大而流量小，侵蚀强烈，纵断面成阶梯状，多急滩和瀑布。中游比降较为缓和，流水下切力已开始减小，纵断面往往呈平滑下凹曲线，河床位置比较稳定。下游河谷宽广，流速小而流量大，纵断面比降小，河道弯曲，淤积作用显著，到处可见浅滩和沙洲。河口是河流入海、入湖或汇入其他河流处，经常有大量泥沙堆积，分叉现象显著，常形成三角洲。

2. 水系

河流沿途接纳很多支流，水量不断增加。干流和支流共同组成水系。

一些河流可以直接注入海洋，另一些河流则注入内陆湖泊或消失于沙漠中，分别形成外流水系和内陆水系。

3. 水系形式

水系形式是一定的岩层构造和沉积物性质的反映。通常把水系分为树枝状、格状和长方形三类。树枝状水系一般出现在抗侵蚀能力比较一致的沉积岩或变质岩区；格状水系经常出现在地层软硬相间、地下水源也比较丰富的平行褶皱构造区；长方形水系则往往和大的断裂构造有联系。水系形式也可以按干支流相互配置的关系或干支流构成的几何形态来划分，如众多支流集中汇入干流，称扇状水系；支流比较均匀地分布于干流两侧，交错汇入干流，叫羽状水系；一侧支流多，另一侧很少，称梳状水系；支流与干流平行，至入海附近才汇合，称平行水系。有时，还可根据不同水系的流向的相互关系划分水系类型，如向心水系、辐射状水系等。

4. 流域

每条河流或水系都从一部分陆地面积上获得补给，这部分陆地面积便是河流或水系的流域。实际上，它也是河流或水系在地面的集水区。河流或水系的地面集水区和地下集水区并不是重合的，但地下集水区很难直接进行测定，因此，在分析径流特征或进行水文计算时，多用地面集水区代表流域的大小。把两个相邻集水区之间的最高点连接成的不规则曲线，即为两条河流或两个水系的分水线。也可以说，河流分水线以内的范围就是河流的流域。

（1）流域面积。它是流域的重要特征之一。河流水量的大小直接和流域面积大小有关。除干燥区外，一般是流域面积越大，河流水量也越大。流域形状对河流水量变化也有明显的影响。圆形或卵形流域，降水最容易向干流集中，从而引起巨大的洪峰；狭长形流域，洪水宣泄比较均匀，因而洪峰不集中。流域的高度主要影响降水形式和流域内的气温，而降水形式和气温又影响到流域的水量变化。根据某一高度上的降雨、降雪量和融雪时间，可以估计河流的水情变化。

（2）流域方向或干流流向。它对降水、蒸发和冰雪消融时间有一定影响。如流域向南，降雪可能很快消融，形成径流或渗入土壤；流域向北，则冬季的降雪往往在第二年春季才开始融化。当然，消融时间并不完全由流域方向决定，流域所在的地理纬度和温度的影响更为重要。

5. 河网密度

流域中干支流总长度和流域面积之比称为河网密度，即

$$D=\frac{\sum L}{F} \tag{2-1}$$

式中，D 为河网密度（km/km^2）；$\sum L$ 为流域中干支流总长度（km）；F 为流域面积（km^2）。

河网密度是地表径流大小的标志之一。河网密度大小取决于当地的气候、植被、地貌特征、岩石和土壤的渗透性和抗侵蚀能力等。

6. 河流的纵横断面和分段

河流发源地与河口的高度差，称为河流的总落差；而某一河段两端的高度差，则是这一河段的落差；单位河长的落差叫作河流的比降，通常以小数或千分数表示。河流纵断面能够很好地反映河流比降的变化。以河流落差为纵轴，距河口的距离为横轴，根据实测高度值定出各点的坐标，则连接各点即得到河流的纵断面图（图 2-2）。河流纵断面分为四种类型：全流域比降接近一致的，为直线形纵断面；河源比降大，而向下游递减的，为平滑下凹形纵断面；上游比降小而下游大的，为下落形纵断面；各段比降变化无规律的，可形成折线形纵断面。

河槽某处垂直于流向的，以河床为下界、水面为上界的断面，是河流的横断面。由于地球自转偏向力和河水离心力的影响，水面具有横比降；由于流速分布不均匀，水面还发生凹凸变形，因此河水面并不是一个严格的平面。

（二）水情要素

1. 水位

水位指河流某处的水面高程。它以一定的零点作为起算的标准，这个标准称为基面。表示水位所

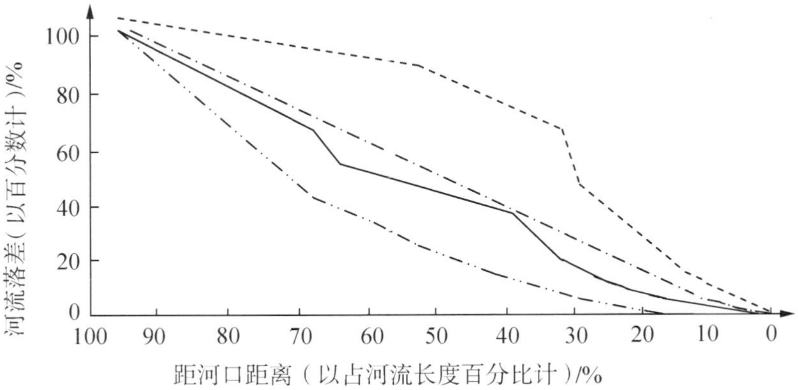

图 2-2　河流纵断面

用的基面有两种：一种是绝对基面（又称为标准基面），这种基面是以某一河口的平均海平面为零点。如我国黄河及华北各河采用大沽基面，长江采用吴淞基面等。但如果要对不同河流的水位进行对比，最好采用统一的基面，我国已经决定统一采用青岛基面。另一种是测站基面，这种基面多采用观测地点最枯水位以下 0.5~1m 处作为零点来计算水面高程，这种基面是水文站专用的一种固定基面。它可以避免因为上下游水位差带来的频繁的水位计算。但是，在进行全河的水文资料整编或水文预报时，必须换算到全河统一基面，否则无法进行水文资料的比较。

（1）影响水位变化的因素。水位变化主要是由于水量的增减，而水量的增减又与补给情况有密切关系。若补给水量增加，河中水位上涨，反之水位下降。除了这种原因之外，对一个地点来说，水位变化还受河道冲淤、风、潮汐、结冰、植物生长、干支流汇合及人类活动等的影响。河道冲刷，水位下降；河道淤积，水位上升；涨潮时水位上升，落潮时水位下降；河道结冰及芦苇、水草的生长能阻碍水的流动，使水位上升；干支流汇合及修建建筑物（堤、坝等）常造成回水，使水位抬升。

（2）水位的日变化与年内变化。

1）水位的日变化。与补给有密切的关系。以冰雪融水的补给为主的河流，水位的日变化非常明显。夜间温度低，冰雪停止融化，水位降低；白天温度升高，冰雪开始融化，水位逐渐上升。一天之内，14 时左右温度最高，冰雪融化最多，河中水位也达到最高点。以雨水补给为主的河流，山区与平原有所不同，山区河流在夏季大雨之后，水位变化非常剧烈；而平原河流，由于河槽宽广、纵比降小，水位变化小。河口地区由于潮汐作用，也可以引起水位的日变化。

2）水位的年内变化。与补给水源及季节有密切关系。以雨水为主要补给来源的河流，水位的年内变化几乎完全随降水的情况而变化。我国大部分地区夏秋雨量丰沛，水位上涨；冬季雨量稀少，水位下降。冬季地表水补给很少，河流主要依靠地下水补给，水位变化幅度比较小。以冰雪为主要补给来源的河流，水位随气温的升降而变化：冬季温度低，冰雪不融化，河流水位最低；夏季温度高，冰雪融化，补给水量较多，河流的水位也升高，而且每年气温出现最高值后不久，河流水位也达到全年最高值。

（3）水位过程线。为了研究水位的变化规律，常将观测站观测的水位资料绘成水位过程线。水位过程线是以时间为横坐标、以水位为纵坐标绘成的曲线，它显示了水位随时间变化的情况。可以根据需要绘制不同时段（如年、月、日）的水位过程线。水位过程线反映了断面以上流域内自然地理因素对该流域水文过程的综合影响，特别是气候因素对水文过程的影响。

如果把同一测站的各年水位过程线绘在同一张图上，可对该站各年水位进行比较。如果把沿河各站同一年的水位过程线绘在同一张图上，又可以对上下游各站水位进行比较，而且可以看出洪水波沿河传播的情形。

（4）水位历时曲线。一年中大于或等于某一水位出现的次数之和称为历时。水位历时曲线绘制的方法是将一年内逐日平均水位按照递减次序排列，并将水位分成若干等级，分别统计各级水位发生的次数，再由高水位至低水位依次计算各级水位的累计次数（历时）。以水位为纵坐标，以历时为横坐标绘成的曲线，称为水位历时曲线。根据历时曲线可以确定所研究的时段内大于或等于某一水位出现的日数。水位历时曲线常与水位过程线绘在一起（图 2-3）。

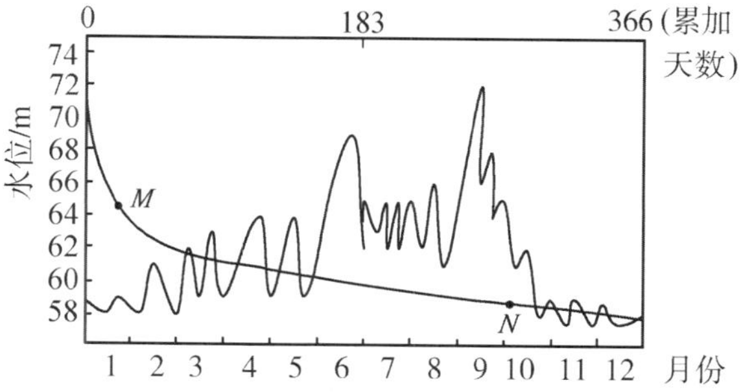

图 2-3　水位过程线与历时曲线

（5）特征水位。在生产实践和科学研究中常用的水位。特征水位有如下几种：

1）最高水位。研究时段内水位的最大值，如月最高水位、年最高水位、多年最高水位等。最高水位在防洪上具有重要意义。

2）最低水位。研究时段内水位的最小值，如月最低水位、年最低水位、多年最低水位等。最低水位对航运、灌溉有重要的意义。

3）平均水位。研究时段内水位的平均值，如月平均水位、年平均水位、多年平均水位（又称为正常水位）。平均水位对河流用水及流量调节有一定的意义。

4）平均最高水位与平均最低水位。平均最高水位是指各年最高水位的算术平均值；平均最低水位是指各年最低水位的算术平均值。

5）中水位。研究时段内，水位历时曲线上相当于历时 50% 的水位。中水位对考虑用水保证率有重要意义。

此外，在防汛工作中，还有水利部门常用的特征水位，如根据防汛工作的需要规定的防汛水位、警戒水位等，这些特征水位被用作设防和警戒的标准，并在实际工作中应用。

（6）相应水位。比较一下沿河上下游各测站的水位过程线可以看出，它们的水位变化具有相似的起伏趋势，特别是当河段内很少注入支流时，这种趋势更明显。在同一涨落水期间，上下游站相同的水位称为相应水位。

由于河水自上游站流到下游站需要一段时间，因此上下游站的相应水位不可能同时出现，而且必然是上游站出现较早，而下游站较迟。以上游站特征水位为纵坐标，下游站相应的特征水位为横坐标，点绘成相应水位曲线（图 2-4）。

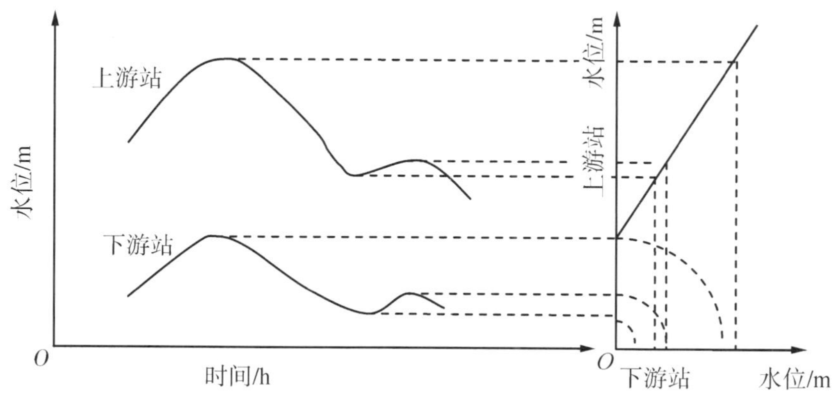

图 2-4　上下游站水位过程线与相应水位曲线

相应水位曲线可以用于水位预报，检测水文测验成果，用已知测站的水位资料插补另一测站所缺测得水位记录等，因此，它在水文工作中是很有意义的。

2. 流速

流速是指河流中水质点在单位时间内移动的距离，即

$$v = \frac{L}{t} \tag{2-2}$$

式中，v 为流速（m/s）；L 为距离（m）；t 为时间（s）。

流速沿深度的分布称为垂线流速分布。正常情况下，最大流速分布在水面以下 0.1～0.3m 水深处，平均流速相当于 0.6m 水深处的流速，如图 2-5 所示。

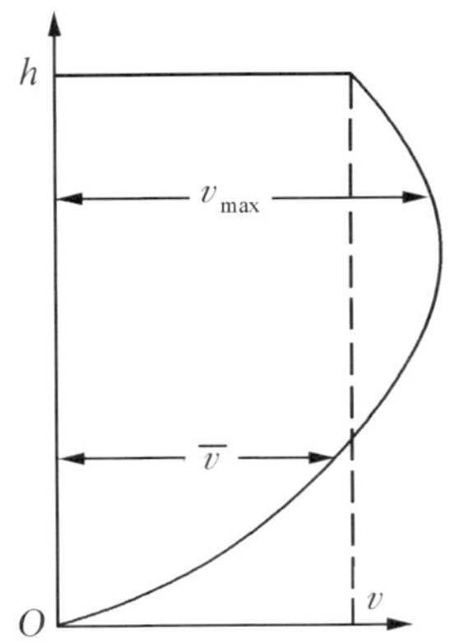

图 2-5　流速在垂直线上的分布

如果河面封冻，则最大流速下移。在河流横断面上流速一般是由河底向河面、由两岸向河心逐渐增大，河面封冻时则较大的流速出现在断面中部，如图 2-6 所示。

天然河道中的平均流速除了通过实测获得外，还可以利用水力学公式得到，即

$$v = c\sqrt{RI} \tag{2-3}$$

式中，v 为断面平均流速；R 为水力半径；I 为水面比降；c 为与粗糙率等因素有关的流速系数。

式（2-3）称为薛齐公式，是根据河道水流做等速运动（均匀流）的理论推导而成的。

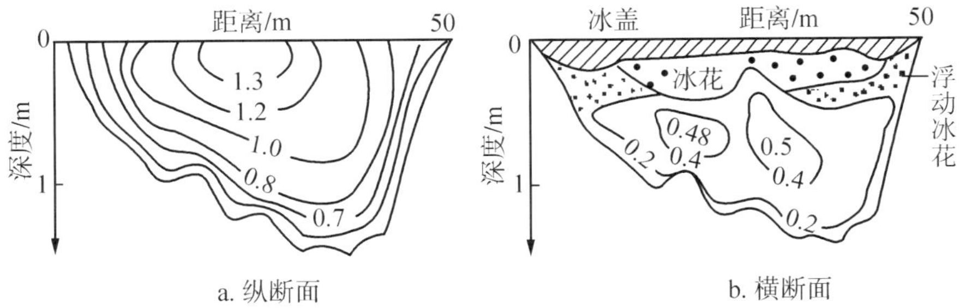

图 2-6　封河前后断面流速分布（单位：m/s）

3. 流量

流量是指单位时间内通过某个过水断面的水量，单位是 m^3/s。各个时期河流的下泄水量是根据实测流量推算的。测出流速和断面的面积，就可以知道流量：

$$Q = A\bar{v} \tag{2-4}$$

式中，A 为断面面积；$\bar{v}$ 为平均流速。

流量是河流的重要特征值。流量的变化将引起水位、流水侵蚀过程和水流的其他特征值的变化。

已知 $Q = A\bar{v}$，根据薛齐公式 $v = c\sqrt{RI} = f_1(H)$，而 $A = f_2(H)$，那么，$Q = f_1(H)f_2(H) = F(H)$。这个公式所表示的曲线就是水位-流量关系曲线（图 2-7）。它的实际意义在于，可以利用水位资料推求出流量来，因此在水文工作中用途很广。

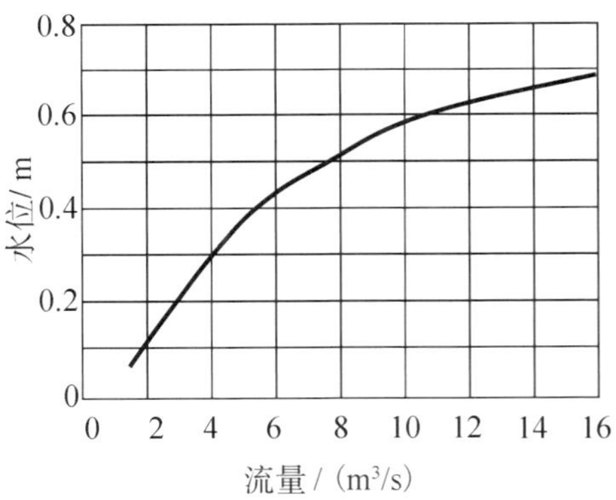

图 2-7　水位-流量关系曲线

在实际工作中，还常常需要绘制另一种曲线——流量过程线。以横轴表示时间，纵轴表示流量，连接各点坐标点，得出 $Q = f(t)$ 曲线，即流量过程线（图 2-8）。在横轴和两纵线之间，过程线所包含的面积，等于相应期间的径流总量。一条河流的流量过程线是这一河流各种特征的综合。分析流量过程线相当于对一个流域的特征进行综合的研究。

（三）河流的补给

降落在地表的雨水，除部分被植被截留、下渗和蒸发以外，其余的形成地表径流，汇入河网，补给河流。冰川、积雪、地下水、湖泊和沼泽水，也都可以构成河流的水源。

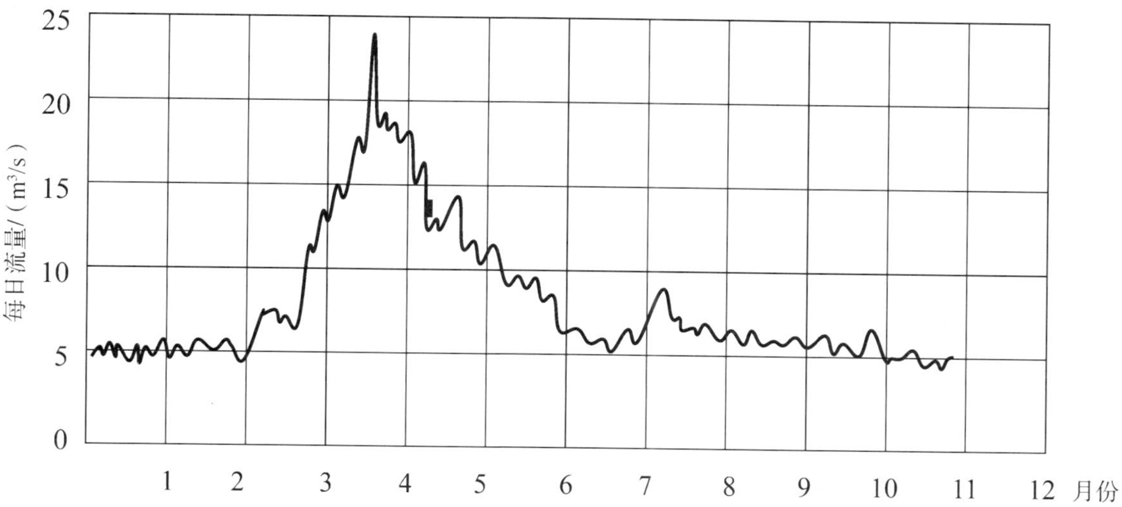

图 2-8　流量过程线

不同地区的河流从各种水源中得到的水量是不相同的，即使是同一条河流，不同季节的补给形式也不一样。这种差别主要是由流域的气候条件决定的，也与下垫面的性质和结构有关。例如，在热带地区没有积雪，降水成为主要的水源；在冬季长而积雪深厚的寒冷地区，积雪在补给中起着主要的作用；发源于巨大冰川的河流，冰川融水是首要的补给形式；下切较深的大河能得到地下水的补给，下切较浅的小河很少或完全不能得到地下水补给；发源于湖泊、沼泽或泉水的河流，主要依靠湖水、沼泽水或泉水补给。此外，人类通过工程措施，也可以给河流创造新的补给条件，这就是人工补给。

河流水量补给是河流的重要特征之一。只有首先了解补给特征，才能更好地了解河流的水情特征和变化规律。

1. 不同补给水源的特征

（1）降水补给。降水是全球大多数河流最重要的补给来源。降水补给为主的河流的水量及其变化，与流域的降水量及其变化有着十分密切的关系。我国广大地区，尤其是长江以南地区的河流，降水补给占绝对优势。据估计，我国所有河流的年径流量中，降雨补给约占 70%，河流水量与降水量分布一样，表现出由东南向西北递减的趋势。我国河流多在夏秋两季发生洪水，也与大部分地区降水集中在夏秋两季有关。

（2）融水补给。融水补给为主的河流的水量及其变化，与流域的积雪量和气温变化有关。这类河流在春季气温回升时，常年因积雪融化而形成春汛。春季气温和太阳辐射的变化，不像降水量变化那样大，因此融水补给与降水补给相比，出现的时间较为稳定，变化也较有规律。我国东北北部地区有的河流融水补给可占全年水量的 20%，松花江、辽河、黄河的融水补给，可以形成不太突出的春汛。西北山区河流中，山地中的积雪及河冰融水，对解决山下绿洲春耕用水问题有重要作用。高山冰川的融水，补给时间略迟，常和雨水一起形成春季洪峰。

（3）地下水补给。河流从地下所获得的水量补给称为地下水补给。地下水是河流可靠的、经常的来源，一般占河流径流总量的 15%~30%。地下水补给具有稳定和均匀两大特点。深层地下水因受外界条件影响较小，其补给通常没有季节变化；浅层地下水补给状况则根据地下水与河流之间有无水力联系而定。

（4）湖泊与沼泽水补给。湖泊、沼泽补给水量的大小和变化，取决于湖泊和沼泽对水量的调节作用。湖泊面积越大，水量越多，调节作用就越显著。一般来说，湖泊沼泽补给的河流，水量变化缓慢，而且水量稳定。

（5）人工补给。从水量多的河流、湖泊中，把水引入水量缺乏的河流，向河流中排放废水等，都属于人工补给范围。

2. 河流各种水源的定量估计

对河流各种水源进行定量估算是比较困难的，但有相当重要的作用。为了了解河川径流的形成规律及其计算和预报方法，正确地从总水量中划分出地表径流和地下径流，常常需要从河流的流量过程线中，把各种形式的补给分割出来。因此，河流各种水源的定量估算，也叫作流量过程线的分割。

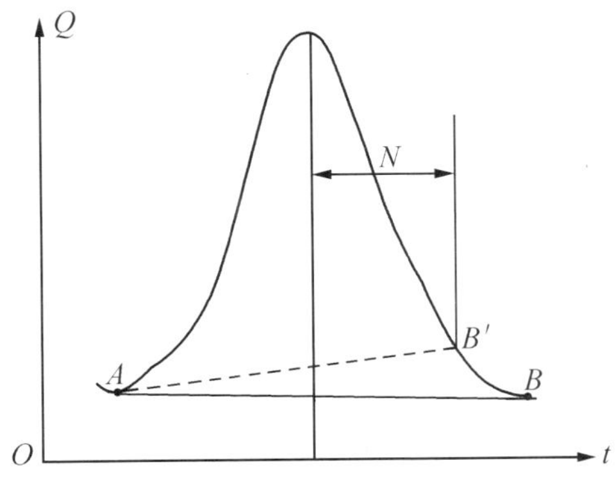

图 2-9　直线分割法

（1）直线分割法。一种最简单的分割方法，如图 2-9 所示，从流量过程线最低点 A，引一水平线和流量过程线相交于 B，AB 线以下部分即为地下水补给。在洪水前的枯水情况下，用这种方法来分割深层地下水是简便而且有效的，因为这时候深层地下水补给比较稳定。但当有浅层地下水混杂其中时，这种方法就不适用了。雨后分割出来的地下水量往往比实际补给量偏小，地面径流量则比实际补给量偏大。改进的办法是，从 A 点引一条斜线至流量过程线退水段上的地面径流停止点 B′，AB′线以下部分就是地下水补给。B′点可以根据洪峰后的日数 N 在流量过程线上定出。直线分割法的根本缺陷在于忽视了河流与地下水的水力联系，因而分割出来的地下水有较大误差。但是它简便易行，在水文分析和计算中仍然常常应用。

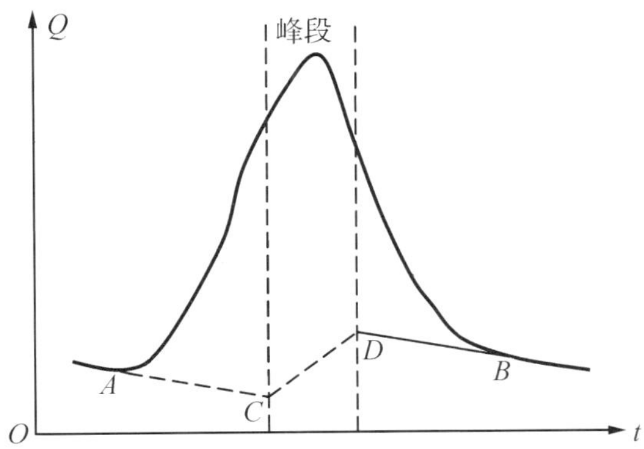

图 2-10　退水曲线法

（2）退水曲线法。这个方法实际上是根据标准退水曲线，从流量过程线两端向内延伸，退水线以下部分就是地下径流。该方法适用于河水与地下水没有水力联系的情况。如图 2-10 所示，从流量过程线曲线的两端，A 点向后延伸至 C 点，B 点延伸至 D 点，再用直线 CD 把两条退水曲线连接起来，ACDB 曲线以下即为地下水补给。

以上两种方法都只限于分割地表径流和地下径流两部分。地表径流各部分是可以进一步分割的。图 2-11 所示即为这种分割方法的一例。

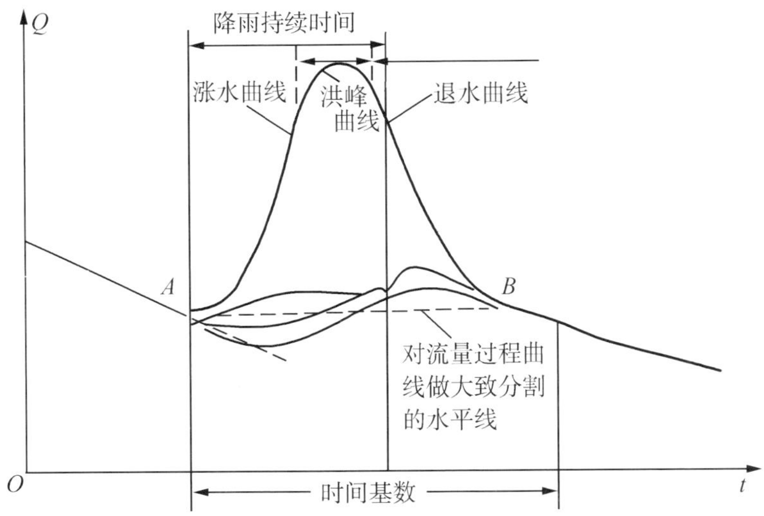

图 2-11　流量过程曲线各个部分的分割

图 2-11 中分别指出了整个洪水时期和降雨持续时间。流量过程曲线明显地分为涨水曲线、洪峰曲线和退水曲线三个部分。涨水曲线代表最初一部分降水为土壤吸收后使流量迅速加大的部分；洪峰

曲线在降雨终止前不久出现，其起点相当于流量虽然仍在增加，但单位时段内增加的流量却出现减少的转折点，其终点相当于单位时段内增加的流量减少到零的转折点。退水曲线代表流量逐步减少恢复到涨水以前的部分。整个洪水流量应归属于四个部分：径流代表水文站以上整个流域所能集中的地表径流，但对降雨存在着迟滞现象。河道降水量是直接进入上游各支流的降水部分，随着降雨的起止而起止。渗入土壤中的水分不转为潜水即从侧面溢出流入河流，但它在雨降了一段时间后才能增加到河流流量中，并在洪水峰恢复到雨前时同时终止。至于地下径流量，是洪水以前河流流量的主要来源，而在降雨之后直接到洪峰出现的后期才会大量增加到河流中来，但对降雨也存在迟滞现象。

（四）径流

1. 径流的形成阶段

径流的形成是一个连续的过程，但是可以划分为几个不同的特征阶段。了解这些阶段的特点，对于水文分析是比较重要的。

（1）停蓄阶段。降雨开始后，落到流域内的雨水一部分被植物截留，另一部分被土壤吸收，然后再通过下渗，进入土壤和岩石的空隙中，形成地下水。因此，降雨初期不能立即产生径流。随着降雨继续进行，到降雨大于上述消耗时，雨水便在一些分散的洼地停蓄起来。这种现象称为填洼。由于停蓄于洼地中的水也不能立即变为径流，因此这个阶段叫作停蓄阶段。如果降水强度大，停蓄阶段就比较短，反之，就比较长。流域地面状况对停蓄阶段的长短也有影响，如果植被覆盖度大、土壤下渗力强、地表洼地多，则停蓄阶段时间长，反之，时间就短。对于径流形成而言，停蓄阶段是一个损耗过程，但是，从增加雨水对地下水的补给和减少水土流失来说，这个阶段却是不可缺少的。

（2）漫流阶段。降雨连续进行，植物截留和填洼都已经达到饱和，降雨强度大于下渗强度，地表便开始出现沿天然坡度流动的细小水流，叫作坡面漫流。坡面漫流逐渐扩大范围，并分别流向不同的河槽里，这个阶段就叫作漫流阶段。这个阶段只有下渗起着削减径流形成的作用。而土壤岩石的下渗强度，从开始下渗即逐步减少，一定时间后，常成为稳定值，这个稳定值称为稳渗率。因此，漫流阶段的产流强度决定于降雨强度和土壤稳渗率之差。各种土壤的下渗强度不同（图2-12），故不同土壤地区产流情况也不一样。在同样降雨强度下，砂质土地区产流强度较小而黏质土地区产流强度则较大。

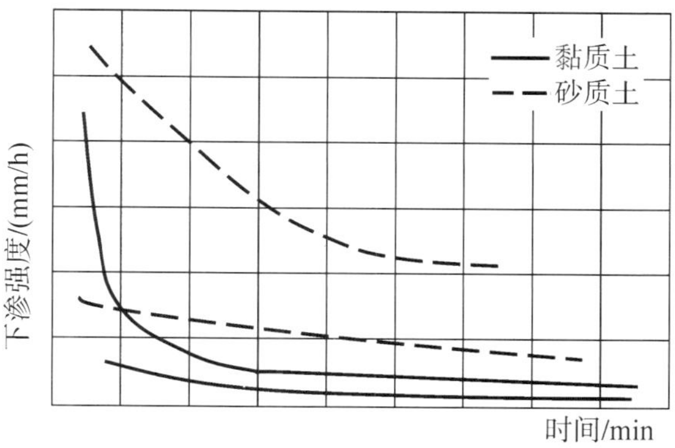

图2-12　不同土壤的下渗强度

坡面漫流是地表径流流向河槽汇集的中间环节，分为片流、沟流和壤中流三种形式，其中，沟流又是主要的形式。水在地表纹沟中流动，流速一般不超出1~2m/s，但流速和流量都从坡顶向坡底增大，冲刷力也相应地向坡底增大。片流并不多见。壤中流是指水在地表下数厘米的土壤中流动，其速度不大，开始时间也比较晚，但降雨停止后仍可存在一段时间。地表的土壤物质往往就是由这种坡面漫流带入河槽的。

（3）河槽集流阶段。坡面漫流的水进入河道中，沿河网向下流动，使河流流量大为增加，叫作河槽集流。河槽集流阶段历时最长。在这个阶段中，大部分河水流出河口外，只有小部分渗过河谷堆积物补给地下水，待洪水消退后，地下水又反过来补给河流（图2-13）。河槽集流过程在降雨停止以后还要继续很长时间。河槽集流阶段包括雨水由坡面进

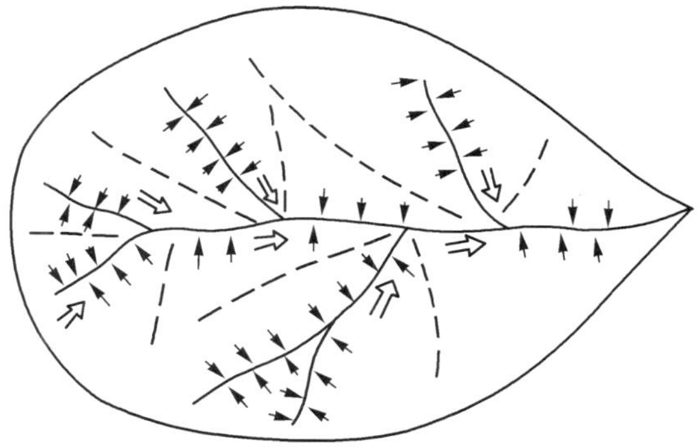
图2-13　河槽集流过程

入河网，最后流出出口断面的整个过程。它是径流形成的最终环节。

上述三个阶段是指长时间连续降雨下发生的典型模式。实际上由于每次降水的强度和持续时间不同，各流域自然条件也不一样，因此，无论是不同流域的径流形成，或是同一流域在不同降雨过程中的径流形成，都可能有不同程度的差别。

2. 径流计量单位

在研究某一阶段时间内河流水量的变化，及在比较各河流的径流量时，都必须采用适当的量值来计算。常用的量有以下几种：

（1）流量 Q。在单位时间内通过河道过水断面的水量称为流量，其单位为 m^3/s，计算公式为

$$Q=Av \tag{2-5}$$

式中，A 为过水断面面积；v 为水流的平均速度。

在水文计算中，经常用到瞬时流量、平均流量等。

（2）河流径流总量 W。在一特定时间内流过测流断面的总水量称为河流径流总量，例如年径流总量。计算径流总量的公式为

$$W=\overline{Q}T \tag{2-6}$$

式中，径流总量 W 的单位为 m^3 或 km^3；T 为时间，以 s 为单位；$\overline{Q}$ 为时段平均流量。

（3）径流模数 M。单位时间内，从单位面积上流出的水量，称为径流模数，单位为 $m^3/(s \cdot km^2)$。径流模数与流量之间的关系为

$$M=\frac{Q}{F} \tag{2-7}$$

式中，F 为流域面积，单位为 km^2。当流量的单位由 m^3 化为 L 时，应乘以 1000。在所有计算径流的常用量中，径流模数最能说明与自然地理条件相联系的径流特征。通常用径流模数来比较不同流域的单位面积产水量。例如，甲河流最大洪水流量 $Q=8552m^3/s$、流域面积 $F=180850km^2$，则径流模数 $M=0.047m^3/(s \cdot km^2)$；而乙河流最大洪水流量 $Q=7138m^3/s$，流域面积 $F=43000km^2$，则径流模数 $M=0.166m^3/(s \cdot km^2)$。可见，甲河流域的单位面积产水量远不如乙河丰富。

（4）径流深度 y。研究河流径流时，需要把径流量与降水量进行比较。降水量是用 mm 为单位的，径流量也需要用 mm 为单位。流域面积除以该流域一年的径流总量，即得到径流深度：

$$y=\frac{W}{F} \tag{2-8}$$

由于 W 和 F 的单位都需要化为 mm，所以式（2-8）可写为

$$y=\frac{W\times 10^9}{F\times 10^{12}}=\frac{W}{F}\times 10^{-3}(\mathrm{mm}) \tag{2-9}$$

（5）径流变率（模比系数）K。任何时段的径流值 M_1、Q_1 或 y_1 等，与同时期的多年平均值 M_0、Q_0 或 y_0 之比，称为径流变率或模比系数，即

$$K=\frac{M_1}{M_0}=\frac{Q_1}{Q_0}=\frac{y_1}{y_0} \tag{2-10}$$

（6）径流系数 α。一定时期的径流深度与同期降水量之比，称为径流系数，其计算公式为

$$\alpha=\frac{y}{x} \tag{2-11}$$

式中，x 为降水量。径流系数常用百分数表示，降水量大部分形成径流，则 α 值大；降水量大部分消耗于蒸发和下渗，则 α 值小。

（7）离差系数 C_v。反映各年中具体水量的相对变动程度，在径流计算中很重要。它是均方差与均值之比，为衡量相对离散程度的参数：

$$C_v = \frac{\alpha}{\bar{x}} = \frac{1}{\bar{x}}\sqrt{\frac{\sum (x_i - \bar{x})^2}{n}} \tag{2-12}$$

3. 径流的变化

（1）年内变化。随着自然条件，主要是气候条件的周期性变化，一年中河流补给状况、水位、流量等也相应发生周期性变化。根据一年内河流水情的变化特征，可以分为若干个水情特征时期，如汛期、枯水期（或冰冻期）、平水期。

1）汛期。是河流处于高水位的时期。我国大部分河流的高水位是夏季集中降雨造成的，因此又叫夏汛。夏汛期内河流径流量大，洪峰起伏变化急剧，是全年最重要的水情阶段。各河流的夏汛期长短不一，我国南方河流因雨季早而持续时间长，夏汛期也长。春季积雪融化形成的河流高水位，叫作春汛。华北、东北的河流都有春汛，但水量比夏汛小，一般历时也不长。

2）枯水期。是河流处于低水位的一段时期。我国河流的枯水期一般出现在冬季。这段时间河水主要依靠地下水补给，流量和水位变化很小，如果此时河流封冻，又可以称为冰冻期。

3）平水期。是河流处于中常水位的时期。洪水过后，退水比涨水慢，因此从汛期到枯水期之间有一段过渡时期，水位处于中常状况。我国河流的平水期大多数出现在秋季，时间不长。

（2）年际变化。河流的年径流量在各个年份多少不一，径流量的年际变化往往是由降雨量的年际变化引起的。通常以径流的离差系数来表示年径流的变化程度。我国中等河流的离差系数在长江以南一般在 0.30 以下，长江下游及黄河中游各河流和东北山区河流为 0.40，淮河为 0.60，海河为 0.70。这种大致从南向北增长的趋势，是与我国雨量变率的分布趋势基本上一致的。

4. 特征径流

（1）洪水。河流的水位达到某一高度，使得沿岸城市、村庄、建筑、农田受到威胁时的水位，称为洪水位。连续发生的强降雨是造成洪水的主要原因，积雪融化也可以造成洪水。流域内的降水分布、强度、降雨中心的移动路线，及支流排列方式，对洪水的性质有着直接的影响。

洪水按照来源可以分为上游演进洪水和当地洪水两类。河流上游径流量显著增加，洪水自上而下沿河流推进，就形成上游演进洪水。当地洪水则是由所处河段的地面径流直接形成的。由于洪水形成条件不同，洪水过程线也有单峰、双峰、肥瘦等差别。

实际观测发现，同一河流的上游洪峰比较尖锐，变化幅度大，而下游则渐趋平缓，变化幅度也逐渐减小。这就表明洪水位的升降越向上游越急速。洪水的传播速度与河道形状有关，河道整齐的传播快，不规则的传播慢。如果河流流经湖泊或泛出河道，则洪水传播速度更慢。

洪水期间，在没有大支流加入的河段中，同一断面上总是首先出现最大比降，接着出现最大流速，然后是最大流量，最后是最高水位。

我国浙江、江西、福建、广东等省的河流，流量从 3 月份起增加，最大流量一般出现在 6 月，到 8 月份平均流量即下降到年平均流量以下。淮河 5 月发生桃汛，7 月出现最大流量。长江上游 7~9 月都可能出现最大洪峰，但以 8 月上半月出现全年最大洪峰的机会为最多，洪水总量最大，历时也最长。

（2）枯水。一年内没有洪水期的径流，称为枯水径流。枯水期间，径流呈现递减现象，久旱之后，可能出现一年中最小的流量。枯水径流的主要补给来源于流域的地下蓄水。

流域的地质和水文地质条件，最大程度上影响着地下水的储量及所补给河流的特征。沙砾层能大量储水并在枯水期缓慢补给河流，黏土层则相反。溶洞可以使大量雨水漏到地下深处成为持久而稳定的水源。河槽下切深度和河网密度，决定着截获地下水补给的水量大小，湖泊、沼泽、森林及水库的调节作用都能增加枯水径流。我国大多数河流的枯水径流出现在 10 月至次年 3、4 月。

（五）流域的水量平衡

进入任意流域空间的水量，减去所消耗的水量，等于它原来水量的增加量的绝对值，这就是流域水量平衡的原理。由这个原理出发，可以把进入某一流域的各种水量来源进行比较，并确定它们对水量情势的影响程度。设 x 为一定时间内流域的降水量，u_2 为收入超过支出时的水量；w_1 为进入流域的地下径流量，z_1 为地表及土壤中凝结的水量，w_2 为由地下径流方式流出的水量，z_2 为雪面、土面、叶面、水面蒸发量，u_1 为支出超过收入时的减量，y 为地表径流方式流出的水量。

令以上所有数值都用水深表示，则一条河流任意时段的水量平衡方程式可写为

$$x = y + (z_2 - z_1) + (w_2 - w_1) + (u_2 - u_1) \tag{2-13}$$

以 z 表示减去了凝结量最后的蒸发量，即

$$z = z_2 - z_1 \tag{2-14}$$

以 u 表示流域内蓄水量的变化，以 w 表示该流域与相邻流域间地下水的变换量，即

$$u = u_2 - u_1 \tag{2-15}$$

$$w = w_2 - w_1 \tag{2-16}$$

由于 x、y 总是正数，大多数情况下 $z_1<z_2$，因此 z 也基本上都是正数，而 u 和 w 可以是正值也可以是负值，则河流水量平衡方程式可以写为

$$x = y + z \pm u \pm w \tag{2-17}$$

当其他条件相同时，流域面积越大，w 就越小，因此将上述方程用于大流域时，w 可以忽略，则成为

$$x = y + z \pm u \tag{2-18}$$

如果不是研究任意时段，而是一年，那么 $\pm u$ 只表示地下水的存储与消耗，即

$$x = y + z \pm u_{年} \tag{2-19}$$

当用该式表示多年水量平衡状况时，由于 $\frac{1}{n}\sum_{1}^{n} \pm u \to 0$，所以

$$\bar{x} = \bar{y} + \bar{z} \tag{2-20}$$

式中，$\bar{x} = \frac{\sum x}{x}$ 为多年平均降水量；$\bar{y} = \frac{\sum y}{y}$ 为正常径流量；$\bar{z} = \frac{\sum z}{z}$ 为正常蒸发量。

对于没有径流流出的内陆流域，多年的水量平衡方程式更为简单：

$$\bar{x} = z \tag{2-21}$$

即多年平均降水量等于多年平均蒸发量。

水量平衡的方法是研究各水情要素间数量关系的基本方法之一，在水文学中应用很广。

（六）河水温度

河水的热状况是河流水文的物理特征之一，它对农田灌溉、水生生物的养殖和某些水工建筑等都有重要的意义。河水热状况的综合标志是河水的温度。当水温达到 0℃以下的冷却状态时，河流中有可能出现冰晶。这时，如果水温继续保持在 0℃以下，河流就会出现冰晶。

1. 影响河水温度的因素

河流的补给特征是影响河水温度状况的主要因素。由冰川和积雪补给的河流，水温必然比较低；从大湖泊流出的河流，春季水温低而秋季水温比较高；地下水补给量丰富的河流，冬春季水温比较高。但是，还有许多其他因素影响河水的增温和冷却，如太阳辐射和流域的气温状况等。

2. 河水温度在时间、空间上的变化

一般来说，河水温度的地区分布形势大体与气温一致。河流的年平均水温略高于当地的年平均气温，但差值不大，一般只有 1~2℃，但在封冻期很长、冬季气温很低的地区，差值就增大了。河水温度年变化主要受季节影响，春季河水热量收入比支出大，因而河水温度就会增高，最高温度多出现在盛夏；秋冬季河水热量收入比支出小，温度降低，最低水温多出现在冬季气温最低的时候。不同地理位置水温的年变化幅度不同。夏季水温有明显的日变化，而且中低纬河流比高纬河流显著。河水温度季节变化表现为夏季水温高，冬季水温低，北方河流还可以发生结冻现象。

河水温度还随流程远近而变化。由于发源地海拔高，河口海拔低，通常水温自上游向下游增高。

长江发源于青藏高原上唐古拉山北坡的各拉丹冬冰川，上游水温低，到入海时，水温就高得多了。但是，各段河水温度在很大程度上还受到河流流向的影响，北向河流，越向下游水温可能越低。

当气温降到0℃以下，水温降到0℃时，河流中开始出现冰晶，岸边形成岸冰。冰晶扩大，浮在水面形成冰块。随着冰块的数量增多和体积增大，河流狭窄处和浅水处首先发生阻塞，结果使整个河面封冻。我国北方河流每年都有时间长短不等的封冻期，长的可达4~5个月。

我国河水温度的年变化幅度一般较大，这也是我国大陆性气候较强、各地气温年变化幅度一般很大的反映。在不封冻地区，水温年变化幅度与气温年变化幅度的变化趋势大致相同，随着高度的增加，变化幅度减小；随着纬度的增高及大陆性的增强，变化幅度增大。在封冻区，除了高度增大、变化幅度减小外，由于水温下限是固定的，随着纬度的增高，夏季气温较低，水温年变化幅度反而减小。

河流中的水流是紊流，一般情况下水温比较均匀，但对于特别大而平静的河流，河水很难彻底混合，垂直方向的水温分布具有成层性。一般在清晨，河流表面的水温较低，愈向河底水温愈高，呈逆温现象。在14时左右，表面水温高，愈向河底水温愈低，呈正温现象，河水温度的日变化较小。

（七）河流的分类

1. 河流分类的意义和原则

任何一个国家，尤其是幅员辽阔、河流众多的国家，不可能在短期内对其全部河流进行观测，但是，发展经济的规划、设计却迫切需要河流水位、流量变化和水温动态方面的数据。因此，需要借助河流的分类来解决生产实际中提出的问题。在某一地区，影响河流特征的气候、土壤、地质地貌条件大致相同，故河流存在着一定程度的相似性。在不同地区内，影响河流特征的各种条件差别很大，河流水文要素的变化规律当然不一样。因此，可以根据现有的河流水文资料进行综合分析，将其要素变化相同的河流，划分为一个类型。当规划设计某一缺乏资料的河流时，就可以用同类河流的水文变化规律作为依据。河流分类的方法和原则很多，现简单分列如下：

（1）以河流的水源作为河流最重要的典型标志，按照气候条件来划分。

（2）根据径流的水源和最大径流发生季节来划分。

（3）根据径流的年内分配的均匀程度来划分。

（4）根据径流的季节变化，按河流月平均流量过程线的动态来划分。

（5）根据河槽的稳定性来划分。

（6）根据河流及流域的气候、地貌、水源、水量、水情、河床变化等综合标志来划分。

很显然，这里列举的大部分原则都有一定的实际应用价值，但又都有局限性。

2. 我国河流的分类

我国河流众多，流域面积在100km^2以上的河流有50000多条，其中长江的长度达到6300km，为世界第三大河。我国绝大多数河流分布在东部和南部，其中又以属于太平洋流域的河流为最多、最大；属于印度洋流域的河流较少；属于北冰洋的河流最少。此外，还有一个广阔的内陆流域，面积占我国国土总面积的36.4%，而径流量则仅占全国径流总量的4.39%。

我国常以河流径流的年内动态差异为标准进行河流的分类。这种分类反映了我国各类河流的年内变化特征及其分布规律，对进一步研究河流水文和合理规划利用地表径流提供了科学依据。现将主要河流类型及其径流特征介绍如下：

（1）东北型河流。包括我国东北地区的大多数河流。其主要水文特征是：①由于冰雪消融，水位通常在4月开始上升，形成春汛，但因积雪深度不大，春汛流量比较小。②春汛延续时间较长，可以与雨季相连续，因此春汛与夏汛之间没有明显的低水位，春季缺水现象不是特别严重。春汛期间因流冰阻塞河道形成高水位，在干旱年份甚至可以超过夏汛水位。③河流一般在10月末或11月初结冰，冰层可厚达1m，结冰期间只依靠少量地下水补给，1、2月出现最低水位。④纬度较高、气温低、蒸发弱，地表径流比我国北方其他地区丰富，径流系数一般为30%，全年流量变化较小，如哈尔滨测得的松花江洪枯水量之比为15∶1。

（2）华北型河流。包括辽河、海河、黄河及淮河北侧各支流。其主要特征是：①每年有两次汛峰，两次枯水，3、4月间因上游积雪消融和河冰解冻形成春汛，但不及东北型河流的春汛显著。②春汛出现于6月下旬至9月，和雨期相符合，径流系数为5%～20%，夏汛与春汛间有明显的枯水期，有些河流甚至可能断流，造成春季严重缺水现象。③雨季多暴雨，洪水猛烈而径流变化幅度大，如黄河陕县最大流量与枯水期流量之比为110∶1。

（3）华南型河流。包括淮河南侧支流、长江中下游干支流、闽浙沿海和广东沿海及台湾省各河，及除西江上游以外的珠江流域的大部分。其主要特征是：①地处热带、亚热带季风区，有充沛的雨量作为河水的主要来源，径流系数超过50%，汛期早，流量大；②雨季长，汛期也长，5、6月有梅汛，7、8月出现台风汛；③最大流量和最高水位出现在台风季节，当台风影响减弱时，雨量减小，径流也减小，可发生秋旱现象。

（4）西南型河流。包括中、下游干支流以外的长江、汉水，西江上游及云贵高原地区的河流，一般不受降雪和冰冻的影响。径流变化与降水变化规律一致，7、8月洪峰最高、流量最大，2月流量最小。河谷深切，洪水危害不大。

（5）西北型河流。主要包括新疆和甘肃西部发源于高山的河流。其主要特征是：①主要依靠高山冰雪补给，流量与高山冰川储水量、积雪量和山区气温状况有密切关系，10月至次年4月为枯水期，3、4月有不明显的春汛，7、8月间出现洪峰；②产流区主要在高山区，出山口后河水大量渗漏，越向下游水量越少，大多数河流消失于下游荒漠中，少数汇入内陆湖泊。

（6）阿尔泰型河流。我国境内属于此型的河流为数很少，以积雪补给为主，春汛明显，汛期一般出现在5、6月。

（7）内蒙古型河流。主要在内蒙古自治区境内。其主要特征是：①以地下水补给为主，或兼有雨水补给；②夏季径流明显集中，水位随暴雨来去而急速涨落，雨季的几个月中都可以出现最大流量；③冰冻期可以长达半年。

（8）青藏型河流。青藏高原内部河流以冰雪补给为主，东南边缘的河流主要由雨水补给，7、8月降雨最多，冰川消融量最大，故流量也最大。春末洪水与夏汛连在一起。11月至次年4、5月为枯水期。

三、湖泊、水库

（一）湖泊、水库水温的分布

引起湖水温度分布差异的原因有两个，一是大气界面上增温与冷却作用，一是湖泊、水库水内部紊动、对流混合作用。

水温的垂直分布常用水温垂直梯度表示。当水温随着水深的增加而降低时，即水温梯度为负值时，将出现上层水温高、下层水温低，但不低于4℃，这种水温的垂直分布称为正温层；当湖水温度随着水深的增加而升高时，即水温垂直梯度为正值时，将出现上层水温低、下层水温高，但不高于4℃，这种水温的垂直分布称为逆温层；当湖水上下层温度一致，即水温垂直梯度为0℃时，将出现上下层水温相同，这种水温的垂直分布称为同温状态。当湖泊出现正温层时，在湖面以下一定深度常常形成温跃层，即上下层水温有急剧变化的一段。出现温跃层的深度取决于表层增温程度、风力大小、湖盆形态等。

（二）湖泊、水库水温的变化

湖水温度有日变化和年变化的特点。水温的变化以表层最明显，随温度的增加，日变化幅度逐渐减小，最高水温一般出现在每天的14～18时，最低水温出现在5～8时。水温的日变化幅度在阴天和晴天之间的差别也较大。

湖水温度的年变化，除结冰期外，与当地气温年变化相似，但最高、最低水温出现的时间要迟半个月到一个月左右。水温的月平均最高值多出现在7、8月，月平均最低值多出现在1、2月。水温年较差比气温年较差小，大湖较小湖小。我国湖面水温年变化幅度最大的是太湖，最大值可达38℃。

高山、高原区湖泊水温年变化幅度最小。

（三）我国的湖泊

我国是一个湖泊众多的国家。统计显示，我国面积在 $1km^2$ 以上的天然湖泊有 2800 多个，面积在 $100km^2$ 以上的大湖有 130 多个，此外还有大大小小的人工湖（水库）。这些湖泊由于含盐量不同可分为咸水湖和淡水湖。我国的大湖主要集中在长江中下游地区和青藏高原上。江西省北部、长江南面的鄱阳湖是最大的淡水湖，青藏高原上的青海湖是最大的咸水湖。

四、海洋

地球表面被各大陆地分隔为彼此相通的广大水域称为海洋。世界上各大海洋相互连接，相互沟通，形成统一的世界大洋，它们之间的物质和能量可以充分地进行交流，海洋是地球水圈的主体。

（一）海

海是靠近大陆、深度浅（2000～3000m 以内）、面积小、兼受洋陆影响、具有不稳定理化性质、潮汐现象明显，并有独立的海流系统的水域。根据海被大陆孤立的程度和其他地理位置及其他地理特征，可将海划分为地中海和边缘海。地中海又可划分为陆间海和内陆海。

1. 地中海

陆间海介于两个以上大陆之间，并有海峡与相邻海洋相连通，一般深度较大，如亚欧非大陆之间的地中海；内陆海深入大陆内部，其状况受大陆影响显著，如黑海、红海等。

2. 边缘海

位于大陆边缘的水域，一部分以大陆为界，另一部分以半岛、岛屿、群岛与大洋分开，与大洋的水交换比较自由。靠近大陆一边受大陆影响大，水文状况有明显的季节变化；靠近大洋的一边则受大洋影响大，水文状况相对稳定。

（二）洋

洋是世界大洋的主体部分，它离大陆较远，面积很大，基本不受大陆的影响，具有较为稳定的理化性质和比较独立的潮流系统及强大的洋流体系。世界上的大洋共分为四个部分，按面积从大到小依次为太平洋、大西洋、印度洋、北冰洋。太平洋与大西洋在德雷克海峡处分界，大致以通过南美洲南端合恩角的西经 67°16′线为界。太平洋与印度洋的分界线北起马六甲海峡北口，沿苏门答腊岛西海岸、爪哇岛南海岸，经阿拉弗拉海、托宙斯海峡，再沿澳大利亚东海岸和通过塔斯马尼亚岛东南角的东经 146°51′线至南极大陆。太平洋与北冰洋的分界西起俄罗斯东北部的杰口尼奥夫角，经白令海峡中的大、小代奥米德岛，至美国阿拉斯加西端苏厄德半岛的威尔士王子角一线，为白令海峡最窄处。大西洋与北冰洋的分界线西起哈得孙湾东口，经戴维斯海峡、丹麦海峡、冰岛－法罗海槛、威维尔－汤姆森海岭、设得兰群岛的马克尔－弗拉格岛，到挪威西南沿海的塔斯德角一线。大西洋与印度洋自通过非洲大陆南端的厄加勒斯角的东经 20°线至南极大陆一线为界。

（三）海水温度

1. 海水的热量收支

海水的热量主要来自太阳辐射。它每年获得的热量等于支出的热量，否则海水的温度就会发生变化。从海水的年平均温度来看，几乎没有变化。但一年中不同季节、不同海区（海洋的一定区域，这里特指以海洋自然地理条件形成的海区）的热量收支并不平衡，因此引起了海水中温度分布的不同与变化。海水的热量收支项目如表 2-1 所示。

表 2-1 中的各项热量收支对海水温度分布与变化的影响并不相同。热量的收入以太阳短波辐射和大气长波辐射最为重要，洋流带来的热量只对局部海域有较大影响，其他方式所提供热量较少；热量的支出以海面辐射和蒸发最为重要，在局部海区由洋流带走的热量对水温的变化也有较大影响，由于海水的垂直紊动混合，可将热量传至海水深处。

表 2-1　海水的热量收支项目

收入项目	支出项目
1. 来自太阳和天空的短波辐射 2. 来自大气的长波辐射 3. 地壳内热通过海底传给海水的热量 4. 海面水汽凝结时放出的热量 5. 洋流带来的热量 6. 海水垂直交换过程中得到的热量 7. 化学的、生物的和放射性物质放出的热量 8. 海水运动产生的热量	1. 海面辐射放出的热量 2. 海水蒸发过程中消耗的热量 3. 洋流带走的热量 4. 海水垂直交换中消耗的热量

2. 海水温度的分布

（1）水平方向分布。三大洋表面年平均温度约为 17.4℃。其中，太平洋最高，达 19.1℃；印度洋次之，为 17.0℃；大西洋最低，为 16.9℃。三大洋表面年平均水温的分布特点：北半球高于南半球，在南北纬 0°~30°以印度洋水温最高，在南北纬 50°~60°大西洋水温相差悬殊。形成上述特点的原因在于：热赤道北移，南半球的热带水一部分流入北半球，北半球暖流势力强大，一直影响到高纬度地带。同时，受大陆和海底地貌影响，北冰洋的冷水不能大量南流；相比之下，南半球三大洋相连，并与南极大陆相接，因此冷却效果明显。印度洋热带海区三面被亚欧大陆、非洲大陆、澳大利亚大陆包围，并受暖流影响，因此水温最高。

（2）垂直方向分布。大洋水温的垂直分布，从大洋表面至深处呈不均匀的递减趋势。在南北纬 40°之间，海水垂直结构可分为两层，即表层暖水对流层（一般深度达 600~1000m）和深层冷水平流层。表层暖水对流层的最上一层（0~100m）受气候影响明显，紊动混合强烈，对流旺盛，水温垂直分布均匀，垂直梯度极小，故称为表层扰动层。在表层暖水对流层下部与深层冷水平流层之间存在一个温跃层，水温垂直梯度递减率达到最大值。

3. 海水温度的时间变化

（1）海水温度的日变化。影响海水温度日变化的因素有太阳辐射、季节变化、天气状况、潮汐和地理位置等。大洋表面海水温度的日变化一般较小，日较差不超过 0.4℃。海水温度日变化深度一般可达 10~20m，最大深度可达 60~70m。海水温度的日较差随着纬度的增加而减小。在靠近大陆的浅海区日较差可达 3~4℃或以上。最高、最低海水温度在各地出现的时间不同，最高海水温度一般出现在 14~16 时，最低海水温度一般出现在 4~6 时。

（2）海水温度的年变化。影响海水温度年变化的因素有太阳辐射、洋流性质、季风和海陆位置。海水温度年变化深度一般为 100~150m，最大深度可达 500m。海水温度年变化的地理分布特点为：从赤道和热带海区向中纬海区增大，然后向高纬海区减小；在同一热量带，大洋西侧较东侧变化幅度大，靠近海岸地区更大；南北两半球相比，北半球各纬度的差异较南半球大，如表 2-2 所示。

表 2-2　不同海区的海水温度年较差　（单位:℃）

海区		海水温度年较差	
		北半球	南半球
赤道和热带		1~2	1~2，热带东部 3~5
亚热带	西部	7~12	4~6
	东部	4.5~6	
温带	西部	14~17	4~5
	东部	5~8	
寒带（亚极地）海洋		4~5	2~2.5

4. 海冰

淡水结冰时的温度为0℃，密度最大时的温度为3.98℃；而含有盐分的海水，其冰点和最大密度时的温度都会随着盐度的增加而降低，但降低的数值不同。当海水的盐度大于24.695×10^{-3}时，冰点温度高于最大密度时的温度；而盐度小于24.695×10^{-3}时，冰点温度低于最大密度时的温度；只有盐度在24.695×10^{-3}时，海水的冰点温度与最大密度时的温度相等，为-1.332℃。

通常表面海水的盐度大于24.695×10^{-3}，因此冰点更低。表面海水的温度达到冰点时，会因密度增大形成对流，因此难以结冰。只有相当深的一层海水充分冷却后才开始结冰。海水结冰时，会不断地析出盐分，使表层海水盐度增大，密度增大，进而表层海水下沉，加强了海水的对流，结冰就更困难、更缓慢。因此，只有当海水温度降到冰点以下、达到一定程度的冷却之后，在有结晶核的条件下，海水才开始结冰。海水结冰时，首先形成的是含有纯水的冰晶，这些冰晶包围着未结冰的海水。冰晶析出后，剩下的盐分使未结冰的海水变浓，进一步降低了海水的冰点，这时表层海水就会下沉，与下面的海水发生混合。

五、冰川

在高纬和高山地区，气候严寒，年均气温在0℃以下，常年积雪。当降雪的积累大于消融时，地表形成积雪并逐年增厚，再经过一系列的物理变化过程后，积雪就可能变成微蓝色的透明的冰川冰。冰川冰是多晶固体，具有可塑性，受自身重力作用或冰层压力作用沿斜坡缓慢运动，就形成了冰川。冰川按照形态可以划分为陆地冰盖和山岳冰川两大类，按发育的水热条件和物理性质可分为大陆型和海洋型。

冰川是世界上最大的淡水库，也是地球上除了海洋以外最大的蓄水池。地球上的冰川，大约有1600多万平方千米，覆盖着大陆11%的面积。除了大洋洲以外，其他六大洲都有冰川。冰川冰的储水量虽然占地球总水量的2%，冰川冰储藏着全球淡水总量的3/4左右，但可以直接利用的很少。现代冰川面积的97%、冰量的99%为南极大陆和格陵兰两大冰盖所占有，特别是南极大陆冰盖面积达到1398万平方千米（包括冰架），最大冰厚度超过4000m，冰从冰盖中央向四周流动，最后流到海洋中崩解。

冰川是地球上水圈的重要组成部分，作为固体淡水资源日益为人们所重视，随着世界各地工业的发展，对淡水的需求日益迫切，高山冰川和极地冰盖将是为人类提供优质淡水的理想源泉。地球上许多河流的径流是由冰川融水供给的，这不仅可以调节多年径流变化，还为干旱区农业灌溉提供了可贵的水源。有时还可用人工催化冰雪消融的方法，增加河川径流，缓解干旱年份或春灌用水的矛盾。在某些地区，还把冰川作为能源，利用冰川融水发电。此外，冰川和冰水沉积物往往存在着砂金矿和其他金属矿床，某些冰碛和冰水沉积的岩石、矿物和黏土还是建筑材料的陶瓷工业的重要原料。近年来，南极冰盖下蕴藏着的丰富矿产资源，也吸引着人们去研究如何开采。

（一）海洋性冰川

海洋性冰川又称暖冰川，分布在降水量较大的海洋性气候区，粒雪线所在地区的降水量为2000~3000mm，成冰过程特征是暖渗浸再结晶，其温度接近压力熔点，液态水可从表面分布到底部。其水量补给量大，冰川运动速度很快，一般为100m/a，有时可达500m/a。

（二）大陆性冰川

大陆性冰川又称冷冰川，分布在降水较少的大陆性气候地区，粒雪线所在地区年降水量多在1000mm以下。大陆性冰川温度较低，多为-10~-5℃，夏季温度可达0℃。由于温度低，补给少，大陆性冰川运动速度慢，为30~50m/a。

（三）中国的冰川

中国冰川面积分别占世界和亚洲山地冰川总面积的14.5%和47.6%，是中低纬度冰川发育最多的国家。中国冰川分布在新疆、青海、甘肃、四川、云南和西藏6省区。其中，西藏的冰川数量多达22468条，面积达28645km^2。中国冰川自北向南依次分布在阿尔泰山、天山、帕米尔高原、喀喇昆仑山、昆仑山和喜马拉雅山等14条山脉。这些山脉山体巨大，为冰川发育提供了广阔的积累空间和有利的水热条件。通过考察发现，中国冰川中面积大于100km^2的冰川达33条。其中，完全在中国境内的最大山谷冰川是音苏盖提冰川，面积约为380km^2；最大的冰原是普若岗日冰川，面积约为423km^2；最大的冰帽是崇测冰川，面积约为163km^2。

冰川冰雪的积累和融化相对稳定，确保了江源河源地区水源的稳定，长江源和黄河源均发源于雪山冰川。此外，冰川是我国西部干旱绿洲的命脉。冰川变化，直接影响绿洲地区的生存和发展，也影响大江大河水资源的补给。青藏高原冰川主要集中于以下几处：一是藏东南即念青唐古拉山东南段纳木错湖周围，著名的有南迦巴瓦雪峰和加拉白垒雪峰，有西藏境内最长的恰青冰川；二是喜马拉雅山脉东段的羊卓雍错附近区域、横断山脉的贡嘎山周围，并以海洋性冰川为主；三是珠穆朗玛峰周围地区，如有名的绒布冰川，这一带以冰塔林壮观而著称。

六、沼泽

沼泽是地表土壤层水过饱和的地段，是一种特殊的自然综合体。沼泽的成因有以下几种：

（1）湖泊不断被泥沙淤塞、填高，湖岸植物不断向湖心发展，最终形成沼泽。

（2）在冲积平原三角洲上，由于洪水泛滥在低洼处形成沼泽。

（3）海湾地区的潮向带也可能形成沼泽。

（4）潜水面靠近地表，在低平的地方形成沼泽。

沼泽有三个基本特征：①地表经常过湿或者有薄层积水；②其上生长湿生植物或沼生植物；③有泥炭积累或无泥炭积累，但有潜育层存在。

（一）沼泽在自然环境中的作用

沼泽是自然界各种因素综合作用形成的产物，是一定地区生态系统中不可缺少的重要组成部分。自古以来，沼泽总是处于被改造、消灭的地位。随着科学技术的进步，人们对自然界事物的了解更加深刻，对沼泽在自然环境中的作用也有了新的认识，进而提出了保护沼泽和合理利用沼泽的观点。

沼泽具有湿润气候、净化环境的功能。沼泽不仅能储蓄大量水分，还能通过植物蒸腾和水面蒸发，把水分源源不断地送回大气中，从而增加了空气湿度、调节降水，在水的自然循环中起着良好的作用。因此，一般沼泽区气候温和湿润。试验研究表明，1hm^2的沼泽化草甸，在生长季可蒸发掉7415t水分，而沼泽的蒸发量比沼泽化草甸还要大。由此可见，沼泽具有调节气候的巨大功能。

沼泽有很大的生物生产效能，植物在有机质形成过程中，不断吸收二氧化碳和其他气体，特别是一些有害的气体。沼泽地上的氧气很少消耗于死亡植物残体的分解。研究表明，地球上的沼泽每年向大气圈释放1.6×10^8t氧气，进而改变了大气圈中气体的组成。

沼泽还能吸收空气中粉尘及携带的各种菌，从而起到净化空气的作用。有人把森林比作净化空气、消除污染的工厂，沼泽同样能起到这种作用。

另外，沼泽堆积物具有很大的吸附能力。污水或含重金属的工业废水通过沼泽，沼泽能吸附其中的金属离子等有害成分。因此，一些国家研究把沼泽作为处理城市污水、净化环境的重要途径。

（二）沼泽的分布

全世界沼泽（按泥炭层30cm计）面积约5亿公顷，占陆地总面积的3.35%。北半球的沼泽多于南半球，而且多分布在亚欧大陆和北美洲的寒带和温带地区。南半球的沼泽面积小，主要分布在热带和温带部分地区。

北半球亚欧大陆沼泽分布有明显的规律性，因受气候的影响，在温凉湿润的泰加林地带沼泽类型多，面积大；在第四纪冰川分布区，沼泽分布尤为广泛，而且以贫养沼泽为主，以泥炭藓为优势种形成高大藓丘。从泰加林带由北向南，沼泽类型减少，多为富养沼泽，泥炭层薄。

在南半球热带地区，如印度尼西亚、文莱、马来西亚半岛、东新几内亚、印度、圭亚那、刚果河和亚马孙河流域、菲律宾等地也有相当数量的沼泽分布。有的沼泽中泥炭层也较厚，如在文莱由龙脑香科微白婆罗双为优势种组成的森林沼泽，泥炭层厚达15m，而且沼泽地表层呈穹状突起。南半球陆地面积小，除热带地区沼泽外，仅在火地岛和新西兰、智利及安第斯山等地有沼泽。

我国幅员辽阔，自然条件复杂，沼泽类型众多，分布广泛，总面积约有 10 万平方千米，以温带地区分布面积较大。三江平原、若尔盖高原是我国沼泽分布较集中、面积较大的地区，这两处的沼泽合起来约占全国沼泽总面积的 20%。我国亚热带平原和山地的沼泽比较零星，主要散布在长江中下游平原。我国东半部气候温暖湿润，沼泽面积较大，类型多；西半部气候干旱，青藏高原气候高寒，沼泽类型少，只有富养沼泽。东半部临海，以辽阔的大平原和低山丘陵地形为主，从寒温带到热带都有沼泽分布，但类型从北向南减少，面积变小。在森林带的兴安岭和长白山地，集中分布有贫养泥炭藓沼泽和多种富养沼泽（如落叶松苔草沼泽、灌丛桦苔草沼泽、苔草沼泽等）。在亚热带山地分布有小面积贫养泥炭藓沼泽。温带平原地区有各种富养苔草沼泽和芦苇沼泽，前者多见于松嫩平原，后者多见于华北平原。在三江平原，沼泽最为集中，分布面积广大，主要是苔草沼泽和小面积芦苇沼泽。在亚热带平原只有富养沼泽，主要是芦苇沼泽和小面积苔草沼泽。在热带的低山丘陵、河谷中也有富养沼泽，但分布零星，面积很小。如云南南部的卡开芦苇沼泽，泥炭层厚达 1m；雷州半岛有岗松、鳞子莎沼泽，但泥炭层薄，小于 1m。在温带的长白山地和大兴安岭，沼泽的分布尚有垂直分异现象。在长白山地海拔 550m 以下，以富养草本沼泽为主；550~1200m 以森林沼泽为主，有富、中养沼泽，熔岩台地尚有贫养沼泽；1200m 以上为火山锥体，不利于沼泽发育。中国的苔草沼泽植物，在温带为臌囊苔草，在南亚热带为绿穗苔草，在青藏高原为木里苔草等。

第三节　地下水

一、地下水的定义

地下水是存在于地表以下岩（土）层空隙中的各种不同形式的水的总称。地下水主要来源于大气降水和地表水的入渗补给，同时以地下渗流方式补给河流、湖泊和沼泽，或直接注入海洋，上层土壤中的水分则以蒸发或被植物根系吸收后再散发到空气中，从而参与了地球的水循环及溶蚀、滑坡、土壤盐碱化等过程，因此地下水系统是地球水循环的重要亚系统。

地下水就像地下的一个巨大的水库，其稳定的供水条件、良好的水质成为农业灌溉、工矿企业及城市生活用水的重要来源，是人类社会必不可少的重要水资源。我国地下水的开采利用量占全国总用水量的 10%~15%，其中北方地区由于地表水资源不足，其地下水开采利用量较南方地区大。但是，过量的开采和不合理的利用地下水会造成地下水位严重下降，形成大面积的地下水下降漏斗，在地下水用量集中的地区还会引起地面沉降。另外，工业废水和生活污水的大量入渗，常常严重地污染地下水源。

二、地下水的物理性质

（一）温度

地下水温度除了受太阳辐射影响外，还受地热条件控制。根据地热的分布规律，大致可以分为三个带：

1. 变温带

变温带指地壳表层受太阳辐射所能达到的深度范围，各地区厚度不等，一般为 15~20m。在变温带中，地下水的温度随着地热的变化具有日变化和年变化等特点。但地下水温度的变化比地温小，因此人们会有冬暖夏凉的感觉。

2. 常温带

太阳辐射影响微弱，地温变幅趋近于零，故称为常温带。日常温带深 1~2m，年常温带深 20~30m。在常温带地温一般比当年平均气温高 1~2℃，而地下水温度与当年平均气温相近。

3. 增温带

在常温带以下数十千米范围内，主要由地球内热控制。随着深度的增加，出现有规律的增温现象，通常以地热增温率（℃/100m）表示，其倒数为地热增温级（m/℃），各地增温不相同，对整个地壳而言，平均为30~33m/℃。由于增温带地下水温度变化的规律与地热增温的规律基本一致，因此可根据地热增温级 G 和年常温带的深度 h、温度 t_B，粗略地计算出任何深度的地下水温度 t_H，或根据地下水温度推求水循环的深度 H，以判断水的来源及其补给条件：

$$t_H = t_B + \frac{H - h}{G} \tag{2-22}$$

$$H = (t_h - t_B)G + h \tag{2-23}$$

浅层地下水温度的测定一般用缓变温计，而深层地下水温度的测定必须用热敏电阻测温仪。根据地下水的温度，通常将地下水分为表2-3所示的几种类型。

表2-3 地下水温度的类型 （单位：℃）

地下水温度的类型	过冷水	冷水	热水			过热水
			低温热水	中温热水	高温热水	
地下水温度	<0	0~20	20~40	40~60	60~100	>100

（二）颜色

一般来说，纯净的地下水是无色的，因含某些化合物或胶体物质所呈现的水色称为真色，而包含悬浮杂质的水色为表色。表色仅可以作为一般的参考，例如，含硫化氢的水呈翠绿色、含高价铁的水呈黄褐色、含钙镁的水呈蓝色、含锰化合物的水呈暗红色、含腐殖质的水为暗黄色等。

在室内进行水色分析是针对真色而言的，目前，用氯铂酸钾（K_2PtCl_6）与氯化钴（$CoCl_2$）的混合溶液作为标准溶液，称为铂钴标准溶液，规定由1mg/L铂以氯铂酸根离子形式所产生的颜色为一个色度单位，称为1度。测定时，吸取洁净透明的水样，与预先制备的标准色列进行对比，以获得相应的色度数值。

（三）透明度

地下水的透明度主要取决于水中固体物质和胶体悬浮物的含量，一般地下水是透明的。

测定水的透明度一般有三种方法：瓷盘法、标准铅字法和十字架法。瓷盘法与地表水测定方法相同，适合在现场对井、泉进行野外鉴定。其余两种方法基本相同，即将水样注入带放水孔的量筒中，测定时，把预先铅印的标准字形或具有黑色十字架及黑色小点的白瓷板，置于水样筒底下，然后慢慢放水，同时从量筒上面注意观察，直至完全看清字形，或者可以看清十字架而黑点隐匿不见时为止，根据量筒中水柱的高度，确定地下水的透明度（表2-4）。

表2-4 地下水的透明度 （单位：cm）

地下水的透明度	透明	半透明（微浊）	微透明（混浊）	不透明（极混）
量筒水柱高度	>60	30~60	<30	含大量悬浮物及胶体，呈乳状

（四）味道

纯水是淡而无味的，但地下水在循环运动过程中，溶解了各种盐类，当加热至20~30℃时，水的味道会很明显（表2-5）。

（五）气味

地下水的气味，与其所含的气体成分和有机质有关，而气味的强弱与水温有关。因此，测定地下水的气味应该在室温条件下，或加热至60℃时，分别做定性描述。比如，含硫化氢的水具有臭鸡蛋味，含腐殖质的水有草塘泥味，含亚铁离子的水则有铁腥味。

表 2-5　地下水的味道

（单位：mg/L）

盐类名称	NaCl	$CaSO_4$	$MgCl_2$	$MgSO_4$	FeO
引起味觉的最低含量	165	70	135	250	0.15
味觉	咸	微甜	微苦	微苦	涩

（六）相对密度

地下水的相对密度一般为 1.0，但由于不同类型的地下水含盐量不等，其相对密度也不相同，通常是溶解盐类含量越多，相对密度越大。

（七）导电性

地下水的导电性，决定于所含电解质的数量和性质，一般是离子含量越大、离子价越高，则地下水的导电性越强。因此，常根据地下水的电学性质上的差异，粗略地判断地下水的总矿化度。目前常用的水文物探方法，如电法勘探，其物理前提就是基于地下水的导电性。自然界含水的多孔介质和裂隙介质，因其离子含量的不同，导电率有变化，通过物探手段，根据其电学性质差异，了解岩溶发育的程度及分布，圈定咸水和淡水的分界线等。一般地下淡水的导电率为（33×10^{-5}）～（33×10^{-3}）S/cm，而咸水的导电率比淡水的高得多。

（八）放射性

地下水中的放射性物质主要来源于岩石中的放射性矿物，因此，除循环于放射性矿床区的地下水外，一般地下水的放射性极其微弱。比如，氡（Rn）是放射性元素镭的蜕变产物，属于惰性气体，当受到压力、温度的影响时，随地下水运动速度增强，氡气的扩散作用加剧，使地下水中氡含量增加。因此，根据水中氡的变化可以预报强烈地震，或为放射性矿床的探测提供参考。

三、地下水的类型

（一）根据埋藏条件分类

1. 包气带水

地表以下至潜水面以上，岩石空隙未被水饱和，这部分岩层称为包气带。存在于包气带中的地下水称包气带水。包气带水具有三个特点：①包气带含水率和剖面分布容易受外界条件影响，尤其是与降水、气温等气象因素关系密切。在多雨季节，雨水大量入渗，包气带含水率显著增加；在干旱的月份，土壤蒸发强烈，包气带含水量迅速减少。因此，包气带水呈强烈的季节性变化。②包气带在空间上的变化主要表现在垂直剖面上的差异，一般规律是离表层越紧，含水率的变化越大，越向下层，含水率变化趋于稳定而且有规律。③包气带含水率变化还与岩土层本身结构、岩土颗粒的机械组成有关，因为颗粒组成的不同使得岩土的孔隙大小和孔隙度产生差异，从而导致含水量的不同。

2. 潜水

（1）潜水的概念和主要特征。饱水带中自地表向下第一个具有自由水面的含水层中的重力水，称为潜水。潜水在重力作用下自水位高处流向水位低处，形成潜水流。如果遇上大面积的不透水底板呈下凹状态，潜水面坡度近于零，潜水几乎静止不动，可形成如图 2-14 所示的潜水湖。

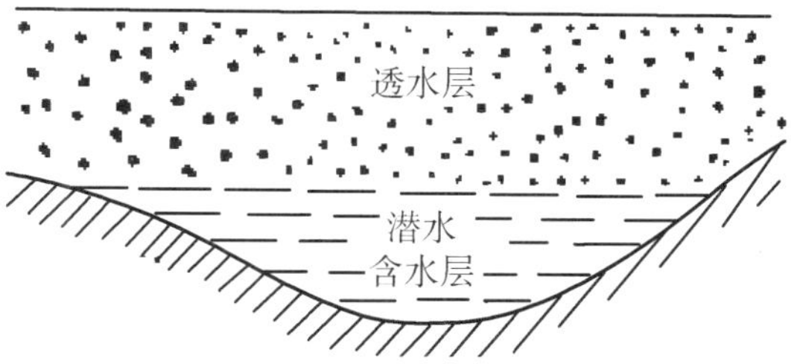

图 2-14　潜水湖

表示潜水特征的参数有：潜水位（h），是指潜水面上任意一点的海拔高程（m）；潜水埋深（T），是指潜水面距地表的铅直距离；含水层厚度（H），是指潜水面至隔水底板的距离；潜水流水力坡度，是指潜水面上任意两点的水位差与该两点的渗透距离之比。

与承压水相比，潜水有以下两大特点：①由于潜水面上没有稳定的隔水层，潜水面通过包气带中的空隙与大气相连通，潜水面上任意一点的压强等于大气压强，因此潜水面不承受静水压力；②一般情况下，潜水分布区与补给区基本一致。

潜水含水层通过包气带与地表水及大气圈之间存在密切的关系，因此深受外界气象、水文因素的影响，动态变化比较大，呈明显的季节性变化。在丰水季节，潜水补给充足，储存量增加，潜水面上升，厚度增大，埋深变浅，水质冲淡，矿化度降低；在枯水季节，补给量减少，潜水位下降，埋深增大，水中含盐量增大，矿化度提高。

（2）潜水面形状及其表示方法。

1）潜水面的形状。是潜水外在表现的象征，一方面可以反映外界因素对潜水的影响，另一方面可以反映潜水本身的流向，水力坡度及含水层厚度等一系列特性。潜水面虽然是一个自由水面，但是由于受到埋藏地区的地形、岩性等因素的制约，可以呈现出倾斜、水平和抛物线形等多种形状。总体来说，潜水从补给区向排泄区汇集的过程中，其潜水面随地形条件变化，上下起伏，形成向排泄区倾斜的曲面，但是曲面的坡度比地面起伏要平缓得多。此外，含水层的岩性、厚度、隔水层底板的形状及人工抽水等因素均会影响到潜水面的形状。其中的一般规律是：如果岩性颗粒变粗，则含水层透水性增强，潜水面坡度趋于平缓，当含水层沿潜水流向增厚，潜水面坡度变缓，反之，则变陡。如果隔水底板向下凹陷，潜水汇聚可以形成潜水湖，此时潜水面基本上呈水平状；在人工大规模抽水的条件下，一旦潜水补给速度低于抽水速度，潜水位逐步下降可以使潜水面形成一个以抽水井为中心的漏斗状曲面。

2）潜水面的表示方法。一种方法是绘制水文地质剖面图，即在研究区域内选择代表性剖面线，再将剖面线上各点的有关资料按照一定的比例绘制在图上，并将岩性相同的地层和各点的同一时期潜水位相连，就可以得到潜水面的形状。另一种方法是以平面图的形式表示，即绘制等水位线图，绘制方法类似于绘制地形图，先以一定比例尺的地形图做底图，然后按一定的水位间隔，将某一时间潜水位相同的各点连成等水位线。为了全面了解潜水面的变化特点和规律，通常在同一地区应该分别绘制出高水位期和低水位期两种潜水等水位线。

潜水等水位线图具有重要的实用价值，可以用来研究和解决如下问题：①确定潜水流向——垂直于等水位线，并从高水位指向低水位的方向，即为潜水的流向；②确定潜水面的水力坡度——沿着水流方向取任意两点的水位差，除以两点间投影在平面上的直线距离，即可得出水力坡度。

此外，在等水位线图上还可以查取地下水的埋藏深度，推断含水层的岩性与厚度变化，确定潜水与地表水的互补关系，及研究和布设引水、排水工程的位置等。

（3）潜水与地表水之间的互补关系。潜水与地表水之间存在着密切的内在联系。在那些靠近江河、湖、库等地表水体的地区，地下潜水常以潜水流的形式向这些水体汇集，成为地表径流的重要补给水源。特别是在枯水季节，降水稀少，许多河流基本上依靠地下潜水的补给，以至于河川径流过程成为地下潜水的出流过程。但在洪水期，江河水位高于地下潜水位时，潜水流的水力坡度形成倒降比，于是河水向两岸松散沉积物中渗透，补给地下潜水。汛期过去后，江河水位低落，储存在河床两岸的地下水又重新回归河流。上述现象称为地表径流的河岸调节，这种调节过程往往经历整个汛期，而且具有周期性规律，通常是距离河流越近，潜水位的变化幅度越大，河岸调节作用越明显。在平原地区，这种调节作用影响的范围可以向两岸延伸1~2km。

潜水与地表水之间的这种相互补给和排泄关系，称为水力联系。一般可以将潜水与地表水之间的关系分为以下几种类型：

1）具有周期性水力联系。在大中型河流的中下游冲积、淤积平原上比较多见。如果平原上地下隔水层处于河流最枯水位以下，即河槽底部位于潜水含水层中，于是在江河水位高涨的洪水时期，河水渗入两岸松散沉积物中，补给地下潜水，部分洪水储存于河岸，使河槽洪水有所削减；枯水期江河水位低于两岸潜水位，潜水补给河流，于是原先储存于河岸的水归流入河，起着调节地表径流的作用。如图2-15a所示，在水位过程线上，明显地表现为地下潜水受控于地表河水，并在雨洪期涨水阶段的地下径流表现为负值。

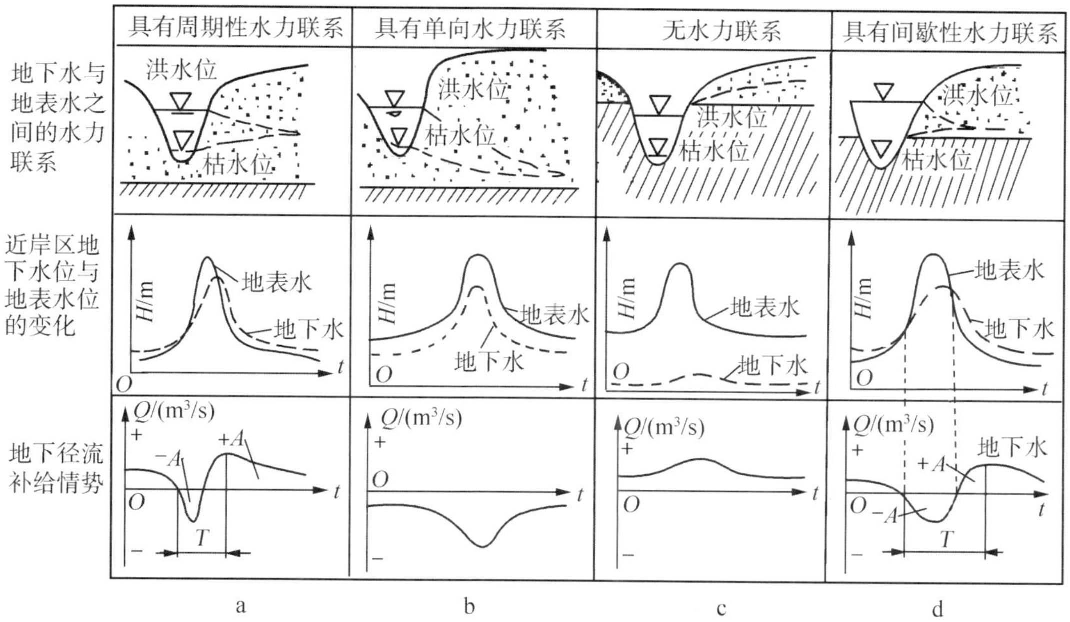

图 2-15　地下水与地表水之间的水力联系及地下径流补给情势

T. 雨洪期　±*A*. 雨洪期地下径流量

2）具有单向水力联系。常见于山前冲积扇地区、河网灌区及干旱沙漠区。在这些地区的地表江河水位，常年高于地下潜水位，因此河水长年渗漏，不断补给地下潜水，如图 2-15b 所示，地下径流均为负值。

3）具有间歇性水力联系。这是介于上述单向水力联系及无水力联系之间的一种过渡类型，在丘陵和低山区潜水含水层较厚的地区比较多见。在这些地区，如隔水层的位置介于河流洪枯水位之间，地下潜水和地表河水之间就可能存在间歇性水力联系。当洪水期时河水位高于潜水位，河流与地下水之间就可能存在间歇性水力联系，河流成为地下潜水的间歇性补给来源；而在枯水期，地表水与地下水脱离接触，水力联系中断，此时仅在潜水出露点。潜水以悬挂泉的形式出露地表。因此，间歇性的水力联系仅存在部分的河岸调节作用，如图 2-15d 所示。

此外，还有一种所谓的无水力联系，如图 2-15c 所示，地下潜水位恒高于江河水位，单向地补给河流，与河流水不发生水力联系。

3. 承压水

承压水是指充满于两个稳定隔水层之间的含水层中的地下水。如果含水层没有完全被水充满，且像潜水那样具有自由水面，则称为无压层间水。

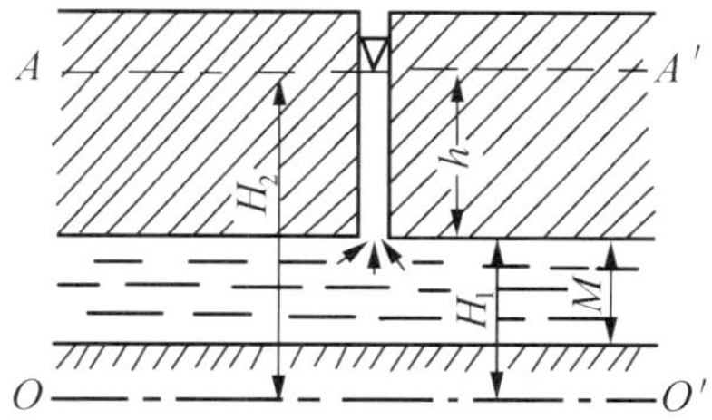

图 2-16　承压水的埋藏

（1）承压水的主要特征。相对于潜水等其他类型的地下水，承压水具有四个特征。

1）承压性。承压水由于存在顶板而承受静水压力。这是承压水的基本特征。如图 2-16 所示，当钻孔穿透隔水层顶板时才能看到承压水，此时水面的高程称为初见水位（H_1）。此后，在静水压力作用下，地下水将顺着钻孔上升到一定高度才能静止下来，此静止水面高出含水层顶板底面的距离称为该点的承压水头（h）。而静水面的高程就是含水层在该点的承压水位（H_2）。如果承压水位高于地表，承压水将能自喷到地表，这样的承压水又称为自流水。

2）承压水的分布区与补给区不一致。这是承压水有别于潜水的又一特征。

3）受外界的影响相对较小，动态变化相对稳定。由于隔水层顶板的存在，在相当大的程度上阻隔了外界气候、水文因素对地下水的影响，因此，承压水的水位、温度、矿化度等均比较稳定。但是，在积极参与水循环方面，承压水就不如潜水那样活跃，因此，承压水一旦大规模开发后，补充和恢复起来就比较缓慢。若承压水参与地层深部的水循环，则承压水因温度明显升高可以形成地下热水和温泉。

4）水质类型多样，变化大。承压水的水质从淡水到矿化度很高的卤水都有存在，基本上具有各种地下水水质类型。有的封闭状态很好的承压含水层，与外界几乎隔绝，至今仍保留着古代的海相残留水，由于浓缩的缘故，其矿化度可达百克每升。此外，承压水质常呈现垂直或水平分带的规律。

（2）承压水的形成。承压水的形成主要取决于地质构造条件，只要有适合的地质构造，无论是孔隙水、裂隙水或者岩溶水都可以形成承压水。最适宜承压水形成的地质构造条件是向斜构造和单斜构造。

1）向斜盆地构造。又称承压盆地或自流盆地，它可以是大型的复式构造，也可以是单一的向斜构造。无论是哪一类，一般包括补给区、承压区及排泄区等三个组成部分。补给区通常处于盆地的边缘，地形相对较高，直接接受大气降水和地表水的入渗补给。它是潜水，具有地下自由水面，不受静水压力。承压区一般位于盆地中部，分布范围较大，含水层的厚度往往受构造的影响而有变化，由于其上覆盖有隔水层，含水层中的水承受静水压力，具有压力水头，如果承压水头高出地表，这样的水头称为“正水头”，反之称为“负水头”。

排泄区一般位于被河谷切割的相对低洼的地区，在这种情况下，地下水常以上升泉水的形式出露地表，补给河流。其出流过程一般相当稳定。

我国承压盆地十分普遍，其中位于华北地区的寒武-奥陶系构成的承压盆地，及华南地区的石炭-二叠系构成的承压盆地最为重要。此外，我国第四系坳陷所形成的自流盆地也有重要意义。这些盆地不但分布面积广，而且水质好、水量丰富，如陕西省关中平原、山西的汾河平原、内蒙古河套平原及新疆等地的许多山间盆地，都属于第四系坳陷所构成的承压盆地。

2）承压斜地构造。又称自流斜地，它主要由单斜岩层组所组成。它的重要特征是含水层的倾没端具有阻水条件。造成阻水条件的成因归纳起来主要有三种：

第一种是透水层和隔水层相间分布，并向一个方向倾斜，地下水充满在两个隔水层之间的透水层中，便形成承压水。最常见的是如图 2-17 所示的山前承压斜地（南口冲洪积扇水文地质剖面）。

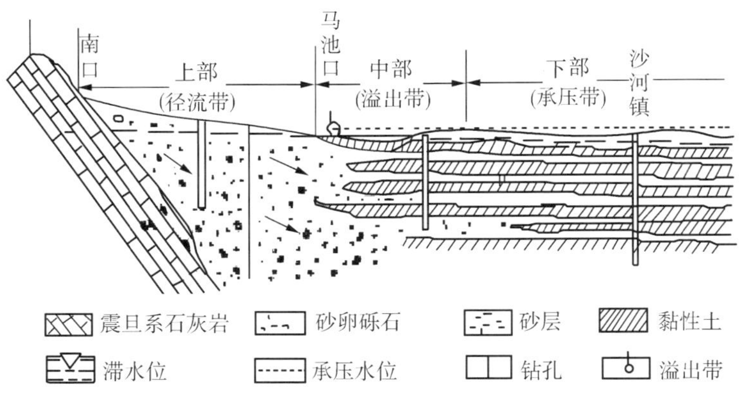

图 2-17　山前承压斜地

第二种是由于含水层发生相变或尖灭形成承压斜地。含水层上部出露地表，下部在某一深度处尖灭，即岩性发生变化，由透水层逐渐转化为不透水层，形成承压条件，如图 2-18 所示。

第三种是由于含水层倾没端被阻水断层或阻水岩体封闭，从而形成承压斜地。山东济南附近石灰岩层被闪长岩侵入体掩盖，迫使岩溶水以泉的形式涌出地表，形成典型的承压水斜地，如图 2-19 所示。

承压斜地也可以划分为补给区、承压区与排泄区三部分，但其位置则视具体情况而定。可以像自流盆地那样，补给区与排泄区位于两侧，中间为承压区；也可能是承压区位于一侧，而补给区和排泄区相邻。

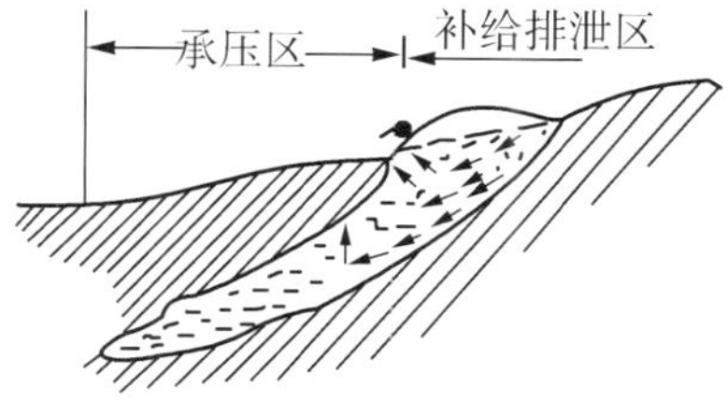

黏土层　砂层　地下水流向　地下水水位　泉

图 2-18　岩层尖灭形成的承压斜地

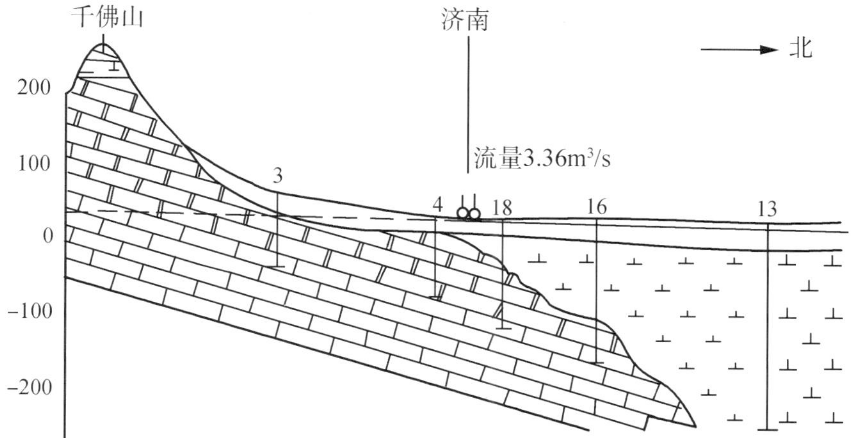

孔深/m	100.4	99.3	160.8	200.0	302.1
水位埋深/m	15.15	5.43	1.69		1.07
抽水降深/m	10.15	0.33	0.60	1.72	15.44
出水量/（L/s）	0.09	12.61	20.60	7.58	1.09

黏性土夹砾石　石灰岩　白云岩　闪长岩　地下水水位　泉

图 2-19　石灰岩层被闪长岩侵入体掩盖形成的承压水斜地（济南附近水文地质剖面）

（3）承压水等水压线。所谓等水压线，就是某一含水层中承压水位相等的各点的连线。将这些等水压线绘制在同一幅图上，可以得出承压水面，承压水面不同于潜水面，常与地形极不吻合，甚至高于地面。钻孔钻到承压水位处是见不到水的。必须凿穿隔水顶板才能见到水，因此通常在等水压线图上要附以含水层顶板等高线，如图 2-20 所示。

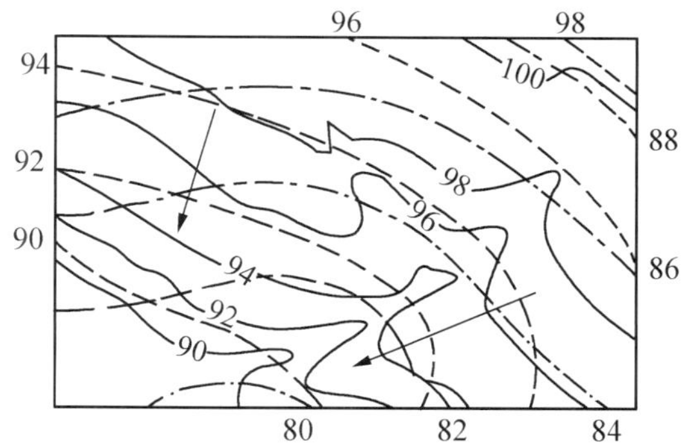

地形等高线　含水层顶板等高线
等压线　地下水流向

图 2-20　承压水等水压线

另外，承压水的等水压线也有很多实际用途，例如：可以确定承压水流的方向、承压水的埋藏深度、承压水头的大小，判定开采条件的优劣及布设井孔等。

（二）根据含水层的空隙性质分类

1. 孔隙水

孔隙水是指埋藏于松散岩土孔隙中的重力水。孔隙水既可以是承压的，也可以是非承压的。在外国，孔隙水主要存在于第四纪和第三纪未胶结的松散岩土层中。

孔隙水与裂隙水、岩溶水相比较，由于松散岩层一般连通性好，含水层内水力联系密切，地下水具有统一水面，其透水性、给水性的变化较裂隙、岩溶含水层较小，孔隙水的运动大多呈层流状态。

通常，孔隙水还可以根据松散沉积物的成因类型及地貌条件上的差异，可区分为山前倾斜平原孔隙水、河谷地区孔隙水、冲积平原孔隙水、山间盆地孔隙水，及黄土地区孔隙水和沙漠地区孔隙水等。下面只介绍山前倾斜平原上的孔隙水。

山前倾斜平原系山区与平原相接的过渡地带，通常由一连串冲积、洪积扇及山麓坡积相连而成。地面坡度由陡变缓，沉积物由粗变细，层次由少变多、地下水埋深由深变浅，水力坡度由大变小，透水性和给水性由强变弱，径流条件由好变差，矿化度由低增高、水质由好变差。其中，对于典型冲积扇而言，自出山口至平原沿着纵向可分为三个水文地质带，如图 2-21 所示。

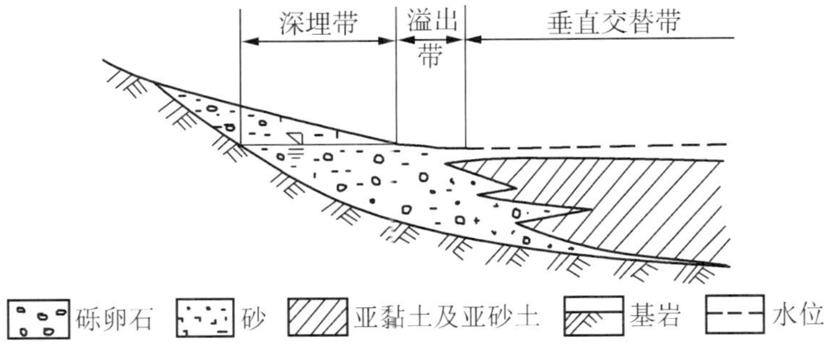

图 2-21　洪积物中地下水分带

（1）深埋带。深埋带位于洪积扇上部，地面坡度大，沉积物粗，透水性好，来自大气降水，山区河水的补给条件好，径流条件也好，由于地下水埋藏深，常达数十米，因此称为深埋带。

（2）溢出带。溢出带位于洪积扇中部，具有过渡特性，地形变缓，颗粒变细，透水性和潜水径流明显减弱，潜水埋藏变浅，蒸发作用加强，水的矿化度增大，由于受透水性差的土层阻挡，常有泉水溢出，因此称为溢出带。

（3）垂直交替带。垂直交替带位于洪积扇前缘，其边缘常因冲积、湖积物交替沉积，形成复合堆积，透水性弱，径流缓慢，地下潜水主要消耗于蒸发，故称垂直交替带。如果垂直交替带底部存在承压含水层，往往形成底部承压水的顶托补给。

2. 裂隙水

裂隙水是指存在于岩石裂隙中的地下水。裂隙水的埋藏、分布与运动规律，主要受岩石裂隙类型、裂隙性质、裂隙发育程度等因素控制。与孔隙水相比，裂隙水具有以下特征：

（1）裂隙水埋藏与分布极不均匀。这种不均匀性是由裂隙在岩石中的不均匀分布导致的。岩石裂隙发育的地方，容易富集地下水。裂隙水的这一特征往往造成同一地区相邻的两个钻孔的出水量可以相差几十甚至上百倍。

实际上，岩石的裂隙率与岩相变化有关，一般粒粗坚硬的岩石的裂隙率要高于细粒柔性的岩石。图 2-22 显示了岩相变化与富水性之间的关系。

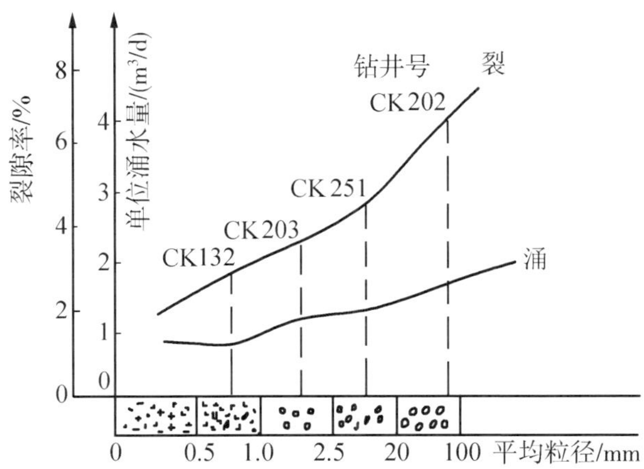

图 2-22　裂隙岩层岩相变化与富水性

（2）裂隙水的动力性质比较复杂。由于基岩裂隙发育程度、裂隙大小、形状、填充情况的不同，水在裂隙中的运动性质（如动水压力、流速等）就会不同，即使处于同一基岩中的裂隙水，也不一定具有统一的地下水面。裂隙水的运动不像孔隙水那样沿着多孔介质渗透，而是沿裂隙渗流及呈网脉状流动，而且其渗透性往往在各个方向上呈现向异性的特点。

（3）基岩裂隙的发育具有明显的分带性。通常由地表向下随着深度的增加，裂隙率迅速减小，裂隙水在垂直方向的运动也存在分带现象，主要表现为渗透系数迅速减小。井孔的涌水量随着深度增加先增大，到一定深度后急剧减小（图 2-23）。

裂隙水主要分布在基岩广布的山区，在平原地区一般仅埋藏于松散沉积物覆盖下的基岩中，在地表极少出露。裂隙水像孔隙水一样，也可以按埋藏条件划分为裂隙潜水和裂隙承压水，另外按裂隙的成因不同可分为构造裂隙水、成岩裂隙水和风化裂隙水。

3. 岩溶水

在可溶性岩石（如石灰岩、白云岩、石膏等）的溶隙中储存、运动的地下水称为岩溶水。我国可溶性岩石的分布广泛，尤其是在广大西南地区，岩溶地貌发育完整，岩溶水分布极为广泛，水文情势非常复杂。概括起来，岩溶水有以下基本特征：

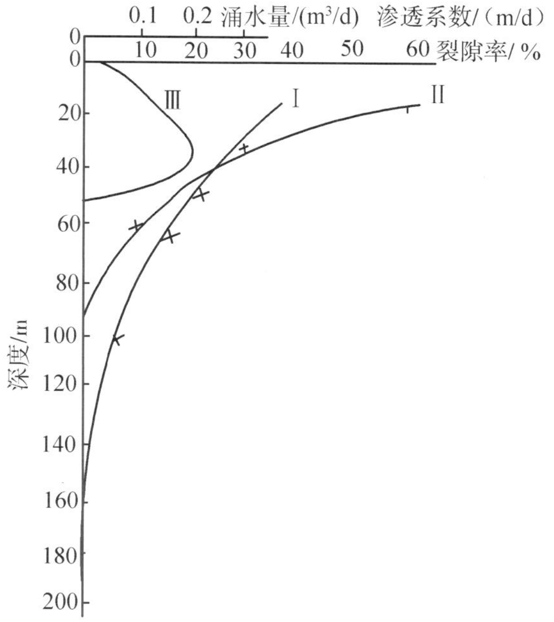

图 2-23　基岩裂隙发育与深度的关系曲线

Ⅰ. 裂隙率曲线　Ⅱ. 渗透系数曲线　Ⅲ. 涌水量曲线

（1）分布的不均匀性。岩溶水的不均匀性主要是由可溶性岩石强烈的透水性，及岩溶空隙在空间分布上的不均匀造成的。石灰岩的原始孔隙很小，透水性能差，但经溶蚀后可以产生不同形状的溶隙，包括溶蚀漏斗、落水洞、溶洞，其渗透性能可比原始的孔隙增大千万倍，一些巨大的地下管道和洞穴，可成为地下暗河。另外，岩溶发育程度在空间上的差异性，促使岩溶水在地区上分布极不均匀，并且往往造成地下埋伏有暗河而地表水难以滞留而干旱缺水的现象。

（2）地下径流动态不稳定。这种不稳定性一方面表现为岩溶水的地下径流速度比其他类型的地下水流要快，即使处于同一水力系统内，不同过水断面上的渗透系数、水力坡度、渗流速度也各不相同，往往是层流与紊流两种流态并存。另一方面还表现在岩溶水的水位与流量过程，呈现强烈的季节性变化。其水位变化幅度可达几米甚至几十米，流量可相差几十甚至上百倍。

（3）地表径流与地下径流，无压流与有压流可以相互转变。岩溶地区从分水岭到河流各排水基面，一般均具有向地表径流迅速转化的趋势。但在此过程中，由于受到岩溶程度差异、岩性及构造条件、地貌形态变化等因素的影响，造成地表明流与地下暗流之间频繁转换的现象。当地下径流遇到非可溶性岩石或阻水断层阻隔时，则常以泉或冒水洞的形式转化为地表明流。

从总体上看，岩溶地区的地下径流总是趋向于附近的排泄基面、河谷或低洼处汇集，以水平循环运动为主；但在岩溶化地块发育的溶蚀洼地，落水洞和漏斗成为地表水和地下水之间的联系通道，水流以垂直运动为主，相互之间水力联系很差。

当地下径流由过水断面比较窄的裂隙处向开阔的溶洞发育地段汇聚时，承压性质的水流可以转换为无压水流；反之，无压水流可以转换为有压水流。

此外，岩溶地区的地下水分水岭与地表水的分水岭一般来说不相重合，这主要是由地表和地下的侵蚀营力不同，侵蚀速率不同，尤其是可溶性岩的化学组成成分变异等导致的。

（三）根据地下矿水资源的物理性质和化学组分分类

地下水资源包括淡水资源和矿水资源，其中矿水资源按物理性质和化学组分，可分为地下热水、矿水、肥水、卤水和饮用天然矿泉水等。

1. 地下热水

地下热水与普通地下水不同，它具有较高的温度，有温泉之称，同时含有特殊的化学成分和气体成分。地下热水既是水资源，又是宝贵的矿产资源和热能资源，用于农业、化工、发电、医疗卫生等方面。作为热能资源利用时，一般称为热水。

（1）地下热水的来源。关于地下热水的来源问题，过去人们一直认为地下热水主要是由岩浆活动造成的。这就是地下热水起源的“原生说”。近年来，实际观测资料表明，很多温泉的动态变化与气象变化有关。而且通过分析地下热水的化学成分和气体成分及测定水的绝对年龄发现，大部分地下热水是来自深循环的现代大气降水。只有现代活动火山地区的少数喷气热泉才有一部分所谓的“原生水”，但数量有限。

目前一般认为地下热水的起源主要是大气降水。大气降水渗入地下的过程中，因受地球内热能的影响而形成温度不同的地下热水。它通过一定的通道（如断裂破碎带、钻孔）又把地下热能带到地表。因此，地下热水的热源与地球热源有着直接关系。

随着现代深钻技术的发展，世界上许多地方打了大量的深钻孔，几乎全部深钻孔都钻出了热水。钻孔资料证明，地下热水不仅分布在现代火山地区和近代岩浆活动地区，还分布在没有火山和近代岩浆活动的地区。

（2）地下热水的类型。地下热水的温度下限，各国采用的标准不一，大多采用20℃。我国目前采用20~25℃作为地下热水的下限，高于这一温度的就称为地下热水。

地下热水根据温度、用途的不同分为不同的等级。我国根据地下热水的实际情况，并结合地下热水的特点，目前采用以下等级：低温热水，20~40℃；中温热水，40~60℃；高温热水，60~100℃；过热水，100℃。

由于地下水的温度来源于地球内部的热能，因此地下水的温度直接反映了地壳的地热动态。例如，在大型自流盆地内，对水平或倾斜度较小的含水层来说，地下热水的运动具有较小的渗透速度，一般与围岩处于相对的热平衡状态，在这种情况下形成地壳的正常水热动态；当地下热水沿着倾斜度较大的裂隙或断层上升时，一般具有很大的运动速度，来不及与围岩达到完全的热平衡状态，因此在热水上涌的通道附近，形成地热异常。在地热异常区，地下热水埋藏较浅，地下水和岩石的温度比邻近地区高。

地热异常区主要形成在现代火山、近代岩浆活动地区和近代构造运动活动地区。在这些地区，地下热水的温度和水质都有各自的特点。

在现代火山和近代岩浆活动的地区，来自地壳深部的高热熔岩、未冷凝的火山物质和侵入的岩浆，都是地下水变热的强大热源。在强大的热源影响下，在离地表不深的地方，不仅可以形成高温过热水，还可以形成高温蒸汽，过热水和蒸汽的压力可以达到几十到一二百个大气压。因此，在近期火山喷出的地表，往往广泛分布着高温沸腾的热泉和喷气孔。

在水质方面，地下热水中含有火山和岩浆起源的成分。随着所受火山和岩浆活动影响程度的差异，不同部位所含地下热水的化学成分有所不同。在现代火山直接影响的范围内，水中含有大量硫酸和铵、铁、铝的硫酸盐，特殊成分有盐酸、硅酸、偏硼酸，气体成分有二氧化碳、二氧化硫、盐酸和氢氟酸等，水的酸度很大，矿化度为几克每升，热水的化学类型为硫酸-碳酸水。

在现代火山深处高温还原条件下生成的热水蒸气的化学特点为：每升水的总含盐量一般小于4~5g，盐类的成分以氯化物为主。其中的气体成分以二氧化碳和氮气为主。热水的化学类型为碳酸水或氮气-碳酸水。在我国云南西部、西藏、台湾等地的近代火山和岩浆活动地区，可以见到100℃以上的高温温泉、间歇泉和喷气孔。

在近代地壳运动活跃的地区，断裂及构造破碎带等比较发育，是地下热水的良好通道。地下热水沿断裂上升的过程中，温度会下降。在地下几百米范围内，地下热水的温度不超过100℃。这类地区的地下热水的化学类型为氮气水，其盐类成分和含盐总量与所处的岩石条件有很大的关系。在主要循环于花岗岩和变质岩的热水中，盐类成分以硫酸钠-氯化物为主，或者以重碳酸钠-硫酸钠为主，含盐量在1g/L左右，呈碱性，微量离子中氟离子含量最高。我国东南沿海山地、山东半岛、太行山、秦岭等地的地下热水多属于这种类型。

2. 矿水

矿水是指具有医疗意义的地下水。有些地下水由于含有某些特殊的化学成分，或者含有大量的某些气体成分，或者具有较高的温度，因而可以用于医疗，这样的地下水便可以称为矿水。矿水可以是热的，也可以是冷的。

富含气体的矿水用处很大，成分比较复杂，如碳酸水、硫化氢水和放射性水。这些矿水在我国分布和应用得都很广泛。

碳酸水含有大量游离态的二氧化碳。二氧化碳的含量自每升数百毫克到几克。大量的二氧化碳是由岩石在高温下变质而形成的。岩石的变质作用在近期褶皱与新火山活动地区最为强烈。因此，碳酸水多产生于这类地区。在温度方面，典型的碳酸水是冷的。高温不利于二氧化碳在水中的溶解。我国的冷碳酸水，主要分布在东北长白山和小兴安岭、大兴安岭，及内蒙古高原、青海等地。我国著名火山地区五大连池，分布着具有很高医疗价值的冷碳酸水。它存在于变质片岩中，沿断裂上升出露于地表，温度6℃左右，游离态二氧化碳的含量可以高达1475.5~1760mg/L。

水中的硫化氢是脱硫酸作用的产物，进行这种作用需要有有机物存在的封闭环境。因此，硫化氢多存在于含油地层分布地区。

放射性水是医疗范围最广、效果最好的矿水。目前用于医疗上的放射性水主要是氡水。地下水的放射性是从岩石中所含的放射性矿物取得的。酸性岩浆岩，特别是花岗岩，含放射性元素最多，因此，放射性多与花岗岩及其风化物有关。

3. 肥水

肥水是含有硝态氮和其他可溶性盐的地下水。一般认为，将硝态氮含量在15mg/L以上的地下水用于灌溉，有增产的效果。因此，把含有硝态氮15mg/L作为肥水的下限。

肥水的分布规律比较复杂，一般来说，多分布于现在或过去的城镇、村庄附近，即居民点比较多、历史比较长的地方。肥水的分布广泛，浓度也比较高。例如，在陕西省的兴平市及其附近，肥水的面积达2000多亩（亩系非法定计量单位，在本书中沿用，1亩≈666.67m^2），按地下水流向，向东南扩展的距离达1000多米。而较小的村庄，如该县南堡，肥水的分布面积仅为40~50亩，向村外扩展仅50~100m。

肥水的分布与地貌、岩层的透水性有着密切的关系。在地势较陡、岩石的透水性较强、地下水径流强烈的地区，如山区、黄土高阶地、洪积扇中上部，很少甚至没有发现肥水。在地势平缓、岩层的透水性弱、地下水径流微弱的地区，如山间盆地、河流的低阶地、洪积扇的前缘、古河道等一些低洼地区，肥水分布比较广泛。

肥水属于浅层潜水，埋藏深度一般为4~6m，最深不超过20m。

四、地下水的分布规律

地下水按埋藏深度及与河水之间的相互关系，可以分为浅层地下水和深层地下水。其中，浅层地下水（包括潜水和部分浅层承压水）分布广、埋藏浅、补给条件好、容易更新，是重要的水源。在我国第一次水源评价工作中，所说的“地下水”就是指浅层地下水。据调查，全国山区和平原地区地下水年平均补给量约7700亿立方米，为黄河（陕州区段）年径流量的15倍，数量可观，而且在地区分布上也有一定的规律。

（一）地下水类型的分布

1. 松散沉积物孔隙水的分布特点

我国各地松散沉积物分布面积广，达300万平方千米，蕴藏着丰富的地下水。其中，北方地区的黄淮海平原、松嫩平原、柴达木盆地、准格尔盆地、塔里木盆地，不仅面积大，而且松散沉积含水层厚度大，具有良好的储水条件，孔隙水非常丰富，是我国目前地下水利用程度最高的地区。

在秦岭-昆仑山以南地区，除了长江中下游平原、珠江三角洲地区以外，孔隙水主要分布在小型的山间盆地，面积小，沉积物厚度也比较小，因此水量有限。

2. 基岩裂隙水

我国基岩裂隙水分布面积甚至超过孔隙水的分布面积，但它们受地质条件制约比较大。如花岗岩裂隙水在北方分布较广，南方仅在东南沿海丘陵地区及海南岛有较大面积分布。而碎屑岩裂隙水则主要分布在南方地区，及甘肃、青海、新疆等地的局部地区。

3. 岩溶水

全国岩溶水分布面积约有60万平方千米，南、北方都有，以南方为主，尤其是在广西、贵州、湖南、四川、云南等省区，分布集中，地表有秀丽的岩溶地貌景观，地下隐伏有管状、脉状岩溶通道，成为接受与储存大气降水、地表水的良好场所。

（二）地下水补给模数的地区分布

在我国南方山丘地区，地下水的补给模数大，一般为（20~25）$\times 10^4 m^3/(km^2 \cdot a)$。东北西部、内蒙古和西北的山丘地区为低值区，补给模数一般小于$5\times 10^4 m^3/(km^2 \cdot a)$。西南、华中、华北和东北山区，补给模数一般为（5~15）$\times 10^4 m^3/(km^2 \cdot a)$，而在新疆北部阿尔泰、伊敏河和伊犁河流域的山区达（10~20）$\times 10^4 m^3/(km^2 \cdot a)$。此外，水文地质条件对地下水补给模数的影响也很大。例如，南方岩溶发育区和年降水高值区，补给模数可高达（30~50）$\times 10^4 m^3/(km^2 \cdot a)$；而在红层分布区和年降水量低值区，补给模数低至$10\times 10^4 m^3/(km^2 \cdot a)$。

由北方17省、市、区平原地区的地下水补给模数分析可知：以黄淮海平原补给模数相对较高，平均为$20\times 10^4 m^3/(km^2 \cdot a)$；海河流域的北京地区和黄河流域的关中平原，补给模数为（10~20）$\times 10^4 m^3/(km^2 \cdot a)$；河套平原和新疆伊犁盆地由于接受地表水补给，补给模数也达到（25~30）$\times 10^4 m^3/(km^2 \cdot a)$；西北内陆河平原补给模数较低，平均约为$7\times 10^4 m^3/(km^2 \cdot a)$；而河西走廊、内蒙古高原和内陆盆地的部分地区则不足$5\times 10^4 m^3/(km^2 \cdot a)$。

第三章　水的质量、化学特征及其分布规律

掌握大气水、地表水及地下水的相关化学特征，便于刑事侦查人员在案件侦破过程中开展“定性质、定范围、定脸谱”的分析。对大气水中酸雨的了解，能更好地判断现场遗留生物检材呈现出的某些特性；对地下水污染类型及相关病症的掌握，能更准确地根据相关特征，划定案件中被害人、犯罪行为人可能居住的地域范围。

第一节　水的化学性质的基本知识

一、水的几个常见化学指标

（一）总矿化度

总矿化度又叫总溶解固体，指地下水中所含有的各种离子、分子与化合物的总量，以单位体积的质量（g/L）来表示。为了便于比较不同地下水的矿化程度，习惯上以105~110℃时将水蒸干所得的干涸残余物总量来表征总矿化度。各类水的矿化度如表3-1所示。

表3-1　各类水的矿化度　（单位：g/L）

分类	矿化度	分类	矿化度
淡水	0.000~1.000	盐水	10.000~50.000
微咸水	1.000~3.000	卤水	>50.000
咸水	3.000~10.000		

（二）酸碱度

酸碱度又叫pH值，用pH来表示，是溶液中氢离子活度的一种标度。pH的定义式为

$$pH = -\lg[H^+] \tag{3-1}$$

式中，$[H^+]$（此为简写，实际上应是$[H_3O^+]$）指的是溶液中氢离子的活度（稀溶液中可近似地按浓度处理），单位为mol/L。

当温度为298K（25℃）、pH<7的时候，溶液呈酸性；当pH>7的时候，溶液呈碱性；当pH=7的时候，溶液为中性。在非水溶液或非标准温度和压力的条件下，pH=7可能并不代表溶液呈中性，这需要通过计算该溶剂在这种条件下的电离常数来决定pH为中性的值。如373K（100℃）的温度下，中性溶液的pH≈6。

（三）硬度

有些水用来洗衣服不容易起肥皂沫，烧开以后，水壶里容易生水垢，这种水我们称之为“硬水”。水之所以硬，是因为水中含有较多的钙离子和镁离子。因此，我们把水中钙、镁离子的含量称为水的硬度。它们的含量越高，水的硬度越大。硬度的单位通常采用“德国度”。“德国度”的一度相当于1L水中含氧化钙10mg，或者氧化镁7.2mg。用毫克当量换算，则将毫克当量乘以28，得到的

数字就是“德国度”。所谓的毫克当量，是指某物质和1mg氢的化学活性或化合力相当的量。

硬水加热后，水中部分钙、镁离子变成钙、镁的碳酸盐而沉淀下来，在锅炉或水壶中形成白色的硬壳，叫作“锅垢”。“锅垢”传热很慢，需要耗费很多燃料，甚至会引起锅炉爆炸，因此锅炉用水对硬度要求很严格。

由于加热后水中失去一部分 Ca^{2+} 和 Mg^{2+}，这部分 Ca^{2+} 和 Mg^{2+} 的含量称为暂时硬度。加热至沸腾后水中仍有一部分 Ca^{2+} 和 Mg^{2+} 不沉淀，这部分 Ca^{2+} 和 Mg^{2+} 的含量就称为永久硬度。永久硬度与暂时硬度的总和，就是水中 Ca^{2+} 和 Mg^{2+} 的全部含量，称为总硬度。各类水的硬度如表 3-2 所示。

表 3-2 各类水的硬度　（单位：mg/L）

水的分类	硬度	水的分类	硬度
极软水	0~75	高硬水	450~700
软水	75~150	超高硬水	700~1000
中硬水	150~300	特硬水	>1000
硬水	300~450		

二、常用的浓度单位

化学物质在水中的含量，常用浓度来表示。常用的浓度单位有质量浓度、摩尔浓度和当量浓度。

（一）质量浓度

质量浓度有多种，有的以每升水中所含溶质的毫克数（mg/L）或微克数（μg/L）来表示，有的则以每千克溶液中含溶质的毫克数（ppm）或微克数（ppb）来表示。当用 mg/L 表示时，其计算方法如下：

$$\text{mg/L}=\frac{\text{溶质的质量（mg）}}{\text{溶液的体积（L）}} \tag{3-2}$$

这是实验室报告浓度的最常用的方法。当用 ppm 表示时，其计算方法为

$$\text{ppm}=\frac{\text{溶质的质量（mg）}}{\text{溶液的质量（kg）}} \tag{3-3}$$

ppm（part per million）的含义是百万分之一，即每百万份溶液中所含溶质的份数。与此对应，ppb（part per billion）为十亿分之一，即每十亿份溶液中所含溶质的份数。mg/L 与 ppm 之间的转化关系式：

$$1\text{ppm}\left(\frac{\text{mg}}{\text{kg}}\right)=1\text{mg/L}\times\frac{1}{\rho} \tag{3-4}$$

式中，ρ 为水的密度（kg/L）。如果 $\rho=1$kg/L，则 mg/L 与 ppm 在数值上是相等的。由于大部分地下水的密度通常都等于 1，因此这两种单位一般可以互用。

当用质量浓度表示质量的含量时可能出现一些问题。例如，水溶液中 NO_3^- 的含量可用两种方法来表示，一种是硝酸根离子在水溶液中的含量，另一种是硝酸根离子中的氮在水溶液中的含量。为了说明这两种方法的区别，考虑一种水溶液，其中的硝酸根离子含量是 50mg/L，那么这种硝酸根离子中的氮在水溶液中的含量是多少呢？我们知道硝酸根离子的相对分子质量是 62，氮的相对原子质量是 14，当以硝酸根离子中的氮来表示时，该溶液的浓度是 50×14/62=11. 3（mg/L）。

（二）摩尔浓度

与质量浓度相对应，常见的摩尔浓度表示方法也有两种，一种是以每升溶液中所含溶质的摩尔数来表示的，另一种是以每千克溶液中所含物质的摩尔数来表示的。对于大多数水溶液来说，这两种单位通常是相等的。mg/L 与 mol/L 之间的转换关系为

$$1\text{mol/L}=1\text{mg/L}\times\frac{1}{\text{溶质的相对分子质量}}\times\frac{1}{1000} \tag{3-5}$$

（三）当量浓度

当量浓度考虑了溶质的离子价，由于溶液中的正离子和负离子必须相互平衡，所以溶液中所有离子的当量浓度之和应等于零。换句话说，溶液中正离子的当量浓度之和应等于负离子的当量浓度之和。当量浓度可以定义为离子的摩尔浓度（mol/L）与其离子价的乘积。例如，摩尔浓度为 0.003mol/L 的硫酸根离子溶液，其当量浓度应为 0.006eq/L（克当量/升）。在水文地质研究中，更常用的当量浓度单位是 1meq/L＝0.001eq/L。

第二节　各类地表水的化学成分特点

一、河水的化学成分特点

河水流动速度比较大，交替期平均只有 16d。河水与河床上的土石接触时间很短，其矿化程度是很有限的。河水的化学属性几乎完全取决于补给来源的性质和比例。

河水的矿化度普遍小于 1g/L，平均只有 0.15～0.35g/L。在各种补给来源里，冰雪融水的矿化度最低；由雨水直接形成的地表径流矿化度也比较小；而地下径流的矿化度较大，变化明显。

河水的矿化度随季节变化的程度比其他水体更为明显。夏半年（或雨季）里冰雪融水和雨水是河流的主要补给来源。尤其是在汛期，随着流量增大，河流的矿化度显著降低，同时含沙量增加。夏季水生植物繁茂，使 NO_3^-、NO_2^-、NH^+ 含量减少。冬半年（枯水季节）以地下水补给为主，河水矿化度增大。随着水温的降低，溶解氧增多。由于水生植物减少，NO_3^-、NO_2^-、NH^+ 的含量可以达到全年最大值。

河水中各种离子的含量大致有如下的顺序：阳离子 $[Ca^{2+}]>[Na^+]>[Mg^{2+}]$，阴离子 $[HCO_3^-]>[SO_4^{2-}]>[Cl^-]$。

河水的化学组成在空间上分布不均。大的江河，流域范围广，流程长，流经的区域条件复杂，及支流的汇入，各河段水的化学特征的不均性就很明显。离河流源头越远，河水的矿化度越大，同时钠和氯所占的比例增大，钙和重碳酸所占的比例减少。

二、湖水的化学成分特点

湖水是陆地表面天然洼陷中流动最缓慢的水体。湖泊的形状、规模、吞吐状况及所处的地理环境，造成了湖水化学成分及其动态的特殊性。

按照湖水的矿化度，通常把湖水分为淡水湖（矿化度<1g/L）、微咸水湖（矿化度 1～24g/L）、咸水湖（矿化度 24～35g/L）、盐湖（矿化度>35g/L）几种类型。不同类型的湖泊的地理分布具有地带性规律。在湿润地区，年降水量大于年蒸发量，湖泊多为吞吐湖，水流交替条件好，湖水的矿化度低，为淡水湖。在干旱地区，年蒸发量远大于年降水量，内陆湖的入湖径流全部用于蒸发，导致湖水中盐分积累，矿化度增大，形成咸水湖或盐湖。

湖水与其补给来源的化学状况差异明显。湖水接受河流的补给，但湖水的化学成分又不同于河水。由于湖泊形态与河流不同，湖水流动交替缓慢，水在湖盆中滞留时间较长；湖水面积广，蒸发量大，使湖水矿化度增大；湖水与湖底淤泥之间存在着离子交换作用。

湖水中生物作用强烈。营养元素（磷、氮、钾）在湖水、生物体、底质中循环，各地的淡水湖泊都有不同程度的富营养化的趋势。

湖水交替缓慢，使溶解气体的分布具有分层性。例如，随着水深的增加，溶解氧的含量降低，二氧化碳的含量增加。在湖水停滞的角落，会形成局部的还原环境，以致湖水中的游离氧消失，出现硫化氢、甲烷等气体。

三、海水的化学成分特点

海水是地球水圈的主体，是全球性水循环的起点和归宿，也是各大陆外流区岩石风化产物的最终聚集场所。海水的化学性质与江河、湖泊等地表水体有很大差异，它们之间存在着明显的不连续性。

海水的矿化度很高。海水的平均盐度为34.7‰，比河水、湖水的矿化度要高175倍。大洋环流及对流和紊动作用，使得近岸海域的大洋海水的盐度在空间上分布相当均匀。

海水中已发现80多种化学元素，这些元素的含量差别很大。浓度在1mg/L以上的有11种，分别是氯、硫、碳、溴、硼、钠、镁、钙、钾、锶、氟。这些成分占海水中溶解盐类的99.8%~99.9%，被称为常量元素。其他含量在1mg/L以下的元素，统称为微量元素，其中直接参与海洋生物界物质循环的（如磷、氮、钾等）称为生物活性元素。

海水组成的守恒性，即不论世界各地海水的盐度大小如何，其主要离子含量之间的比例关系几乎是恒定不变的。不过，对于微量元素，尤其是生物活性元素，其相对含量可以有很大变化。海水组分的变化主要是由生物活动引起的。生物将表层海水中的某些元素（磷、氮、钙等）吸收，转移到生物体内，生物遗体成为有机颗粒降落到深海，并将这些元素释放到海水中，这样便形成了生物活性元素从海洋表层向深海的富集过程。如果海洋中没有生命存在，海水中的化学组成几乎是完全均一的。此外，河流不断把各种盐分送入海洋，每年入海的溶质径流至少有50亿吨。同时，海水也不断把各种元素转移到沉积物中。近百年来海洋调查的结果，可以认为各种元素输入海洋的速率基本上与从海水中输出的速率相等。

大洋海水的温度范围是0~28℃，变化幅度不超过10℃。因此，总体来说海水是一个温和的弱碱性的氧化环境。海水中含有大量的氧气、二氧化碳，时刻与大气中的氧气、二氧化碳相互交换，处于动态平衡状态。

海洋从大气中吸收的二氧化碳以HCO_3^-、CO_3^{2-}和H_2CO_3三种形态存在，而以HCO_3^-形态占优势，$CO_2+H_2O \rightleftharpoons H_2CO_3 \rightleftharpoons H^+ + HCO_3^- \rightleftharpoons 2H^+ + CO_3^{2-}$，$Ca^{2+}+CO_3^{2-} = CaCO_3$。

上面这个平衡过程控制着海水的酸碱性，使海水的pH值在8±0.5的范围内，呈弱碱性。生物对环境的酸碱性变化非常敏感。海水的pH值变化很小，很适合生物的生存和进化，而弱碱性有利于海洋生物吸收碳酸钙组成介壳（软体动物或其他动物的外壳，主要由石灰质和色素构成，质地坚硬，具有保护功能）。

海洋表层不仅与大气进行氧的交换，而且植物的光合作用也为表层海水提供大量溶解氧。大规模的深层环流可以使大洋在各个深度上都能得到相当多的游离氧，即使在百米深度以下有机质的分解也是一个好氧过程。除了个别孤立的海盆（如黑海、波罗的海）以外，世界大洋从表层到海底都属于氧化环境。

海水中的微量元素浓度很小，这些元素的难溶的氢氧化物也是远未达到饱和的。在含有硫化氢的还原环境中，由于生成极难溶的硫化物，微量元素发生絮凝沉降。在大洋底部的氧化环境里，通过吸附性阳离子的交替作用，微量元素伴随着深海沉积物而沉析到海底。

第三节　地下水的化学成分、性质和类型

地下水是多组分的溶液，其化学成分是相当复杂的。借助于现代分析技术，到目前为止，在地下水中已发现了门捷列夫元素周期表所列的93种天然元素中的近80种。各种元素在地下水中的存在形式也各不相同，它们主要有三种存在方式：第一是气体和固体，例如土壤中包含的二氧化碳和在多孔介质中形成的矿物；第二是液体，例如原油和液体有机物；第三种就是研究得最多的溶质，溶质即是溶解在水中以离子、原子、分子、络合物和化合物等形式存在于地下水中的物质。

按照水中所含成分的颗粒大小及其在水中的分散状态，可将其分为如下几种类型：

（1）分子-离子分散系。颗粒直径小于1nm，包括各种无机、有机低分子物质及其离子，在水中以溶液形式存在。

（2）胶体分散系。颗粒直径在1~100nm之间，其中高分子物质以溶液形式存在，溶胶微粒以溶胶形式存在。

（3）粗分散系。颗粒直径在100nm以上，包括悬浊液和乳浊液，大多数微生物属于此种类型。

一、地下水的化学成分

地下水在各种热动力和地质条件下会在地壳内沿着岩石的空隙流动并与岩石内的物质发生相互作用，改变了自己的成分和性质——发生了变质作用。地下水无论是在空间还是时间上都是极其变化无常的。变质作用会改变地下水原有的一些成分。变化的结果由变质作用的性质和地下水的主要成分来决定。对于大气成因的地下水来说，主要是岩石的溶滤作用使地下水的矿化程度加大；对于海洋成因的地下水，置换作用和渗透水逐渐冲淡的过程及地下水在岩石间流动时阴阳离子的互换过程为变质作用的主要过程。地下水的化学成分包括无机物、有机物等，现对其分述如下：

（一）无机物组分

组成地下水无机物的化学元素，根据它们在地下水中的分布和含量，可以划分为主要组分、微量组分、痕量组分。

1. 主要组分

指在地下水中经常出现、分布较广、含量较多的化学元素或化合物，这些组分包括重碳酸根、硫酸根、氯、钠、钙、镁和钾等。它们构成了水中所谓的七大离子，占据了地下水中无机物成分含量的90%~95%，决定着地下水的化学类型。

（1）重碳酸根离子。和碳酸有一定的数量关系，碳酸平衡的要素取决于水的pH值（表3-3）。

表3-3　不同pH值下的重碳酸根离子的存在形式　（单位：%）

存在形式	pH值							
	4	5	6	7	8	9	10	11
	分子							
H_2CO_3	99.7	97.0	76.7	24.99	3.22	0.32	0.02	—
HCO_3^-	0.3	3.0	23.3	74.98	96.70	95.84	71.43	20.0
CO_3^{2-}	—	—	—	0.03	0.08	3.84	28.55	80.0

从表3-3中可以看出，pH<5时，重碳酸离子的浓度很小，接近于零；当pH>7时，碳酸根离子的含量明显增多。因此，根据重碳酸根离子的存在形式可以判断出pH值的大小。重碳酸根离子来源于碳酸根的水解和碳酸的电离。重碳酸根离子在地下水中的含量不太高，但分布十分广泛。

（2）硫酸根离子。迁移性较好，几乎不被土壤胶体吸附，只有在热带区域土壤里的氢氧化物和氢氧化铝可以吸附它。地下水中硫酸根离子主要来自于含硫酸盐的沉积岩的溶解或者天然硫和硫化物的氧化。金属硫化物的矿区之下的地下水有丰富的金属硫酸盐溶液，导致了pH值的下降，使地下水呈酸性。

（3）氯离子。有很高的迁移性，不会被生物富积，也不被胶体吸收，不易形成难溶的矿物，在地壳中的含量仅为0.017%。地下水中氯离子的分布很广，其含量随着水中矿化度的增加而增加，在高矿化水中氯离子占很大的优势。食盐矿床和氯化物的沉积及海相沉积物、海水是水中氯离子的来源。其次，火成岩的一些氯矿物，比如氯磷灰石、方钠石的溶解及大气降水等，也是氯离子的来源。

（4）钠离子。在地下水中的含量很高，迁移能力强，被胶体吸附以后可以从溶液里面析出，随着矿化度的升高含量逐渐增加，钠离子与氯离子在地下水中趋于平衡，一般以Na^+的形式存在。钠离子来源于海相沉积物和陆相沉积物中钠盐和岩盐矿床的溶解，及火成岩中铝硅酸盐矿物的风化作用。

(5) 钙离子。是弱矿化水的主要阳离子，重碳酸钙水是低矿化的主要特征。随着矿化度的升高，钙离子的含量就会降低，这是因为矿化度的升高会导致 Ca^{2+} 以硫酸钙和碳酸钙的形式存在。地下水中钙离子主要来源于石灰岩、白云岩和石灰质胶结的岩石及石膏的溶解，还有火成岩、变质岩的风化和分解。

(6) 镁离子。在地下水中的含量不太多，低矿化度时钙离子占优势，高矿化度时钠离子占优势，镁的硫酸盐和重碳酸盐溶解度比钙的硫酸盐和重碳酸盐高，因此镁在天然水中的含量要更占优势。镁主要来自于白云岩、菱镁岩、基性岩、超基性岩这些物质的溶解。

(7) 钾离子。在岩石圈中与硅化物联系，主要是来自于火成岩的风化，在地壳中钾、钠的溶解度比较大，但在地下水中钾离子的含量明显比钠离子少，这是由于钾离子被大量植物、次生矿物吸收及黏土吸附的缘故。

2. 微量组分

即那些在地下水中出现得较少、分布得有限和含量较低的化学元素和化合物，主要包括硅酸根、铁、铝、硼、锶、碳酸根、氟、硝酸根等。

(1) 硅酸根离子。硅在地壳中分布排第二位，硅酸盐的溶解度低，还容易被其他物质吸收，因此硅在水中的含量不高。硅在地下水中的含量一般为 0.1mg/L，很少能达到数毫克每升。不同形式的硅酸与溶液的 pH 值也有着一定关系，具体如表 3-4 所示。

表 3-4　不同 pH 值下的硅酸根离子的存在形式　(单位:%)

存在形式	pH 值			
	7	8	9	10
	分子			
H_4SiO_4	99.9	98.4	87.7	41.5
$H_3SiO_4^-$	0.1	1.4	12.3	58.5

从表 3-4 中可以看出，当 pH 值为 7 或 8 时，水中的 H_4SiO_4 是以非离子化的形式存在的，pH 值升高到 9 时其离子形式转变为 $H_3SiO_4^-$。

(2) 铁和铝。都是岩石圈中普遍存在的元素，铁的含量在岩石圈中不稳定，变化比较明显，在黏土中的含量比在砂岩中高。铁和铝在天然水中的含量不是很多，铁是变价元素，二价铁在酸性水中容易迁移，在中性水和碱性水中则稍微稳定一些。有氧气存在时，二价铁会转变为三价铁，三价铁在水中以胶体的形式存在着。

铁一般是来自于含铁的岩石，经过氧化作用和酸的作用进入到溶液中。

铝在水中的含量不高，迁移性不强，导致铝在水中的含量仅为千分之几或百分之几毫克每升，只有在强酸性的水中含量稍高一点，铝主要来自于铝硅酸岩石的风化。

(3) 硼。属于分散元素，在天然水中分布广泛，含量却不高，在淡地下水中的含量是 0.1~1μg/L，在海水中的含量为 1.5~4.4mg/L，碱性的油田含硼量大（可达 100mg/L），在浅部的地下水中含量很少。硼来自于淋滤海相沉积物和硼酸盐岩石风化产物。

(4) 锶。锶的化合物在水中溶解度低，其碳酸化合物溶解度更低，因此水中锶的含量不高，一般伴随着钙一起迁移，生物聚集比较少。虽然锶在地下水中的含量不尽相同，但会随着水中矿化度的增加而增加。锶主要来源于碱性岩和花岗岩，沉积岩中石膏层中锶的含量最高；在碳酸钙质的黏土质岩中锶含量也高。

3. 痕量组分

痕量组分包括锑、砷、钡等多种元素，如表 3-5 所示。微量组分和痕量组分虽然不决定地下水的化学类型，但却赋予了地下水一些特殊的性质和功能。例如我们知道的含锶矿泉水、含锂矿泉水、偏硅酸矿泉水等，就是因为这些矿泉水中的锶、锂和偏硅酸含量较高，从而对人体有一定的医疗作用。当然，有些微量和痕量组分的含量过高对人体也会造成一定的危害，如镉、砷、汞等。

表 3-5 地下水中溶解的无机物组分 （单位：mg/L）

组分类别	浓度变化范围	组分
主要组分	>5	HCO_3^-、Cl^-、SO_4^{2-}、Na^+、K^+、Ca^{2+}、Mg^{2+}、SO_2
微量组分	0.01~10	B、NO_3^-、CO_3^{2-}、F^-、Sr、Fe
痕量组分	<0.1	Al、Sb、As、Ba、Be、Bi、Br、Cd、Ce、Cs、Cr、Co、Cu、Ga、Ge、Au、In、I、La、Pb、Li、Mn、Mo、Ni、Nb、P、Pt、Ra、Rb、Ru、Se、Sc、Ag、Tl、Th、Sn、Ti、W、U、V、Yb、Y、Zn、Zr

主要组分、微量组分及痕量组分的含量界限并不是绝对的，有时微量组分在地下水的含量可能超过主要组分。例如，在人类长期活动的农业区，地下水中的硝酸根离子含量可能很高；在湖泊周围、湿地及某些受污染物影响的地区，地下水中铁的含量可能会明显增高。

（二）有机物组分

有机物种类繁多，有氨基酸、蛋白质、糖（碳水化合物）、葡萄糖、有机酸、烃类、醇类、醚类、羧酸、苯酚衍生物、胺等。各种不同形式的有机物主要由 C、H、O 组成，这三种元素占全部有机物的 98.5%，另外还存在少量的 N、S、P、K、Ca 等元素。

地下水中以真溶液形式存在的有机化合物含量甚微，多为 ppb 级，甚至是 ppt（part per trillion）级。近些年来，随着分析技术的发展，人们对地下水微量有机物的污染日益关注，研究的程度也日益加深。按其物理化学性质分类，有机物可分为极性的和非极性的，其中每一大类又可以分为挥发性的和非挥发性的。就目前已有资料而言，非极性的难溶挥发性有机物是地下水中危害最大的主要有机污染物。它们多属于卤代烃类，是疏水有机物。

地下水到底有多少种有机污染物，目前还不完全了解。但是，根据最近的文献，美国地下水中化学物质约有 200 多种，其中有机污染物就约有 175 种。但另一文献报道，当今世界上有机化合物约 200 万种，并且以每年 25 万个新配方这个惊人的速度增长，其中每年有 300~500 种成为商品，饮用水供水（包括地表水及地下水）中已检出的有机污染物超过 1200 种，随着调查研究的深入，估计其数目会迅速增加。就污染物的种类、污染的范围和其普遍性及对人类的危害而言，地下水有机污染物已排在所有污染物的首位，引起水文地质学者和环境学者的极大关注。据文献报道，1983 年美国对 466 个地下水供水水源的挥发性有机污染物进行了调查，结果发现，有一种或一种以上者，在大供水系统中占 16.8%，在小供水系统中占 28%。最常见的两种有机污染物是三氯乙烯和四氯乙烯。新泽西州及加利福尼亚州已出现大面积的有机物污染，由于其浓度较高，几百眼井被迫关闭。在新泽西州杰克逊城固体废物堆附近，100 眼井因有机物污染被关闭，其中含有甲苯（6400ppb）、酮（3000ppb）、苯（330ppb）、二氯甲烷（3000ppb）等污染物。在科罗拉多州某地，浅层潜水有杀虫剂及除草剂的副产物，污染面积达 $77km^2$，许多供水井及灌溉井关闭。荷兰 232 个地下水抽水的监测结果说明，共检出 113 种有机物，其中三氯乙烯检出率达 67%，14 种有机物的浓度大于 100ppb。

许多有机污染物是有毒物质，它们可引起各种健康问题，甚至是致癌、致畸形、致突变物。但是，人们对它的认识和了解甚少，进而饮用水标准中微量有机污染物也只有几项。据美国 1980 年和 1981 年公布的资料，地下水中所发现的有机污染物有两种（苯和三氟三氯乙烷）对人体致癌，有 15 种对动物致癌。就地下水中最易检出的三氯乙烷和四氯乙烷而言，三氯乙烷是工业上广泛应用的溶剂，用作去油污剂、制冷剂和熏黄剂，为老鼠喂食三氯乙烷致癌；四氯乙烷也是一种广泛应用的溶剂，应用于干洗及去油污，小白鼠吸入低剂量及高剂量均有明显的肝细胞致癌现象。

一般来说，许多有机化合物是非水溶性的（脂溶性的），其在水中的溶解度很低。即使如此，还有许多有机污染物的溶解度大于饮水最大允许浓度。例如表3-6中所列的六种杀虫剂，尽管其溶解度很小，但都大大超过饮水最大允许浓度。

表3-6　六种杀虫剂的饮水最大允许浓度及其溶解度

化合物	饮水最大允许浓度（10^{-6}）	溶解度（10^{-6}）
异狄氏剂	0.0002	0.2
高丙体六六六	0.004	7.0
甲氧滴滴涕	0.1	0.1
毒杀芬	0.005	3.0
2，4-D	0.1	620
2,4,5-TP丙酸	0.01	

对地下水中有机物质的研究已成为水文地球化学越来越重要的研究内容。《应用水文地球化学》一书指出，最近数十年中，在地下水化学研究中最重要的进展就是发现了来源于无意排放的燃料和工业化合物中的有机物已经弥漫了很多含水层，在城市地区尤为严重。该发现在20世纪60~80年代是一个渐进的过程，引起了人们对饮用水安全性的极大关注。20世纪90年代，随着人们对含水层中有机污染物分布范围的进一步认识，研究的重点已经转移到了对有机污染的治理上。

二、地下水的化学性质

地下水中各种元素的含量，主要取决于它们在地壳中的含量和溶解度。一般来说，在地壳中分布最广的元素（如氧、钙、钠、钾等），在地下水中含量也较多。而有些元素（如硅、铁等）在地壳中分布较广，但在地下水中含量却比较少。氯等元素的含量则相反，在地壳中极少，但在地下水中却大量存在。这种现象与它们各自的溶解度有关。一些钠与钾的氯化物和硝酸盐最易溶于水，而钙与镁的碳酸盐溶解度却很差。

水的化学成分一般以离子形式表示。地下水中最主要的离子有Cl^-、SO_4^{2-}、HCO_3^-、CO_3^{2-}及H^+、Na^+、K^+、Ca^{2+}、Mg^{2+}等。除此之外，地下水还含有一些未溶解的化合物，如铁、铝氧化物（Fe_2O_3、Al_2O_3）等。地下水中常含有某些气体和放射性元素，但是含量极少。地下水中的气体成分，主要有氧、氮、二氧化碳和硫化氢等。

根据地下水的化学成分可以寻找有用矿产，特别是放射性矿产。近年来在这方面已经取得了很大的发展，成为地球化学探矿工作的一个组成部分。如在江西大盐矿的发现过程中，水文地球化学探矿法起到了很大的作用。

（一）地下水的矿化度

按照总矿化度的大小，可以将地下水分为如表3-7所示的几类。

表3-7　地下水的类型　（单位：g/L）

类型	总矿化度	类型	总矿化度
淡水	<1	强矿化水（盐水）	10~50
弱矿化水（微咸水）	1~3	卤水	>50
中矿化水（咸水）	3~10		

水的矿化度是地下水化学成分的重要标志。在通常情况下，低矿化的水（淡水）一般以重碳酸根离子（HCO_3^-）为主要成分，中等矿化度的水以硫酸根离子（SO_4^{2-}）为主要成分，高矿化度的水以氯离子（Cl^-）为主要成分。

（二）地下水的酸碱度

氢离子的浓度是水的酸碱性的反应，用 pH 值来表示：在 25℃、标准大气压下，pH 值小于 7 为酸性，等于 7 为中性，大于 7 为碱性。地下水的酸碱度如表 3-8 所示。

表 3-8　地下水的酸碱度

酸碱度	强酸性	弱酸性	中性	弱碱性	强碱性
pH 值	<5	5~6.5	6.5~8	8~10	>10

（三）地下水的硬度

根据水的总硬度可以将地下水划分为五个等级，如表 3-9 所示。

表 3-9　地下水的硬度

地下水的等级	Ca^{2+}、Mg^{2+}/mEq（毫克当量）	德国度/（°）
极软水	<1.5	<4.2
软水	1.5~3.0	4.2~8.4
弱硬水	3.0~6.0	8.4~16.8
硬水	6.0~9.0	16.8~25.2
极硬水	>9.0	>25.2

三、地下水的化学类型

目前应用比较普遍的地下水分类方法是舒卡列夫分类，它考虑将地下水中超过 25%毫克当量的主要离子成分，进行组合分类，共分成 49 种类型，如表 3-10 所示。应用时，并不采用列入表 3-10 中的编号，而实际上是取表 3-10 中的水化学命名。例如，表 3-10 中 30 号的地下水化学分类命名为硫酸盐-钙、镁型水。

表 3-10　地下水化学分类

超过 25%毫克当量的离子	HCO_3^-	$HCO_3^-+SO_4^{2-}$	$HCO_3^-+SO_4^{2-}+Cl^-$	$HCO_3^-+Cl^-$	SO_4^{2-}	$SO_4^{2-}+Cl^-$	Cl^-
Ca^{2+}	1	8	15	22	29	36	43
$Ca^{2+}+Mg^{2+}$	2	9	16	23	30	37	44
Mg^{2+}	3	10	17	24	31	38	45
Na^++Ca^{2+}	4	11	18	25	32	39	46
$Na^++Ca^{2+}+Mg^{2+}$	5	12	19	26	33	40	47
Na^++Mg^{2+}	6	13	20	27	34	41	48
Na^+	7	14	21	28	35	42	49

按照总矿化度又可以将每一级地下水划分为四组：A 组，矿化度小于 1.5g/L；B 组，矿化度为 1.5~10g/L；C 组，矿化度为 10~40g/L；D 组，矿化度大于 40g/L。

舒卡列夫分类法应用较广。这个分类法既考虑了各个主要离子成分的毫克当量百分数，又考虑了水的矿化度。因此，各个地下水类型基本上可以反映出地下水的形成过程。例如 1-A 型水，即低矿化度的 HCO_3-Ca 型水，其成分往往是由于溶滤作用形成的。又如 49-D 型水，即高矿化的 Cl-Na 型水，其成分很可能与海水或海相沉积物有关等。但此法也有不足之处，如有些等级目前在自然界中尚未发现。

第四章　水的运动及其物理过程

掌握水的运动及其物理过程，有助于刑事侦查人员在现场勘查及侦查实验等环节更为准确地分析物体在水中的运动形态，为确定案件性质提供依据。

第一节　大气水的物理变化及运动

一、蒸发

（一）蒸发的定义及分类

蒸发是水由液体状态转变为气体状态的过程，亦是海洋与陆地上的水返回大气的唯一途径。由于蒸发需要一定的热量，因而蒸发不仅是水的交换过程，亦是热量的交换过程，是水和热量的综合反映。

由于蒸发面的不同，我们可将蒸发分为陆面蒸发和区域总蒸发。陆面蒸发等于地表水体蒸发、土壤蒸发和植物散发之和，区域各部分蒸发、散发的综合结果是区域总蒸发。

（二）蒸发的条件及影响因素

在静止大气中，蒸发速度受分子扩散的影响，此时的水分蒸发速度 W 由以下方程描述

$$W = A(E - e)/P \tag{4-1}$$

该式被称为道尔顿定律，它表明蒸发速度与饱和差（$E-e$）及分子扩散系数 A 成正比，与气压 P 成反比。但在自然条件下，蒸发发生在湍流中，影响蒸发速度的主要因素是湍流交换，而不是分子扩散。现实中，影响蒸发速度的因素主要有水源、热源、饱和差、风速和湍流扩散速度。

1. 水源

没有水源就不可能会蒸发，所以开阔的水面、雪面、冰面或者湿地、植被是蒸发产生的基本条件。在干旱的沙地中几乎不存在蒸发。

2. 热源

蒸发需要消耗热量，在蒸发过程中如果没有可供消耗的热量，蒸发面就会逐渐冷却，从而导致蒸发面上的水汽压降低，于是蒸发过程就会减缓或者停止。因此，蒸发速度在很大程度上取决于热量的供给。实际上，我们也常用蒸发消耗的热量来表示某地的蒸发速度。以上海为例，上海夏季和秋季蒸发耗热比较多，也就是说蒸发速度比较大。这是因为夏季和秋季上海地区土壤和水的温度比较高，因而有足够的热源供给蒸发。

3. 饱和差（$E-e$）

蒸发速度与饱和差成正比，即饱和差越大，蒸发速度越快。

4. 风速与湍流扩散

大气中的水汽垂直输送和水平扩散能加快蒸发速度。无风时，蒸发主要靠蒸发面上的水分子的单纯的扩散，这样水汽压减小得缓慢，饱和差也小，因此蒸发缓慢。有风时，大气湍流加强，蒸发面上的水汽随风和湍流扩散到更开阔的空间中，此时水汽压变小，饱和差增大，蒸发速度加快。

除了上述因素外，蒸发还受土壤结构、湿度、植被及海水或湖水的盐度等因素的影响。

二、凝结

（一）大气中水汽凝结的条件

凝结是水汽由气态变为液态的过程。凝华是水汽由气态直接变为固态的过程。大气中水汽凝结的一般条件是：一是有凝结核存在，二是大气中的水汽要达到饱和或过饱和的状态。

1. 凝结核

在大气中，水汽只要达到饱和或过饱和状态，水汽就会发生凝结。但是，在实验室里却发现，在纯净的空气中，水汽过饱和达到相对湿度为300%~400%也不会发生凝结。这是因为做不规则运动的水汽分子之间的吸引力很小，通过水汽分子相互之间的碰撞不容易彼此结合形成液态水或固态水。在实验室里只有在巨大的过饱和条件下，纯净的空气才能凝结。可是在自然界中是不存在巨大的过饱和状态的。因为大气中存在着大量的吸湿性微粒物质，这些微粒物质比水汽分子大得多，对水分子有很大的吸引力，从而在其表面会集聚很多水汽分子，这些微粒物质就成了水汽凝结核心。这种大气中能促使水汽凝结的微粒物质被称为凝结核。半径越大、吸湿性越好的凝结核周围容易产生凝结现象。凝结核的存在是大气产生凝结的重要条件之一。

2. 空气中水汽的饱和和过饱和

大气中凝结核总是存在的，能否形成凝结关键取决于空气是否达到饱和或过饱和状态。使空气达到过饱和状态有两种途径：一是通过蒸发，增加空气中的水汽，从而使水汽压大于饱和水汽压；二是通过冷却作用，减少饱和水汽压，从而使其低于当时的实际水汽压。有时也可以是两者共同起作用。因此，使水汽达到饱和状态的过程有：

（1）暖水面蒸发。通常情况下，水面蒸发作用虽然可以增大空气湿度，但是并不能使水汽凝结。这是因为靠近水面的空气接近饱和状态时，水面的蒸发就逐渐停止。但是，当冷空气流经暖水面时，水面上方的水汽就会凝结。这是因为水面的温度比气温高，暖水面上的饱和水汽压比冷气流中的饱和水汽压高得多，通过蒸发可以使空气达到过饱和状态，此时水汽就会凝结。秋冬季节的早晨，水面上腾起的蒸发面就是这样形成的。

（2）空气的冷却。减小饱和水汽压要靠空气的冷却，空气的冷却方式主要有以下几种：

1）绝热冷却。空气在上升过程中，因为体积的膨胀而对外界做功从而导致空气的冷却。随着高度的升高，气温降低，饱和水汽压也随之降低，空气上升到一定的高度就会出现过饱和状态。这种方式对于云的形成具有重要的作用。

2）辐射冷却。在晴朗无风的夜里，由于地面的辐射冷却导致接近地面的空气温度降低。当空气的温度降低到露点温度以下时，水汽压就会超过饱和水汽压，从而产生凝结现象。辐射雾就是水汽以这种方式凝结形成的。

3）平流冷却。暖空气流经较冷的下垫面时，会将热量传递给较冷的下垫面，导致暖空气自身的温度降低。如果暖空气与较冷的下垫面之间的温度相差较大的话，暖空气就会剧烈降温，这时就可能产生凝结现象。

4）混合冷却。温差较大并且接近饱和的两团空气水平混合后，也可能产生凝结现象。由于饱和水汽压随温度的改变呈指数曲线形式（图4-1），就可能使混合后气团的平均水汽压比混合气团在平均温度下的饱和水汽压大。图4-1中A和B分别代表两个未饱和气团的状态，A气团的温度为t_1，水汽压为e_1，饱和水汽压为E_1。B气团的温度为t_2，水汽压为e_2，饱和水汽压为E_2。混合后，空气的温度是混合前两气团温度的平均值t（横坐标上t_1与t_2的中点），对应的饱和水汽压为E。因为两气团进

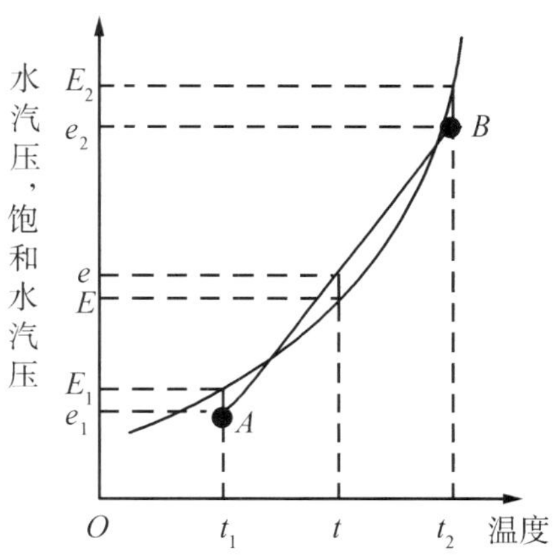

图4-1　由水平混合而产生的凝结现象

行的是水平混合，所以混合后的水汽压 e 为 e_1 与 e_2 的平均值（纵坐标上 e_1 与 e_2 的中点）。由图 4-1 可知，这两气团混合后的水汽压大于饱和水汽压，即 $e>E$，可以产生凝结现象。例如，我国新疆地区就有因不同气体混合而产生的雾。如果两气团原来的湿度比较小，则混合后也难以发生凝结。

在上述四种过程中，冷却通常是主要的。对于形成雾来说，因为凝结现象出现在靠近地面的气层中，所以辐射冷却、平流冷却是主要的；对于形成云来说，因为凝结现象出现在一定的高度上，所以绝热冷却就成为主要的了。

（二）地面的水汽凝结物

1. 露和霜

在傍晚或夜间，地面及其附近的物体由于辐射冷却，使靠近地表面的空气层也随之降温，当地表面的温度降到露点以下，即空气中水汽含量过饱和时，在地面或地面的表层就会有水汽的凝结。如果此时露点的温度在 0℃以上，在地面及其附近的地面上就会出现微小的水滴，称为露。如果露点温度在 0℃以下，则水汽直接在地面及其附近的地物上凝华成白色的冰晶，称为霜。

霜和露是在晴朗无风的夜晚形成的。晴朗的夜间有利于地面或地物迅速辐射冷却；微风有利于辐射冷却在较厚的气层中充分进行，而且近地面的气流得到充分的交换，确保有充分的水汽供应给凝结过程。对于霜，不仅辐射冷却有利于其形成，而且在冷平流以后或洼地上集聚冷空气时也有利于霜的形成，这种霜被称为平流霜或洼地霜。因此，在洼地或山谷中，产生霜的可能性更大一些。

露的降水量很小。在温带地区，晚上露的降水量大约相当于 0.1~0.3mm 的降水层。但是，在热带地区，晚上露的降水量相对较多，可以相当于 3mm 的降水层，平均在 1mm 左右。露水产生的降水量虽然很少，但是，对于在干燥地区和干热天气的植物而言，夜间的露水对于维持植物的生命有较大作用。

霜和霜冻是有区别的。霜是指白色的固体凝结物。霜冻是指在农作物生长季节里，近地层的温度下降到足以导致农作物受到伤害或者死亡的低温。在有霜的时候，农作物不一定受到霜冻的影响。形成霜冻灾害的时候可以有霜出现（白霜），也可以没有霜出现（黑霜）。霜冻尤其是早霜冻（或初霜冻）和晚霜冻（或终霜冻）对农作物威胁较大，应引起相应的重视。

2. 雾凇和雨凇

（1）雾凇。是指在树枝上、电线上或其他地物迎风面上形成的白色的疏松微小冰晶或者冰粒。雾凇根据形成条件和结构可分为两类：

1）晶状雾凇。是过冷却的雾滴在蒸发以后，再由水汽凝华而成的。它往往在有雾、微风或气层静稳及温度低于-15℃时出现。因为冰面的饱和水汽压比水面的饱和水汽压小，所以过冷却的雾滴会不停地蒸发变为水汽，凝华在地物表面的冰晶上，使冰晶不断地增长。这种由地物表层的冰晶不断吸收过冷却的雾滴蒸发出来的水汽而形成的雾凇被称为晶状雾凇。

2）粒状雾凇。往往形成于风速比较大，气温-7~-2℃的条件下。它是因为过冷却的雾滴被风吹起，碰到了较冷的物体表面迅速冻结形成的。因为冻结的速度很快，所以雾滴仍然保持它原来的形状，即粒状。粒状雾凇的结构紧密，能使电线、树枝折断，对生产和生活产生了较大的影响。

（2）雨凇。是形成在地面或地物迎风面上的透明的或毛玻璃状的紧密冰晶。它主要是过冷却的雨滴降落到温度小于 0℃的地面或者地物上经过冻结作用形成的。雨凇的破坏性很大。在高纬度地区，它是一种经常出现的灾害性天气现象。

（三）近地面空气中的凝结物

雾是指大量水滴或冰晶悬浮于近地面空气中，使水平能见度小于 1km 的物理现象。形成雾的基本条件是近地面空气中水汽充沛，有使水汽形成凝结的冷却过程和凝结核的存在。当近地面层的水汽压大于其饱和水汽压时，水汽就会凝结或者凝华成雾。

根据雾形成的天气条件可以将雾分成气团雾和锋面雾两大类。顾名思义，气团雾是在气团内部形成的，锋面雾是锋面活动的产物。根据气团雾的形成条件，又可以将它分为冷却雾、蒸发雾和混合雾三种。根据冷却过程的不同，冷却雾又可以分为辐射雾、平流雾及上坡雾等，其中最为常见的是辐射雾和平流雾。

1. 辐射雾

辐射雾是在地面辐射冷却使近地面层变冷而形成的。辐射雾形成的天气条件是：①空气中有足够的水汽；②天气晴朗少云；③风力微弱（1~3m/s）；④大气层结稳定。

辐射雾的厚度由空气的冷却程度及风力来确定。在近地面的气层中，温度降到露点以下，而且风力微弱时，就会形成低雾。低雾的高度在 2~100m 之间。有时低雾的厚度不到 2m，仅仅是漂浮在地面上的薄薄一层，这种雾被称为浅雾。低雾的形成经常与近地层的逆温有关，它的上界与逆温层的上界大致相当。低辐射雾经常在秋天的黄昏、夜晚或早晨日出之前出现在低洼地区。在每天日出前后，雾的浓度达到最大值。8~10 时，由于气温回升，上暖下冷的逆温层被破坏，低雾也随之消失。如果空气冷却作用所达到的高度增大，辐射雾能向高空伸展到几百米高。这种辐射雾称为高雾，延伸范围很广，并且能持续多日不散，仅仅在白天稍微有些减弱。辐射雾多出现在高气压区的晴朗的夜晚，它的出现表示晴天。

辐射雾有明显的地方性。我国四川盆地地区是有名的辐射雾区，其中重庆冬季无云的夜晚或者早晨，雾日几乎占了 80%，有时还可能会一整天都不散，甚至持续好多天。

2. 平流雾

平流雾是暖湿空气流经较冷的下垫面逐渐冷却而形成的。海洋上暖而湿的空气流到冷的大陆上或者冷的海洋面上，都可以形成平流雾。形成平流雾的有利天气条件是：①下垫面与暖湿空气的温差比较大；②暖湿空气的湿度比较大；③适宜的风向（由暖吹向冷）和风速（2~7m/s）；④大气层结稳定。

只有在暖湿空气与它流经的下垫面之间存在着较大温差时，近地面气层才能迅速冷却而形成平流逆温，这种逆温上层暖、下层冷，限制了水汽的垂直交换和流通，使整个逆温层都形成了雾。适宜的风向和风速，不仅能源源不断地输送暖湿气流，还能产生具有一定强度的湍流，使雾能够达到一定的高度。

同时，平流雾的范围和厚度一般比辐射雾大，在海上四季都可能出现。由于平流雾的产生取决于是否有暖湿空气的平流，因此只要有暖湿空气不断地供应，雾就可以持久不消失，并且范围很广。其中，海雾是平流雾中很重要的一种。在我国沿海地区，春季和夏季为多雾季节，这是因为平流性质的海雾只有在夏季风盛行的时候才能到达陆地上。

在陆地上，在平流冷却和辐射冷却共同作用下形成了平流辐射雾。此外，还有当冷气流流经暖水面时形成的蒸发雾，稳定的空气沿高地或者山坡上升时因为绝热冷却而形成的上坡雾，及冷暖性质不同的气团在交界的地区形成的锋面雾等。

三、降水

从云中降落到地面上的液态或者固态水称为降水。降水是指空气中的水汽冷凝并降落到地表的现象。它包括两部分：一部分是大气中水汽直接在地面或地物表面及低空的凝结物，如霜、露、雾和雾凇，又称为水平降水；另一部分是从空中降落到地面上的水汽凝结物，如雨、雪、霰雹和雨凇等，又称为垂直降水。

降水虽然主要来自云中，但是有云时不一定都会降水。这是由于云滴的体积非常小（通常把半径小于 100μm 的水滴称为云滴，半径大于 100μm 的水滴称为雨滴），不能克服空气阻力和上升气流的顶托作用。只有当云滴增长到能够克服空气阻力和上升气流的顶托作用，同时在降落到地面的过程中不会被蒸发掉的时候，降水才会形成。

因为云的温度、气流分布的情况都不相同，所以降水具有不同的形态——雨、雪、霰、雹。

雨是从云中降落到地表的液体水滴。

雪是从混合云里降落到地面的多为六角形的白色结晶体。

霰是从云中降落到地面的不透明的球状晶体，由过冷却水滴在冰晶周围冻结而形成，它的直径一般为 2~5mm。

雹是由透明和不透明的冰层相间组成的固体降水，呈球形，常来自积雨云。

与此同时，降水的性质也有很大的差异，分为连续性和阵性降水。连续性降水历时比较长，强度具有变化性，主要来自高层云和雨层云。阵性降水历时比较短，强度比较大，具有突发性，主要来自浓积云和积雨云。

（一）降水性质

降水性质包括降水量、降水时间和降水强度等方面。降水量是指降落在地面的雨、雪、雹、霰等融化后，未经蒸发、渗透流失而积聚在水平面上的水层厚度（或深度），以 mm 为单位。降水时间（历时）是指降水从开始到结束持续的时间，用时、分来表示。

1. 降水强度

降水强度是指单位时间内的降水量。降水量的多少是用雨量筒和雨量计测定的。在单位时间内降水的数量可以差别很大，气象部门为了说明在一定时间内大气降水的数量特征，并用来预报未来天气的降水量变化趋势，将降水强度划分为若干等级，如表 4-1 所示。

表 4-1　降水强度等级划分标准（内陆部分）　（单位：mm）

项目	24h 降水总量	12h 降水总量
小雨、阵雨	0.1~9.9	≤4.9
小雨—中雨	5.0~16.9	3.0~9.9
中雨	10.0~24.9	5.0~14.9
中雨—大雨	17.0~37.9	10.0~22.9
大雨	25.0~49.9	15.0~29.9
大雨—暴雨	33.0~74.9	23.0~49.9
暴雨	50.0~99.9	30.0~69.9
暴雨—大暴雨	75.0~174.9	50.0~104.9
大暴雨	100.0~249.9	70.0~139.9
大暴雨—特大暴雨	175.0~299.9	105.0~169.9
特大暴雨	≥250.0	≥140.0

表 4-1 中的数据说明，单位时间内降水量越多，降水强度越大；反之，则越小。当日降水量超过 200mm，属于特大暴雨。我国出现的特大暴雨通常与强台风登陆、夏季强冷空气活动，或者几种因素的综合作用有关。

2. 降水变率

各地降水量在年际间、年内逐月间也是变化的。由于各地所处的自然地理条件不同，其降水量变化程度并不一样，有些地区变化不大（相对稳定），有些地区变化明显（不稳定）。通常用降水变率表征某一地区降水的变化程度。它是各年降水量的距平数与多年平均降水量之比的百分数，用公式表示为

$$C_v = \frac{\text{距平数}}{\text{平均数}} \times 100\% \tag{4-2}$$

式中，平均数为某地多年平均降水量；距平数为当年降水量与平均数之差值。例如，某地多年平均降水量为 1000mm，多年平均距平数为 200mm，则降水变率为

$$C_{v(\text{平均})} = \frac{200}{1000} \times 100\% = 20\% \tag{4-3}$$

降水变率表示某一地区降水的稳定性或可靠性。降水变率越大，表明降水越不稳定，即年际间降水数量正或负距平值很大，这种情况往往反映某地区旱、涝频率较高；降水变率越小，则表明年际间

降水越接近平均数，这就是正常年景。我国降水变率大致是北方大于南方、内陆大于沿海，长江以南在20%左右，黄淮之间在20%~30%，华北高于30%，西北内陆超过40%。

3. 降水量的季节变化

降水量的季节变化因纬度、海陆位置、大气环流等因素而不同。在沿赤道地带全年降水量在时间上变化不明显，但春、秋分所在月份的降水量相对较多。北半球温带大陆西岸全年降水分配比较均匀；大陆东岸则集中在夏季；在地中海区域，降水集中在冬季。我国处于东亚季风区域，降水集中在夏季，且南方雨季长，北方雨季短，夏雨较为集中。例如，广州夏季降水占全年总量的46.5%，冬季占9%；北京夏季占75.1%，冬季占1.7%。

（二）雨和雪的形成

1. 雨的形成

由液态水滴（包括过冷却水滴）组成的云体称为水成云。水成云里如果具备了云滴增大为雨滴的条件，并且使得雨滴具有一定的下降速度，这个时候降落下来的就是雨。由冰晶组成的云体称为冰成云，而由水滴（主要是过冷却水滴）和冰晶共同组成的云称为混合云。从冰成云或者混合云中降下的冰晶或者雪花，下落到0℃以上的气层内，融化以后也成为雨滴降落到地面，形成降雨。

在雨形成的过程中，大水滴起着重要作用。当水滴半径增大到2~3mm时，水分子间的引力难以维持这样大的水滴，在降落的过程中就很容易受气流的冲击而分裂，通过“连锁反应”，使大量水滴下降，小水滴继续存在，形成新的大水滴。这就是在上升气流较强的水成云和混合云中形成雨的重要原因。

2. 雪的形成

在混合云中，因为冰水共存，使得冰晶不断地凝华增大，成为雪花。当云下气温低于0℃时，雪花可以一直落到地面而形成降雪。当云下气温高于0℃时，就可能出现雨夹雪。雪花的形状非常多，有星状、柱状、片状等，但是它们基本的形状都是六角形。

雪花大多呈六角形。雪花的花样有很多种的原因是，冰的分子以六角形最为常见。对于六角形片状冰晶来说，因为它的面上、边上和角上的曲率都不相同，所以说它们所具有的饱和水汽压也不相同，其中角上的饱和水汽压最大，边上次之，平面上最小。在实际水汽压相等的条件下，因为冰晶各个部位饱和水汽压不相同，所以它的凝华增长情况也不相同。比如说，当实际水汽压仅仅大于平面的饱和水汽压时，水汽只会在面上凝华，形成的是柱状雪花；当实际水汽压大于边上的饱和水汽压的时候，边上和面上都会发生凝华现象。又因为凝华的速度和曲率有关，曲率大的地方凝华比较快，所以在冰晶边上凝华比在面上凝华快，此时多形成片状雪花。当实际水汽压大于角上的饱和水汽压的时候，虽然面上、边上、角上都有水汽凝华，但是尖角处位置比较明显，水汽供应得最充分，凝华增长速度最快，所以大多形成枝状或者星状雪花。与此同时，再加上冰晶不停地运动，它所处的温度和湿度条件也在不断地变化，这样就导致冰晶各部分增长的速度不一致，因而形成多种多样的雪花。

（三）发生降水的过程

在云的形成和发展阶段中，由于云体继续上升，绝热冷却，或云外不断有水汽输入云中，使得云滴周围的实际水汽压大于它的饱和水汽压，云滴就由于水汽凝结或凝华而逐渐增大。当云中水滴与冰晶共存时，更容易使云滴增长。这是因为云中并存着过冷水滴、水汽和冰晶，对冰来说，空气已经达到饱和，但是对水来说尚未饱和，这样，水滴将会被蒸发，而冰晶将会因为水汽在上面凝华而不断增长。当冰晶从空气中吸收水汽时，水滴不断蒸发，以保持水汽的供应。这样很快就能形成大冰晶。大冰晶在空气中下降，在下落过程中，会把运动速度慢、质点小的云滴碰撞合并过来，从而形成更大的冰粒。这些冰粒如果在较暖的气层中融化，就会以雨的形式降落到地面；如果来不及融化，就以雪、雹、霰等固体降落到地面上。

根据观测研究，对于热带地区的降水，不一定具备冰水共存条件和气温大于0℃，同样可以形成丰富的降水，这种情况属于暖云降雨。它的形成机制主要是由不同大小的水滴碰撞合并造成的。

降水的形成实际就是云滴增大变成雨滴、雪花或者其他降水物，并且降落到地面的过程。一块云能不能降水，这就意味着在一定的时间里（比如 1h）能否使 10^6 个云滴转化成为雨滴。使云滴增大的过程主要有以下两种：一是云滴凝结（或者凝华）增长；二是云滴相互冲撞合并增长。在实际生活中，云滴的增长是这两种过程同时起作用的结果。

1. 云滴凝结（或者凝华）增长

云滴依靠水汽分子在它的表面上凝聚而增长。在云的形成和发展阶段，由于云自身不断上升，绝热冷却，或者云外不断有水汽输入云中，使得云内部空气中的水汽压大于云滴的饱和水汽压，因此云滴就能够由水汽凝结（或者凝华）增长。但是，一旦云滴的表面产生凝结（或者凝华）现象，水汽就会从空气中析出，空气的湿度就会减小，云滴周围自然就不能维持那种过饱和状态，从而导致凝结（或者凝华）现象停止。因此，一般情况下，云滴的凝结（或者凝华）是有一定条件的。然而，要想使这种凝结（或者凝华）增长过程不断地进行，还必须有水汽的扩散转移过程。也就是说，当云层内部存在着冰水云滴共存、冷暖云滴共存或者大小云滴共存的任何一种情况时，都会产生水汽从一种云滴转化为另一种云滴上的扩散转移过程。比如说，在冰晶和过冷却水滴共存的混合云里面，在相同的温度条件下，因为冰面的饱和水汽压小于水面的饱和水汽压，当空气中的现有水汽压介于两者之间时，过冷却水滴就会蒸发，水汽理所当然地就会转移凝华到冰晶上去，导致冰晶不断地增大，而过冷却水滴却不断地缩小。当然，在冷暖云滴共存或者大小云滴共存的时候，也会发生这种现象，使冷（或大）的云滴不断增大。

上面讲的几种情况中，对于形成大云滴来说，冰水云滴共存的作用更为重要。这是由于在同样的温度条件下，冰水之间的饱和水汽压差异会更大，尤其是温度在-12～-10℃的时候差别最为显著，此时最有利于大云滴的形成。因此，对于冷云（所谓冷云，是指云体上部等 0℃线，有冰晶和过冷却水滴共同构成的混合云）降水，这种冰水云滴共存作用是主要的。冰水云滴共存作用又称冰晶效应。

2. 云滴的冲并增长

云滴经常处在运动状态中，这样云滴之间就存在着相互碰撞合并的可能。大小云滴之间发生冲撞而合并增大的过程，称为冲并增长过程。

云层中的云滴大小不等，必然具有不同的运动速度。大云滴下降速度比小云滴快，大云滴在下落的过程中很快就会追上小云滴，大小云滴相互碰撞并且粘到一块，形成了较大的云滴。有上升气流时，大小云滴被上升气流挟带并且上升，小云滴就能够追上大云滴并且与之合并，成为更大的云滴。当云滴增大以后，它的横截面积也会随之增大，在下降的过程中又可以合并成更大的云滴。有时候在有上升气流的云层中，大小云滴被上升气流挟带上升而产生的冲并现象，我们称之为重力冲并。

云滴重力冲并增长的快慢程度和云中的含水量及大小云滴的相对速度成正比。也就是说，云中含水量越大，大小云滴的相对速度就越大，那么单位时间里冲并的小云滴也就越多，云滴的重力冲并增长也就越快。

计算和观测数据表明，对于半径小于 20μm 的云滴，它的重力冲并增长作用可以忽略不计，但是对于半径大于 30μm 的大云滴来说，它可以在很短的时间里通过重力冲并增长达到半径为几个毫米的雨滴。大云滴越大，冲并增长就越迅速。也就是说，云滴的冲并增长实际上是一种加速过程。

大自然中的云层中云滴大小不一，在空间中的分布状况也很不均匀，云层中云滴与云滴之间的冲并过程是一个随机过程。这个观点在我们认识暖云水滴增长问题上，是一个重要的进展。

另外，云中分子的不规则运动、云中空气的湍流混合、云滴带有正负不同的电荷及流体的吸附力等，也会引起云滴的相互冲并。

在冲并作用的影响下云滴会不断增大，它在空气中下降时就不会再保持球形形状。开始下降的时候，云滴底部平整，上部因为表面张力而保持原来的球形形状。当云滴继续增大，在空气中下降的时候，除了受表面张力以外，还要受到周围作用在云滴上的压力及重力引起的云滴内部的静压力差，两者都会随云滴的增长、下降而不断增大。在这三种力的共同作用下，云滴的变形会越来越剧烈，底部向内凹陷，形成一个空腔。空腔越变越大，越变越深，上部越变越薄，最后破碎成了许多大小不同的云滴。云滴在下降过程中保持不破碎的最大尺度称为临界尺度，我们经常用等体积球体的半径来表示，称为临界半径或者破碎半径。在不同的气流条件下，临界半径是不相同的。在有扰动的瞬时气流条件下，临界半径大约是300μm。在大自然中观测到的临界半径是300~350μm，这是由于大气湍流的缘故。大气中云滴的临界半径增大到300~350μm时，就会破碎成几个较大的云滴和一些小云滴，它们可以被上升气流挟带上升，并且在上升过程中作为新一代的胚胎而增长，长大到上升气流支撑不住时再次下降，在下降的过程中继续增大，当超过临界半径时，再一次破碎分裂而重复以上过程。云中水滴"增大-破碎-再增大-再破碎"的循环往复过程，常被用来解释暖云降水的形成，我们通常称之为"链锁反应"，有时候也称它为暖云的繁生机制。

产生"链锁反应"的条件是：上升气流的速度要大于6m/s（对于不同的云滴有不同的要求），云层中的含水量要大于$2g/m^3$，同时还要有一定厚度的云层。当然，"链锁反应"不会无限制地进行下去，这是因为强烈的上升气流无法持久，云的宏观条件和微观结构也在迅速改变。与此同时，当有大量云滴下降的时候反而会抑制上升气流，或者会带来下沉气流。比如，当有雷雨的时候，下一阵大雨之后，云体就会崩溃消散。

上面所讲的两种云滴增大的过程在由云滴转化为降水的过程中始终存在。但是，观测资料表明，在云滴增长的开始阶段，以凝结（或者凝华）现象为主要地位，以冲并现象为次要地位。当云滴增大到一定阶段的时候（一般直径达到50~70μm）后，凝结（或者凝华）过程退居次要地位，反而以冲并作用为主要地位。在低纬度地区，云层中出现冰水共存的机会比较少，形成了所谓的暖云（暖云是指整个云层的温度在0℃以上，并且云体由水滴构成，又称为水成云）降水，这时冲并作用更为重要。总而言之，凝结（或者凝华）增长和冲并增长两种过程是不可分割的。

（四）降水类型

大气中气流上升有不同的方式，导致降水的成因也有所不同。根据气流上升的特点，降水可分为以下三个基本类型：

1. 对流雨

由于近地面气层强烈受热，造成不稳定的对流运动，气块强烈上升，气温急剧下降，水汽达到饱和从而产生对流雨。对流雨多以暴雨的形式出现，并伴随雷电现象，因此也叫热雷雨。形成对流雨的有利条件是：空气湿度很大，热力对流运动强烈。从全球范围来说，在热带全年以对流雨为主。在我国对流雨通常只是见于夏季。在西南季风控制的地区也以热雷雨为主。

2. 地形雨

暖湿气流在前进途中，遇到较高的山地阻碍被迫抬升，由于高度上升，绝热冷却，在达到凝结高度时，便产生凝结降水，如图4-2所示。地形雨多发生在山地的迎风坡。世界上年降水量最多的地方基本上都和地形雨有关。在山地背风的一侧，因水汽含量已大为减少，更重要的是气流越山下沉、绝热增温，气温升高，发生焚风效应。因此，在山地背风一侧降水很少，形成雨影区。

3. 锋面雨（气旋雨）

两种物理性质不同的气块相接触，暖湿气流在循环交界面滑升，绝热冷却，达到凝结高度时便产生云雨。由于空气块的水平范围很广，上升速度缓慢，所以锋面雨一般具有雨区广、持续时间较长的特点。在温带地区，包括我国绝大部分地区，锋面雨占有重要地位。

（五）各类云的降水

不同的云，因为它们的水平范围、云高、云厚、云中含水量、云中温度和升降气流等各种情况都不相同，所以降水的强度、性质和形态也随之不同。

1. 层状云的降水

层状云一般包括高层云、层积云、雨层云和卷层云。卷层云是由冰晶组成的，因为冰面的饱和水汽压小于同温度条件下水面的饱和水汽压，导致冰晶可以在较小的相对湿度（可以小于100%）的情况下增大。然而，由于卷层云内部含水量比较小，云层的底部又处于比较高的位置，所以除了在冬季

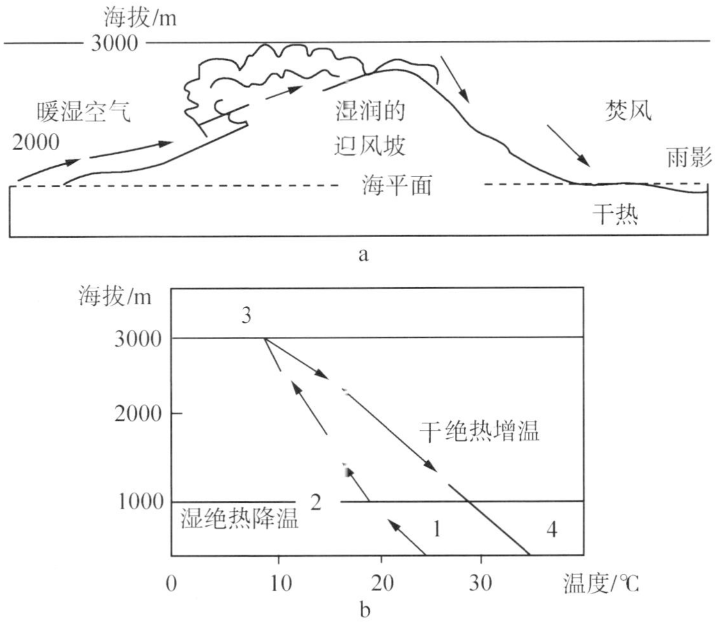

图 4-2　地形雨和焚风

高纬度地区的卷层云可以降少量的雪以外，卷层云一般是不降水的。

雨层云和高层云常常是混合云，云滴的凝华增长和冲并增长作用都存在。雨层云和高层云的降水与云层的厚度、云高有紧密的联系。云层比较厚时，冰水共存的层次也比较厚，有利于冰晶的凝华增长，而且云滴在云中冲并增长的路程也会很长，因此有利于云滴的增大。当云底的高度比较低时，云滴离开云体降落到地面的过程比较短，被蒸发掉的可能性很小，这样就有利于降水的形成。因此，对雨层云和高层云来说，云层越厚，高度越低，降水强度就越大。这也是雨层云比高层云降水量多的原因。

2. 积状云的降水

积状云一般包括淡积云、浓积云和积雨云。

淡积云因为云层比较薄，云中含水量比较少，而且水滴又小，所以它基本上不降水。

浓积云是否降水则因地而异。在中高纬度地区，浓积云几乎不降水。在低纬度地区，因为该地区有丰富的水汽和强烈的对流运动，浓积云的厚度比较大，云中含水量比较大，水滴体积也比较大，虽然云中没有冰晶存在，但是水滴之间冲并作用很突出，所以会降较大的阵雨。

积雨云是冰水共存的混合云，云层的厚度和云中含水量都比较大，云中升降气流较旺盛，因此云滴的凝华增长和冲并增长作用强度都很大，导致积雨云能降较大的阵雨、阵雪，有时可能降下冰雹。

积状云的降水是阵性的。它的原因是：积状云云体的水平范围与垂直伸展的尺度差不多，也就是说它的水平范围小，经过一个地方需要很短的时间，因此降水的开始和结束都比较突然；因为积状云中，升降气流变化比较大，上升气流强盛时，降水物被“托住”降落不下来，当上升气流减弱或者出现下沉气流的时候，降水物突然落下，也会导致降水具有阵性。

3. 波状云的降水

波状云因为含水量比较小，云层厚度不均匀，所以降水强度比较小，常常时降时停，具有明显的间歇性。

层云只能降毛毛雨，层积云可以降比较小的雨、雪、霰，高积云几乎不降水。但是，在我国南方地区，因为水汽比较充足，层积云也可以产生连续性降水，高积云有时也可以产生降水。

（六）降水量的分布

1. 影响降水量分布的因素

降水的分布和大气的运动、气团和锋面的移动及海陆分布等因素有紧密的联系。降水分布通常受以下因素的影响：①空气温度对大气最大含水量的限制。这一点对于高纬度地区和冬季大陆的内部非常重要。②纬向的水汽输送主要是由大气平流造成的。这一点反映了全球风系和它们的分布（特别是多气旋的西风带和复合的信风系统）。③海陆分布。需要特别注意的是，南半球缺少像北半球那样广阔的陆地，南半球浩瀚的海洋导致了中纬度地区的风暴，增加了纬向分布的降水平均值。此外，季风的影响也是不容忽视的因素，尤其是在亚洲。④山区的分布对于局部地区盛行风的影响，也干扰着降水的分布。

2. 地球上的降水带

图 4-3 所示是世界年降水量的分布。北半球各纬度带平均年降水量如表 4-2 所示。从降水量的纬度分布来看，全球可以划分为四个降水带。

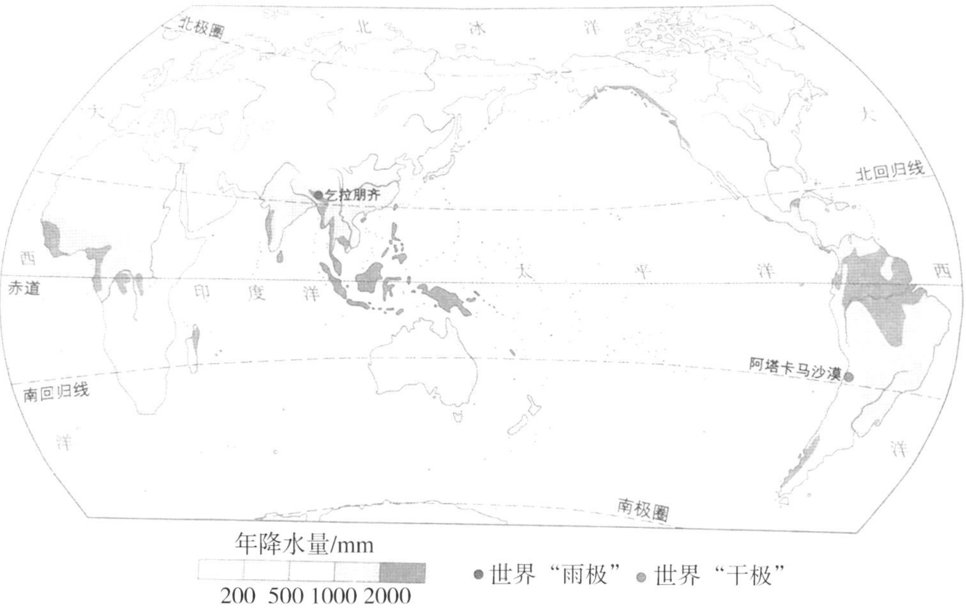

图 4-3　世界年降水量的分布

表 4-2　北半球各纬度带平均年降水量　（单位：mm）

纬度带	0°~10°	10°~20°	20°~30°	30°~40°	40°~50°	50°~60°	60°~70°	70°~80°
年降水量	1677	763	513	501	561	510	340	194

（1）赤道多雨带。赤道及两侧地带是全球降水最多的地带，年降水量至少在 1500mm 以上，一般为 2000~3000mm。如果气流运动方向与地形相配合，可以形成大量的降水。例如，尼加拉瓜圣若德尔-苏尔地区（11°N）年降水量可达 6588mm；哥伦比亚中部阿诺利地区（7°N）年降水量 7139mm；非洲喀麦隆山地西坡（4°N）年降水量 10470mm。

（2）15°~30°少雨带。从大气环流来看，这一纬度带由于受副热带高压带控制，以下沉气流占优势，是全球降水量很少的地带，尤其是大陆西岸及大陆内部降水更少，年降水量一般不超过 500mm。

需要说明的是，这个带内并不是到处都是少雨带，由于地理位置、季风环流、地形等因素影响，本带某些地区降水很丰富，全球年降水量最高纪录即出现在本带内。例如，喜马拉雅山南坡印度的乞拉朋齐（25°N）年平均降水量高达 12665mm，绝对最高年降水量竟高达 26461mm（1860 年 8 月~1861 年 7 月）。太平洋夏威夷群岛中的威阿里阿（22°N）年降水量 12090mm。我国大部分地区属于这一纬度带，因受季风及台风影响，东南沿海一带年降水量在 1500mm 左右。

（3）中纬多雨带。温带年降水量比副热带多，一般为 500~1000mm。这里多雨的原因主要是受天气系统影响，即锋面、气旋活动频繁，多锋面、气旋雨。大陆东岸还受到季风影响，夏季风来自海洋，带来较多的降水。在本带的局部地区降水特别丰富，例如智利西海岸（42°S~54°S）年降水量3000~5000mm，亚德里亚海岸的彻尔克威次（42°32′N）年降水量4620mm。

（4）高纬少雨带。本带由于纬度高，全年气温很低，蒸发微弱，故降水量偏少，一般全年降水不超过300mm。

水分在自然环境中具有重要意义。某地的降水量表示该地水分收入状况，某地的蒸发量说明该地的水分支出状况。某地是湿润的还是干旱的，要看该地降水量 R 与蒸发量 E 两者的对比关系。这一对比关系通常用湿润系数 K 表示，即 $K=R/E$。

当降水量大于或等于蒸发量，表明水分收入大于或等于支出，属于湿润状况；当降水量小于蒸发量，反映水分收入不够支出，属于半湿润、半干旱或干旱。例如，副热带高压区年降水量500mm，高纬地带年降水量300mm，由于副热带气温高，蒸发能力很强，降水量远小于蒸发能力，即收入不够支出，故为干旱半干旱地区；高纬地带降水量绝对值虽不及副热带大，但气温却比副热带低，蒸发能力很弱，蒸发量小于降水量，因而为湿润地区。

第二节　地表水的运动

一、河水的运动

河水在重力作用下沿河槽不断地向下游流动，重力是决定河水纵向运动的基本动力。河水在运动的过程中，同时受到地转偏向力、惯性离心力和机械摩擦力等作用的影响。在多种力的共同作用下，河水不仅沿河槽做纵向运动，还会产生各种形式的环流运动。

（一）河水的纵向运动

当水流为均匀流时，天然河道的平均流速可以按照谢才公式计算。此时，河水纵向运动的情况比较简单。然而，流域降水以后，地表径流不断地汇入河槽中，河水的水位、流量和流速每时每刻都在变化，原来相对稳定的水面受到干扰形成了波动，这就是所谓的洪水波。此时河水沿河槽的纵向运动过程，不仅包括原来的稳定水流，还包括河槽中洪水波的运动过程。

假设降水之前河道中原来有一个相对稳定的水面，降水之后该流域的地表径流大量的流入河槽中形成了洪水波，此时稳定的水面上涌入的这部分水量被称为洪水波流量或者波流量（图4-4）。洪水波流量沿着河槽不断向下游移动，就形成了洪水波的运动。洪水波与一般海浪的不同之处在于，它不仅沿河道有波形的传播，而且每个水质点也确实在沿着河道向下游运动。

图4-5所示为洪水波的形状，在原来稳定流水面上的附加水体是洪水波的波体，波体轮廓线上的任意一点相对于初始稳定流水面的高度称为洪水波高。波高随着河流的长度而变化，其中最大的洪水波高被称为洪水波峰（图4-5中的 BD 所示）。在洪水波运动的方向上，洪峰的前部为波前，洪峰的后面为波后，洪水波的波体与稳定水面相交的水流方向的长度被称为洪水波长（图4-5中的 AC 所示）。洪水波长一般是波高的几千倍。洪水波水面相对于稳定流水面的比降，被称为附加比降，附加比降 i_1 可以近似地用洪水波的水面比降 i 和稳定流水面的比降 i_0 的差来表示，也就是说 $i_1=i-i_0$，它的值可以是正的也可以是负的。涨水的时候，波前 i_1 是正，落水的时候波后 i_1 是负的。

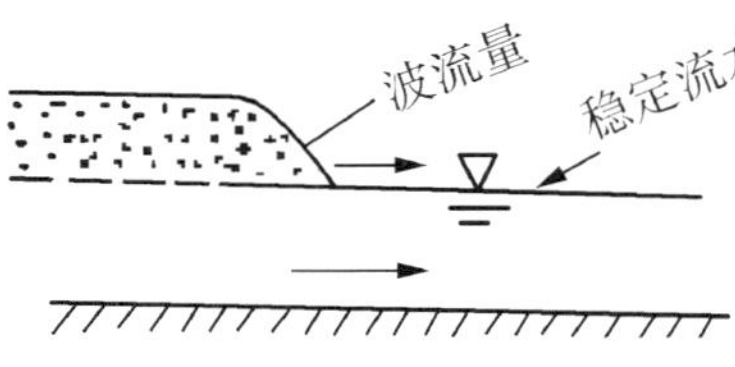

图4-4　洪水波

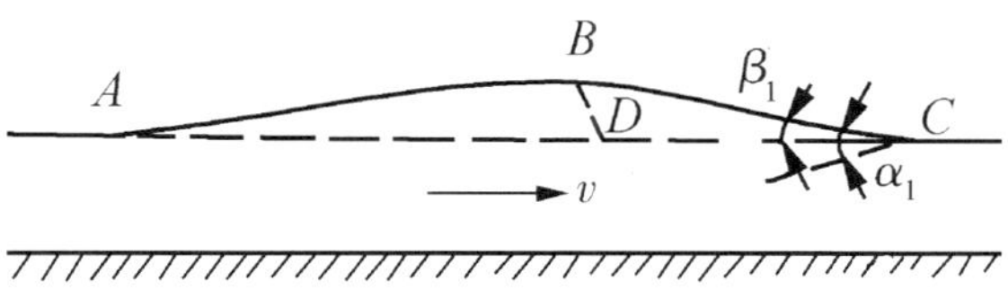

图4-5　洪水波的形状

洪水波相位是洪水波轮廓线上每一点占据的相对位置。任一位相所对应的流量称为相应流量。相应流量所对应的位相在洪水波移动过程中是不会改变的，但是相应流量的数值并不是一成不变的，如果减少，则表示相应流量衰退；反之，就表示相应流量增加。洪水波体上任一位相点沿着河道的运动速度，被称为该位相点的波速。洪水波的运动不是正平移运动，这是因为洪水波各个位相点的波速是不相同的。

河道上任一横断面的洪水水位过程线或者流量过程线，实际上是洪水波上每一位相点流经该断面时的流量值，或是所呈现的水位值与时间的关系曲线。河道上、下两个断面在一次洪水过程中水位过程线或者流量过程线之间的差异，反映了洪水波在该河段运动过程中的规律。

实际测量资料表明，当河道中没有其他源头的水流汇入时，河道上、下两断面的水位过程线或者流量过程线之间的差异，经常表现为洪水波运动的以下两种现象。

1. 洪水波的推移运动

洪水波上任一个位相点的流量，在河道下断面出现的时间总比在上断面出现的时间晚。这个时间差称为该位相点的流量的传播时间。洪水波总是按一定速度的波形不断向下游河段推移运动的。

2. 洪水波的展开与扭曲变形

图 4-6 是棱柱形河道中洪水波向下游推移过程中变形的示意图。图 4-6 中 O-O 线是行洪前稳定的流水面。洪水波从 t_1 时刻的 $A_1B_1C_1$ 移动到 t_2 时刻的 $A_2B_2C_2$ 的位置时，波前的 B_1C_1、B_2C_2 比降分别大于波后的 A_1B_1、A_2B_2，也就是说波前水体的运动速度大于波后水体，此时波长相对增大，波高则渐渐变小，即 $A_1C_1 \leqslant A_2C_2$、$h_1 \geqslant h_2$，这种变形就是洪水波的展开。又因为洪水波各个位置的水深不同，波峰处水深最大，它的运动速度大于洪水波上任何一点，所以在洪水波推移过程中，波前长度不断变小，比降不断增大，波峰位置不断向前，波后的长度渐渐拉开，比降慢慢平缓，这种现象称为洪水波的扭曲。展开和扭曲是洪水波运动过程中发生的变形现象，产生这种现象的主要原因是水面存在着附加比降。洪水波变形的结果是，波前越来越短，波后越来越长，波峰不断地降低，波形不断地变得平缓，波前的水量不断转移到波后。

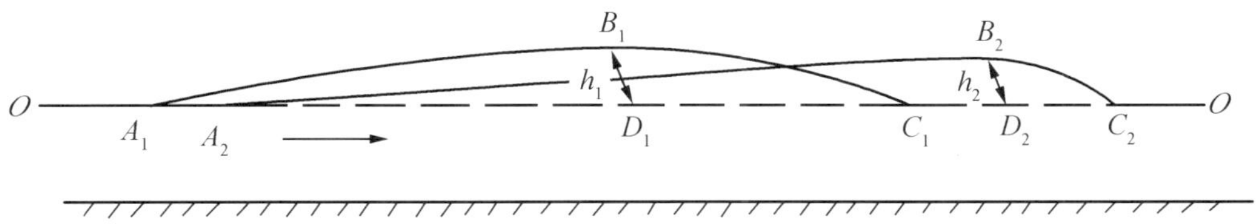

图 4-6　洪水波向下游推移过程中的变形

虽然洪水波推移和变形的表现形态不同，但是两者在洪水波运动中是同时发生的，它们导致洪峰在向下游运动过程中逐渐衰减。但是，在天然河道中，因为深槽和浅滩相间分布，河流断面宽窄不同，而且有时还有区间来水，所以洪水波运动的推移和变形现象就更加复杂。比如说，洪水波由宽段进入窄段，洪峰反而会沿着河道升高；相反，洪水波由窄段进入宽段，洪峰就会慢慢变低。

（二）河水的环流运动

河道中水流的内部结构是比较复杂的，除了具有水质点脉动的紊流结构以外，还具有局部水流环绕着一定的旋转轴做往复运动的环流结构。河水内部的不同的水质点或者水团，在地转偏向力、重力及惯性离心力等的共同作用下，呈现出螺旋状向下移动，或者做涡旋状运动，这些现象统称为水内环流。通常情况下，螺旋流常常和沿程纵向水流相结合，漩涡流则基本上与纵向水流相脱离，相比较而言它在做封闭的回旋运动。这两者的运动特征虽然不相同，但是都属于与河道纵向水流相伴产生的次生流。因此，有人把纵向水流看作河道的主流，将其他各类环流统称为副流。

环流对于泥沙的运动及河床的演变有着重要的影响，它是产生泥沙横向输送的主要动力，也是导致河槽形状多样化的主要原因。

根据环流的形态，通常将环流分为纵轴环流、横轴环流、斜轴环流及竖轴环流四类。

1. 纵轴环流

纵轴环流的旋转轴呈现水平状，而且基本上和纵向主流方向平行。这种环流大多和纵向水流结合在一起，形成螺旋流。依据形成环流的动力因素的不同，纵轴环流又可以分为弯道螺旋流和复合螺旋流两种。

复合环流大多发生在顺直河段，由两个或两个以上旋转方向不同的纵轴环流构成，但是在各个环流的共同交界面上流向一定要相同。复合螺旋流大多是在涨水或者落水时流量突然剧烈变化而形成的。

弯道螺旋流主要是在弯道的惯性离心力的作用下形成的，它是蜿蜒河段水流结构的主要表现形式。当水流流入弯道后，它在纵向下移的同时，受到弯道惯性离心力的作用，迫使水流紧紧地压向凸岸，在凸岸边的是上升流，这样就在河流横断面上形成了一个封闭的环流，如图 4-7 所示。弯道螺旋流的规模非常大，经常充满整个河槽。在各种环流中，弯道螺旋流对于泥沙的运动及河槽的变形影响最大。

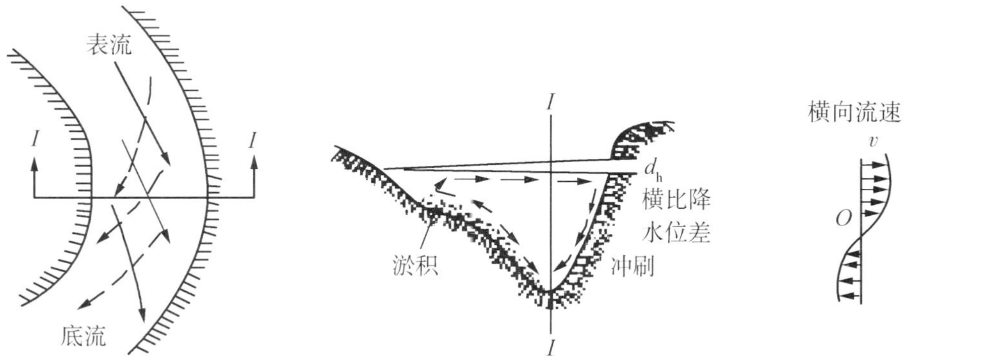

a. 平面图　　b. I–I横断面　　c. 横向流速沿I–I垂线分布

图 4-7　弯道螺旋流

2. 横轴环流

横轴环流的旋转轴呈现水平状，它与河水纵向的主流相垂直。横向环流大多数是相对封闭的回旋流。在回旋运动的过程中，回旋水体也能够通过交界面与纵向水流的水体不停地进行交换。横向环流的成因有很多。比如：桥墩前的横轴环流是因为前进的水流受到阻挡，动量突变而产生的（图 4-8）；挡水建筑物下游的横轴环流，是因为水流的离解作用而产生的（图 4-9）。流经扩散河段或者减速区域的水流，在靠近边壁的水层中，水质点因为减缓速度而将动能转化成为压能，当流速降低到零时（图中 O 点），水质点便会停滞下来，从而迫使继续流过来的水质点离开边壁，沿着河水主流的方向（图中 OA 方向）运动，在分离点以下的地方（图中 OA 与边壁之间），由这一点下游的河水倒转回来进行补充，然后就形成了漩涡或者回流。上面所讲的过程被称为水流的离解作用。水流离解作用还可以形成斜轴环流或者竖轴环流。

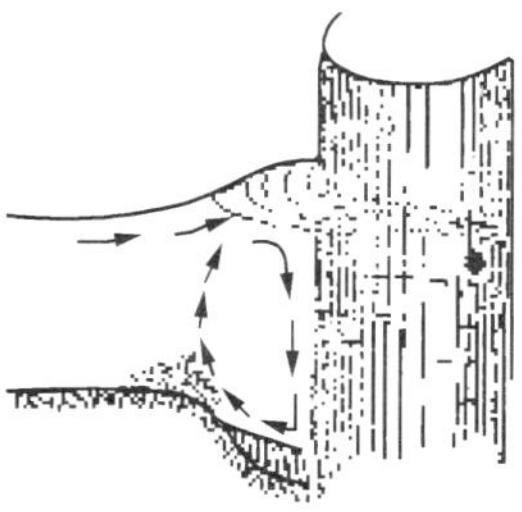

图 4-8　桥墩前横轴环流

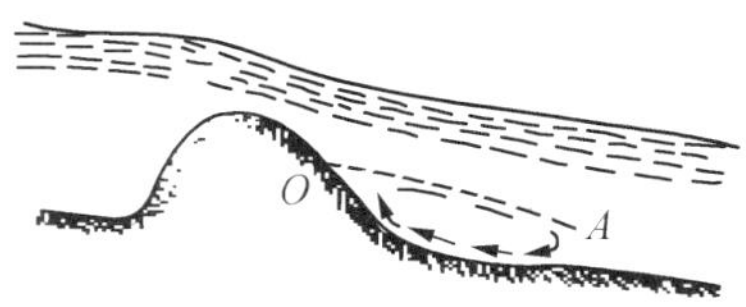

图 4-9　拦水堰下游横轴环流

3. 斜轴环流

斜轴环流的旋转轴也呈现水平状，它和纵向主流呈斜交状态。斜轴环流大多数是离解作用的产物。例如，水流超过和河道主流斜交的岸边沙嘴之后，在沙嘴下游形成的环流（图 4-10）就属于这种类型。

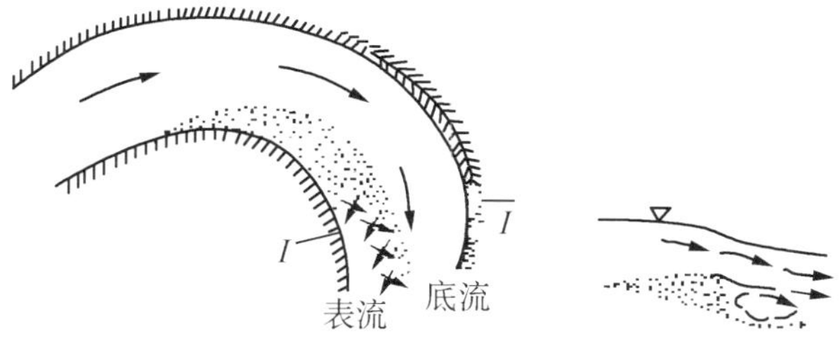

a. 平面图　　　　b. I–I断面

图 4–10　斜轴环流

4. 竖轴环流

竖轴环流的旋转轴呈现铅直方向与河道主流及河底相互垂直，它属于相对封闭的回旋流。和斜轴环流一样，竖轴环流大多数也是由水流的离解作用产生的。比如，在突然变宽的河段，两侧岸边形成的环流（图 4–11）。另外，在弯曲的河段中因为洪水主流趋直，凹岸边上出现了撇弯现象进而形成了回流（图 4–12）也属于这种类型。

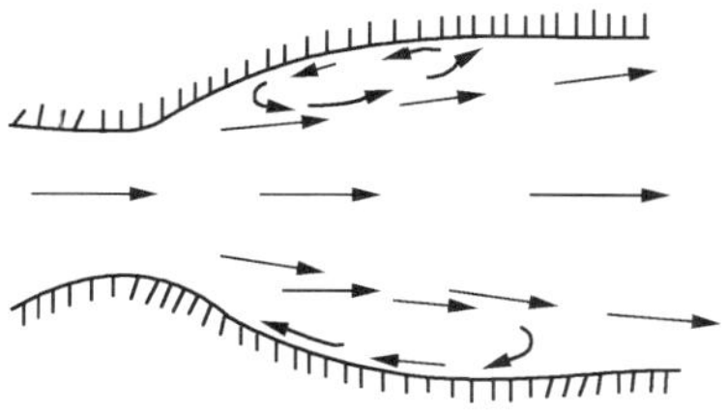

图 4–11　展宽段竖轴环流

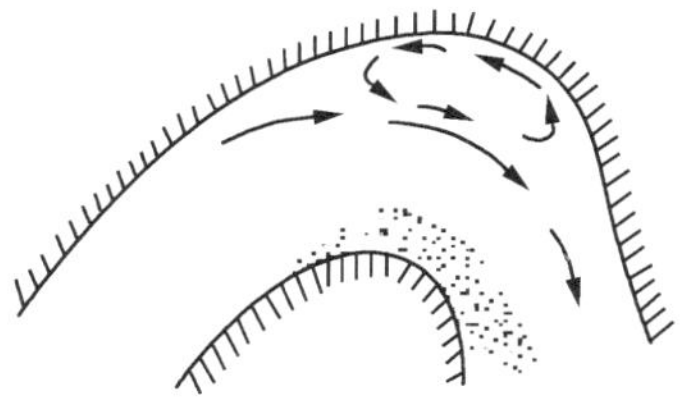

图 4–12　撇弯现象形成的竖轴环流

二、河流的泥沙运动

（一）河流泥沙的概念

河流泥沙是指组成河床和随水流运动的矿物、岩石固体颗粒。随水流运动的泥沙也称固体径流，这是一种重要的水文现象。河流泥沙对于河流水情及河流的变迁有着相当大的影响。在我国江河治理中，泥沙问题是一个十分突出的问题。大江大河流域内水土流失严重，造成大量泥沙输入河道，河道和水库淤积，这不仅给水利水电工程建设带来很多问题，也给河道防洪、航运、发电、沿岸农业发展和人们的生活带来很大的影响。

河流泥沙运动从物理现象上可以分为侵蚀、输运、沉积（堆积）等过程，各过程所涉及的时空尺度变化范围极大。泥沙问题研究包含了物理现象的宏观和微观两方面过程：在一些情况下必须考虑地质构造的上升、下降这种大尺度、长时期的过程，有时又必须考虑雨滴下落对坡地表面土壤的击溅侵蚀作用，及颗粒之间和颗粒与水体中污染物质之间的相互作用。

河流泥沙主要是流域地表流水侵蚀的产物。流域的侵蚀产沙是泥沙研究的主要内容，目前国内外在该方面的研究较多，尤其是我国对黄河流域泥沙来源与来沙量的研究取得了丰硕的成果。

流域地表冲蚀的泥沙数量，通常用侵蚀模数来表示。所谓侵蚀模数，就是指每平方千米的面积上，每年侵蚀下来并汇入河流的泥沙吨数 [$t/(km^2 \cdot a)$]。河水中泥沙的多少用含沙量来表示，即单位体积浑水中所含泥沙的重量（kg/m^3）。影响流域侵蚀模数和河流含沙量的主要因素有流域上暴雨集中的程度、土壤结构与构成、地表的切割程度、地面坡度及植被覆盖的条件。比如说，我国黄河中游的黄土高原地段，因为土质疏松，多暴雨，地表切割破碎，植被覆盖条件差，所以侵蚀模数和河流含沙量都很高，其中无定河、延河等地区侵蚀模数可以达到 $10000t/(km^2 \cdot a)$ 以上，河流多年平均含沙量可达 $300kg/m^3$，是全国水土流失最严重的地区。然而，在我国南方地区，因为植被条件比较好，侵蚀模数大多在 $1000t/(km^2 \cdot a)$ 以下，河流含沙量一般不会超过 $1kg/m^3$。

（二）河流泥沙的水力特性

河流泥沙的运动不仅与水利条件、水流结构有关，还与泥沙特性有关。泥沙特性包括颗粒的大小、形状、容重及泥沙的水力特性。

泥沙颗粒在静水中下沉的时候，由于重力作用，在初始阶段具有一定的加速度，随着下沉速度的增加，下沉的阻力也会慢慢变大，当下沉速度达到某个极限值的时候，阻力与重力恰好相等，此时泥沙就会以匀速下沉，这时泥沙的运动速度称为泥沙的沉降速度。又因为沉降速度的大小也可以用来表达泥沙直径的大小，所以沉降速度又称为泥沙的水力粗度。沉降速度常常用符号 w 来表示，单位是 cm/s。天然河道泥沙沉降速度主要受泥沙颗粒直径 d、泥沙容重 r、水流的紊动强度等因素的影响。

泥沙的沉降速度是反映泥沙水力特性的一个非常重要的指标。构成河床的泥沙的沉降速度越大，抗击冲刷的能力就越强。随水运动的泥沙沉降速度越大，沉淀于河床的可能性就越大。

依据泥沙在水里的运动状态，可以将其分为推移质（又称底沙）和悬移质（又称悬沙）两大类。推移质的粒径比较粗，它的沉降速度比垂向脉动速度要大得多，不能悬浮在水中，只能在距离河床不太远的范围内，在纵向水流的推动下，沿着河底跃移、滚动或者滑动，因此又称它为底沙。推移质在运动过程中常常和构成河床的泥沙（称床沙）发生交换。悬移质颗粒比较小，它的沉降速度比水流的垂向脉动速度小，在紊动扩散作用下，它可以悬浮在水流中，因此又称它为悬沙。悬移质在运动过程中，比较粗的部分也常常和推移质发生交换。总而言之，底沙、悬沙和床沙是可以相互转换的，同一组粒径的泥沙，在不同河段或者同一河段的不同时间，有可能做推移运动，也有可能呈悬移状态下移，这主要取决于河流流速的大小。

（三）推移质运动

1. 单颗泥沙的推移运动

（1）泥沙的起动条件。由实际观测可知，颗粒比较大的泥沙或者砾石，在起动的时候，常常是单粒地滑动或者滚动；颗粒比较细的泥沙在起动的时候往往是成片滚动或者跃动。

作用于河底泥沙的力，包括促成它起动的力和抗拒起动的力（图 4-13）。促成泥沙起动的力主要是纵向水流的正面推力 P_x，泥沙上、下部不对称的挠流作用所产生的上举力 P_z 及紊动水流的脉动压力（这种压力的大小、方向不变，对泥沙只有摇动和撼动的作用）。其中，正面推力是最主要的，脉动压力常常被忽略不计，上举力在计算的时候常常也会被省略。促进起动的力是变数，取决于水流的平均速度。抗拒起动的力主要有泥沙在水中的有效重力 G，泥沙颗粒滑动时与河床的摩擦力（与摩擦系数 f 有关），泥沙颗粒之间的黏结力（如果按粗粒单颗泥沙计算，这个力可以忽略不计）。颗粒给定以后，抗拒起动的力就是常数了。

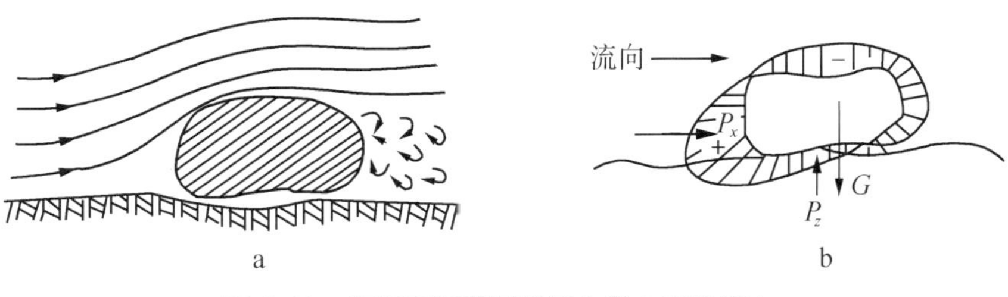

图 4-13　作用于河底泥沙的上举力和推移力

由实际计算得，推移质的直径与水流速度的平方成正比，因为推移质的重量与直径三次方成比例。推移质重量与水流速度的 6 次方成正比，这就是著名的艾里定律。这个定律解释了泥沙冲刷及运动的许多现象。若平原河流与山区河流流速之比为 1∶4，则被推移的泥沙颗粒的重量比将是 $1:4^6$，即 1∶4096。由这个实例可知，为什么平原河流只能推移细粒泥沙，山区河流常常可以推移巨石。

（2）起动流速。泥沙最初在河床上是静止不动的，当靠近河底的水流速度增大到一定数值时，作用于泥沙颗粒的力就会失去平衡，泥沙就开始起动，这时的临界流速被称为起动流速（v_c）。泥沙的起动是河床冲刷开始的标志，也就是说，起动流速是河床不受冲刷的最大流速，我们又称它为允许流速。在设计河渠的时候，设计流速需要小于允许流速，因此对它的研究具有重要意义。

起动流速和泥沙直径 d、颗粒下沉速度 v、水深 h 等因子有密切的关系。从大量的实验可以看出，最小的起动流速发生在粒径 $d=0.2\text{mm}$ 处（水深增大，粒径稍微有所增大）。大于这个粒径时，重力作用占主导地位，粒径越大，起动流速也就越大；小于此粒径，黏结力占主导地位，粒径越小，起动流速越大。

（3）止动流速。起动流速是泥沙从静止到运动的临界值，当流速减小到某数值时，运动着的泥沙就会停止在河床上不运动了，这时的临界流速称为泥沙的止动流速。因为泥沙在起动的时候不仅要克服自身的重量，还要克服河床的摩擦力及黏结力，然而泥沙止动时没有这个阻力因素，所以止动流速一般比起动流速小。泥沙颗粒越细，起动流速与止动流速的差值就越大。由有关实验可知，泥沙的起动流速一般是止动流速的 1.2~1.4 倍。

（4）扬动流速。当河流的流速超过起动流速时，河床泥沙开始滑动，流速增大，泥沙就会间歇性跃动；流速再增大，跃动的高度和距离也会随之增大。当流速增大到一定程度以后，泥沙就不会回到河床上，反而悬浮在水流中，随着水流一起向下移动，这时的水流速度称为扬动速度。它是泥沙从推移到悬移运动的一个参数。泥沙悬浮以后，水流的脉动强度和泥沙的沉降速度就成为泥沙运动的主要力学因素了。

一般看来，扬动速度应该比起动速度大，但是对于细颗粒来说，却并不完全如此。由有关实验可知，当 $d<0.08\text{mm}$ 时，扬动速度小于起动速度。这是因为细粒泥沙黏着在河床上，起动时所需要的流速比较大，起动以后，因为它的沉降速度比较小，河床最小的脉动强度也可以把它托浮起来，所以一经起动，立即就会进入悬浮状态。

2. 群体泥沙的推移运动

冲积河床推移质运动达到一定规模时，河床表面就会逐渐形成外形和风成沙丘类似的起伏状水下沙波，称为沙波运动。沙波运动是推移质群体运动的一种主要形式。

沙波表面的水流速度分布是不均匀的。由图 4-14a 可知，迎水坡面流速渐渐变大，到波峰处达到最大值，水路越过波峰以后，发生离解现象，在背水坡产生横轴环流性质的涡旋流，导致谷底流速是负值。这样迎水坡是水流加速区，泥沙被推移的数量不断增加，坡面不断受到冲刷，冲刷下来的泥沙越过波峰以后，粗粒跌入谷底，细粒可以随着横轴环流掀起，落到下一个沙波迎水面的基部。因此，沙波的迎水坡不断受到冲刷，背水坡泥沙不断淤积，整个沙波能大体维持固定的外形，缓慢地向下游移动（图 4-14）。从上述过程可以看出，沙波的运动有两个现象：一是沙波对沙床的分选作用；二是沙波内单颗泥沙运动（尤其粗粒）是间歇性运动的。

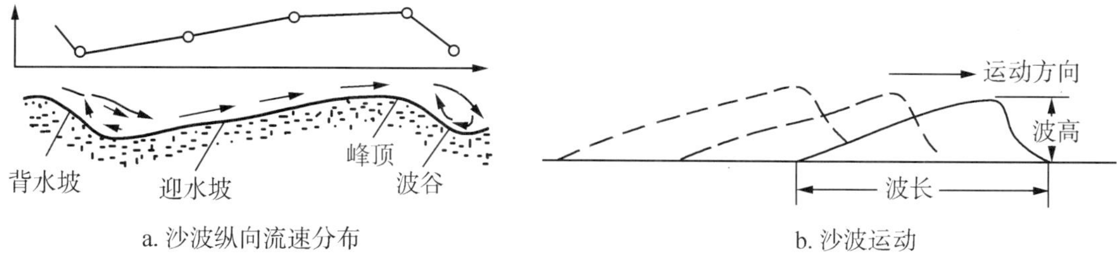

图 4-14　沙波及其运动

沙波运动有发生、发展和消失的过程，这个过程和泥沙粒径、水深及水流速度有关。当河流流速小于泥沙的起动速度时，河床质不能转化为推移质，沙波不能形成；当流速大于起动速度时，河床失去推移质，沙波就会消失。沙波的消长对河流的阻力损失、水流结构及航道水深均有很大的影响。

3. 推移质输沙率

天然河道的推移质输沙能力用推移质输沙率表示。所谓推移质输沙率，是指单位时间里通过河槽单位宽度的推移质数量，它的单位是 $\text{kg}/(\text{m}\cdot\text{s})$ 或者 $\text{m}^3/(\text{m}\cdot\text{s})$。如果某条河上游的推移质来沙量小于本河段推移质输沙量，那么就会形成冲刷；反之，就会形成淤积。我们根据输沙率的规律，就可以从水力泥沙条件来判断河槽的冲刷和淤积。

（四）悬移质运动

悬移质是泥沙运动的主要方式之一。冲积平原河流所挟带的泥沙中，悬移质占很大比例；在部分山区河流中，悬移质也可以占很大比例。

紊动运动是泥沙悬浮的主要原因，而重力作月则是泥沙不能悬浮的主要原因。泥沙在悬浮过程中需要遵循的运动规律，在本质上是这两种作用矛盾统一的关系。天然河道中的悬移质，通常是一部分处于下沉状态，另一部分处于上浮状态；在某一个瞬间上浮部分占优势，在另一个瞬间下沉部分又占优势；全部悬沙绝对、恒定地呈现悬浮状态是很少出现的。

1. 悬移质的分布和变化

悬移质含沙量沿垂线方向的分布具有自水面同河底增加的趋势。泥沙的粒径也是这样，靠近河底的部分比较大，向上渐渐变小。这是因为河水的紊动能量自上而下逐渐减小。不同粒径的悬沙在垂线方向上的分布均匀性不同，颗粒越细，在垂线方向上的分布越均匀，反之，越粗就越不均匀。一般来说，同一条河流，洪水期由于来自流域表层的细沙比较多，所以含沙量沿垂线方向上的分布比较均匀；枯水期时，流域来沙比较少，河流中粗粒比较多，分布就会相对不均匀。

悬移质含沙量在河流横断面内的分布规律性比较差，一般横向变化比垂向变化小，近主流和近局部冲刷处的含沙量一般比两岸的含沙量大，在顺直的河段、河流断面比较规则的地方，含沙量分布比较均匀；在弯道处、河流断面形状不规则的地方，含沙量分布常常很不均匀。

含沙量沿河流纵向变化主要受河段的比降、流量及河段产沙量等自然条件的影响。黄河中游流经水土流失严重的黄土高原，因此中游龙门、陕县等观测站观测到的含沙量比上游和下游都大。悬移质粒径沿河床分布总的规律是向下游渐渐变小。比如说，黄河悬移质泥沙的平均粒径，在龙门是0.021mm，在潼关是0.019mm，在陕州区是0.0165mm。

含沙量随时间的变化主要受到流量的大小和水流侵蚀作用的强烈程度等因素的影响。通常情况下，随着流量的增加，含沙量也会相对增加。但是，最大含沙量经常出现在每年初洪和最大洪峰之间，这是因为流域上前一年秋冬及当年春季堆积了大量的风化物，被夏季初洪的流水冲进了河槽里面，导致含沙量比较大。在这之后，虽然水量继续增大，流域来沙反而呈减少的趋势。

2. 水流挟沙能力

即单位体积水的饱和含沙量。当上游来水中实际含沙量超过本河段水流挟沙能力时，河槽就会淤积；反之，就会发生冲刷。如果两者正好相互适应，那么河流就处于输沙平衡状态，也就是说，河槽处于不冲刷不淤积的稳定状态。影响水流挟沙能力的因素有流速、水深或者水力半径、泥沙粒径或者沉降速度。

3. 河流总输沙量

即推移质和悬移质输沙量的总和。因为推移质输沙量的实际测量比较困难，并且缺乏完善的推算方法，同时推移质输沙量在总输沙量中所占比例很小（尤其是在平原河流中），所以它常常被忽略不计。比如，长江宜昌段1960~1964年间平均悬移质输沙量是51700万吨，然而同期推移质输沙量是222万吨，仅占悬移质输沙量的0.43%。因此，在山区河槽或者水库坝上游等特定阶段，在平原河流冲刷和淤积计算中，常常用悬移质输沙量代替总输沙量。

（五）高含沙水流的群体泥沙运动

含沙量很高的河流在汛期经常会出现一种特殊的高浓度输沙情况。一般当含沙量超过500kg/m^{3}之后，泥沙的悬浮就不再是分散的单个颗粒悬移，而是组成絮凝结构体，即转化为流动的均匀质浆体，从而进行群体运动。在黄河中游，特别是陕北地区的黄河干、支流，比如皇甫川、窟野河、无定河等，它们的最大日平均含沙量分别可以达到1310kg/m^3、1240kg/m^{3}及902kg/m^3，这些河流在汛期经常发生高含沙量水流结构的群体运动。

1. 运动模式

当高含沙水流所含泥沙是比细粉砂还要细的细颗粒时，随着含沙量的增大，泥沙颗粒之间很快形成了结构，黏性急剧变大，颗粒在沉降过程中没有因为粒径不同而发生分选现象，而是作为一个整体，以清浑水交界面的形式缓慢地下沉，它的沉降速度比单颗泥沙的沉降速度小很多，为几百分之一甚至几千分之一，整个水流呈均质泥浆状态。

当高含沙水流所含泥沙是比细沙要粗的粗颗粒时，泥沙的沉降速度虽然因为含沙量增大而减小，但是减小的程度要比上一种情况要小很多。粗颗粒泥沙在沉降的过程存在着分选现象，泥沙以推移、悬移的形式运动，随着含沙量的增加，紊动强度不断地减弱，最后紊流变成了层流，含沙量的垂直分布变得非常的均匀。因为水流黏滞系数的显著增加，流速慢慢减小，均匀分布的泥沙在层流中前进，所以就出现了层移运动。

当高含沙水流中既有细颗粒物质作为骨架，又含有丰富的高含沙水流时，含沙量达到一定程度以后，细粒泥沙形成结构，和清水组成物质浆液，粗颗粒泥沙则在浆液中自由下沉，整个水流保持二相挟沙水流的特点。需要特别注意的是，组成液相的是浆液而不是清水。随着含沙量的继续增大，越来越多的粗颗粒参加絮凝，成为浆液的一部分，当含沙量超过某个临界值时，整个水流转化为均质浆液，物质组成越粗，临界含沙量就越大。

2. 悬移运动

二相紊流型高含沙水流的泥沙运动一般以悬移为主，在垂线方向上的含沙量分布与一般水流遵循同样的规律，因为随着含沙量的增加，沉降速度大大减小，所以高含沙量水流条件下含沙量在垂线方向上的分布特别均匀。根据观测，含沙量大于 900kg/m^3 以后，在垂线方向上的含沙量基本上是均匀分布的，这时的水流可能正从紊流向层流过渡。

在紊流中，泥沙的悬浮是因为水流的紊动交换，在这个时候，紊动水流需要支付一部分的能量来支持泥沙的悬浮，在单位时间里从这里付出的能量称为悬浮功。由于群体沉降速度因泥沙含沙量增大而减小，所以悬浮功并不总是随着含沙量的增大而增大。当超过一定的含沙量以后，增加泥沙并不增添水流的负担，这就是高含沙水流能高浓度输沙的主要原因。

3. 推移运动

二相紊流型高含沙水流中的推移运动问题，事实上也就是和清水性质不同的浆液挟带粗颗粒推移质的问题。清水和浆液体系的差别是：

（1）浆液的单位容重比清水大，使前者沿着流动方向的拖曳力大于后者，并且使得泥沙在运动中所承受的浮力也要大得多。

（2）浆液的黏性比清水大，泥沙颗粒一旦跳离河床表面，它的下沉速度要比在清水中小。

（3）浆液的紊动强度比清水小，导致作用在河床表面泥沙颗粒上的有效作用力减小。但是，水流在河床表面上的阻力却有所减少。

这三种影响的综合效应将导致浆液挟带推移质的能力与清水相比较大。由实验可知，细颗粒泥沙和泥沙所组成的浆液能推动泥沙的重量要比清水大几十倍，浆液的有效黏性系数越大，流速越小，这个比值就会越大。

4. 浆河现象

当河流的含沙量超过某一极限值以后，在洪峰突然退落、流速迅速减小的情况下，有的时候整个水流已经不能保持流动状态，就地停滞不前。这种高含沙水流所造成的河槽堵塞现象称为浆河。

浆河出现以后，如果上游有大量的浑水继续向下流动，导致能量不断积蓄，那么会重新转化为运动状态，有的时候浆河也并非完全停滞，而是具有间歇性阵流特征。如果上游没有浑水流下来，那么浆河也会持续下去，从而导致泥沙渐渐淤积。从有关观测资料可以看出，泥沙组成颗粒越粗，出现浆河时的含沙量也会越大。

5. 揭河底现象

在黄河干流龙门、渭河临潼一带，有时候当有高含沙量的大洪峰经过时，河床会发生强烈的冲刷现象，可以看到厚达 1m 的成块河床淤积物被掀起露出水面，再坍塌落入水里，或者把成片的河床淤积物像卷地毯一样卷起，一次洪峰可以将河床冲深几米或者几十米。这种高含沙量水流的强烈冲刷现象被称为揭河底。

因为高含沙量水流加大了推移运动的机制导致了大片河床淤积物被掀起。水流作用于河床表面上的拖曳力等于水深、坡降和容重的乘积，高含沙量水流的容重比清水大得多，因此它产生的拖曳力也会随之增大。一般河床淤积物的干容重为 1.4t/m^3 左右，相应的饱和容重约为 1.87t/m^3，这就意味着 1400kg/m^3 左右的含沙量就可以使淤积物浮出水面了。

淤积物中有相当多的细颗粒物质，具有一定的黏结性，因此，泥沙不是以单颗粒的形式被冲起，而是以大片的淤积物形式整体被掀起。

总之，高含沙量的水流在水流性质、运动及输沙特性上，都和一般的水流有着本质上的差别。

三、潮汐

（一）潮汐及其类型

在海边，我们每天都可以看到海水的涨落。这种涨退具有十分明显的规律，有的地方一天涨退一次，有的地方一天涨退两次。海水的这种周期性的涨退现象被称为潮汐。

1. 潮汐的基本要素

描述潮汐运动的专业术语统称为潮汐要素。图 4-15、图 4-16 是潮汐现象及潮汐要素的示意图。

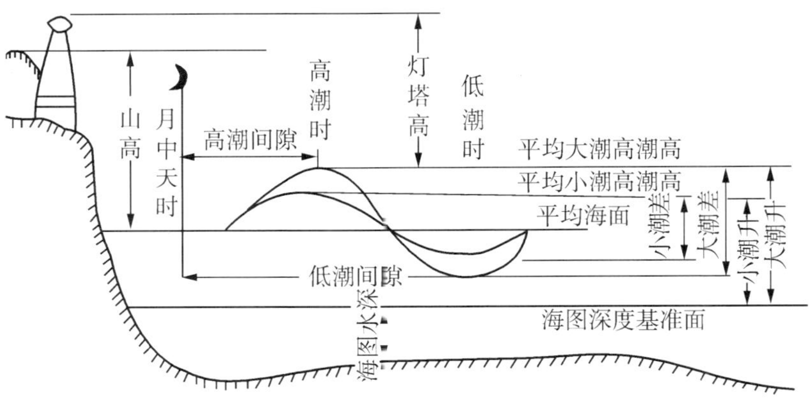

图 4-15 潮汐现象

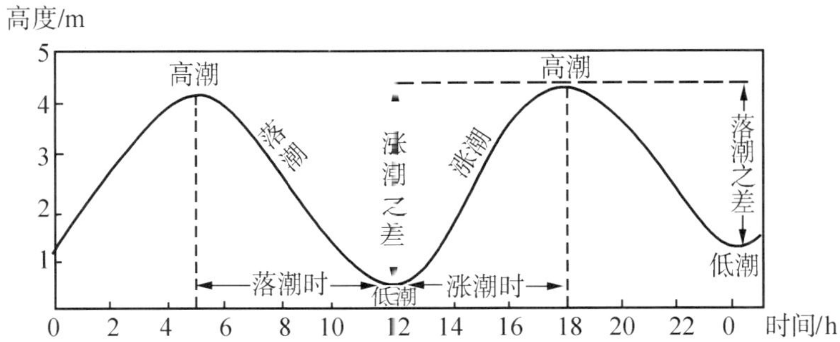

图 4-16 潮汐要素

在潮汐涨落的每一个周期里，当水位上涨到最高的位置的时候，我们称之为高潮或者满潮；当水位下降到最低的位置的时候，我们称之为低潮或者干潮。从低潮到高潮的过程中，水位不断上涨，称为涨潮；从高潮到低潮的过程中，水位不断下降，称为落潮。当潮汐到达高潮或者低潮的时候，海水面在一定的时间内既不会上升也不会下降，分别称之为平潮和停潮。平潮的中间时刻是高潮时，停潮的中间时刻是低潮时。相邻的高潮和低潮之间水位的落差叫作潮差。从月球的上中天时刻到这之后的第一个高潮时和低潮时，分别称之为高潮间隙和低潮间隙，两者合称为月潮间隙。

每一次的潮汐涨落并不是简单的重复，它是有一定的规律性的周期变化。高潮不是同样的高度，低潮也不是同样的高度。高潮与低潮之间水位差，称之为潮差。潮差的变化也是有周期性的。在一个周期内，潮差由大变小，然后由小变大。潮差最大时的潮汐称之为大潮，潮差最小时的潮汐称之为小潮。从一次大潮到下一次大潮，或者从一次小潮到下一次小潮的时间为一个周期，周期为半朔望月，即约 14. 77d。从一次潮汐现象来看，涨潮与落潮、高潮与低潮都是周期变化的，周期为半太阴日，即约 12 时 25 分，一天一般两次涨潮与落潮、高潮与低潮。

从全球这个整体范围来观察潮汐现象，根据能量守恒定律，在一些地方发生涨潮，那么其他某些地方必定发生着落潮。这种此起彼伏的海水周期运动叫作潮波。涨潮是由海水的流入造成的，落潮是由海水的流出造成的，海水不断地从正在落潮的海域流向正在涨潮的海域的这种海水运动称为潮流。

2. 潮汐的类型

潮汐的涨退现象在不同时间、不同地点有不同的表现，但是，从涨退的周期来看，可以分成以下 4 种类型：

（1）半日潮。在一个太阴日（24 时 50 分）内，有两次高潮和低潮，并且两个相邻高潮或者低潮的潮高差不多相等，涨落潮时候也差不多相等，这样的潮汐被称为半日潮。

（2）全日潮。半个月里，有连续 7 天以上在一个太阴日内，仅仅只有一次高潮和一次低潮，这样的潮汐称为全日潮。北部湾是世界上最典型的全日潮海区之一。

（3）不正规半日潮。在一个太阴日里，有两次高潮和两次低潮，但是潮差不相等，涨潮时和落潮时也不相等。

（4）不正规全日潮。在半个月里，大多数天数里是不正规半日潮，但是有时一天中也会出现一次高潮、一次低潮的现象，但是全日潮不会超过 7 天。

（二）潮汐的成因

引潮力是地球上引起潮汐的原动力，决定引潮力的因素有两个：一个是月球与太阳对地球的吸引力，另一个是地球绕地月共同质心运动时所产生的惯性离心力。虽然地球上各地点离心力大小相等，但各地点的引力由于距离的不同而不同，因此，各地的引潮力也不同（图 4-17）。

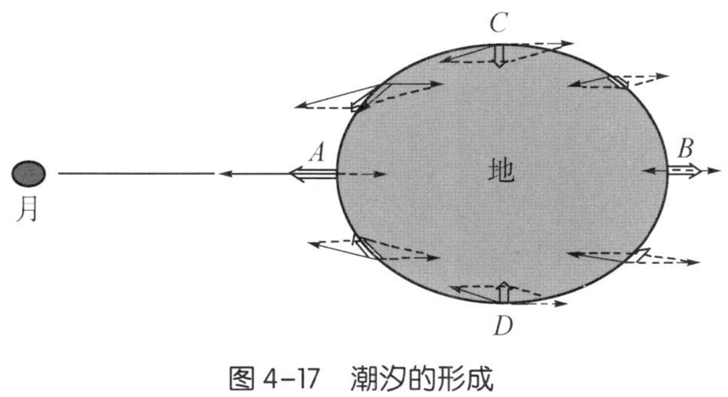

图 4-17 潮汐的形成

实线箭头表示月球对地球表面各点的引力 虚线箭头表示地-月系统惯性离心力 双箭头表示引潮力

A 点因引力大于离心力而涨潮，*B* 点因离心力大于引力而涨潮，*C*、*D* 两点因引潮力向地心而落潮

1. 引潮力的分布

根据万有引力定律，地球上各个点都受到太阳的引力，但由于各点位置不同，所受引力的大小、方向都不同，自然地心与其他各点所受太阳引力的大小和方向也不同，是全球的平均值。各地实际所受的太阳引力同这个平均引力相比较，总会存在一个差值，即引潮力的大小，也可以叫作潮力或者长潮力。

引潮力的不同分布使地球产生了形变。

太阳在地球上的直射点及其对称点称为太阳垂点。距离太阳最近，面对太阳的一面的是正垂点；距离太阳最远，背对太阳的是反垂点。正垂点所在半球上的点所受太阳引力大于全球的平均引力，引潮力方向指向太阳，因此在落向太阳的过程中是超前的。而反垂点所在半球上的点所受太阳引力小于全球的平均引力，引潮力方向是背向太阳的，因此在落向太阳的过程中是落后的。正垂点所在的面向太阳的半球向前凸出，反垂点所在的背向太阳的半球向后凸出，因此，地球就从正球体变形成长球体。

正垂点和反垂点与全球各点相比，引潮力最大，且方向垂直地面向上。距离正反垂点越近的点，引潮力越大，方向逐渐趋于垂直地面。在两极点处，距离正反垂点最远，引潮力最小，方向垂直地面向下。两端的引潮力向上，中间的引潮力向下，地球就由正球体变形成长球体。

由此可知，引潮力使地球在绕太阳公转的同时，由正球体变形成长球体。同样，月球对地球各部分引力差异也会发生这样的变形，甚至影响程度更大。由于海水具有流动性，它对外来变形反应很大，而岩石圈是固体，不易变形，这造成了地球由正球体变为长球体。因此，首先发生变化的是海水，在正反垂点周围形成水位非常高的区域，叫作潮汐隆起；向着月球或太阳的，称之为顺潮；背向地球或太阳的，称之为对潮。

2. 引潮力的性质

在只考虑月球作用的情况下，可以近似地将地球和月球看成是一个引力系统。为了保持这个引力系统的平衡与稳定，不让月球与地球之间发生碰撞或者飞离，作用在月球与地球上的力，其矢量和必须分别为零。

根据万有引力定律可知，任何物体之间都有相互吸引力，这个力的大小与各个物体的质量成正比，而与它们之间的距离的平方成反比。

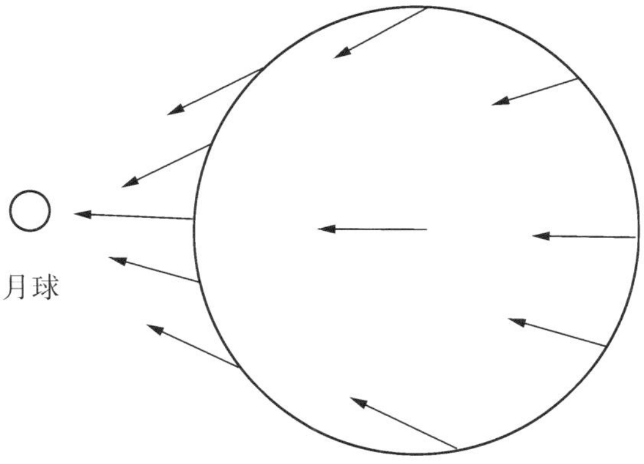

图 4-18　月球引力分布

由此可知，月球对地球上单位质量物体的引力与地球和月球质量成正比，与距离成反比（图 4-18）。地球上不同地点的水质点由于与月球的距离不同，所受到的引力不同，离月球近的地点所受到的引力较大，离月球较远的地点所受引力较小，且引力方向均指向月球，彼此不平行。

假如用 F 表示地球与月球之间的引力，用 N 表示月球的质量，用 M 表示地球的质量，R 表示地、月两球中心之间的距离，则引力为

$$F = k\frac{M \cdot N}{R^2} \tag{4-4}$$

式中，k 为万有引力系数。

假设地球上任一质点 M 与月球中心的距离为 x，因此在 M 点处，单位质量的物质所受到的月球引力为

$$F_M = k \cdot \frac{M}{x^2} = g\frac{M}{N} \cdot \frac{r^2}{x^2} \tag{4-5}$$

式中，$k = g\frac{r^2}{M_{地}}$，r 为地球的平均半径，g 为重力加速度。因此，对地球上某个质点来说，所受引力的大小取决于月球与该质点的距离，方向均指向月球但不平行。

地球与月球之间相互吸引，但却不会发生碰撞和摩擦，而是沿着各自的轨道有条不紊地运行着，那是因为惯性离心力在起作用。

（1）地球绕公共质心的平动运动。一个物体在做平动运动的过程中，该物体上任何两确定的点的连线必须始终保持平行，物体在平动时不仅可以直线运动，还可以做圆周运动。要满足既是圆周运

动又是直线运动的必要条件是物体各点不能同时围绕某一点做圆周运动，即各点必须以相同的半径围绕各自的中心做圆周运动。如图 4-19 所示，通过图像，我们可以更好地理解地球绕公共质心的平动运动。图 4-19 中，M 点以 $MM\cdot$ 为半径绕 $M\cdot$ 点做圆周运动时，A、B 两点以和 $MM\cdot$ 相同的半径分别绕 $A\cdot$ 点和 $B\cdot$ 点做圆周运动。地月系统的公共质心在地球内部，与地球中心距离约为地球半径的 0.73。月球中心以一个月周期绕地月系统的公共质心公转一周时，为了保持平衡，地球中心也必须以一个月为周期绕地月系统公共质心运动，则得出结论，地心以地球半径的 0.73 为半径做近似圆周运动。依据平动运动的要求，地球上其他各点也需要遵循这样的规律，必须以地球半径的 0.73 为半径分别绕其圆心做圆周运动。

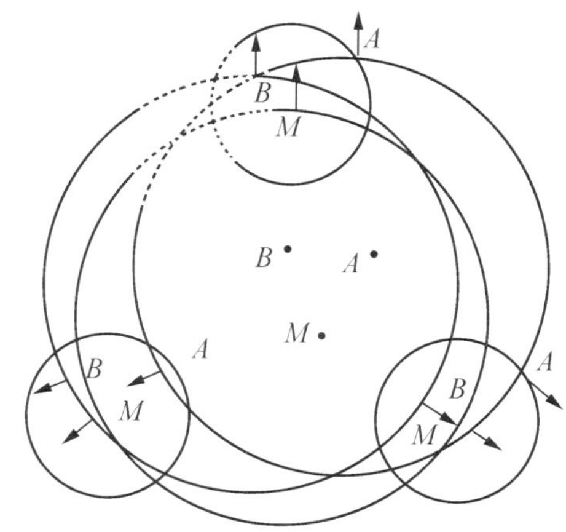

图 4-19　平动产生的惯性离心力

（2）作用在地球上各点的惯性离心力。依离心力的公式 $F=m\dfrac{v^2}{r}$ 可知，离心力的大小和物体的速度的平方、质量成正比，和半径成反比。在质量和速度均相等的情况下，由于地球上各点均做以地球半径的 0.73 为半径的圆周运动，因此各点惯性离心力大小相同、方向不同。如果地球不做平动运动，则无法保持平衡，月球与地球会发生碰撞，但事实上并没有出现这样的情况，这是由于惯性离心力的存在。惯性离心力是存在于地心处的一个与地球引力大小相等、方向相反的力。假如用 F_N 表示月球对地心单位质量物体的引力，则有

$$F_N\cdot N=k\frac{M\cdot N}{R^2} \tag{4-6}$$

即

$$F_N=k\frac{M}{R^2} \tag{4-7}$$

F_N 即是地心点所受的惯性离心力。

由于地心以地球半径的 0.73 为半径绕公共质心做圆周运动，并且地月公共质心必然位于地心和月心的连线上，因此地心所受的惯性离心力的方向与地心力方向相反，即是背离地球的。地球上的其他各点在做平动的圆周运动时，所有地心点所受的惯性离心力和各点的惯性离心力方向平行，且背离月球，如图 4-20 所示。

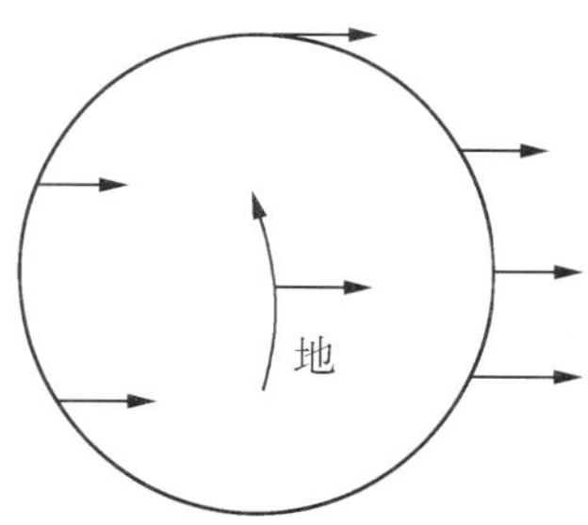

图 4-20　惯性离心力分布

3. 关于引潮力产生潮汐的两种理论

引潮力是如何产生潮汐的呢？为了解决这一问题，出现了两种理论：一种是平衡潮理论，一种是动力理论。

（1）平衡潮理论。为牛顿 1687 年首创。它的内容是：假定地球完全被等深的海水覆盖，海底平坦，海水没有惯性，忽略地转偏向力和摩擦力的影响，即在这些理想状态下，在某一时刻的引潮力作用下，在压强梯度力和重力平衡时，海水保持稳定状态所得到的潮汐，称为平衡潮。

在考虑引潮力的作用下，此时需要引潮力、压强梯度力和重力三力平衡，才能使海洋平面保持稳定，而只有当海面调整得使引潮力与重力相垂直，才能使海面平稳。假如不受引潮力作用，则重力和压强梯度力相平衡，海面是一个圆球形，海水深度处处相等，处于相对静止状态，则不会发生潮汐涨退。因此，只有在引潮力作用下，海水才会发生变形；只有在和月球距离最近和最远两点上的海面稍稍升高，而在两点中间地方的海面稍稍低落时，海面才能重新达到稳定。由于引潮力的作用，一些海面比原来高，一些比原来的海面低，原来球形的海面变成椭球形，这种变形使得地球由原来的圆形变为椭圆

形，形成了所谓的潮汐椭圆（图 4-21）。由于地球自转，固定地点的海面便会发生周期性的涨退，形成潮汐。

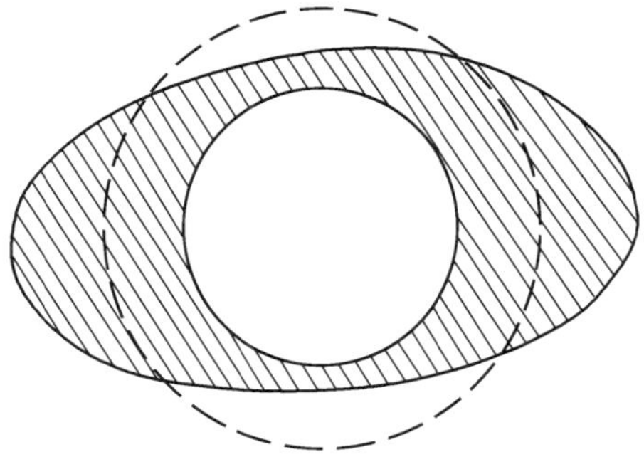

图 4-21　平衡潮力的平衡

牛顿的平衡潮理论基本上可以解释一些潮汐现象，并对未来潮汐变化和周期的研究有指导作用。但平衡潮理论还是有一定的缺陷的：首先它并没有考虑到海水运动。在自然条件下，海水必然会随着月球赤纬的变化而产生运动。其次根据平衡潮所计算的最大潮差与大洋运动实际潮差相近，但和浅海的潮差相差很大，浅海区变动比较大，最小的潮差有时是几米，最大潮差甚至会达到几十米。并且平衡潮理论无法解释潮流这一现象。平衡潮理论认为，赤道上不会出现全日潮，在低纬度地区以半日潮为主。但实际上许多位于赤道和低纬度地区的港口，也会出现全日潮。

（2）潮汐的动力理论。动力学理论由拉普拉斯于 1775 年提出。拉普拉斯认为，对于海水运动来说，水平引潮力是最重要的，垂直引潮力影响不大，因为垂直引潮力所产生的作用仅仅让重力加速度产生极其微小的变化。大洋海水受到水平引潮力场的作用将发生流动，在有些地区因海水水体的堆积使海面上升，在有些地方因海水水体流失而使海面下降。潮汐是在月亮和太阳水平引潮力作用下的一种潮波波动，即潮汐现象是一种波动。海面的升降形成了水波，其最高处是波峰，当波峰到达时，便形成高潮；最低处便形成低潮。因为是由引潮力形成的，所以又称之为潮波。

静力理论的主要缺点是关于海洋表面在引潮力和重力作用下处于静止状态的这一假设，而动力理论恰好解决了这一问题。对于潮波运动的作用，除引潮力外，还存在地转偏向力和摩擦力，但这两个力只有在运动发生后才会产生，运动消失后这两个力便不存在。在研究过程中，如果忽略掉地转偏向力和海底摩擦力，就无法得到正确的结论。因此，在研究潮汐运动时，应该特别考虑地转偏向力和摩擦力，尤其是在浅海这种变动较大的地方。在拉普拉斯的研究中，地球表面上的海水是在考虑引潮力、压力和地转偏向力作用情况下运动的。在求解中，分别考虑了长周期、半日周期和全日周期三种类型的潮波运动情况。但动力理论依然存在很大缺陷，在研究中忽视了摩擦力和实际情况，并且没有考虑边界问题。但他建立的将潮汐看作强迫震动的潮汐方程组，至今仍然在研究潮汐的工作中起到指导作用。

（三）潮汐的周期性变化

潮汐的变化是具有周期性的，不同周期的潮汐有不同的变化规律。根据牛顿平衡潮理论可知，在引潮力的作用下，海面呈椭圆球形，形成潮汐椭球。根据潮汐椭球的原理，将潮汐按日变化、月变化、年变化进行周期现象变化分类进行解释。

1. 潮汐的日变化

（1）半日周期潮。如果月亮的赤纬为零，它的两个垂点都落在赤道上，全球各地都在一个太阴日内，都有相等的两次高潮和两次低潮发生，潮汐的高度向两极递减，南北以赤道相对称，这样的潮汐称为赤道潮或者分点潮。涨、落潮的时间各为 6 时 12.5 分，两次高潮的时间间隔为 12 时 25 分。半日周期潮变化如图 4-22 所示。当月球在 A 点上中天的时候，A 点第一次发生高潮；当 A 点处于 A_1 点时，发生第一次低潮；当 A 点达到 A_2 点时，会发生第二次高潮；当 A 点处于 A_3 点时再次出现低潮。

（2）日周期潮。若月球赤纬不等于零，它的两个垂点便分居在南半球和北半球，以至于同一纬度除赤道外的顺潮和对潮有所不同，造成了两次高低潮高度不等的现象，称为潮高周日不等和潮时周日不等，统称为潮汐周日不等。当月球赤纬增大到回归线附近时，潮汐周日不等现象最显著，此时潮汐称为回归潮。这种现象使得地球上各点的潮汐类型和潮差显著不同。日周期潮变化如图 4-23 所示。

当月球位于 Z 点的上中天和 Z_2 点的下中天，在 Z 和 Z_2 点将同时发生高潮，但高度不同。当月球在 Z 点的上中天时，Z 点的高潮要比 Z_2 点高潮要高，因此 Z 点为高高潮、Z_2 点为低高潮。当月球在 Z_2 点的下中天时，Z 和 Z_2 点发生第二次高潮，但 Z 点为低高潮，Z_2 点为高高潮。同样地，在一个太阴日内，两次低潮的潮高也不相等，称为低低潮和高低潮，如图 4-24 所示。

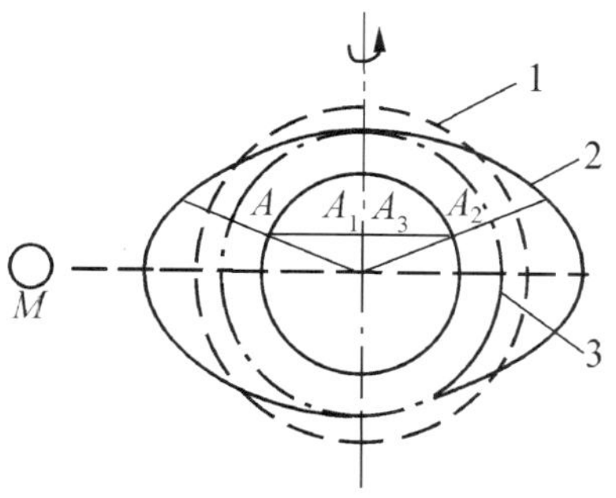

图 4-22　半日周期潮的变化

1. 原水面　2. 潮汐椭球　3. 低潮面

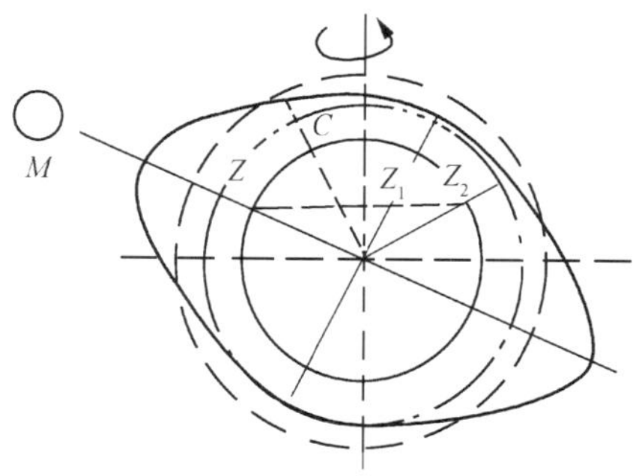

图 4-23　日潮不等和日周期潮

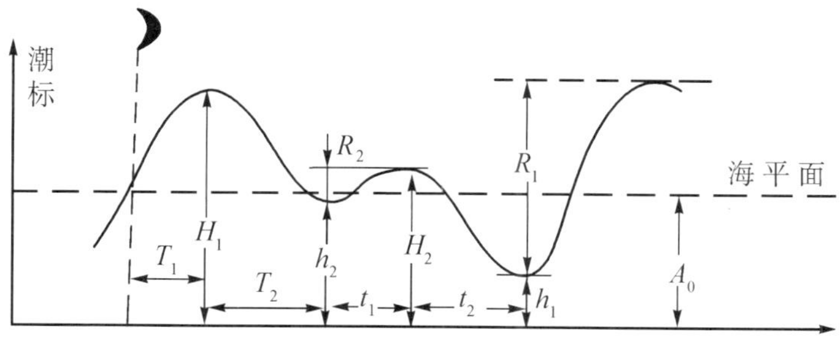

图 4-24　日潮不等的潮汐曲线

H_1. 高高潮　H_2. 低高潮　T_1. 高潮间隙　T_2. 低潮间隙　h_1. 低低潮

h_2. 高低潮　t_1. 涨潮时　t_2. 退潮时　A_0. 平均海面　R_1、R_2. 潮差

在高纬度地带，南北极范围内，纬线全线位于顺潮或者对潮半球内，以至于那里在一个太阴日里，只有一次涨潮和一次落潮，这样的潮汐称为全日潮。

2. 潮汐的月变化

（1）半月周期潮。月球、太阳、地球三者所处位置不同会产生半月周期潮。当朔、望月，即农历每月初一和十五时，月球、太阳、地球三者中心大致位于同一条直线上（图 4-25），因此月球与太阳所产生的引潮力会叠加，它们所合成的引潮力在一个月内是最大的，高潮是最高的时候，低潮是最低的时候，因此此时的潮汐现象最明显，这时的潮汐现象称为大潮或者朔望潮。当月相处于上、下弦月（农历每月初八和二十三）时，月球、太阳和地球三者的位置呈直角，月球与太阳的引潮力抵消了一部分，形成的高潮不够高、低潮不够低，此时合成的引潮力最小，因此称为小潮。大潮与小潮的周期相同，均是半月周期潮。

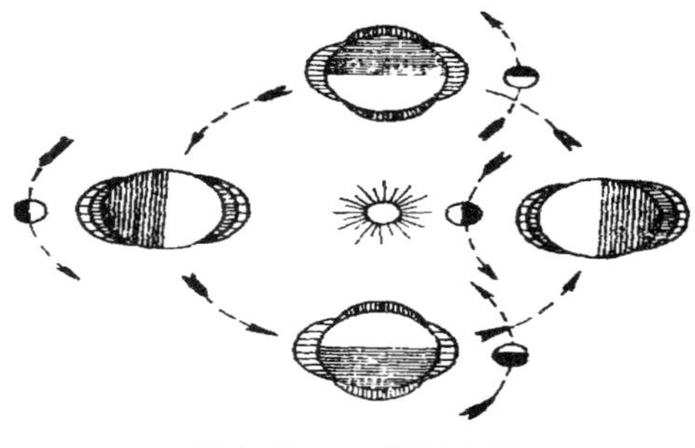

图 4-25　大潮与小潮

（2）月周期潮。月周期潮的周期约为一个月，它是由月球绕地球旋转而产生的。潮汐现象非常复杂，除了随月球赤纬变化外，还会因月地距离而变化。月球轨道的偏心率较大，月地距离在近地点时为 57 倍的地球半径，在远地点时为 64 倍的地球半径。依据引潮力的大小与天体距离的 3 次方成反比，近地点的太阳潮比远地点的要大 40%左右。近地点的潮汐称为近地潮，远地点的潮汐称为远地潮。

近点月的平均周期为 27.5546d，比朔望月约短 2d，因此，在每个朔望月里，近地潮同朔望月出现的相对时间是不断变动的。当近地潮遇到朔望月时，潮差非常大，但是当远地潮遇上方照潮时，潮差则非常小。

3. 潮汐的年变化和多年变化

（1）年周期潮。在日地系统中，近日点的潮汐称为近日潮，远日点的潮汐称为远日潮。近日潮与远日潮的变化周期为近日年，大约为 365.2596d。由于太阳潮不及太阴潮的一半，并且地球轨道的偏心率较小，因此，太阳潮的这种变化，仅仅只是叠加在太阳潮变化的不甚明显的起伏中。

（2）多年周期潮。潮汐不仅有年月日的周期变化，还具有长达 8.85a 和 18.6a 的多年变化周期。月球的轨道在长轴方向上不断发生变化，近地点也不断地移动，其周期约为 8.85a。由于黄白交点的不断移动，其周期约为 18.61a。因此，潮汐有 8.85a 的长周期变化，也有 18.6a 的长周期变化。

（四）潮汐的复杂性

潮汐不仅会受天文因素的影响，还会受气象、水文和地形因素的影响。

气象因素主要指气流情况，水文因素主要指水流情况，两者均是非周期性因素，虽不能起决定性作用，但对潮汐变化规律有很大影响。潮汐现象基本上存在于所有海域，然而，非常显著的潮汐只发生在沿海地区，并且与海盆因素密切相关，即海盆形状和海水深度。例如我国的钱塘江大潮（图 4-26），钱塘江口与杭州湾的广阔水域相邻，呈喇叭状，阔口向外，吞纳大量的海水，杭州湾口宽度为 100km，向里逐渐变窄，直至浙江澉浦，水面宽度仅有 20km，如图 4-27 所示。浙江澉浦以西的河段，水底有一条南北相连的沙滩，称为“沙坎”，水位较浅，坡度微缓，阻碍潮波前进，使潮波形成“前无去路，后有追兵”的状态，水体集聚，能够激起汹涌澎湃的怒潮，这就是著名的钱塘江大潮。

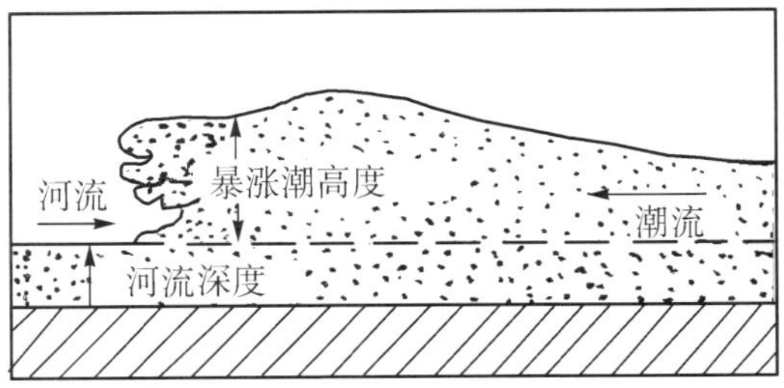

图 4-26　钱塘江大潮

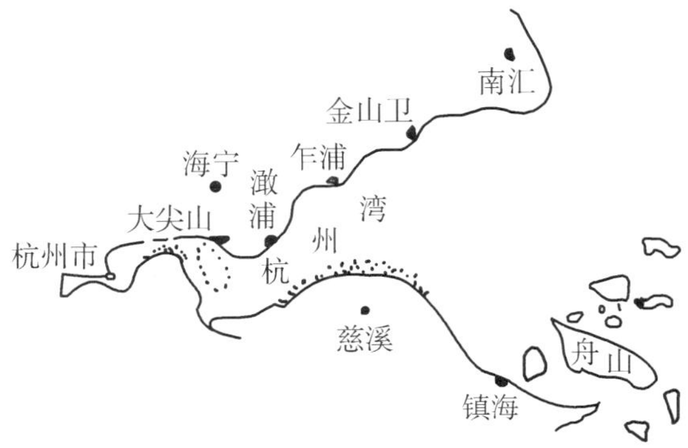

图 4-27　杭州湾形势

各地海水对引潮力的反应受海区形态的影响。天体的引潮力会持续作用在海面上，使海水发生振动，但不会按其自然的周期振动，而是受引潮力的周期控制，这种振动称为受迫振动。当受迫振动的周期接近海水自然振动周期时，会产生共振，反应会更强烈，所产生振动的强度非常大。反之，当受迫振动的周期偏离海水的自然振动周期时，反应会较微弱，所产生振动的强度较小。海水的自然振动周期，视海区形态和深度而发生改变。海区的形态和深度都是各不相同的，因此各海区都具有不同的自然振动周期，对天体引潮力的反应也不同。另外，潮汐与潮汐之间还会相互影响。例如北部湾潮汐现象，不仅受北部湾形态的影响，还受太平洋、南海、印度洋潮汐变化的影响。另外，当海区的自然振动周期与引潮力周期相一致时，便发生“共振”现象，此时，潮汐涨落特别明显，潮差增大。

海底对潮流有一定的摩擦作用，同时，海水本身还具有一定的黏性，存在内摩擦力。因此，高潮到来的时刻，一般都落后于月亮中天的时刻，其差值称为高潮间隔，具体间隔时间则根据地区不同而有差异。同样，大潮发生的日期，一般都落后于朔望日期，一般是 1～3d。例如，钱塘江大潮的观潮最佳日期并不是月望的八月十五，而是八月十八。

涌潮和暴涨潮通常出现在一些喇叭形河口。涌潮的特点是潮波来势凶猛，潮端陡立，水花飞溅，潮流上涌，声闻数十里，如万马奔腾，排山倒海，异常壮观，也称怒潮，钱塘江便有这一雄伟景观。钱塘江在澉浦以东，潮波变形尚不明确；当潮波传至澉浦以西，由于河槽变窄，河底迅速升高，大量水体涌入河道，潮波前坡壁立，波前倒卷破碎，水位暴涨，流速迅急，来势凶猛，便出现了汹涌澎湃的涌潮。

（五）潮汐对人类生活的影响

潮汐在日常生活中具有很大的意义，对于国民经济发展有很大影响。潮汐的涨落与各种海洋事业、海岸带开发等都有密切关系。掌握潮汐的变化规律，对于人们的生产生活都具有重要的意义。

人们可以通过掌握潮汐涨落规律，张网捕鱼，引水晒盐，利用广阔的海涂，发展水产养殖业。

潮汐发电清洁、无污染，并且取之不尽、用之不竭，利用潮汐可以形成强大廉价的电力，这种新能源称为潮汐能。潮汐能在当今世界的能源利用中已占有不可或缺的地位。1913 年，德国在北海海岸建立了世界上第一座潮汐发电站；1957 年，我国在山东建成了第一座潮汐发电站；法国朗斯潮汐发电站是世界上第一座具有商业实用价值的潮汐电站。

潮汐的涨落对于海洋航海事业至关重要。世界上许多浅水港口在很大程度上都是依赖潮汐存在的，例如我国上海、英国伦敦和德国的汉堡等。只有利用涨潮时的较高水位，巨型的远洋航轮才能进出海港。假如月球停止了对地球的引潮作用，这些海港将无法发挥作用。

潮汐景观也有助于旅游业的发展。我国著名的钱塘江大潮就是一个很好的例子，每年中秋佳节前后，八方宾客蜂拥而至争睹钱塘江的奇观，盛况空前。

潮汐理论可以为大陆岸线提供依据。

潮汐现象还决定一个国家的领海。领海是指海岸向海洋延伸若干距离的浅水海域。海岸线因潮汐涨落而进退，国际上规定领海范围是以海水落得最低时的海岸线为准。

四、波浪

波浪是海洋、湖泊、河流等宽广表面的水体运动，其特点在于每个水质点在做周期运动，所有的水质点相继运动，于是引起水面周期性起伏。因为水是一种流体，它在外力（风、地震等）的作用下，水质点可以离开原来的位置，但在内力（重力、水压、表面张力等）的作用下，又使它有恢复原来位置的趋势。因此，水质点在其平衡位置附近做近似封闭的圆周运动，如此便产生了波浪，并引起了波形的传播。由此可见，波浪的传播并不是水质点的运动，而是波形的传播。

（一）波浪的要素

波浪的尺寸和形状通常用波浪要素来表征。波浪的基本要素有波峰、波谷、波顶、波底、波高、波长、波陡、周期、波速等，如图 4-28 所示。

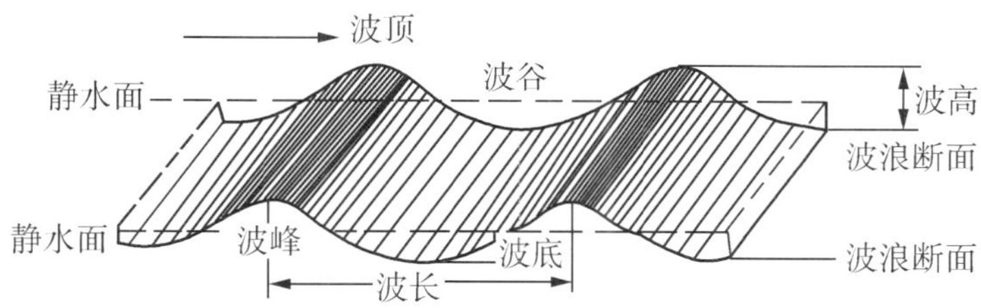

图 4-28　波浪的要素

（二）波高随水深的变化

理论和实际观测都证明，当海面发生波浪时，在海面以下一定深度范围内也会发生波动，波动的强度随着深度的增加而急剧减弱，其表达式为

$$r = r_0 e^{-2\pi\frac{z}{\lambda}} \tag{4-8}$$

式中，r 表示从水面向下水深为 z 处的水质点运动轨迹圆半径；r_0 表示水面上水质点运动轨迹圆半径；λ 为波长。

因为波高等于水质点轨迹圆的直径，即 $h_0=2r_0$、$h=2r$，故式（4-8）可变为

$$h = h_0 e^{-2\pi\frac{z}{\lambda}} \tag{4-9}$$

表 4-3 所示为根据式（4-8）算出的波高随水深变化的近似结果。表 4-3 中水深由水面算起，用与波长的比值来表示。由表 4-3 可知，从水面向下，当水深按等差级数增加时，波高按等比级数减少，在相当于一个波长的水深处，波高只有表面波高的 1/512。如果海面发生波高为 11m、波长为 150m 的大浪，那么，在海面以下 150m 深处，波高仅有 2cm，波浪近乎消失。尽管在海面波涛汹涌，海面以下某深度处却是风平浪静。波动随水深的增加而减弱的性质也可以由一些浮游生物的生活习性证明，在水面

波动较小时，它们栖息于近表面水层中，一旦表面波动变大，它们会立即移动到较深的水层中。

表 4-3　波高随水深的变化

水深 z	0	$\frac{1}{9}\lambda$	$\frac{2}{9}\lambda$	$\frac{3}{9}\lambda$	$\frac{4}{9}\lambda$	$\frac{5}{9}\lambda$	$\frac{6}{9}\lambda$	$\frac{7}{9}\lambda$	$\frac{8}{9}\lambda$	λ
波高 h	h_0	$\frac{1}{2}h_0$	$\frac{1}{4}h_0$	$\frac{1}{8}h_0$	$\frac{1}{16}h_0$	$\frac{1}{32}h_0$	$\frac{1}{64}h_0$	$\frac{1}{128}h_0$	$\frac{1}{256}h_0$	$\frac{1}{512}h_0$

海洋平均深度约为 3800m，而波动仅发生在海面及以下几百米范围内，可见深水波波动主要集中在海水表面附近，故又有表面波之称。在波动涉及的深度范围内波高随水深增加而急剧较小直至消失，但波浪的波长、周期、波速并不随深度的增加而改变。因为海水是连续介质，在海面是波峰的位置，其下层的海水也必然随之上升，下层海水相应部位也应是波峰。同理，上下波谷的位置也必然对应着。

第三节　地下水的运动

地下水在岩石和土壤空隙中的运动现象统称为“渗流”。渗流的空间称为渗流场或者渗透场。渗流按照地下水饱和程度的不同，可以分为饱和渗流和非饱和渗流。饱和渗流包括潜水和承压水，主要在重力作用下运动。非饱和渗水是指包气带中的毛管水和结合水运动，主要受到毛管力和骨架吸引力的控制，这两种渗流的运动规律不相同。

地下水运动的主要方向和性质，决定于地下水的类型和产水条件。非饱和带中，渗入地面以下的水主要呈现垂直向下运动。饱和带中潜水的运动，取决于它所在的地形单元。在分水岭所在的地区，潜水水流向着排泄地下水的河谷方向运动；在干谷的地区，潜水水流沿地表坡度移动。

一、结合水运动

（一）结合水运动的基本规律

结合水可以分为吸湿水（强结合水）和薄膜水（弱结合水）两种。其中，强结合水不能够流动，因此一旦谈到结合水运动，指的就是弱结合水的运动。

薄膜水虽然是弱结合水，但是还是具有一定的抗剪强度。它和一般液体的不同之处在于：运动过程中并不遵循牛顿内摩擦定律，需要凭借一定的外力来克服它所具有的抗剪强度之后，才会产生运动。在由水力坡度 I 和渗透速度 V 组成的直角坐标系中，薄膜水的运动规律可以用一条通过坐标原点的、向 I 轴突出的曲线来表示（图 4-29）。

我们所说的起始水力坡度 I_0，指的是为了克服薄膜水的抗剪强度，使它发生流动所必须具有的临界水力坡度。不过，图 4-29 所显示的这条薄膜水运动规律曲线是经过坐标原点的，也就是说，只要有水力坡度薄膜水就会发生运动。但是，当实际的水力坡度 $I<I_0$ 时，薄膜水的渗透速度 V 将会变得很小，此时只有借助精密的仪器才能测量得到。因此，严格来说，起始水力坡度 I_0 是指薄膜水发生明显渗流时用来克服它的抗剪强度的水力坡度。

由图 4-29 可以看出，在自然条件下，颗粒组成成分不同的黏性土的 I_0 及渗透系数都不相同。其一般规律是，颗粒越粗，下渗孔径越大，起始水力坡度 I_0 就越小，渗透系数就会越大。

由图 4-30 可以看出，当 $I=I_A$ 时，A 点的切线截距 OA 比较小，斜率（渗透系数）也比较小。当 I 增大到 $I=I_B$ 时，B 点的切线截距 OB 及斜率都会随之增大。

（二）结合水运动和越流渗透

由图 4-29 反映的规律可知，黏土特别是孔隙度大而且空隙细小、质地致密的黏性土，大多数情况下会被认为是不透水的，因此成了良好的隔水层。然而，在实际生活中，我们常常会发现处在两个隔水层之间、由黏性土构成的隔水层存在着由下层含水层通过黏土层补给上层的现象，这种现象通常称为越流补给。

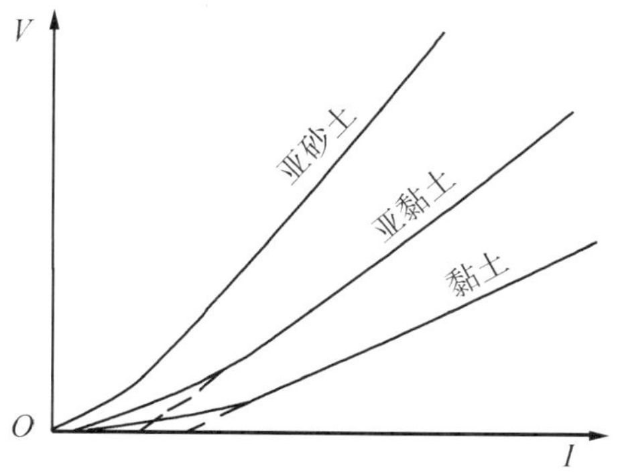

图 4-29　不同黏性土中结合水的 I–V 关系曲线

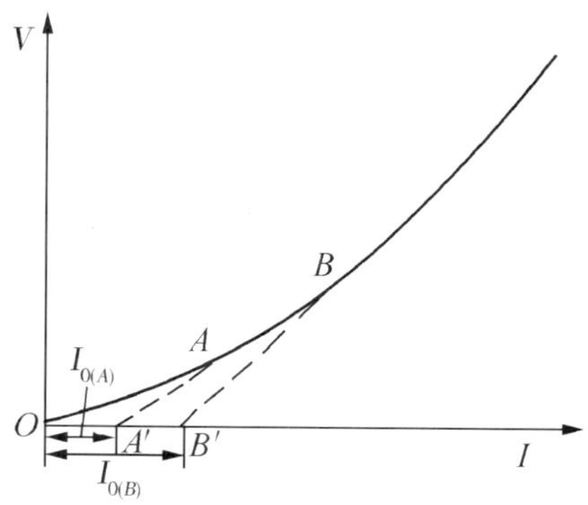

图 4-30　结合水的运动

结合水的运动导致这种现象的产生，如图 4-31 所示，下层水从 A 点向上层 B 点渗透，它渗透的路径长度为 L，也就是黏性土的厚度。A 点的水头为 H_1，B 点的水头为 H_2，黏性土垂向的渗透系数是 k，那么它的渗透速度 V 是

$$V = k\frac{H_1 - H_2}{L} - I_0 \tag{4-10}$$

如果黏性土的厚度比较大，或者是上下含水层之间的水头比较小，那么 $I<I_0$、$V\leqslant 0$，因此不会发生渗透现象。但是，当黏性土的厚度比较小，或者上下含水层之间的水头比较大时，那么 $I<I_0$、$V>0$，此时就会发生越流现象。由此可知，黏性土层越薄，渗水能力越大；含水层之间水头差越大，那么渗透量就会越大。这种越流补给可以在任意两个相邻的含水层及含水层和地表水体之间发生。

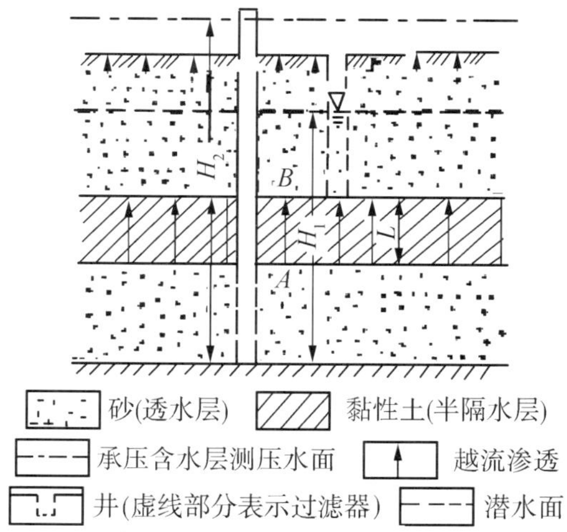

图 4-31　黏性土的越流渗透

二、毛管水运动

(一) 毛管力

经过多次试验观测可知，在液体和固体的交界面上，存在着如图 4-32 所示的液体湿润现象。它的湿润角 θ 的大小和固体物质表面的性质有关，也和表面的清洁度有关，也受固体分子和液体分子之间的引力影响。如果湿润条件良好，处于完全湿润状态时，θ 角接近于 0°；没有湿润时，θ 角接近于 180°。如果将一个圆管的下端插入水中，因为水表面在圆管内形成弯月面，从而使得液体表面变大，然而液体面一旦变大，水的表面张力和收缩作用促使液面要恢复水平，因此导致管内的水随之上升，以减少面积，这样直到表面张力向上的拉引作用和管内升高的液体重量达到平衡为止，管内的水就会停止上升。这种使液体在管内上升的湿润力就是毛管力。

此外，毛管力还可以分解为沿管壁平行的力和垂直于管壁的力。其中，沿管壁的平行分力才是将液体提升的有效作用力。如果用 P_C 表示毛管力，并用水柱高度（m）为单位，那么，在数值上 P_C 等于最大毛管水的上升高度。由实验可以推出，毛管力与毛管半径成反比，也就是说，毛管越细，毛管力越大，毛管水上升高度越高。

(二) 包气带中的毛管水运动

在岩土带中毛管水的运动十分普遍。如果取一个砂柱放置在水平面上，砂柱空隙中就会出现弯液面，形成毛管水上升水。岩土层中毛管水上升速度及上升高度取决于水力坡度。开始时，渗透长度小，水力坡度大，毛管水上升速度快；当水柱不断升高渗透长度不断变大时，水力坡度就会减小，渗透速度也会变小。当水力坡度等于零，渗透速度等于零时，毛细上升就会停止。

自然条件下，毛管水带上缘的弯液面常常达不到最大毛管上升高度。出现这种现象的原因是受土面蒸发消耗水分的影响，导致弯液面下降，形成一定的水力坡度，并且保持相应的渗透水流，这时渗透水流的流量和土面蒸发量保持平衡。

如果取一个黏性土粒柱放置在水平面上，由于黏性土中含有结合水，需要考虑起始水力坡度的影响。当渗透长度很小时，水力坡度远大于起始水力坡度，毛管水上升很快。随着渗透长度的增大，水力坡度慢慢变小，并且逐步接近起始水力坡度。当达到某一高度时，水力坡度和起始水力坡度相等，毛管水上升速度等于零，此时的渗透长度就是毛管水最大上升高度。

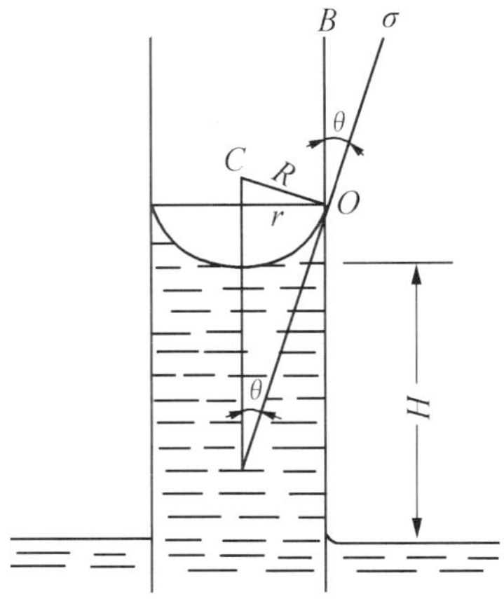

图 4-32 毛管力

R. 弯月面的曲率半径 r. 毛细管半径

σ. 湿润点 O 处的液体表面张力

θ. 湿润角 C. 曲率中心

三、重力水运动

（一）重力水运动的基本形式

饱和水带中的地下水运动，无论是潜水还是承压水，都表现为重力水在岩土层的空隙中运动。按流态类型来分，地下水运动可以分为层流运动和紊流运动。因为运动是在岩土空隙中进行的，运动速度比较慢，所以在大多数情况下，都表现为层流运动。只有在裂隙或者溶隙比较发育的局部地区，或者在抽水井及矿井附近，井水位降落很大的情况下，地下水流速度快，才能形成紊流状态。

如果从地下水流运动的空间变化来看，如图 4-33 所示，可以分成三种类型：

（1）线状流。又称一维流，地下水在渗流场中任一点的速度变化只和空间坐标的一个方向有关。

（2）平面流。它的特点是地下水在渗流场中任意一点的速度变化，和空间坐标上的两个方向有关。因此平面流又称二维流。

（3）空间立体流。它的特点是地下水在渗流场中任意一点的速度变化，和空间坐标上的三个方向有关，呈现三维流的形式。

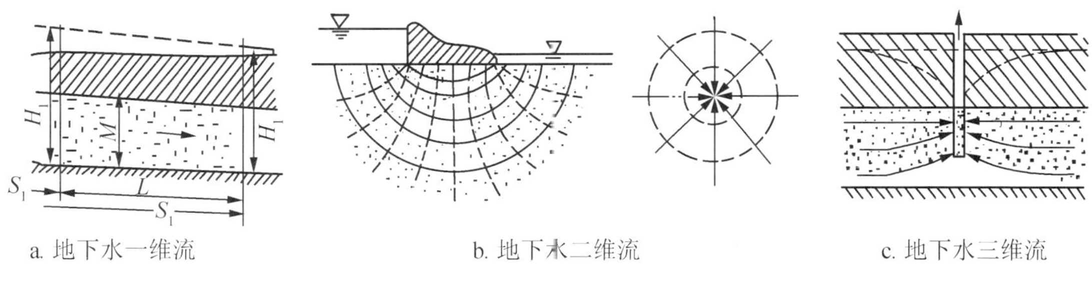

a. 地下水一维流　　b. 地下水二维流　　c. 地下水三维流

图 4-33 地下水流运动的三种形式

自然界中地下水的运动形式主要取决于含水层的几何形式、含水层的边界条件及地下水的开采方式等因素。如果在一个面积开阔、均质等厚的承压含水层打井取水，若含水层没有被完全打通，这种情况下，井周围会形成明显的三维流运动；在潜水层中，如果抽水井的水位降深相对于含水层厚度所占的比例较大时，在井的周围附近也可以形成三维流。

（二）线性渗透定律

线性渗透定律最早是由法国水文学家达西通过均质的沙砾的渗透实验得出的，它是描述重力水渗流现象的基本方程。达西通过实验发现了渗透流量 Q 和水位差（h_1-h_2）成正比，它的数学表达式是

$$Q = kA\frac{h_1 - h_2}{\Delta L} \tag{4-11}$$

式中，A 是试验管的横截面积（m^2），k 是比例常数，即渗透系数（m/d）；ΔL 是土样长度，也就是渗透路径（m）。

由图 4-34 可以看出，在基准面上 Z_1 高度处左端的水压力 P_1 等于高度为（h_1-Z_1）的水柱重量，可以表示为 $P_1=(h_1-Z_1)\rho g$，整理得到

$$h_1 = Z_1 + P_1/\rho g \tag{4-12}$$

式中，ρ 为水的密度；g 为重力加速度；P_1、P_2 是左右两端的水压力。

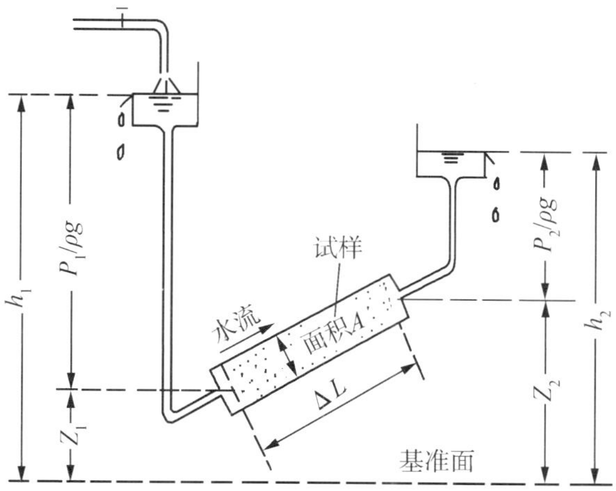

图 4-34 达西实验

从上面的分析可以得出，水柱的高及高于基准面的高度联合作用是促使水流通过土体的原因。这个联合作用的力称为地下水水头，也简称为水头。同时，我们可以根据上面的表达式得到如下的定义：

$$H = Z + P/\rho g \tag{4-13}$$

式中，Z 是几何水头（位头）；$P/\rho g$ 称为压力水头。如果用水势表示，式（4-13）则为：总势=重力势+静水压势。

依据 Q、V、A 三者之间的关系式 $Q=VA$，可以推导出

$$V = -k\frac{\mathrm{d}h}{\mathrm{d}L} \text{或} V = kI \tag{4-14}$$

式（4-14）被称为达西定律，V 的单位是 m/d。式（4-14）中的负号表示方向，流速增大的方向与高度增大的方向相反。

用单位重量的能量表达其长度量纲（水头），势梯度指的是单位距离的势能差。在渗流过程中水的体积通量是与水的势梯度成比例的，渗透系数 k 值就是它的比例系数。之所以称达西定律是线性渗透定律，就是因为水力坡度和渗流速度成正比。

需要注意的是，渗透速度 V 不是孔隙中单个水质点的实际流速。它是指在流量相同的条件下，过水断面全部被水充满状态下的平均流速，然而实际的过水断面中填充了无数的砂粒，水流仅仅从砂粒的孔断面中流过。假设 u 是通过孔隙断面的水质点的实际平均流速，n 是岩土的孔隙度，那么

$$u = \frac{Q}{nW} \tag{4-15}$$

故

$$V = nu \tag{4-16}$$

因为 $n<1$，所以 $V<u$。

（三）渗透系数

依据达西定律可知，当水力坡度 $I=1$ 时，那么 $V=k$，也就是说，渗透系数在数值上等于渗流速度。因为水力坡度是没有量纲的，所以 k 值和 V 具有相同的单位，一般用 m/d 或者 cm/s 表示。

渗透系数是表示含水介质透水性能的重要参数，k 值的大小一方面取决于介质的性质，比如粒度

成分、颗粒排列等，粒径越大，渗透系数 k 值也越大；另一方面还和流体的物理性质有关，尤其是流体的黏滞性有关。它的数学表达式为

$$k = k_0 \frac{r}{v} \tag{4-17}$$

式中，$r=\rho g$，r 为水的重率（kg/m^3）；k_0 表示内在透水率；v 表示水的黏滞性（m^2/s）。

渗透系数主要受岩土的空隙特征影响。至于流体物理特性的影响，可以从式（4-17）中明显地反映出来，也就是 k 值的大小和流体的重率成正比，而和黏滞性成反比。对于地下水来说，它的重率 r 和黏滞系数 v 受水的含盐量、水温和压力的影响，其中温度对黏滞性的影响更大。

（四）非线性渗透定律

达西定律十分重要，但是它适用于层流状态的水流，而且要求的流速比较小。当地下水流呈现紊流状态，或者即使是层流，但是它已经超出了达西定律适用的范围，渗透速度 V 和水力坡度 I 就不再是一次方的关系，从而变成了非线性关系。这时需要应用非线性渗透定律，它的数学表达式是

$$Q = k_m A I^{1/m} \text{ 或 } V = k_m I^{1/m} \tag{4-18}$$

式中，k_m 表示 $1/m$ 变化的含水层的渗透系数；$1/m$ 表示流态指数，它的范围变化是 0.5~1。

上面的表达式概括了饱和渗流在不同流态（层流、紊流）条件下可能出现的流动规律。大量的实验证明：

（1）当 $m=1$ 时，属速度很小的层流线性流，符合达西定律。

（2）当 $0.5<m<1$ 时，属于速度比较大的层流非线性流，这时惯性力已经增大到相当于阻力的数量级，已经偏离达西定律。

（3）当 $m=0.5$ 时，属于大流速的紊流状态，惯性力已经占据支配地位，此时和河道中的均匀流相同。

第五章　水体中的化学过程、水质和水污染

掌握不同水体的化学特征，如大气水中的酸雨，有助于刑事侦查人员对案件中的“水”展开微量分析，进行“定范围”的分析。

第一节　大气降水的酸化——酸雨

一、酸雨的概念

酸雨的正式名称为酸性降水，通常指 pH 值小于 5.6 的雨雪或其他形式的酸性降水。自然界中含有大量的二氧化碳，二氧化碳在常温下溶于雨水中并达到气液相平衡时，雨水的酸碱度约为 5.6。但自然界中还存在其他致酸的物质，例如，少数情况下，火山喷发带来的硫化氢，海洋释放出来的甲硫醚，高空闪电产生的氮氧化物，它们会使雨水进一步酸化，pH 值降低至 5.0 左右。但近年来频发的酸雨主要是人为地向大气中排放大量的酸性物质造成的。我国的酸雨主要是由于燃烧大量含硫量高的煤形成的，多为硫酸雨，较少为硝酸雨。此外，各种机动车尾气排放也是形成酸雨的重要原因。

酸雨的形成是大气水污染的表现，会给人类的生存环境甚至是人类本身带来广泛的危害，因此酸雨又被称为“空中死神”。随着酸雨带来的危害的加剧和扩大，酸雨问题已成为不容忽视的环境问题。

酸雨的成因是一种复杂的大气化学和大气物理现象，酸雨中含有多种无机酸和有机酸，以硝酸和硫酸为主。酸雨的化学组成为

（1）阳离子有 H^+、NH_4^+、K^+、Na^+、Ca^{2+}、Mg^{2+}。

（2）阴离子有 Cl^-、NO_3^-、SO_4^{2-}、HCO_3^-（在 $pH<5$ 的情况下，HCO_3^- 含量接近于零，故一般酸雨成分测定忽略此项指标）。

酸雨中的强酸有硫酸、硝酸、盐酸三种，由于它们在水中完全电离，故对降水的游离酸度贡献最大，在大多数地区，主要以硫酸为主，硝酸次之，盐酸的含量很少。酸雨中还含有一定量的弱酸，常见的有甲酸、乙酸、乳酸、柠檬酸等，及布朗斯特酸（溶解态 Al 和 Fe）、HCO_3^- 等，因为这些弱酸在 $pH<5$ 的情况下几乎不电离，因此它们对降水的 pH 值影响很小。

二、酸雨酸性物质的排放源

（一）天然排放源

（1）海洋的海水飞沫会夹带一些硫酸到空气中。

（2）火山爆发会产生大量的二氧化硫气体。

（3）雷电和干热引起的森林火灾也是一种天然硫氧化物排放源，因为树木也含有微量硫。

（4）高空雨云闪电会产生很强的能量，使空气中的氮气和氧气化合形成一氧化氮，继而在对流层被氧化形成二氧化氮，二氧化氮再和空气中的水蒸气反应生成硝酸。

（5）土壤中某些机体，如动物死尸和植物残叶在细菌的作用下可分解出某些硫化物，生成二氧化硫进入空气中。

（6）即使是未施过肥的土壤也会含有微量的硝酸盐，土壤硝酸盐在土壤细菌的作用下，可分解生成一氧化氮、二氧化氮和氮气等进入空气中，这些物质与水蒸气反应可以生成硝酸。

（二）人工排放源

人工排放源是造成现在酸雨频发的主要原因，主要有以下几类：

（1）汽车尾气。在发动机内，火花塞打出火花，像空中的闪电，产生大量的一氧化氮。近年来，随着汽车数量的急剧增加，汽车尾气对大气造成的污染日趋严重。

（2）工业生产、民用生活燃烧煤炭排放出大量的二氧化硫。

（3）煤、石油的燃烧产生大量的二氧化硫。此外，煤燃烧过程中的高温也会促使空气中的氮气和氧气化合形成一氧化氮，继而被氧化为二氧化氮，造成酸雨。

（4）工业过程。如金属冶炼，某些有色金属（如铜、铅、锌）的矿石是硫化物，在金属冶炼过程中会释放出大量的二氧化硫气体，一部分可以回收为硫酸，另一部分则进入大气。化工生产中，在产生硫酸和硝酸的过程中会产生大量二氧化硫和二氧化氮。石油炼制中也会产生一定量的二氧化硫和二氧化氮。

酸雨的形成主要归咎于人类对自然不加节制的利用和开发。

三、酸雨的形成过程

酸雨中的酸性物质的来源有工业生产、民用生活（燃烧煤炭排放出来的二氧化硫）、燃烧石油及汽车尾气（排放出来氮氧化物）。这些污染物经过"云内成雨过程"（即水汽凝结在硫酸根、硝酸根等凝结核上，发生液相氧化反应，形成硫酸雨滴和硝酸雨滴），再经过"云下冲刷过程"（即含酸雨滴在下降过程中不断合并吸附、冲刷其他含酸雨滴和含酸气体，形成较大雨滴），最后降落在地面上，形成了酸雨。

酸雨主要是由于化石燃料的燃烧造成的，下面是主要反应过程：

（1）$S \rightarrow H_2SO_4$：$S+O_2 \xrightarrow{点燃} SO_2$，$SO_2+H_2O \longrightarrow H_2SO_3$（亚硫酸），$2H_2SO_3+O_2 \longrightarrow 2H_2SO_4$（硫酸）。总的化学反应方程式为 $S+O_2 \xrightarrow{点燃} SO_2$，$2SO_2+2H_2O+O_2 \longrightarrow 2H_2SO_4$。

（2）氮的氧化物溶于水形成酸：$2NO+O_2 \longrightarrow 2NO_2$，$3NO_2+H_2O \longrightarrow 2HNO_3+NO$。总的化学反应方程式为 $4NO+2H_2O+3O_2 \longrightarrow 4HNO_3$。

酸雨的形成大体上有以下四个过程：

（1）水汽冷凝在含有硫酸盐、硝酸盐等的凝结核上。

（2）形成云雾时，SO_2、NO、NO_2、CO_2 等气体被水滴吸收。

（3）气溶胶颗粒物质和水滴在云雾形成过程中互相碰撞、聚凝，并与雨滴结合在一起。

（4）降水时空气中的一次污染物和二次污染物被冲洗进雨中。

四、酸雨区的分布

酸雨区是指经常下酸雨，且酸雨量达到一定值的地区。一般认为的酸雨评定标准是：年均降水 pH 值高于 5.65，酸雨率是 0～20%，为非酸雨区；pH 值为 5.30～5.60，酸雨率是10%～40%，为轻酸雨区；pH 值为 5.00～5.30，酸雨率是 30%～60%，为中度酸雨区；pH 值为 4.70～5.00，酸雨率是 50%～80%，为较重酸雨区；pH 值小于 4.70，酸雨率是 70%～100%，为重酸雨区。这就是酸雨区的五级标准。

世界三大酸雨区即北美酸雨区、北欧酸雨区、中国西南四川盆地酸雨区。世界上最早发现酸雨并引起人们注意的地区是欧洲北部的斯堪的纳维亚半岛。在 20 世纪 70 年代，西北欧的降水 pH 值曾降至 4.0，并向海洋和东欧方向不断扩展，北美洲的东部降水 pH 值已降至 4.5，中国、日本等亚非洲国家降水 pH 值也在下降。20 世纪以来，全世界的酸雨污染范围日益扩大。原来只发生在北美和欧洲工业发达国家的酸雨，逐渐向一些发展中国家和地区扩展，如印度、中国、东南亚等。同时，酸雨的酸度也在逐渐增加。欧洲近20年连续监测的结果表明，欧洲雨水的酸度增加了10%，瑞典、丹麦、波兰、德国、加拿大等国的酸雨pH值为4.0~4.5，美国酸雨pH值在4.8以下的波及许多个州。

中国是个燃煤大国，煤炭约占能源消费总量的75%。1980年全国煤炭消耗量还不过6亿吨，但随着经济建设的发展，到1995年已达12.8亿吨，15年间增加了一倍还多。随着耗煤量的增加，二氧化硫的排放量也不断增长。20世纪80年代，中国酸雨主要发生在以重庆、贵阳和柳州为代表的川、黔和两广地区，酸雨面积170万平方千米。到了20世纪90年代中期，酸雨已发展到长江以南、青藏高原以东的广大地区，酸雨面积扩大了100多万平方千米。以长沙、赣州、南昌、怀化为代表的华中酸雨区现已成为全国酸雨污染最严重的地区，其中心区年降水pH值低于4.0，酸雨频率高达90%，基本上到了逢雨必酸的程度。以南京、上海、杭州、福州、青岛和厦门为代表的华东沿海地区也成为中国主要的酸雨区。华北、东北的局部地区也出现酸性降水。

中国的酸雨主要是硫酸型的，中国的三大酸雨区分别分布在西南、华中和华东。西南酸雨区是仅次于华中酸雨区的降水污染严重区域。华中酸雨区目前已成为全国酸雨污染范围最大、中心强度最高的酸雨污染区。华东沿海酸雨区的污染强度低于华中和西南酸雨区。

五、酸雨的危害

（一）酸雨对人体健康的危害

酸雨对人体健康的危害主要有两方面：一是直接危害，二是间接危害。

酸雨通过它的形成物质二氧化硫和二氧化氮直接刺激皮肤，眼角膜和呼吸道黏膜对酸类十分敏感，酸雨或酸雾对这些器官有明显刺激作用，会引起呼吸等多方面的疾病，导致红眼病和支气管炎、咳嗽不止，还可诱发肺病；酸性微粒还可以侵入肺的深层组织，引起肺水肿、肺硬化甚至癌变。酸雨可使儿童免疫力下降，易感染慢性咽炎和支气管哮喘；致使老人眼睛、呼吸道患病率增加。据调查，仅在1980年，英国和加拿大因酸雨污染而导致死亡的人数就有1500多人。

其次，酸雨还对人体健康产生间接影响。酸雨使土壤中的有害金属被冲刷带入河流、湖泊，一方面使饮用水水源被污染；另一方面这些有毒的重金属（如汞、铅、镉）会在鱼类机体中沉积，人类因食用而受害，可诱发癌症和老年痴呆。

再次，农田土壤酸化，使本来固定在土壤矿化物中的有害重金属（如汞、镉、铅等）再溶出，继而为粮食、蔬菜吸收和富集，人类摄取后中毒、得病。据报道，很多国家由于受酸雨影响，地下水中铝、铜、锌、镉的浓度已上升到正常值的10~100倍。

（二）酸雨对建筑物的伤害

酸雨对金属、石料、水泥、木材等建筑材料均有很强的腐蚀作用。酸雨能使非金属建筑材料（混凝土、砂浆和灰砂砖）表面硬化水泥溶解，出现空洞和裂缝，导致强度降低，从而损坏建筑物。特别是许多以大理石和石灰石为材料的历史建筑物和艺术品，耐酸性差，容易受酸雨腐蚀而损坏。

酸雨对金属物品腐蚀十分严重，因而对铁轨、船舶车辆、输电线路、桥梁、房屋、机电设备等均会造成严重损害。全世界的钢铁产品，约1/10受酸雨腐蚀而报废。1967年，美国俄亥俄河上一座大桥突然坍塌，桥上许多汽车掉入河中，当场淹死46人。其原因就是桥上钢梁和螺钉因酸雨腐蚀锈坏，导致断裂。在美国东部，约3500栋历史建筑和1万座纪念碑受到酸雨损害。

酸雨对古建筑和石雕艺术品腐蚀十分严重。世界上许多古建筑和石雕艺术品因遭受酸雨腐蚀而严重损坏，如意大利罗马的文物遗迹、加拿大的议会大厦、中国的乐山大佛等。希腊雅典一座神庙中的大理石雕像，在20世纪前的数百年里均完好无损，然而自20世纪50年代以来，因酸雨侵蚀，损坏严重。北京有一块约500年前的明代石碑，约40年前碑文清晰可见，但近些年因酸雨侵蚀，字迹已模糊难辨了。

酸雨造成这些物体的社会价值严重降低，并导致其维修费用大大增加。

（三）酸雨对土壤的危害

酸雨落地渗入土壤后，使土壤酸化，破坏土壤的营养结构。酸雨使植物营养元素从土壤中淋洗出来，特别是 Ca、Mg、Fe 等元素的阳离子迅速损失，因此长期的酸雨会使土壤中大量的营养元素淋失，造成土壤中营养元素的严重不足，从而使土壤变得贫瘠，影响植物的生长和发育。

酸雨可使土壤中某些微量重金属溶解，一方面造成土壤贫瘠化，另一方面与土壤结合的金属（如 Ni、Al、Hg、Cd、Pb、Cu、Zn 等）被溶出，在植物体内积累或进入水体造成污染，加快金属的迁移，比如，土壤中到处都存在铝的化合物，在 $pH=5.6$ 时土壤中的铝基本上是不溶解的，在 $pH=4.6$ 时铝的溶解性约增加 1000 倍。酸雨造成森林和水生生物死亡的主要原因之一是土壤中的铝在酸雨作用下转化为可利用态，毒害了树木和水生生物。另外，土壤酸化抑制微生物的活动，影响微生物的繁殖。

过量酸雨的降落，造成土壤微生物分解有机物的能力下降，影响土壤微生物的氨化、硝化等作用，直接抑制由微生物参与的氮素分解、同化与固定，最终降低土壤养分供应能力，影响植物的营养代谢。因为酸雨对土壤的影响是积累的，土壤对酸沉降也有一定的缓冲能力，所以在若干年后才会出现土壤酸化现象。

（四）酸雨对植物的危害

森林是陆地生态系统中最重要的组成部分。它不仅给人类提供必需的木材及林副产品，而且具有涵养水源、保持水土、防风固沙、净化空气和美化环境等多种生态功能。有关研究表明，酸性降水能影响树木的生长发育，降低生物产量，甚至引起森林死亡。

首先，酸雨能直接侵入树叶的气孔，破坏叶面的蜡质保护层，当 $pH<3$ 时，植物的阳离子从叶片中析出，表皮组织被破坏，流失某些营养元素，从而使叶面被腐蚀而产生斑点和坏死。

其次，酸雨还阻碍植物的呼吸和光合作用等生理功能。当 $pH<4$ 时，植物光合作用受到抑制，从而影响成熟，降低产量，引起叶片变色、皱折、卷曲，甚至枯萎。

最后，酸雨落地渗入土壤后，使土壤酸化，破坏土壤的营养结构，间接影响树木生长。

据资料记载，酸雨已造成北欧国家大面积森林死亡。欧洲每年有 6500 万公顷森林受酸雨危害。在意大利有 $9000hm^2$ 森林因酸雨而死亡。在德国的巴伐利亚州，约有 1/4 的森林坏死。在波兰已观察到针叶林大面积枯萎，达数十万公顷。捷克的受害森林面积约占森林总面积的 1/5。我国重庆南山地区 $1800hm^2$ 松林因酸雨而死亡过半，广西等地有 10 多万公顷森林也正在衰亡。

酸雨会影响农作物水稻的叶子，同时土壤中的金属元素因被酸雨溶解，造成矿物质大量流失，植物无法获得充足的养分，将会枯萎、死亡。

（五）酸雨对水中生物的危害

江河、湖泊等水域环境受到酸雨的污染后，受影响最大的是水生动物，特别是鱼类。其危害主要表现在以下方面：

水体的酸化抑制细菌的繁殖，使细菌总数减少，降低了对有机物的分解速度，从而使真菌数量迅速增加。这些变化加速了水体的富营养化，导致水体生产力的丧失。在酸化的水体中，浮游植物的种类和数量减少，浮游植物多样性降低、数量减少。这些变化最终将影响鱼类的种群和数量。因为鱼类处于食物链中浮游植物的后端，鱼类食物的短缺必然造成鱼类种群和数量的减少。鱼类本身对酸度的变化特别敏感。一方面，由于水体 pH 值的突然改变，鱼类不能很快适应，而造成大批鱼类的死亡；另一方面，长期的酸雨使水体的 pH 值逐渐下降，鱼类虽有一定的适应能力，不至于突然死亡，但经受不住持续的酸性压力，导致功能失常、组织病变、繁殖能力下降，从而导致鱼群的数量逐渐减少甚至消失。据有关报道，在瑞典的 9 万多个湖泊中，已有 2 万多个遭到酸雨危害，4000 多个成为无鱼湖。挪威有 260 多个湖泊鱼虾绝迹。在加拿大和美国，已有几万个大小湖泊遭到酸雨的破坏，其中加拿大就有 4500 多个湖泊无鱼类生存，成为“死湖”。在我国重庆南山等地水体酸化，pH 值小于 4.7，鱼类不能生存，农户多次养鱼，均无收获。

水域酸化还导致水生植物死亡消失，破坏各类生物间的营养结构，造成严重的水域生态系统紊乱。在 pH 值高于 6.0 的湖泊中，浮游植物种群正常，随着 pH 值的降低，种群会发生变化。例如，在 pH 值大于 6.0 时，湖泊中以硅藻为主；而 pH 值小于 6.0 时，则被绿藻取代；当 pH 值等于 4.0 时，转板藻成为优势种。

六、酸雨的防治

防治酸雨是一个国际性的环境问题，不能依靠一个国家单独解决，必须共同采取对策。防治酸雨最根本的措施是减少人为硫氧化物和氮氧化物的排放。

调整以矿物燃料为主的能源结构，增加无污染或少污染的能源比例，发展太阳能、核能、水能、风能、地热能等不产生酸雨污染的能源。1980~1986 年，法国发电量增加了 4%，二氧化硫排放量却减少了一半，大气质量明显改善，主要原因是其核电比例由 24%上升到了 70%。

加强技术研究，积极开发煤炭利用新技术，推广煤炭的转化、净化技术，改进燃煤技术，改进污染物控制技术，采取烟气脱硫、脱氮技术等。由于二氧化硫是我国酸雨的祸根，国家环保总局已在全国范围对二氧化硫超标区和酸雨污染区进行了严格控制。控制高硫煤的开采、运输、销售和使用，同时发展脱硫技术、推广清洁能源技术。

加强汽车尾气排放监测，减少废气排放，加快清洁汽车的研究开发和推广应用。目前，我国已形成了包括汽车、摩托车、农用运输车在内的较为完备的排放标准体系，以加强汽车尾气排放监测和控制，减少废气排放。同时，加快使用天然气、液化石油气、电能等清洁能源汽车的研究开发和推广应用，控制汽车尾气排放，减少大气污染。

政府职能部门应制定严格的大气环境质量标准，调整工业布局，改造污染严重的企业，加强大气污染的监测和控制，及时掌握大气中的硫氧化物和氮氧化物的排放和迁移状况，了解酸雨的时空变化和发展趋势，以便及时采取对策。

在酸雨的防治过程中，生物防治可作为一种辅助手段。在污染重的地区可栽种一些对二氧化硫有强吸收能力的植物，如垂山楂、洋槐、云杉、桃树、侧柏等。

第二节 地表水的水质

天然水体并不是纯水，它里面总会含有一定量的杂质甚至有毒物质。水质的优劣可以根据一些指标来判断。这些水质指标主要有：物理指标（温度、色度、浊度、悬浮固体含量、导电率等），化学指标（pH 值、硬度、溶解氧浓度、氯化物含量、酚化合物含量等），微生物指标（细菌总数、大肠杆菌总数等）。

水质标准一般可以分为环境质量标准和污染物排放标准两大类。环境质量标准是指以污染排放点下游水体的水质为依据制定的标准；污染物排放标准是指以排放的废水自身的水质为依据制定的标准。

污染物进入水体以后，水体就会受到污染，与此同时进入水体的污染物也会发生各种变化。相对难溶解的污染物会沉降到河底与底质结合，一部分污染物可以经水体自净而成为低毒或无毒物质；另一部分受微生物活动的影响发生氧化或者分解作用，从而降解。水体通过物理、化学和生物的综合作用净化污染物质的能力称为水体的自净能力。物理作用只能降低污染物的浓度，并不能减少污染物的总量，只有化学和生物作用才能减少污染物的总量。当然，水体的自净能力也是有限的。

水体自净是一个相当复杂的过程，影响水体自净能力的因素也有很多，它们相互作用、相互影响，总的来说有以下几种：

（1）污染物的种类和性质。有的污染物易于分解和降解，但另一些却不是这样。有些在好气条件下易于分解，有的在嫌气条件下易于分解。比如，合成的洗涤剂和有机氯农药，化学稳定性比较高，难以分解；酚和氰等工业污染物，性质不稳定，易于挥发和氧化分解，并且容易被水生生物吸收，相对容易净化。

（2）水体的性质。水温、流量、含沙量等水文要素对水体的自净能力也有比较大的影响。河流流量大，污染物容易被稀释扩散。含沙量的浓度有时候也会对水体的自净能力有一定的影响。

（3）水生生物。水生生物的种类和数量与水体自净能力有紧密的关系。能够吸收污染物的生物和降解污染物的微生物越多，水体的自净速度就越快。

（4）其他环境因素。水中溶解氧含量是水体净化的一个重要指标。水中溶解氧的补给受水和大气界面等因素的影响，比如水流流态、大气中的氧气分压及大气和水体的温差等。太阳光照条件也是一个影响因素，紫外线能够促使水中污染物迅速分解，在阳光的作用下水生植物进行光合作用，改变了溶解氧的条件。底质容易富集污染物质，并且底质和水体之间也在不断地进行着物质交换，底质也会影响底栖生物的种类和数量。水体是一个完整的自然综合体，是水、悬浮物质、溶解质、底质和水生物的总和。水质的改变是由水中污染物在物理、化学和微生物共同作用下产生变化造成的。

一、河水的水质及其问题

（一）河水的水质状况

河流的水化学特征可以反映河流在自然条件下的水质状况，是研究河流水质的前提和基础，是水环境科学研究的主要内容。河流的水化学特征依区域气候变化而变化，具有明显的地带性分布规律。

天然河道中，河水中化学元素的主要来源有：①岩石表面的化学侵蚀和风化，主要来自于页岩、花岗岩和片麻岩、砂岩、石灰岩和玄武岩。②大气输入和海上的盐雾经过大气的再循环又降落到陆地上，它们的数量有从沿海向内陆呈指数函数递减趋势。③有机质土壤的淋滤过程。

天然的未经人类污染的河水的水质的变化和以下环境因素有关：①易溶解或者易风化的矿物质，其风化侵蚀的难易顺序是岩盐>石膏>方解石>石灰石>黄铁矿>橄榄石。②距离海岸线的远近。③降雨和径流之比，也就是径流系数的大小。④洼地、沼泽或者泥炭塘的存在，它们能释放出来大量溶解的有机质。⑤其他因素，比如环境温度、风化岩石厚度、有机质土壤覆盖厚度等。

河水中的水质变化和河流水情受到每年雨洪频度的影响。当形成洪水的时候，因为地表径流、壤中流和地下径流的来源不同，各种径流的水质存在很大的差异。地表径流常常有比较大的浑浊度，而且携带着大量的总悬浮颗粒物，包括微粒有机碳；壤中流从土壤中滤沥出可溶的有机碳和营养物（氮和磷）；地下径流则携带着主要来自岩石风化的各种化学元素，比如硅。

大气水是氯离子和硫酸根离子的主要来源及钠离子的部分来源。碳酸氢根离子这种常见的无机碳，一些来自于溶解的碳酸盐矿物，另一些来源于土壤中的二氧化碳。当流域由不含有碳酸盐类岩石组成时，碳酸氢根离子主要来自于土壤中的二氧化碳。

我们把水中的各种物质含量进行比较是为了解释物质的来源，这对研究流量的变化具有重要的意义。流量与污染浓度关系曲线可以用来解释它们之间的定量关系，如图5-1所示。这种关系曲线的时间尺度很大，往往可以历时一次洪水到几年。图5-1中曲线（1）表明一般情况下浓度随流量的增大而降低，这就是说流量越大，水流对水中物质的稀释作用越大。这种情况是点污染源（比如城市排污口处）的特征。曲线（2）表明浓度随流量的增加而缓慢增加，这与径流过程中土壤组分（有机质氮等）被淋洗有关。图5-1中的曲线（3）和曲线（2）大致相同，但是当流量特别大的时候，因为稀释作用，浓度有所降低。曲线（4）表明浓度随流量呈指数函数迅速增长，这种情况发生在水中的总悬浮颗粒物和微粒物质较多的情况下，微粒物质及和它相关的磷、金属、有机物等，因为片状侵蚀和河床变化而大量增加。有机物中占主导地位的是农药和除草剂。曲线（5）呈现绳套状曲线，它实际上是把曲线（4）的流量、浓度观测数据按时间顺序点绘出来的。这样，我们就能够看到总悬浮颗粒物、可溶有机碳等。在有的时候，曲线中含沙量峰值出现的时候会略早于流量峰值，而且河流水源拥有恒定或者接近恒定不变的浓度，比如说大气中的氯离子、喀斯特地区的地下水和湖泊出口处的氯离子。

我们测量浓度的时间变化过程时，可以用长历时、低频度的采样策略，当然也可以用短历时（至

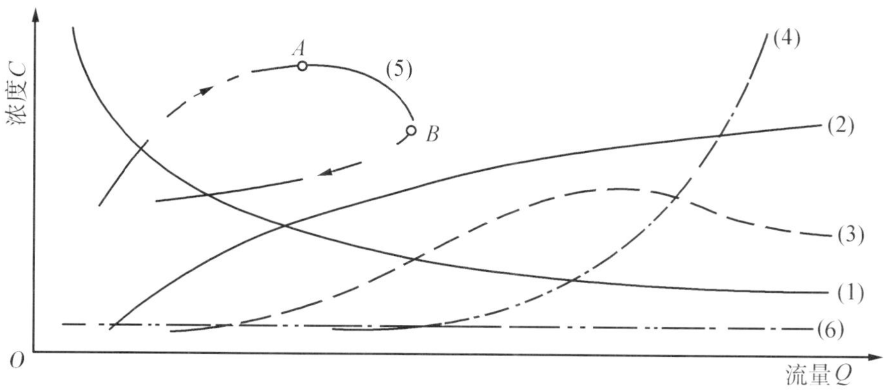

图 5-1　流量与浓度的关系曲线

少是一个水文年度）、高频度的采样策略。如果采样站代表着一个单一的水体系统，所需要的资料来自于一个单一的统计总体，这样的话数据就会呈现正态分布或者对数-正态分布，因此就可以在特定的概率格纸上点绘累计频率曲线来检验。如果河流长期受到污染，水质数据就会呈现出正态分布或者对数-正态分布；如果河流间断性地受到污染，统计数据就会出现“断裂”，也就是表明了两个总体的指标。实际测量的数据需要按照季节分类，这是因为水质数据可能出现显著的季节变化。河流中污染物的年平均浓度的误差可能达到 20%。只有比较大的水质变化才可能运用短期系列推算出来，研究水质是否改变往往需要 10~20a 的研究资料。

（二）河水的生物特征

河流是一个相当复杂的生态系统，由不同的栖息生物群落组成。这个生态系统的物理结构广义上可以区分为：水体的河床、水交换区和被水影响的区域。这三个区域有不同的水文特征，它们直接或者间接地影响着生物群落。从水源到汇入受纳水体处，栖息地的特征也是不同的。物理-化学特性（如流速、侵蚀与淤积、地层特性、光、温度和氧）对河流系统的生物特性具有重大的影响。

对浮游生物来说，在光照强、温度高、浑浊度低，及水流速度小、水的滞留时间长的条件下，它们的生长速度能够加快。河道管理措施（如堰闸控制、抽水站等）导致这种效果更加明显。浮游生物很难在小河中或者水流速度大的地方生存。在水库、池塘调节的河流具有比较长的滞留时间，而且有河流和湖泊的特性，在大多数情况下，具有大量的浮游生物。

底栖生物常常被人们用来评价水环境和水体的质量。其原因在于底栖生物运动能力差，它们的存在状态经常和它们的栖息地或者水环境条件的改变有密切的关系。

（三）河水的水质问题

1. 有机物污染

把没有经过处理的含有有机物的生活废水和工业污水排放到河流中将会导致河水的含氧量显著下降。图 5-2 所示为排污口下游溶解氧、氮和二氧化碳的浓度随时间的变化。这些变化与排污口污染物的负荷和流量的比值有关。沿程有机物的影响中，最明显的是所谓的“氧垂曲线”。这种现象可以在排污口下游几千米到 100km 处观察得到。含氧量的恢复需要靠水的高紊动强度。生产纸和纸浆、提取棕榈树油和制糖等工业活动所排放的工业废水注入河流以后，河水中的氧可能完全被耗尽。

2. 富营养化

由于注入河流中的磷和氮元素过多，造成了河流的富营养化。在比较小的河流中，即一般流域的第三、第四级支流中，富营养化促进了巨型植物的生长；在大河中，浮游生物经常比巨型植物还要多。富营养化的成因也包括水库和船闸的修建，由水利工程导致河水流速变小。

富营养化能够导致溶解氧和 pH 值出现明显的昼夜变化。白天，初等生物远远超过水藻屑的细菌分解，氧气过饱和可以达到 200%甚至更多。中午，pH 值超过 9；晚上，情况相反，氧气的水平可以跌落到 50%饱和，而 pH 值降低到 8.5。因为富营养化而造成的河流水质变化，对鱼类具有非常大的

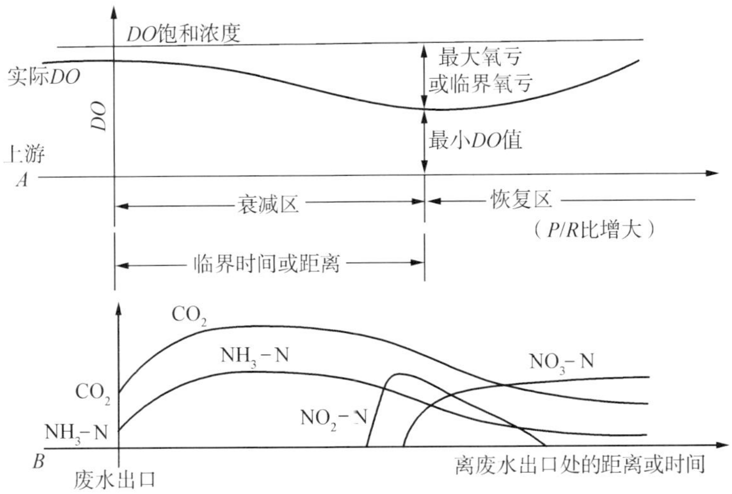

图 5-2　排污口下游溶解氧、氮和二氧化碳的变化

DO. 溶解氧　*P*. 生产量　*R*. 呼吸量

威胁。这是因为在高 pH 值的情况下，气态的 NH_3 释放，这对鱼类是有害的。在流速比较慢的水流中，富营养化导致浮游生物过度生长所形成的饮用水源地取水口堵塞及随之而产生的水处理问题。

3. 咸化和酸化

河流中矿物盐增加的原因有：采矿废水的排放，工业废水的排放；在干旱和半干旱地区修建水坝、灌溉渠等工程造成蒸发和散发大量增加。

工业和采矿的废弃物导致一些特定的离子增加，比如硝酸钾和盐矿中的 Cl^- 和 NO_3^-。离子活动可能被其他人类活动影响。例如，生活废水排放、大气污染、用盐溶冰、含肥料的废水等。离子含量的变化和水中离子的比例往往与 pH 值的变化有关。矿物废水通常呈现较强的酸性，而工业废水可能是碱性的也可能是酸性的。由蒸发引起的盐化常常导致 pH 值偏碱性，例如在埃塞俄比亚那样的干旱地区，pH 值可以达到 9. 2。

导致河水酸化的原因：一是采矿和特殊工业中的酸性废水的排放，点源或面源（从尾矿的淋滤）；二是大气中酸的沉降，主要是从汽车尾气和化石燃料中排放的氮氧化物和硫酸盐。由于点污染源的排放，河流点污染源下游处水质出现实质性变化。应该沿着河流纵剖面进行污染范围和污染程度的监测。大气中的酸沉降进入地面的范围已达到 10^6km^2，有一些大城市，冶炼、精炼和燃煤电厂等地点，扩散距离可以达到 100~1000km。在寒带地区，雪面上积累的酸沉积降，在融雪时所释放出来而形成河流中突然的酸脉冲过程，这种融雪径流能使正常 pH 值下降一个单位以上。

4. 痕量元素和硝酸盐污染

河水中痕量元素的污染源主要是：工业废水，比如氯-碱工厂的汞；矿区和冶炼厂的废水，如砷、城市径流中的铅；农业径流和固体废弃物堆放处的淋滤渗透。在地表水中，在正常的 pH 值和氯化还原作用的情况下，大部分痕量元素很容易被微粒吸收。真正溶于水中的痕量元素的浓度很小，往往很难监测到。流动的空气却常被污染物污染，特别是铅污染，因此常规的水质监测经常得出偏高的值。

二、湖泊水质问题

（一）富营养化

1. 湖泊富营养化的成因

所谓富营养化，是指生物对于营养物大量进入湖水做出的反应。生物量的变多直接导致了水利用的负面影响。富营养化实际上是一个自然的过程，在地表水体中，这个过程产生了高生物量的产品，使鱼的产量大量增加。富营养化的原因是人为加速或者人为引起的超过自然状况的营养物的变化。这种人为诱发的变化可能在各种水体中发生，当然也包括海岸带。气候是影响富营养化进程的因素之一，热带和亚热带的湖泊比寒带地区的冷水湖产生的变化更加严重。

湖水中营养物的浓度大小取决于外界环境的输入量的多少，但是湖水中最终的生物量取决于生长季节需要的营养物质的积累，自然水体中的碳、氢、氧等元素可以满足水体中藻类生长的需求，然而氮和磷成为藻类大量生长的限制因素。在任何湖泊系统中，被生物和微生物消耗掉的营养物都有一定的限度。因此，在氮磷比的数值超出 7~10 的湖水中，磷成为限制性因素；然而，在氮磷比的数值小于 7 的湖水中，氮成了限制性因素。

因为矿物质浓度的增加或者植物生物量的增加导致了湖水浑浊程度的增大，从而导致了湖水透明度发生变化。矿物质增加的主要原因是进入湖泊的浑浊水流携带着非常多的流域侵蚀物质，及湖泊的底沙被波浪再次掀起，次要原因是湖泊波浪击打湖岸而造成的湖岸侵蚀。

在湖泊中产生了产量很大的初级产品之后，紧接着浮游植物定居、腐烂和沉积到湖泊的底沙中。由计算可知，每克矿物有机质和干重的物质在腐烂的过程中总共消耗了 1.5~1.8g 氧。氧可以从水中获得，因此，在富营养化的条件之下，均温层中的氧几乎被消耗殆尽。在供水的水库中，均温层中氧的消耗殆尽是一个相当重要的问题。另外，在水-沙交界面上，氧含量的迅速降低，将导致铁、锰和其他痕量元素再次从底沙中分离出来。

湖泊深水层中氧的消耗殆尽及缺氧的开始，会引起磷和其他元素从湖底泥沙中再次输移。研究实验表明，当均温层缺氧时，随着氧化还原作用的加强，锰也会从湖泊底泥中释放到均温层中，再次是铁和磷的同步释放，三价铁还原为可溶性二价铁也会引起磷的释放。当湖泊深水层缺氧的时候，磷被铁和锰的氧化物吸收，其他元素也释放到湖水水层深处，淡水在缺氧的条件下，生成了大量的气体。

2. 我国湖泊的富营养化

根据调查资料和国内外评价湖泊营养化指标显示，我国 37 个主要湖泊的富营养化状况为：中营养型和中-富营养型的占 55.8%，富营养型的占 14.7%，重营养型的占 8.8%。

对我国 67 个主要湖泊水质和富营养化现状的调查和评价结果得出：属Ⅱ类水质的湖泊为 5 个，占调查湖泊数量的 7.5%，占调查湖泊总面积的 6.1%；属Ⅲ类水质的湖泊有 16 个，占调查湖泊数量的 23.9%，占调查湖泊总面积的 11.8%；属Ⅳ类水质的湖泊有 18 个，占调查湖泊数量的 26.9%，占调查湖泊总面积的 55.6%；属Ⅴ类水质的 11 个，占调查湖泊数量的 14.6%，占调查湖泊总面积的 25.6%；属劣Ⅴ类水质的湖泊有 17 个，占调查湖泊数量的 25.3%，占调查湖泊总面积的 0.9%。大约有 20%的湖泊水质较好（Ⅱ、Ⅲ类），有 80%以上的湖泊受到污染（Ⅳ~劣Ⅴ类），这表明当前我国湖泊水质污染的问题十分严峻。

由 67 个主要湖泊富营养化评价结果（表 5-1）可以看出，属贫营养的湖泊数量为零；属中营养的湖泊数量为 18 个，占调查湖泊总数的 26.9%，占调查湖泊总面积的 37.6%；属富营养的湖泊数量为 49 个，占调查湖泊数量的 73.1%，占调查湖泊总面积的 62.4%。也就是说，从湖泊数量上来看，有近 3/4 的湖泊已达富营养程度，所占的面积也接近总面积的 2/3。这表明当前我国湖泊富营养化问题十分突出，湖泊富营养化导致湖泊水体透明度降低，水生态系统发生退化，沉水植物消失，而代之以浮游植物蓝藻大肆繁殖使水质恶化。

表 5-1　2000 年代初中国主要湖泊富营养化评价结果统计

	贫营养	中营养	富营养	合计
湖泊数量/个	0	18	49	67
占调查数量的比例/%	0	26.9	73.1	100
湖泊面积/km^2	0	7013.1	11632.55	18645.65
占调查面积的比例/%	0	37.6	62.4	100

（二）酸化

对于淡水湖泊来讲，另一个相当重要的问题就是带有酸性矿物质的酸雨和颗粒在淡水湖面的沉降，这就是我们通常所说的湖泊酸化。酸化过程的进行通常需要两个条件：一是湖水是软水，也就是说湖水要有低的硬度、电导度和溶解盐；二是湖泊受到富于硫酸和氧化氮的沉积物的沉降（如酸雨），因为从流域上注入的溶解盐湖泊对酸都具有一定程度的缓冲容量，在没有碳酸盐的流域，例如结晶盐或者石英砂岩的流域，缓冲能力快速耗尽，游离的氢离子就会导致湖水慢慢酸化。因此，湖泊的酸化通常是带有酸性矿物质的酸雨和颗粒在湖面的沉降造成的。

湖泊酸化的直接原因是：湖底基岩一般是碳酸盐，它不断地以碳酸氢盐的形态慢慢融入湖水中，一般的湖水是弱碱性或者中性。酸雨引入湖中的氢离子，首先中和碳酸氢根离子形成弱酸性的碳酸，这时湖水的 pH 值下降得很慢，有时需要好几年时间；一旦这个过程中和完毕，碳酸氢根被耗尽时，再引入新的氢离子时，pH 值就下降很快了，可能一年之内就会酸化。

同样，湖泊酸沉降的方式主要有两种：一是湿沉降，二是干沉降。所谓湿沉降，就是指大气中的物质通过降水而落到地面的过程。湿沉降对气体或颗粒物都是最有效的大气净化机制。湿沉降有雨除和冲刷两类，包括酸性的雨、雾、雹和雪。而干沉降是指大气中的污染气体和气溶胶等物质随着气体的对流、扩散作用，被地球表面的土壤、水体和植被等吸附去除的过程，具体包括重力沉降，与植物、建筑物和地面碰撞而被捕获的过程。

湖水的酸化及湖盐酸淋滤，导致铁、锰和铝的氧化物水解，从而把对水生物有毒的痕量元素释放出来。水质的酸化会抑制微生物的活动，影响水生生态系统中有机物的分解，由于碎屑大量沉积，影响水生生物的营养和能量循环，从而导致湖泊动物群落受影响，使得耐酸的种类增加，不耐酸的种类减少。在泥沙表面的铝溶解在酸化水中，对鱼类有很大的伤害，由于氯化铝沉淀在鱼鳃的线状体上造成窒息而死亡的，从而破坏湖泊中的食物链，最终可以使湖泊变成“死湖”。

湖泊酸化现象多发生在大量使用矿物燃料和工业化地区，尤其是美国东部、加拿大、中欧和北欧。当湖水或者河水的 pH 值小于 5.5 时，大部分鱼类很难生存；当 pH 值小于 4.5 时，各种鱼类、两栖动物都无法生存。

（三）盐化

全国河流河水矿化度的增减和化学类型的变更，都有从东南沿海向西北内陆渐变的总趋势。从最低区向最高区，矿化度做带状分布，逐渐增加。我国河流受季风影响，河水矿化度和化学类型的季节变化特别明显。枯水期河流以地下水补给为主，矿化度有所增高，化学类型亦有相应的变化。夏秋洪水季节地表水补给占绝对优势，矿化度显著降低。

湖泊盐化越来越成为大家广泛关注的湖泊水质问题。因为农业用水管理不善，湖泊盐化会造成水资源的废弃。湖泊盐化的最简单原理就是水量平衡中输入大于输出，水量由高蒸发量来维持，造成盐分的不断积累。死海就是在这样的情况下形成的，其含盐量可达到 300g/L。

影响湖泊盐化的因素有自然因素和人为因素。自然因素主要是：第一，气候干旱，降水稀少，蒸发强烈，有利于盐分浓缩；第二，地形封闭，大部分湖泊都是内陆河流的归宿地，是易溶盐的聚集区；第三，土壤、岩石盐分含量高，盐分来源充足。人为因素主要是人类活动改变了水盐、水量平衡关系。

湖泊盐化通常和水盐、水量平衡关系及过度灌溉所造成的盐浓度的变化有关。陆地向湖泊引水有可能造成：第一，灌溉季节因为渗入地下及强烈的蒸散发，损失了水资源；第二，通过土壤下渗，水又回到湖泊当中，导致湖泊含盐量增大。当这两种情况同时出现时，发生了湖水的缓慢的盐化，但是，当湖水过度利用时，盐化过程就会加速进行。

湖泊盐化的影响主要有以下几个方面：第一，对渔业产生影响，水质盐化使鱼类个体趋于小型化，也会造成鱼类产量的下降；第二，对土壤次生盐渍化的影响，湖泊水质盐化使利用这些水源灌溉的土地土壤的次生盐渍化更严重；第三，对芦苇产量的影响，因为湖水水位下降和水质盐化，导致芦苇产量急剧下降；第四，对饮水和人体健康的影响，按照饮水卫生标准，矿化度超过 1g/L 就属于比较差的水质。

例如，新疆塔河下游卡拉和铁干里克饮用水的矿化度平均在3g/L之上，虽然经过简单的淡化处理，也在1.5g/L以上。在某些区域，长期饮用以硫酸盐为主矿化度为1~3g/L的水，这些区域容易成为低血钾病和不孕症的高发区。

因为水质盐化主要是人类活动使水盐、水量平衡关系改变造成的，所以要防治湖泊水质盐化，第一，要重视水盐平衡，在改水治土时必须合理规划排水排盐的出路，不能把矿化度高的农田排水泄入自然水域，不能把河流、湖泊及水库作为排水归宿地。必须重视农田排水的再利用，用它来灌溉耐盐植物，恢复荒漠植被。第二，需要注意水量的地域平衡，保证生态用水，今后农业发展扩大耕地面积，不能再增加从天然河道引水，而应该以挖潜和提高水的有效利用率为主。在进行流域的规划治理时，必须上、中、下游全面考虑，农林牧业统筹兼顾，使补给天然湖泊的水量不能再减少，以缓解湖泊水量平衡长期亏损状态。

三、海洋水质问题

（一）海水浑浊

海水浑浊的主要原因是由于海水中的溶解性有色物质和悬浊粒子（除无机和有机物质组成的微粒子外，还包括细菌和浮游生物一类的微小生物）造成的。水中的光亮和光质随水深、溶解性有色物质、悬浊粒子等对光的吸收和散射变化而变化。光特别是单色光在水中的衰减用下面这个衰减指数式：

$$I_d = I_o e^{-kd} \tag{5-1}$$

式中，I_d 表示在深层 d 的太阳辐射能量；I_o 表示在海面上的太阳辐射能量；k 表示光衰减程度的系数，称为消光系数。光在海中的衰减是由消光系数和深度之积 kd 决定的，k 值的大小随波长而变化。

水中的光一般是用水下照度计来测定的。水的透明度则用透明度盘来测定。透明度盘是一个直径为30cm的白色圆盘，观测时，要把它慢慢放到海水中，一直到刚刚看不到的位置，这就是水的透明度。透明度（T_r）和消光系数（k）的关系是

$$T_r \cdot k = 1.7 \tag{5-2}$$

水中的光照度对于海洋植物进行光合作用具有重要意义。在相对照度为1%的深度，大体可以看作是维持海洋植物独立营养生活的最低限度。因此可以说，海水中的悬浮粒子不仅给视觉带来影响或者给鱼类造成危害，而且对海洋生物的繁殖也有重要的影响。

在近岸海区和内海湾，海水浑浊往往是因为航道疏浚、弃土等伴随着大雨从河流上游带来的泥沙而造成的。例如，浊水的流入导致紫菜网上附着有大量的泥沙微细粒子，结果会阻碍紫菜孢子向网丝上附着，紫菜孢子就会和微细粒子一起从网丝上流失，也可能会妨碍紫菜幼芽的生长。因此，当航道疏浚或弃土时，对于抛泥地的位置和泥沙的运动方向必须提前进行考虑。

（二）赤潮

1. 赤潮发生的原因

水体出现富营养化现象时，浮游生物大量繁殖。这种现象在江河湖泊中称为水华，在海洋中则称为赤潮。赤潮又称为红潮，主要发生在近海海域。

赤潮的颜色是由形成赤潮占优势的海洋浮游生物种类的颜色决定的，比如夜光藻、无纹多沟藻等形成的赤潮呈现红色，绿毛藻大量繁殖时呈现绿色，还有一些硅藻则呈褐色。

海洋受到有机物的污染，生物可利用的氮、磷、碳等营养物质大量增加和聚集，造成海洋富营养化，为赤潮生物大量繁殖提供了丰富的营养盐类。此外，海水受污染后，铁、锰等重金属和维生素B_{12}、间二氮杂苯等有机氮化合物含量增加，促使赤潮生物在短时间内大量繁殖，这是赤潮发生的诱因。海区的气象、水文条件为赤潮的发生提供了必要的环境条件。一般认为，阳光强烈、水温升高、海水静止、海面上空气流稳定的海区水文气象条件有利于赤潮生物的集结。有人认为，水底层出现无氧和低氧水团，往往会出现赤潮。

富营养化是赤潮发生的必要条件，但不是充分条件。相关专家指出，60%以上的藻类生长需要维

生素。当有维生素 B_1、维生素 B_2 等水溶性维生素时，水温在20℃以上，在盐度低、营养物质丰富时往往就会发生赤潮。

2. 赤潮的危害

高度密集的赤潮生物，可能堵塞鱼、贝类的呼吸器官，造成鱼、贝类的窒息死亡。有些赤潮生物能够分泌毒素和其他有害物质，毒死和杀害海洋中的动植物。赤潮生物的残骸在海水中氧化分解，消耗了海水中的溶解氧，从而造成缺氧环境，威胁其他海洋生物的生存。当人们食用了集聚了赤潮毒素的海产品，会造成食物中毒，严重时会造成死亡。

赤潮一旦发生，要清除是十分困难的。为了避免海区的富营养化，控制氮、磷和其他有机物的排放量是非常必要的。

第三节　地下水的水质和化学作用

一、地下水的化学成分

地球表面主要由岩石圈、水圈、大气圈、生物圈等组成，它们之间进行着复杂的物质循环与转换，它们之间的化学作用称为内生循环。在地球表层进行着不同的化学和物理作用，例如风化、冲刷、淋滤、成壤、岩溶、成盐、成岩、表生成矿等作用。在地壳内部也进行着复杂的化学物理变化，如岩浆、变质、成岩成矿等。地下水在各种作用下都有着重要的影响，地下水本身也是一种地质营力。

地下水的化学成分的形成条件与地表水有明显的不同，地下水受地质及水文地质因素的影响。地下水埋藏于地壳之中，它在漫长的地质历史时期不断与周围的介质相互循环作用着。随着科学水平的提高，人们不断发现地下水的组分越来越多，地下水中的一些组分是由周围岩石作用得到的。但不同岩石处于相同因素的作用下，最后可形成化学成分近似的地下水，而岩性相似的地层，当所处的地球化学环境及地质历史发展过程不同时，可形成不同化学成分的地下水。

人类的活动也对地下水的化学成分和作用有很大的影响，例如全球变暖，空气中的二氧化碳增多，化肥农药的滥用对地下水化学成分的改变，工厂污水的排放对地下水的污染等。这些影响也可能是有益的，例如酸性土地区钙离子的增加，龋齿分布区缺氟的水中氟的增加，人造矿床的形成；这些影响也可能是中性的，例如铁、铝含量的增加；这些影响也可能是有害的，例如工厂污水对地下水的污染导致地区病的形成。因此，对地下水的研究对于人类的发展具有重要的意义。

二、地下水的生物特征

地下水中还含有一定的微生物，主要的微生物有三种，即细菌、真菌和藻类。微生物既能在潜水中繁殖，又能在深循环的水中繁殖。微生物适应的温度范围也很宽，可在零下几摄氏度到90℃范围内生存，地下水的矿化度一般对微生物繁殖的影响不明显，但矿化度过高会对微生物有抑制作用。微生物既可以做生产者，也可以做还原者。例如，细菌和真菌（除光合细菌外）能够把复杂的化合物分解成比较简单的物质，并产生能量，足以支撑它的繁殖和代谢，它们是还原者。而藻类能够利用光合作用，将光能转换成化学能储存起来，当没有阳光时便可以把储存的化学能转化为能量，因此被称为生产者。

水和土壤之间的大量化学过程得以进行，与微生物的催化作用密不可分。细菌、真菌和藻类被称为是活的催化剂，水中重要的化学反应，尤其是有机物的氧化还原过程，只有通过微生物的催化作用才能发生。

微生物在地下水中的各种化学成分的形成和演变过程起着重要的作用，在不同的环境中生长着不同种类的细菌。在氧化环境中主要有硝化菌、硫细菌、铁细菌等喜氧细菌，在还原性的环境中主要有脱氮菌、脱硫菌、甲烷生成菌、氨生成菌等。这些细菌的活动会引起一系列的化学反应，例如脱硝酸作用、脱硫酸作用、甲烷生成作用和氨生成作用，还有一些与之相反的作用，如硝酸根生成作用、硫酸根生成作用和铁的氧化作用等，从而导致地下水的化学成分发生变化。

三、地下水的化学作用

地下水在运移中，与气体、液体、固体等介质发生多种多样的物理化学作用，其中包括溶解沉淀、酸碱平衡、吸附解吸及氧化还原作用等。根据地质、水文地质等的条件不同，会发生不同的作用，这些作用对于一个地区地下水的化学成分起决定性作用。

地下水中的溶解组分一方面可以随着地下水的运动而迁移，另一方面也可以在自身浓度梯度的作用下进行迁移。

影响溶质运移的主要因素有对流、机械弥散、分子扩散、固相-溶质间的相互作用（如吸附和溶解）、溶液内部的化学反应，溶质的其他源、汇作用（例如放射性元素的衰减，作物根系对某些溶质的吸收等）。

（一）溶解沉淀作用

水是一种良好的溶剂，它能够溶解许多气体、液体、固体。因此，地下水中承载大量溶质，还会发生一些化学过程，例如气体的脱溶、挥发和矿物的沉淀能够将水中的溶解物移除。

1. 气体的溶解

气体的溶解和脱溶能够在土壤中气体和地下水之间转移大量的物质，通常会用平衡条件下的亨利定律来描述这些过程。利用亨利定律将溶液中溶解的气体的浓度与同一种气体的分压联系起来。

2. 有机物的溶解

地下水中除了水之外，液体还包括油等有机污染物，这些物质能够以一种独立的液体相形式存在于地下水中，并在地下水中进行着迁移和溶解。有机化合物由于元素及分子之间的结构不同，会发生不同的溶解作用。例如，酒精或者带羧基的酸，它们是带电荷离子和含有氧或者氮元素的可溶有机化合物，即使是很小的有机化合物结构发生变化（如氯原子在苯环中的位置），也会对有机物的溶解性有很显著的影响。

3. 挥发

当污染物以非水相液体或溶解在与气体接触的水中时会发生挥发现象。挥发即是指液体与固体相的蒸发作用。挥发通常受有机溶质或溶剂的蒸气压控制，相对于给定温度的液体或固体而言，液体或固体的蒸气压就是平衡状态时气体的压力。蒸气压描述了有机化合物蒸发的趋势，本质上是气体中有机溶质的溶解度。

挥发对于有机物的溶解及污染物的防治具有重要意义，例如非饱和带或接近非饱和带中的有机污染物问题及作为样品收集和分析的问题。土壤中气体的挥发成分（如氨气等），如果积累在封闭空间里，会引发火灾、爆炸等危险情况，还会造成污染和健康等问题。人们可以利用一些有机污染物的挥发来监测地下水的污染情况，但挥发也会使污染物的浓度呈指数降低。当样品暴露在空气中的时间太长，则无法检测到污染物的浓度。

4. 固体的溶解和沉淀

地下水赋存并运动于含水介质中，与水接触的固体物质的溶解和沉淀是地下水中主要溶解组分的根本来源。大量的物质在水与固体矿物之间发生转移，例如，地下水的补给会在其水流路径上携带大量固体矿物溶解的溶质，固体的沉淀会清除污染物中的金属物质。地下水的溶解组分可以通过沉淀作用形成固体物质，或者通过吸附作用被吸附在固体表面上。如果要对地下水的化学成分及形成机制进行研究，则必须深入了解含水介质物质的组成。

含水介质与地下水共同组成了一个含有固体相和液体相的地球化学系统，为维持系统中固-液平衡，含水层中矿物会发生溶解，使相关组分进入水溶液中。

矿物溶解主要包括两种：一种是全能溶解，全能溶解是指矿物在与水接触发生反应时，其反应产物均是溶解产物；另一种是非全能溶解，非全能溶解是指矿物在与水接触发生反应时，其反应产物除了溶解组分还新生成一种或多种矿物或非晶质固体物质。

无论是全能溶解还是非全能溶解，结果都会对地下水的化学成分产生影响。在一般情况下，地下水的化学成分主要由其流动过程中化学元素的源和汇决定，水中化学成分的浓度主要是由固体相是否存在充足的补给、地下水在含水层中的运动途径和滞留时间及风化作用中所形成次生矿物的溶解度三者所决定的。

一些元素在岩石中含量很高，例如硅、铝、铁等，但它们在地下水中的含量一般较低，这主要是由于硅铝酸盐矿物风化形成的次生矿物在地下水中的溶解度较低。它的次生矿物主要包括非晶质或部分晶质的二氧化硅、非晶质的氢氧化铝、黏土矿物、氢氧化铁等，这些矿物在一般水溶液中溶解度低，从而使硅、铝和铁这些主要元素不能成为地下水中的主要组分。

有些元素在含水层中含量很少，但却能在地下水中大量富集，这是因为它们在地下水的流动途径及其含水层中滞留时间较长。如卤族元素中的氯元素，它在含水固体中的含量通常不高，但在滞留数千年的地下水中富集，使得地下水中氯离子的含量很高。

地下水中的主要阳离子有钙离子、镁离子、钠离子和钾离子，主要阴离子有碳酸氢根离子、碳酸根离子、硫酸根离子和氯离子，它们在含水层中含量一般，但却是地下水中的主要组分，主要是因为这些离子的富集和包含这些元素的次生矿物的溶解度相对较高。

（二）浓缩作用

浓缩作用是指地下水在蒸发排泄条件下，水分不断失去，盐分不断聚集浓缩，从而引起一系列地下水化学成分变化的过程。浓缩作用主要发生在干旱和半干旱地区的平原与盆地的低洼处。当地下水位埋藏不深的时候，蒸发成为地下水的主要排泄方式，由于蒸发只带走水分，盐分仍保留在余下的地下水中，随着时间的延续，矿化度不断增加，地下水不断浓缩。

地下水产生浓缩作用必须具备一些条件，并不是在任何情况下都会发生浓缩：首先应在干旱或半干旱地区，水分缺失；低平地势控制下较浅的地下水位埋深；有利于毛细作用的颗粒细小的松散岩土；还要有地下水流动的势汇——排泄处，因为只有水分源源不断地向某一范围供应，才能带来大量盐分。在干旱或半干旱气候条件下，浓缩作用的范围主要取决于地下水流动系统的空间和时间尺度。

随着水分的蒸发和地下水的浓缩作用，矿化度不断增大，溶解度较小的盐类在水中相继达到饱和而沉淀析出，易溶盐类（如 NaCl）的离子逐渐成为主要成分。因为氯化物的溶解度最高，硫酸盐次之，而碳酸盐较小，所以，以重碳酸盐阴离子为主要成分的低矿化水，常在蒸发浓缩过程中逐渐变为以硫酸盐为主要成分的地下水，或进一步变为高矿化的氯化物水。

（三）脱碳酸作用

在温度升高、压力增强的情况下，二氧化碳自动从水中逸出，水中的碳酸氢根与地下水中的阳离子生成碳酸盐沉淀而使碳酸氢根的含量减少，称之为脱碳酸作用。钟乳石、石笋、泉华均是脱碳酸作用的结果。脱碳酸作用的反应方程式为

$$Ca^{2+}+2HCO_3^- \longrightarrow CO_2\uparrow+H_2O+CaCO_3\downarrow$$

$$Mg^{2+}+2HCO_3^- \longrightarrow CO_2\uparrow+H_2O+MgCO_3\downarrow$$

上述反应中主要影响因素是环境的温度和气压的变化。

碳酸盐类在水中的溶解度与水中二氧化碳的含量关系密切，当温度升高、压力增大时，水中溶解的二氧化碳的含量减少，这时水中的碳酸氢根离子与钙离子、镁离子、亚铁离子等阳离子结合形成沉淀。脱碳酸作用的结果使水中的碳酸氢根离子、钙离子、镁离子、亚铁离子的含量减少，出现碳酸钙、碳酸镁沉淀，使地下水中矿化度降低，pH 值也有所降低。

由于脱碳酸作用，深部地下水上升成泉时，致使在温泉口形成钙华。温度较高的深层高温地下水中，钙离子、镁离子含量少而以钠离子居多，主要原因在于脱碳酸作用。

（四）脱硫酸作用

在封闭富有有机质的还原环境中，在脱硫酸菌的参与下，硫酸根被还原成 H_2S，这就叫作脱硫酸作用。在岩石中含有有机物的情况下，碳氢化合物会使硫酸盐还原。脱硫酸作用的化学方程式为

$$SO_4^{2-}+2C+2H_2O \longrightarrow H_2S+2HCO_3^-$$

脱硫酸作用产生的结果是使水中的硫酸根离子减少甚至消失，碳酸氢根离子增多，pH 值增大。封闭的地质构造，如储油构造，是产生脱硫酸作用的有利环境。因此，某些油田中出现 H_2S，而 SO_4^{2-} 含量很少，该特征可用于寻找油田。

（五）阳离子交替吸附作用

岩石颗粒表面有负电荷，能够吸附阳离子。因此，阳离子吸附作用是指在地下水中，在一定条件下，岩石颗粒将吸附地下水中的某些阳离子，而将原来吸附的部分阳离子转换为地下水中的组分。

不同阳离子性质不同，吸附能力自然也不同，其吸附能力由强到弱排列的顺序为 $H^+>Fe^{3+}>Al^{3+}>Cl^->Mg^{2+}>K^+>Na^+$。离子价越高，离子的半径越大，水化离子半径越小，则离子的吸附能力越大。H^+ 是个例外。

影响阳离子交替吸附作用的因素主要有三点：

（1）岩石颗粒的比表面积。颗粒越细，比表面积越大，交替吸附作用的规模也就越大。例如，黏土及黏土岩类最容易发生交替吸附作用，而致密的结晶岩中却不容易发生这种作用。

（2）阳离子的吸附能力。阳离子交替吸附作用的规模取决于岩石的吸附能力。

（3）地下水中某种离子的相对浓度。例如，海水入侵陆相，或含 Ca^{2+} 为主的地下水，进入主要吸附有 Na^+ 的岩石时，水中的 Ca^{2+} 将置换岩石所吸附的一部分 Na^+，使地下水中的 Na^+ 增多而 Ca^{2+} 减少。其反应方程式为

$$2NaCl+Ca^{2+} \rightleftharpoons CaCl_2+2Na^+$$

阳离子交替吸附作用的结果是岩石吸附的阳离子与水中的阳离子交换，岩石与水中阳离子都发生了变化。

（六）混合作用

成分和浓度不同的两种以上地下水汇合在一起，形成化学成分和浓度与原来的地下水都不相同的地下水的作用称为混合作用。混合作用产生的原因主要有两种：一种是在海滨、湖畔和河边，地表水往往混入地下水中产生混合作用；另一种是深层地下水补给浅部含水层时，则会发生两种地下水的混合。例如，当以 SO_4^{2-}、Na^+ 为主的地下水与以 HCO_3^- 和 Ca^{2+} 为主的水混合时，会产生混合作用：

$$Na_2SO_4+Ca(HCO_3)_2 \longrightarrow CaSO_4\downarrow+2NaHCO_3$$

形成石膏析出，而地下水中以 Na^+ 和 HCO_3^- 为主。

混合作用的结果可能发生化学反应而形成化学类型完全不同的地下水，也可能不产生明显的化学反应，例如当高矿化度的氯化钠型海水混入低矿化度的重碳酸钙镁型地下水中时，基本上不产生化学反应。这种情况下，混合水的矿化度与化学类型取决于参与混合的两种水的成分及其混合比例。

（七）溶滤作用

溶滤作用即在水与岩土相互作用下，岩土中一部分物质转入地下水中。溶滤作用的结果是，岩土失去一部分可溶物质，地下水则补充了新的组分。

影响溶滤作用的因素有以下几种：

（1）岩土中矿物盐类的溶解度。

（2）岩土的空隙。

（3）水的矿化度。

（4）水中二氧化碳、氧气等气体成分。

（5）水的流动状况。地下水的径流与交替强度是决定溶滤作用强度的最活跃、最关键的因素。

四、地下水质与地方病

环境水文地质因素可以导致人体出现多种地方性疾病，俗称水土病。《黄帝内经》指出，人的身体健康和生理状态与水土、饮食密切相关，人体从饮食和饮水中摄取过量的化学物质或某种人体必需的化学物质的摄取量不足，均会导致人体疾病。典型的地方性疾病有克山病、大骨节病、地方性甲状腺肿大、心血管病、骨癌、龋齿、佝偻病、骨质疏松症等。

（一）碘缺乏和过量与地方性甲状腺肿大

地方性甲状腺肿大（简称地甲病）是世界上流行最广的一种病。除少数国家外，几乎所有国家都有地方性甲状腺肿大流行。世界上最著名的流行区有欧洲的阿尔卑斯山区、北美的五大湖区、非洲的刚果河流域、大洋洲的新几内亚岛等。在我国，除上海市外，全国各地都有不同程度的地方性甲状腺肿大流行区，尤其是西北、东北、华北和西南的山区及丘陵地区。

碘是生命活动必需的微量元素，对人类的生理作用遵从生物最适浓度定律，即碘具有双侧阈浓度：碘缺乏或过剩都会导致人体甲状腺代谢功能障碍，发生甲状腺肿大。

（二）氟过量与地方性氟病

地方性氟病是一种世界性地方病，主要流行于印度、俄罗斯、英国、墨西哥、日本、马来西亚等国。我国主要流行于贵州、陕西、甘肃、山西、山东、河北、辽宁、吉林、黑龙江等地。

氟对人的身体来说，过多过少都不行。适量的氟是牙齿所必需的微量元素，并能强壮骨骼，有利于人的身体健康。人体缺氟，则会引起龋齿、骨质疏松等疾病。但人体内摄入的氟过多，则会引起“氟中毒”。轻微的氟中毒叫“斑釉症”，主要是侵害牙齿，常形成“氟斑牙”，使牙齿变黄并有缺损。氟中毒较严重时，侵害骨骼和关节，因此又称之为“氟骨症”。其症状是，初期主要表现为腰酸腿痛；较重者会出现关节刺痛、灼痛；特别严重的患者则出现骨质软化、关节发紧、肌肉僵直、形体弯曲、驼背畸形，直至终身致残，生活不能自理。

地方性氟病的病区主要可分为饮水型和食物型两类。饮水型，即因饮用水中氟含量过高而发病；食物型，即因饮用水中氟含量正常或低于正常值，但因食物中含氟量高而发病。另外，也有因燃煤而导致空气及食物的氟污染高而发病的。在地方性氟病的流行区，氟的摄入总量对发病及病情的轻重是极其重要的。

（三）大骨节病

大骨节病是以慢性骨骼关节病变为主要特征的全身性疾病，主要侵蚀儿童和青年处于发育中的骨骼和关节系统，使关节疼痛、增粗、运动受阻、肌肉萎缩，影响、阻碍管状长骨发育，造成关节畸形、走路呈典型的“鸭子步”。

大骨节病广泛分布在我国的北方地区，西北人称之为“柳拐子病”，东北人称之为“矮人病”。我国多发生在东北三省、内蒙古、河南、河北、陕西、山西、甘肃、四川、西藏、青海等地，国外如朝鲜北部和俄罗斯与我国北部国境接壤的一些地区，及日本、瑞典、越南等国家也都有此病发生。

经过一个多世纪的调查研究，结果表明大骨节病的病因与“水土”有关，主要有三种观点，即水说、粮说和水粮说。

1. 水说

水说观点认为，大骨节病与饮用水有关。此观点又分为无机说和有机说两种。

（1）无机说。认为该病是矿物质代谢障碍性疾病，病区多处于元素淋溶、迁移的水文地球化学环境，某些元素的贫乏或比例失调是致病的主要原因。

1）硫酸根与硒元素比例失调说。对东北病区水样的分析表明，病区水样中 SO_4^{2-} 的平均含量为17mg/L，非病区为56mg/L，两者相差极为显著，与此同时，病区内硒的含量又较非病区高。基础医学研究表明，大骨节病变与硫代谢障碍有关。硫和硒的生物地球活动性与大骨节病的波浪形流行特点相符合。在多雨潮湿的年份，饮用水中 SO_4^{2-} 与硒的比值大为降低，为该病的流行期。

2）镁、硅比例失调说。对北方几个省区的病区与非病区的调查发现，患者中镁、硅的比值（Mg/Si）与大骨节病发生有明显的相关性。病区患者含镁量平均为79mg/kg，而非病区正常人含镁量为194mg/kg，患者中含硅量明显较非病区正常人高。

（2）有机说。病区多分布于腐殖质层、淤泥和泥炭发育的地方，植物残体分解后形成的有机酸大量进入水体是致病的主因。如我国东北、陕北、甘南的一些病区，均发生于沼泽泥炭地带。人从饮用水中摄入大量的腐殖质酸后，造成体内的代谢紊乱是致病的原因。在黑龙江进行的调查证实，病区水中腐殖质酸的含量显著高于非病区，而且病情越重的地区，水中腐殖质酸的含量就越高。在吉林进行的调查也证实，大骨节病的发病率与水中有机物的含量呈平行关系。

2. 粮说

粮说观点认为，致病因子不是经过饮用水而是通过当地主要粮食传递的，粮食中的某些化学物质是致病的原因。

3. 水粮说

更多的人持水粮统一说观点，认为大骨节病是饮用病区的水和食用病区出产的粮食引起的。水和粮食中的某些化学物质缺乏或过多是致病的根本原因，并认为钙和锶的缺乏是致病的原因之一。

以上三种病因说虽然都有一些根据，但无论哪一种都不能圆满地解释大骨节病发生和流行的所有特征。大骨节病的发病原因仍是一个迫切需要探讨和解决的问题。

（四）砷过量与地方性砷中毒

砷中毒包括体表病症和内脏病症两种。体表病症的主要症状为皮肤色素沉着和掌跖过度角质化，伴有神经系统和消化系统非特征性症状；脏器病症主要表现为肝脏肿大。其中，重病村落居民除普遍出现上述不良症状外，还伴有癌症高发现象。到目前为止，我国严重的砷中毒发生于新疆、内蒙古和山西等省区。

王敬华等对山西省大同盆地西南端的山阴、应县地区的地方性砷中毒进行了研究。据调查，过去该地区居民一直饮用小于10m深的浅层水，地方性氟中毒流行。自20世纪80年代末期居民改饮深层水（20~50m）之后，出现地方性砷中毒。研究结果表明：①病区居民饮用水中砷含量超过生活饮用水卫生标准的5~12倍，比非病区高几百甚至上千倍。重病村落的饮用水中$As^{3+}/\sum As$比值较高，约为70%。②病区与非病区的粮食中砷含量均有少量偏高，病区特征植物中砷含量高于我国陆生植物中砷含量的平均值。③大同盆地周边分布的太古代恒山杂岩、含煤岩系砷含量较高，约为地壳中砷丰度的7倍。土壤中砷含量普遍较高，为地壳中砷丰度的1~10倍。这正是深层取水后更加重了砷中毒的原因，犹如雪上加霜，解决的办法是浅层脱氟。

地下水大概是人类与陆地生态系统除空气外最重要的资源了，且其重要性还在与日俱增。特别是大规模开采不可更新地下水，使人类最具重要意义的资源面临危机。目前，世界上许多国家将同位素方法列为地下水资源调查中的常规方法。近年来，国内外对环境同位素的研究从理论到实践有了较快的发展。

五、人类活动对地下水成分的作用

近年来，随着社会生产力的发展与人口数量的增长，人类活动对于地下水成分的影响越来越大了。人类对地下水成分的影响主要表现在两个方面：一方面是人为作用大规模地改变了地下水的形成条件，从而使地下水的化学成分发生改变；另一方面是人类在生活和生产活动中产生的废弃物对地下水的污染。

（1）工厂生产的废气、废水和废渣及农业上对化肥的滥用，使天然地下水富集了原来含量很低的有害元素，如汞、酚、氰、砷、铬、亚硝酸等。

（2）干旱半干旱地区肆意引入地表水灌溉，使浅层水位上升，引起大面积次生盐渍化，并使浅层地下水变咸。

(3) 滨河地区过度开采地下水使海水入侵，不合理地打井采水使咸水得以运移，使良好水质的淡含水层变咸。

(4) 原来分布地下咸水的地区，通过挖渠打井，降低地下水位，使原来的主要排泄去路由蒸发改成径流排泄，从而逐步使地下水水质淡化。在这些地区，通过引来地区外淡的地表水，以合理的方式补给地下水，也可使地下水变淡。

人们干预自然的能力越来越强，因此，防止人类活动对地下水质的不利影响，采取人为措施使地下水质向有利方向发展刻不容缓。

第四节　水污染情况及其危害

今天，水源污染的状况已经十分严重。据称，目前全世界每年约有4200亿立方米的污水排入江河湖海，污染了55000亿立方米的淡水，约占全球径流量的14%以上，目前这种状况还正呈现日益恶化的趋势。地表水的污染可以分为四大类：河流污染、冰川污染、湖泊污染、沼泽污染。

一、水体污染源

水体污染源主要分为自然污染和人为污染。自然污染指的是自然界自发地向环境排放有害物质，造成环境污染。人为污染是指人类的社会经济活动所造成的环境污染。自然污染主要是自然因素造成，例如地下水的渗透、水循环、江河湖海的汇集，把一些有害物质（如微量元素和放射性物质）汇集在一起，导致其浓度变高，从而对环境造成一定的危害。人类的经济活动和社会活动范围的不断扩大，导致生产生活中各种污水的排放。根据人类活动的方式不同，可以将人为污染分为以下几类：

（一）工业“三废”

1. 工业废水

随着人类社会的不断发展和进步，工业化的进程也不断加快，企业在生产过程中排出的各种工业污水也越来越多，工业废水成为水体污染的一个主要来源。工业废水按照污染物的性质可以分为有机废水、无机废水、重金属废水、放射性废水、热污染废水、酸碱废水和混合废水，根据废水的来源又可以分为造纸废水、石化废水、农药废水、印染废水、制革废水、电镀废水。

工业废水主要有以下几个特点：

(1) 污染量大。工业的用水量大，大部分直接转化为废水排放到环境中，其浓度也很高，例如造纸行业排放的废水，有机物的含量就很高。

(2) 成分复杂。工业废水的组成复杂，包括有机物、无机物、重金属、放射性物质等许多有害物质。随着当今社会科技的发展，越来越多新的化合物的产生，在生产的过程中也不可避免地产生一些废水废渣，污染物就变得更为复杂多样，同时增加了废水处理的难度。

(3) 感官不佳。工业废水一般呈黑色、红褐色，并且伴有泡沫，还常常带有刺鼻的味道，对人体和环境都会造成很大的影响。

(4) 水质水量多变。工业废水因为会随着产生环境的改变而改变，所以水质和水量的变化快，更让处理的过程变得复杂。

2. 工业废气

工业所用燃料每天都会产生大量废气，例如，如果每天消耗煤2000t就会向大气中排放120t的二氧化硫气体，并且伴随着产生一些多环芳香族碳氢化合物。能够排放废气的工业领域主要包括：制酸工业（排放二氧化硫、氮氧化合物、砷化物、各种酸性气体）、钢铁冶金工业和有色冶炼工业（排放二氧化硫、氯化氢、氮氧化物）、制铝工业和磷肥工业（排放磷化氢、氯化物）、石油化工（排放硫化氢、二氧化碳、二氧化硫）、氮肥工业（排放氮氧化物）、氯碱工业（排放氯气、酸雾等）、合成纤维工业（排放二氧化硫)、炼焦工业(排放酚、苯、氯化物、硫化物)、制药工业。

在车辆排放的废气中有一氧化碳、氮氧化物、臭氧、乙烯、芳香族碳氧化物。它们不仅污染大气，还直接影响作物生长，在降水时会溶解于水中一起沉降到土壤里面，危害人体健康和生活环境。

3. 工业废渣

工业废渣包括高炉矿渣、钢渣、粉煤灰、电石渣、洗煤泥污水处理厂的淤泥、硅锰渣等。由于工业废渣的种类很多，情况又不一样。有的含贵重金属，有待回收；有的有剧毒，对人类危害很大。对重金属应加以利用，它们既是一种资源，要设法利用，同时对环境也能造成污染，应该加以防治，进行妥善的处理，防止其渗透、流失、扩散等，不应该直接将其堆积在地面上。

(二) 生活污水

生活污水是人类日常活动中排出的废水，包括厨房、厕所、洗涤等污水。城市化进程的加快和城市人口的增多，使生活污水的总量不断增加，生活污水排入地下管道，让城市的排污工作难度加大，生活污水中99.9%是水，固体物不到0.1%，其中也含有一定的微量金属(如锌、铜、锰等)。污染物中含量较多的是可溶解的有机物(如氮、硫、磷)、无机物(如纤维素、淀粉、脂肪、蛋白质)及合成的洗涤剂等。一般生活污水里有致病菌、病毒、寄生虫卵等，而洗涤剂中的磷容易引起富营养化。

(三) 农业污水

农业污水是指在农业生产过程中(如牲畜喂养、农作物灌溉、农药喷洒等)所产生的废水。现代农业发展以来，为了满足人们的需求和提高农产品的质量，大量地施用化学肥料、杀虫剂、杀菌剂、除草剂等化学药剂。而这些药剂里的一些化学元素往往会对人体健康造成危害。农用的肥料包括动物的粪便、尸体和化肥，动物的废弃物中带有大量细菌和病毒，食入可能会引发一些感染性的疾病。化肥中常常带有氮、磷、钾等，而这些物质会跟随着地下水一起下渗到土壤中，过多就会造成地下水污染。牲畜饲养、农产品加工等生产规模越来越大，农业污水的污染也跟着日趋严重。另外，污水灌溉是现代农业增产的重要措施之一，因城市污水里面包含的氮、磷、钾及有机化合物可以使农田的肥力大大增加，含氮量提高，但是有利就有弊，虽说污水灌溉可以增加土壤的肥力，但是污水含有的一些有害物质也会随着灌溉进入农田，长期使用污水灌溉会对农田造成污染，使农作物受到破坏，造成农作物的减产。

(四) 采矿活动

采矿时排出的矿坑水有很低的酸性，其中含有大量金属元素或放射性物质。排出的矿坑水会污染地表水，地表水下渗流入其他地区可造成危害。矿坑水干了以后则会降低地下水位，使原来处于饱水带的矿体岩石转换为包气带，一些难溶的矿物变得易溶于水，经过风化、雨水渗入淋滤或由于暂时停止抽水，水位回升时的溶解，使矿区的地下水增加某些成分而导致水质恶化。采矿时堆积的尾矿砂，被雨水冲刷以后造成地下水的污染。另外，矿区内废弃的坑道、废弃的钻孔等都可能成为地下污水的来源。

(五) 石油污染

石油污染是指在石油开采过程中所产生的污染，运输石油时运油船和输油管留下的石油，及储存石油的油罐油库、地下油等都可能产生石油污染。随着现代化社会的发展，石油成为重要的能源，对于石油的开采也就十分普遍，从而引起石油的严重污染。在石油的开采过程中，石油和盐卤水进入地下浅部含气层进而污染地下水，一些废弃的石油管道、油井产生的废气废油及被腐蚀的管套都会成为地下水的污染来源，这些井孔不仅是下部石油或盐水上升污染浅部地下水的通道，也是地表污水进入含水层的通道。在再生产的过程中会开采出许多的盐水，这些盐水在排放的过程中，经过洼地及管道一起流入地下水，造成地下水的污染。

(六) 海水入侵

海水入侵是一种地表水的污染，在开采地下水的过程中，引起海水倒灌、盐水入侵进入地下水造成污染。在一些沿海地区，大量开采地下水导致海水入侵，使地下水中的氮元素含量增高，矿化度也随之上升。一般而言，矿化度和咸性系数、开采深度、开采时间成正比，并与海水所受污染的程度和到海岸的距离及海岸的地质条件有关系。

二、水体污染物

组成人体的化学元素有60多种，96%的元素为氧、碳、氢、氮，3.954%的元素为钙、磷、钾、硫、钠、氯、镁，剩下的0.046%为痕量元素（表5-2）。痕量元素在人体内占的比例很小，但却有着十分重要的意义。痕量元素又可以分为必需元素和非必需元素，必需元素对身体有益，但也不能过多，非必需元素则对人体健康不利。人体可以检测到45种痕量元素，有11种是必需元素（铁、铜、锰、氟、铬、锌、钼、钴、镍、锶、碘），有7种是有害的元素（镉、锗、锑、碲、砷、汞和铅）。为了维持人类的身体健康，应该减少有害元素的摄入，同时保证痕量元素的摄入量。

表5-2　人体内的某些微量元素和痕量元素

元素	人体内含量/(mg/kg)	血液中的总量/mg	主要分布部位	膳食的摄取量/(mg/d)	排泄量		
					尿/(mg/d)	汗/(mg/d)	毛发/(mg/d)
锂	2.2	0.10	50%肌肉	2.0	0.8		
铍	0.036	<0.00052	75%骨				
硼	<48	0.52		1.3	1.0		7
氟*	2600	0.95	98.9%骨	2.5	1.6	0.65	
铝	61	1.9	19.7%肺，34.5%骨	45	0.1	6.13	5
钛	8	0.14	49.1%肺、淋巴结	0.85	0.33	0.001	0.05
钒	<18	0.088	>90%脂肪	2.0	0.015		
铬*	1.7	0.14	37%皮肤	0.05~0.1	0.008	0.059	0.69~0.96
锰*	12	0.14	43.4%骨	2.2~8.8	0.225	0.097	1.0
铁*	4200	2500	70.5%血色素	15	0.25	0.5	130
钴*	1.5	0.0017	18.6%骨髓	0.3	0.26	0.017	0.17~0.28
镍*	10	0.16	18%皮肤	0.4	0.011	0.083	0.0075
铜*	72	5.6	34.7%肌肉	3.2	0.06	1.59	16~56
锌*	2300	34	65.2%肌肉	8~15	0.5	5.08	167~172
砷	18	2.5		1.0	0.195		2
硒	13	1.1	38.3%肌肉	0.068	0.04	0.34	0.3~13
溴	200	24	60%肌肉	7.5	7.0	0.2	12.5
铷	320	14		1.5	1.1	0.05	
锶*	320	0.18	99%骨	2.0	0.2	0.96	0.05
锆	420	13	67%脂肪	4.2	0.14		
铌	110	13	26%脂肪	0.62	0.36	0.003	2.2
钼*	9.3	0.083	19%肝	0.3	0.15	0.061	
镉	50	0.036	27.8%肾、肝	0.215	0.03		1.8~2.8
锡	<17	0.68	25%脂肪、皮肤	4.0	0.023	3.23	
锑	7.9	2.024	25%骨	<0.15	<0.07	0.011	6.5
碲	8.2	0.18		0.112	0.53		

续表

元素	人体内含量/(mg/kg)	血液中的总量/mg	主要分布部位	膳食的摄取量/(mg/d)	排泄量		
					尿/(mg/d)	汗/(mg/d)	毛发/(mg/d)
碘*	11	2.9	87.4%甲状腺	0.2	0.175	0.006	0.015
铯	1.5	0.015					
钡	22	<1.0	91%骨	1.25	0.023	0.085	5
金	<10	0.00021	52%骨				
汞	13	0.026	69.2%脂肪、肌肉	0.02	0.015	0.0009	6
铅	120	1.4	91.6%骨	0.45	0.03	0.256	18~19
铀	0.90	0.0046	65.5%骨				

注：带*的为人体必需微量元素。

水是维持生命所必需的物质，自然界中的地下水是由多种元素组成的。人类所需的痕量元素就可以从水中获得。一般而言，很多地下的淡水资源能够达到卫生标准，然而水质一旦受到污染，就会影响人体的健康，一方面可导致痕量元素的缺乏，另一方面则是由污染物本身造成的危害。

（一）金属污染物

金属污染物多为毒性污染物，水体中的毒性金属污染物质主要包括汞、镉、铬、铅、砷、硒等。

1. 汞

汞对人体的危害主要表现在对于神经系统、心脏、肾脏、胃肠道的破坏。当水体中含有汞时，被人体摄入后经过一系列的生物化合作用生成甲基汞，甲基汞具有强脂溶性，在体内长期聚集会危害人体健康。汞被储存在神经系统内，刚开始表现为头晕、食欲缺乏、牙龈出血、脱发、视力障碍、耳鸣、动作不协调等，直至死亡。这种汞中毒的现象最典型的是“水俣病”，是1956年发生在日本水俣湾附近的一种奇怪的病，这种病最开始是表现在猫身上的，得了这种病的猫步态不稳，抽搐麻痹，被称为“猫舞蹈症”，甚至有一些猫自己跳海而死。不久之后，这种病也出现在当地居民的身上，患者的脑中枢和神经末梢被侵害，出现了口齿不清、步履蹒跚、面部痴呆、手脚麻痹、感觉障碍、视觉丧失、震颤、手足变形等症状，重症者后期会发展为精神失常、嗜睡、兴奋、身体弯弓，直至死亡。

汞在天然水中的含量很少，小于1μg/L，一般储藏在水生生物中。如果一个流域中水的含汞量为0.1~0.9μg/L，那么这个流域里的鲤鱼体内的含汞量则可以达到0.1~0.3mg/kg，累积的倍数达1000。汞的剧毒性和其在食物链中的积累性，对人体的健康危害较大。饮用水中汞的含量限定为0.001mg/L。

2. 镉

镉的用途很广，可以用于制作镉盐、颜料、合金、电池等。镉有很大的毒性，其化合物也有很大的毒性，进入体内并且在人体细胞中积蓄会引起慢性中毒。日本富川县的神通川流域发现的一种镉的慢性中毒引发的“痛痛病”就是镉中毒最典型的表现，在我国称之为“骨痛病”。这种病最开始的症状表现为骨质疏松，开始时四肢疼痛、关节痛，时间长了则蔓延到神经，使人行走困难，甚至呼吸和打喷嚏也能引起全身的疼痛，之后骨骼萎缩软化，容易发生骨折，严重的可导致死亡。饮用水中镉的含量限定为0.01mg/L。

3. 铬

铬是一种变价元素，六价铬的毒性比三价铬大100倍。铬对人体的危害极大。铬及其化合物是会引发过敏的物质，铬进入人体后会被吸收进入血液，发生氧化作用形成氧化铬，血液中的血红蛋白因为失氧变为高血红蛋白，导致血细胞的含氧量降低，最终窒息。铬还对人的胃、肠黏膜和中枢神经有一定危害。此外，六价铬和三价铬还有致癌作用。饮用水中铬的含量限定为0.05mg/L。

4. 铅

铅可以作为农药、汽油、家具、瓷器、油漆等的添加剂。铅具有一定的毒性，一般而言，只有铅在人体内蓄积过多时才会产生毒性作用。铅的危害作用主要表现在对儿童智力的影响，儿童的身体处于发育阶段，对于铅的危害更为敏感，而高铅度的尘土距地面一般在1m以下，而很多儿童的身高刚好可以呼吸到这些污染物。另外，儿童的学习用品中也潜藏着铅毒，一些涂改液、蜡笔及涂油漆的课桌、玩具等都对孩子的健康造成一定的影响。

5. 砷

砷的污染来源主要是农药渗入土壤及农作物，经雨水的冲刷和渗透进入水体，工业废水中也含有一些砷。砷元素本身不溶于水，其化合物都有毒性，砷的中毒表现在肝脏的炎症、肾的炎症、神经炎、指甲和皮肤病等。砷的慢性中毒刚开始的时候并不容易被发现，一般是感染了很多年以后才会被发现。曾经有资料记载，某地的村民在饮用了含砷的井水31年后有412例出现皮肤病，刚开始是白斑后来渐渐变黑，后期出现角化呈橡皮状及龟裂性溃疡一系列的慢性病，被称为乌脚病。饮用水中砷的含量限定为0.04mg/L。

6. 硒

硒元素的毒性较小，对人体的危害主要是肾脏和神经，与砷相似，较砷毒性大。硒在人体内蓄积多了就会引起慢性中毒，损害人体的肾脏和骨髓，引发神经炎和心肌损害。硒还是比较厉害的致癌物质。饮用水中硒的含量限定为0.01mg/L。

7. 其他金属

(1) 钙和镁。钙和镁是组成水硬度的主要元素，也是人体必需的元素，可是钙和镁的含量不能太多，太多也会对人体的健康造成影响。钙的含量过高会导致结石病，镁的含量过高会引起腹泻。

(2) 铁。铁元素是人体必需的元素，其化合物没有明显的毒性，但是如果人体吸收了过量的亚铁，则会引发急性中毒，在人体内积累过多会发展成为慢性中毒，从而引发继发性血色病，临床表现为肝脾肿大、肤色暗沉，最终导致糖尿病和心肌炎的发作。

(3) 锰。锰是人体需要的元素，且带有毒性，二价锰的毒性比三价锰的毒性大，人体内锰的含量过高会导致震颤、麻痹、记忆力下降、心跳变快等。

(4) 铜和锌。铜和锌也是人体必需元素：硫酸铜的毒性很大，能引起肠胃炎、肝炎、黄疸病；锌含量高则会腐蚀消化道黏膜，引发肠胃炎。

(5) 钼、钴、镍。钼、钴、镍食入过多时也会引发疾病：钼会引发痛风病，三氧化钼对眼睛、鼻子、咽喉都有刺激作用；过量的钴可引发血红蛋白和红细胞的增加，导致甲状腺的肿大，对胃和肺都有伤害；镍对人体的危害主要表现在对皮肤的伤害，会产生湿疹。

(6) 钒。钒对人体也会产生危害，五氧化二钒会刺激眼睛、鼻子和咽喉，引起支气管炎和哮喘。

(7) 铝。铝一般无毒，但人体如果长期摄入过量的铝盐，会影响磷的吸收。

（二）有机化合污染物

有机化合污染物主要是指酚、多环芳烃、农药、洗涤剂等。

1. 酚

酚是一种芳香族的含氧衍生物，可以分为挥发酚和不挥发酚，单元酚更易挥发。酚具有毒性，一些杀菌的产品里会含有一定量的酚，酚对人体的皮肤影响较大，能够导致全身中毒，对皮肤、黏膜产生刺激和腐蚀作用。酚类化合物带有臭味，水中的酚如果超标，往往会使人感到刺鼻，饮用者感觉不适。水源中酚的限定浓度为0.002mg/L。

2. 多环芳烃

多环芳烃是指分子中含有两个或两个以上苯环的烃，近代化学工业和石油产业的兴起导致了多环芳烃的产生，其种类很多，这类物质对环境的影响很大，尤其是对大气、地下水、土壤的危害明显，还有很强的致癌作用。饮用水中多环芳烃的限定浓度为0.005μg/L。

3. 农药

现代农业的发展促进了农药的使用，农药有利有弊，虽然它能杀死害虫，但也会对人体的健康产生有害影响。近年来，农药对于人体的危害引起了越来越多国家的重视，随着农业的进步，农药的种类也逐渐增多，农药的致癌、致畸、致突变作用日益突出。国外报道了一些常用的农药或多或少地存在着一些隐患，例如甲氧、毒杀芬、敌敌畏、敌百虫、除虫菊酯等，它们都是可能致癌的农药。

4. 洗涤剂

洗涤剂的种类较多，常用的是烷基苯磺酸钠，是一种阴离子洗涤剂，在饮用水中含量过多时会对人体的健康造成危害。洗涤剂在水中易产生泡沫，影响人体的感官。洗涤剂被当作污水排放后不易被氧化和分解，进入水源地后很难处理，会加剧水污染程度，影响水生生物生长，在动物体内蓄积进入食物链，最终会危害人类。因此，对洗涤剂污水的排放应该予以重视并加强治理。

（三）放射性污染物

放射线的电离作用可用于治疗疾病，也可导致疾病的发生。当射线作用于人体内时，70%的水分子会首先被电离和激发，水分子电离的过程中会产生非常活泼的强氧化剂和强还原剂，改变了人体内的正常氧化还原过程，正常的新陈代谢也会受到影响，作用于人体引起不同的生物效应，这些生物变化会以其内部的能源为动力继续变化，最后在人体或其他生物身上就形成了一系列的病变，出现疲劳虚弱、恶心、头痛、眼痛、毛发脱落、斑疹性皮炎等。放射性物质进入水源后，会非常容易进入人的体内，因此对于放射性物质的含量要严格监控。实验结果显示，镭在人体内的含量达到 1~2μg 时，就会导致死亡，并且隐藏的时间长，往往是镭进入人体很多年后才能被发现。一般而言，少量的放射性物质进入人体是不会造成危害的，还可以用于治疗疾病。

（四）微生物污染

生活污水在排放的过程中分解出了很多蛋白质、油脂、碳水化合物等有机质，这些有机质能为各种细菌、病菌和寄生虫提供生长条件，微生物的滋生会严重影响水质，进入饮用水以后还会引发各种疾病，而微生物中携带的病菌又不易查出。为了防止微生物的污染，一般是取样进行细菌分析，检查出细菌的总数，测定易被发现的大肠杆菌族的指数和与细菌活动有关的有机物指标，按照饮用水的标准规定，在 24h 的条件下，培养出的细菌数每升不得超过 100 个，大肠杆菌不能超过 3 个。

三、地表水污染

（一）河流污染

1. 河流的污染源

（1）工业污染。工业生产所排放的污水是水环境中污染物的主要来源之一，虽然其排放量要比生活污水少，但是其危害要比生活污水大得多，如果这些废水不经处理直接排到自然水体中，将对生态环境造成严重破坏。工业水污染主要来自造纸业、冶金工业、化学工业及采矿业等。而在一些城市和农村水域周围的农产品加工和食品工业，如酿酒、制革、印染等行业，也往往是水体中化学需氧量和生物需氧量的主要来源。另外，工业生产过程中产生的其他废弃物进入水体也会造成大量的水污染，如大气污染，最后可能以酸雨的形式污染水体。工业主要污染物及其废水来源如表 5-3 所示。

表 5-3　工业主要污染物及其废水来源

污染物	主要废水来源
游离氯	造纸厂、织物漂白厂、化工厂等
氨	煤气和炼焦厂等
氟化物	烟气的净化厂、玻璃制造厂等
氰化物	煤气制造厂、丙烯腈合成厂、玻璃制造厂、电镀厂、皮革加工厂、苛性碱制造厂、金属清洗厂等

续表

污染物	主要废水来源
硫化物	织物硫化染料厂、皮革加工厂、黏胶纤维厂、煤气制造厂、纸浆厂、石油炼制厂等
亚硫酸盐	纸浆厂等
苯酚	煤气和炼焦厂、炼油厂、染料厂、合成树脂厂等
醛类	制药厂等
酸	矿山，铁、铜等金属酸洗厂，农药制造厂、酿酒厂、织物织造厂、电池制造厂等
硝基化合物	炸药生产厂等
碱	化学纤维厂、制碱厂等
油	炼油厂、石油化工厂、纺织厂等
汞	制药厂、仪表厂、氯碱厂、造纸厂等
铬	电镀厂、矿山、冶炼厂、合金制造厂、铬鞣皮制革厂等
镉	矿山、冶金厂、电镀厂等
铅	矿山、电池制造厂、汽油冶炼厂、铅蓄电池回收利用厂、油漆制造厂等
镍	矿山、电镀厂等
锌	矿山、电镀厂、黏胶纤维制造厂等
铜	电镀厂、铜氨法人造纤维制造厂等
砷	砷矿处理厂，涂料、药品、玻璃、染料、农药制造厂等
糖类	酿酒厂、葡萄糖及甜菜加工厂、食品加工厂等
淀粉	食品加工厂、织物加工厂、淀粉制造厂等
有机磷化合物	农药制造厂
有机氯化合物	农药制造厂

（2）生活污染。人类所产生的生活污水逐年增加，所占比例持续升高。2006 年全国生活污水排放总量为 296.6 亿吨，到 2008 年，增加至 330.1 亿吨。而我国城市污水的集中处理率仅为 57.1%。全国各地的生活污水对当地水体化学需氧量和物理需氧量的影响不尽相同。例如，山东省的生活污水占废水总量的 40%，而重庆市的生活污水则产生了当地水体中 68%的化学需氧量和 85%的生物需氧量。

（3）农业污染。

1）畜禽养殖废弃物对农村水环境的污染。随着禽畜养殖业的规模化发展，禽畜粪便排放量急剧增加，成为农村环境污染的主要来源之一。2004 年全国禽畜粪便产生量约 28 亿吨，而畜禽粪便的还田率仅为 30%~50%，未经安全处理的畜禽粪污直接排放或任意堆放，造成氮、磷污染所致的水体富营养化，严重污染地下水和地表水环境，导致广大农村地区饮用水出现安全问题。

2）化肥和农药等化学品造成的水环境污染。我国单位耕地面积的化肥投入量是世界平均用量的 2.8 倍。据统计，2004 年我国化肥施用量为 4412 万吨，居世界第一位。但我国化肥利用率平均只有 30%~50%，大量的化肥流失导致农田土壤污染，通过农田径流加剧湖泊和海洋的富营养化，成为水体面源污染主要来源。此外，我国单位面积农药用量为世界平均水平的 3 倍，其中大多数是难降解的有机磷农药和剧毒农药，一般农药只有 10%~20%附着在农作物上，绝大部分都被冲刷进入水体。

2. 河流污染的特点

河流是最重要的陆地水，大工业区和城市往往建在河岸上，人类依靠河流的水供应生活，而且也将废水排入河流。河流污染是指直接或者间接排入河流的污染物。目前，河岸上的工业区和人口稠密的地区，受到不同程度的污染，主要体现出以下几方面的特点：

（1）污染程度受径流量的变化而变化。径流量大，污染程度低；径流量小，污染程度高。径流量的时间变化会引起污染程度时间上的差异。

（2）污染物的扩散很快，影响范围不仅局限于发生区。上游的污染很快就会波及下游，甚至扩散到整个生态区。

（3）污染危害大。河水是饮用水的来源，会通过食物链进入人体而影响到人类的身体健康。我国水资源面临严峻的形势，人均淡水资源量低，淡水资源的时空分布不均衡，水资源利用效率低下，浪费严重，水污染严重，不少地区和流域的水污染呈现出支流向干流延伸、城市向农村蔓延、地表向地下渗透的态势。

3. 中国河流污染的现状

河流污染分布广泛，不同国家的一些河流都有不同程度的污染。就中国而言，污染最严重的有以下五大河流。

（1）海河。七大水系污染之首。海河流域是全国水资源供需矛盾最突出的地区。

（2）辽河。辽河水系总体水质较差，劣Ⅴ类水质断面占 40.6%。其污染原因在于：①粗放型的经济增长模式的不利影响。辽河流域长期以来形成了以煤炭、石油、钢铁等重工业为主的工业结构，资源开发强度大，利用效率较低，污染排放强度高。②工业污染源污染治理水平低。工业废水排放量约占流域内废水总量的 1/3，并且呈不断增长的趋势。污染治理设施较少，废水治理设施不完善，难以实现稳定的达标排放。③城市污水处理效率低。很多城市处理进度不及污染速度。四是环境监管能力不足，环境违法处罚力度不够，企业偷排、超标排污、超总量排污的现象不能得到有效遏制。

（3）松花江。松花江流域是我国重要的工业基地和商品粮食生产基地之一。然而，随着人口的日益增长和工农业生产的迅速发展，嫩江、松花江干流的水质均受到不同程度的污染。主要超标污染项目是氨、氮、高锰酸盐、挥发酚、生化需氧量及溶解氧，其原因是城镇废污水的排放及流域内缺水较严重。

（4）淮河。淮河干流以Ⅳ类水体为主，支流及省界河段水质较差。1994 年国家提出了淮河治污工程，也投入了巨大的精力，但是 10 年之后，当记者拿到淮河水利委员会提供的材料后却发现：污染物指标此消彼长，淮河水质综合评价可以说“回到原点”。

（5）黄河。近年来，随着经济发展，黄河流域废污水排放量比 20 世纪 80 年代多了一倍，达 44 亿立方米，污染事件不断发生，黄河中下游几乎所有支流的水质常年处于劣Ⅴ类状态，支流变成“排污沟”。

（二）湖泊污染

1. 湖泊污染的特点

（1）污染源广泛，品种复杂。上游湖泊连接入湖河道，工业企业的各种废水和生活污水可以直接排入湖泊，湖泊周围的农田和果园里的土壤、肥料、农药和其他污染物可以通过农田回归水和降水径流进入湖泊，湖泊内的生物死亡后，由微生物分解，残基可以污染湖泊。几乎所有的污染物在流域环境中，可通过多种途径进入最终的湖泊。氯、磷和其他营养物质进入湖泊使藻类大量繁殖，从而降低了水中的溶解氧，导致一些水生生物窒息，这就是所谓的富营养化，这种现象是很少在河流中发生的。

（2）水稀释和处理材料的能力薄弱。水污染物承载能力的稀释比例，通常与流速成正比。由于水域辽阔，湖泊水流平缓，因此污染不仅难以迅速被水稀释并充分混合，还不易流通。一般河流，汛期由于交通的迅速增加，增强稀释能力和污染物处理能力，可以大大提高水的质量。而由于湖泊的滞洪作用，洪水入湖快速放缓后，稀释能力和处理污染物的能力比河流弱。这表明，河流污染物质循环和运输方便，而湖泊属于封闭型，易沉积污染物，缓慢流动的水也使得复氧作用降低，使有机物自净能力减弱。

（3）会通过富集使毒性增强。湖泊是养殖动物的天然场所，许多生物富集铜、铁、钙、硅、碘等元素，比同时代的原始浓度水高数百甚至几百万倍。水被污染，被污染的材料还通过食物链多级生物摄入，不断丰富和转移。

2. 中国湖泊污染的现状

中国最为典型的湖泊污染就是太湖的蓝藻问题，太湖的蓝藻问题虽然已有多年的历史，但是在4、5月间大量暴发极为少见。导致太湖蓝藻提前暴发的直接原因是水体的富营养化、阳光和水温等要素综合作用的结果，根本原因是太湖水生态环境严重恶化。

新疆博斯腾湖位于天山南麓焉耆盆地东南最低处的新疆巴音郭楞蒙古自治州（以下简称“巴州”）的博湖县境内，是新疆最大的湖泊，也曾是我国最大的内陆淡水湖，属中生代内陷湖。博斯腾湖在水文关系上既是开都河的尾闾，又是孔雀河的源头，对开都河及孔雀河的蓄、引、灌、排起到了巨大的调节作用。然而，随着焉耆盆地水土资源的大强度开发，博斯腾湖水的环境问题日益突出，其主要表现为：湖泊水位下降，水质盐化和污染加重，水域面积缩小，并导致湖滨芦苇湿地面积大幅度减少，产鱼量降低，珍稀鱼类资源减少，包括国家一级保护动物新疆大头鱼在内的6种鱼类绝迹。

滇池的污染问题是一个令人揪心的话题。为了净化这五百里滇池的浑浊波涛，“七五”以来国家和云南省相继投入滇池污染治理的经费突破了40亿元。这些来自中央、地方政府的款项和世界银行的贷款虽然有效地缓解了滇池生态环境的恶化，却未完全根治滇池污染。目前滇池仍属Ⅴ类重污染湖泊。滇池污染经历了一个长期而复杂的过程。水质污染从20世纪70年代后期开始，进入20世纪80年代，特别是20世纪90年代，富营养化日趋严重。造成滇池水污染的原因有：①滇池地处昆明城市下游，是滇池盆地的最低凹地带；②生活污水进入滇池；③工业废水进入滇池；④农业面源污染；⑤滇池流域城镇化迅速发展；⑥滇池属于半封闭性湖泊，缺乏充足的洁净水对湖泊水体进行置换；⑦在自然演化过程中，湖面缩小，湖盆变浅，进入老龄化阶段，内源污染物堆积，污染严重。

在人烟稀少的青藏高原，湖泊也普遍萎缩，湖泊水位下降，湖水咸化。在高原腹地无人区的可可西里，海拔4650m的苟仁错，1990年考察时，该湖面积为23.5km^2，平均水深在1.3m以上。而1998年夏再次考察时，该湖已全部干涸，湖底形成一层结晶盐壳和饱和卤水，如镜面一般铺在平坦的湖底中部。其入湖河流已断流，原来出露的泉水也已干枯。

我国最大的湖泊青海湖，其水位从1956年的3196.94m变为1988年的3193.55m，共下降3.39m，湖面积减少301.6km^2，随着水位下降，湖面萎缩，湖水矿化度也在增加，1962年矿化度为12.490g/L，1986年已达14.152g/L。

（三）冰川污染

1. 冰川污染的来源

冰川污染主要是由热污染导致的，热反应污染是指现代生产和生活中凡是排放废热的所有东西向环境排放的热能所造成的环境污染，简称热污染。热污染可以污染大气和水体。发电厂、金属冶炼厂、路上行驶的汽车、运转的机器设备等，及石油、化工、造纸等工厂排出的生产性废水，均会向环境释放废热，从而对环境造成污染。此外，凡是燃烧、氧化等需要氧气的反应过程，都会消耗大气中的氧气，使大气中的氧含量降低。同时，这些反应还会产生许多废弃物，进一步污染环境，从而降低我们生活的环境质量。可以说，热污染是造成环境温度持续上升的重要原因之一。

2. 冰川污染的危害

冰川消融会引起冰川灾害性洪水，与冰川有关的灾害主要有冰川灾难性跃动、冰川突发性洪水和冰川泥石流。冰川突发性洪水，主要是由于冰川的退缩或前进，形成冰川阻塞湖或冰碛堰塞湖的急骤排水（不一定都是溃决）。在世界各地冰川区都有类似的报告。1941年，秘鲁的瓦斯兰卡山汇，由于冰川强烈消融，冰碛湖扩大，造成湖水溃决，冲毁城镇、桥梁和道路，造成约6000人丧生，这种灾害在1962年和1970年又发生过。冰川消融过程会有大量的固体冰转变为液态水体，流入江河补给河流。在冰川大量消融的初期阶段，融水增加惠及河流与下游干旱绿洲区，有利于地区经济发展、人类生活改善。但在冰川大量消融到中后期，随着一些大冰川的减小和中小冰川的消亡，对河流径流的补给将会急剧减少而导致水资源危机。

冰川强烈消融的弊端还体现在增大河川径流量的过程中会产生洪流，也会导致很多冰湖溃决、洪水、泥石流及滑坡等自然灾害的频发，形成洪水灾害，危及沿途及中下游生态和社会环境及人们生命财产安全。此外，还会引起海平面上升，危及岛国和沿海地区的安全。

冰川消融过程吸收大量的热量，以牺牲冰体本身来调节和减缓气候的变暖，当气候持续变暖，长时期的冰川强烈消融，到中后期时会耗尽储存的冷能，使冰川本身达到崩溃或消失状态，这时就会完全失去调节气候的功能，也将失去冰川的高山固体水库和水源涵养功能，危及水资源安全，使河流中下游和干旱绿洲区的水资源缺口逐渐增大，将危及地区经济发展，缺水会使区域环境严重恶化。冰川变化与气候变化之间的复杂关系，迄今还不很清楚。其主要问题是：冰川变化响应气候变化在时间上有滞后现象，对于不同的冰川滞后时间差别很大，小冰川对气候变化的响应时间为数年至数十年，大冰川的响应时间可达数百年甚至数千年。如南极冰盖的响应时间以万年计。即使在相同的气候变化情况下，不同的冰川甚至同一条冰川的不同冰流，可以出现完全不同的变化动态。而且，冰川对小气候变化也很敏感，它可以强烈地影响这些小气候的变化，并留下持久的地貌痕迹。

此外，冰川对气候变化有反馈作用。因此，研究冰川变化可以了解过去的气候变化情况，预测未来的气候。冰川的融化会导致被埋藏在冰盖中几百年甚至几万年的微生物被暴露出来，微生物的扩散会影响人类的健康。有机农药在 20 世纪中期被广泛使用，尽管现在很多种类的农药都被限制使用，但许多农药残留物都被封存在了冰川中。有害物质随空气的流动被带到寒冷的地方，有害物质往往就被压缩和储存在冰川中。冰川的融化会使这些有毒有害物质泄漏出来，对冰川周围的湖泊河流的影响是巨大的。

冰川主要分布在南北极等极地地区，及一些海拔较高的山区地形带，但由于全球变暖和环境污染等的影响，很多冰川都面临不同程度的消融危机，这也影响到了该区域的生态平衡，很多动物都面临生存危机。

乞力马扎罗山是非洲最高的山，比周围的热带雨林高 5800m。它虽位于赤道附近，但其山顶却被冰雪覆盖，形成奇特的热带高山冰川。每年有两万多名游客爬此山，以体验大自然的神奇。但是，2000 年才完成的一项科研调查表明，这座山上 1912 年就形成的冰原现在已经融化了 82%。秘鲁的安第斯山冰川位于赤道附近，最近几十年来一直在快速融化，其高度在不断下降。1978 年，科学家们测量这里的冰川，结果表明，安第斯山冰川每年因冰雪融化而下降 3.5m。2000 年，科学家们对此冰川又进行了新的测量，结果表明，现在这个冰川的下降速度是每年 150 余米。

加拿大冰川的加速融化，使北半球最大的冰盖湖独特的生物依存关系受到威胁。2000~2002 年的两年间，加拿大北部 Ellesmere 岛上的 Ward Hunt 冰盖发生破裂，巨大的冰盖一分为二，威胁着北半球最大的冰盖湖迪斯雷立峡湾中奇特的生物现象。在这个峡湾中，水底的海洋微生物与水面冰层下的淡水生物和谐相处，形成了淡水生物与海水生物混居的奇特现象。然而，由于冰盖的融化，这种奇特的低盐度海水正在慢慢消失，截至 2002 年，96%的低盐度栖居环境已经消失殆尽。

(四) 沼泽污染

沼泽的污染源主要有以下几种：

1. 土壤与岩石圈

土壤与岩石中的物质，可通过水的循环进入水体。一般来说，这是区域性水质发生变化的原因。如果是自然因素造成的，水中各种物质的含量，可视作本底值。但是，人类长期在土壤中从事农业活动，大量施用化肥和农药，这些物质相当一部分随地表径流进入河流、湖泊、水库与海洋，造成水体污染。

2. 大气圈

大气中的一些气体（如气溶胶和尘埃等）可随降雨或自然沉降而进入水体。据估计，全世界每年进入大气的各种灰尘有 1 亿多吨，其中来自人类活动的就达 3000 多万吨。每年由工业和生活废气中排放的二氧化硫约 1.5 亿吨，二氧化硫在大气中能进一步氧化并与水结合形成酸雨。目前酸雨几乎已遍及世界范围，危害甚大。

3. 人类向水体排放废弃物

在生物圈中，除了动植物新陈代谢的各种产物以外，主要是人类活动向水体不断输送大量的污染物质。大量的城市工业废水和生活污水倾入水体时，就会造成严重的水污染。在工业和人口高度集中的城市，“三废”排放量大，扩散面广，污染物质的成分也很复杂。

（五）海洋污染

海洋污染通常指的是因为人类活动直接或间接地把物质和能量引入海洋环境，造成或可能造成损害海洋生物资源、危害人类健康、妨碍捕鱼和其他各种合法活动、损害海水的正常使用价值和降低海洋环境的质量等有害影响。海洋污染物质是指因为人类活动而进入海洋并同时破坏了海洋的生态平衡和造成污染的有害物质。海洋污染的一个突出特点是污染源多而复杂。海洋的污染源除了在海上航行的船只、海上油井以外，还包括沿海和内陆地区的城市及工矿企业排放的污染物。

1. 海洋的污染源

海洋的污染源可分为城市生活和生产排水及废弃物，农药及农业废弃物，船舶、飞机及海上设施废弃物，原子能的生产与应用和军事活动，空气污染等五项。污染物质进入海洋基本上有三种途径：

（1）从陆地经过河川径流入海，如工业废水和生活污水、农药及其他污染物质随河水流入海中。

（2）污染物先排放到大气中，然后进入海中，比如农药、汞、铅及核试验的放射性物质等，扩散到大气以后再被带入到海中。

（3）工业废水或者生活废弃物等直接向海中排放或者投弃，或者由航行中的船舶排弃，及因为船舶和海底管道发生事故的滴漏排放等，其中以石油污染和废热污染尤为严重。

2. 海洋污染的特点

（1）污染源多而复杂。人类活动产生的废弃物，不管是扩散到大气中、丢弃在陆地上，还是排放到河流里，因为风吹、雨淋和江河径流最后都可能进入海洋。因此，海洋也被称为一切污染物的“垃圾箱”。

（2）污染的持续性强。海洋是各地区污染物的最后归宿，污染物进入海洋以后，很难再输送出去，不能溶解和不易分解的污染物（比如重金属）就会在海洋中累积起来，数量逐渐增多，通过生物的浓缩作用和食物链传递，对人类造成潜在的威胁。

（3）污染范围大。世界上的各个海洋是相互连通的，污染物在海洋中可以扩散到任何角落。海洋环境中原来不存在的多氯联苯，现在可以从北冰洋和南极洲捕获的鲸鱼体内检测出来，也可以在太平洋复活节岛附近海域采集到的浮游生物体内检测出。可见，这种污染物已经由近岸扩散到远洋。

（4）防治难、危害大。海洋污染有很长的积累过程，不易及时发现，一旦形成污染，需长期治理才能消除影响，治理费用大，危害波及范围广，特别是对人体产生的毒素更难彻底清除干净。

3. 石油污染

（1）石油污染来源及污染途径。石油污染的污染物主要是各种烃类化合物，即烷烃、芳烃和环烷烃等。石油污染物数量巨大，据估计，近年来，因为人类活动每年排入海洋的废油大约有 500 万吨，船舶的排放和事故溢油约 150 万吨，海底油田泄漏和井喷事故排放大约有 100 万吨。另外，逸入大气中的石油烃，每年大约有 400 万吨沉到地球表面。

（2）石油在海洋中的物理化学变化。石油或者石油制品进入海洋以后，会发生复杂的物理和化学变化，如扩展、蒸发、溶解、乳化、光化学氧化、形成沥青块等。石油入海以后首先在水面迅速扩散成油膜，随后分散成为大小不等的片状或带状油膜，随风和洋流漂移。油膜扩散的速度和面积受风、海浪、洋流和油的物理化学特性影响。

蒸发作用是海洋油污染自然消失的重要原因。蒸发速度随着石油各种组分的分子量、沸点及油膜表面积和厚度、风力和温度的不同而不同。含碳原子数小于 15 的烃入海以后 10d 内就会蒸发掉；含碳原子数为 15~25 的烃蒸发速度很慢；含碳原子数大于 25 的烃不容易蒸发。低分子烃和有些极性化合物还会从海面融入海水中。海面上的石油经过蒸发和溶解，相对密度逐渐增大，最后形成沥青块。

石油入海以后，在湍流、风浪的搅动下，发生乳化作用。乳化有油包水乳化和水包油乳化两种形式，前者稳定，后者比较不稳定、容易消失。海面上的油膜在光和微量元素的作用下发生光化学氧化反应。这是石油化学降解的主要途径。

石油经过蒸发和溶解作用失去比较轻的部分，却形成比较致密的分散粒子，或吸附在其他颗粒物上，最后降解到海底。在海流和海浪作用下沉入海底的石油或石油氧化产物还可能再上浮到海面上。

（3）海洋生物对石油的降解和吸收。在海洋中，微生物在降解石油烃方面起着非常重要的作用。烃类氧化物广泛分布于海水和底泥中，不同的石油烃可以被不同种类的氧化菌分解。海藻和海洋动物也能降解一些石油烃。微生物氧化降解石油烃，需要消耗大量的溶解氧，有些降解过程的中间产物对鱼类是有害的。浮游植物和定生海藻可以直接从海水中吸取或者吸附溶解的石油烃类。海洋动物可以吞食吸附有石油的颗粒物质，溶于水中的石油可以通过食道或者腮进入它们的体内。在清洁的海水中，海洋动物体内积累的石油烃可以比较快地排出。

（4）海洋石油污染的危害。石油污染可以带来严重的后果。这不仅是因为石油的各种成分都有一定的毒性，还因为它具有破坏生物的正常生活环境、造成生物机能障碍的物理作用。

油膜隔绝了大气和海水之间的气液交换，油膜的生物分解和自身的氧化作用，消耗水中大量的溶解氧，导致海水缺氧。油膜削弱了太阳辐射进入海水的能量，严重影响了海洋植物的光合作用。油膜会污染海洋鸟兽的羽毛和皮毛，使它们失去飞翔、保温和游泳的能力。

分散的油膜和乳化油对一切海洋生物都是致命的。它们破坏海洋浮游植物体内的叶绿素，阻碍细胞分裂而使它们大量死亡，从而破坏海洋生态系统的平衡。分散油和乳化油能引起鱼鳃发炎坏死，使其循环系统产生紊乱。原油沉降于潮间带和浅水海底，使一些动物幼虫、海藻孢子失去适宜的固着基质。黏度大的油还可以阻塞水生动物的呼吸和进水系统，使它们窒息死亡。

石油污染会破坏海滨风景区和海滨浴场，有时还会使海面着火。海洋如果受到石油的严重污染，要经过5~7a，海区生物才能重新繁殖起来。

4. 温排水

（1）温排水的热污染。无论是火力发电厂，还是原子能发电厂，由燃料所排放出的全部热量和电能相等价的热量之差，就是损失热量，其中大部分通过冷却水排放出去。这种把水温已经上升了的复水器冷却水直接排放到自然环境水圈的技术措施，称为“温排水”。

使用冷却水的工业很多，比如生产1t钢铁所使用的冷却水为90~150m^3，但是在温排水中，火力发电厂的复水器冷却水量要大得多，平均输出100万千瓦需要35m^3/s或者60m^3/s冷却水。冷却水经过循环使用以后，水温将平均升高7℃左右，因此经过温排水排放出的热量是巨大的。

这种温排水的排热对环境有不利影响时被称为热污染；如果这种排放具有好的效果，就称为热富集；当其影响好坏不确定时，称为热影响。

我国拥有漫长的海岸线，近几年来，电力部门已经将电厂建设的重点由坑口电厂转到沿海电厂。电厂所需的大量复水器冷却水可以依靠水量无限的海水，而且排热处理厂可求助于拥有庞大冷却能力的海域。用海水作为冷却水大多都不再循环使用，而且采用一次用水方式。

利用海水作为电厂冷却水对于整个海岸线来说，受到温排水影响的范围只限于很小的水域，对于气候几乎没有影响，但是如果微观地从各个具体地点来看，对于电厂周围海域的海洋气象条件和生物乃至生态系统，都会有一定的影响。因为水温升高使水中的溶解氧减少，又使鱼类的新陈代谢率增高，从而需要更多的氧。鱼在热应力的作用下，发育受到阻碍，甚至很快死亡。因此，涉及浅海渔业和沿海养殖业的温排水的影响是不容忽略的。发电厂的选址及其扩张计划，必须充分考虑到温排水的影响。

（2）温排水的扩散和冷却过程。发电厂对复水器冷却水所排放的热能大致有两种处理方法。一种是温排水排放到原来的取水源中。另一种是把温排水送到冷却塔或冷却池等人工设施里，把热量排放到大气里面去，然后把冷却了的水循环使用再送到复水器里，温排水完全不排放到自然水圈。

一般情况下，温排水由排水口进入到海洋当中，比海水温度平均要高7~8℃，密度比周围海水的密度要小，因此，趋于海水的表层向周围扩散。温排水的扩散、冷却过程是按照温排水自身排出时所产生的流动和海水流动之间进行热量传递，与周围的冷海水混合稀释及由海面向大气放热等三种物理过程所组成的复杂形式进行的。

如果海面平静又没有潮汐影响，海域处于极为温和的气象和海象条件下，则在排水口的周围，温排水形成的水流占优势。因为这种水流运动，热量进行传递，与此同时，冷水由下层连续加进来进行混合稀释。

随着距离排水口距离的增大，与排水口的水流相比，海洋的湍流运动越来越占优势。这种湍流运动所造成的混合稀释很激烈，同时水温也逐渐下降。在这期间，由于海水和大气之间的热交换（尤其是海面蒸发引起的潜热传递），温排水逐渐冷却。

因为这样的混合、冷却过程，首先是在排水口附近水温有相当程度的下降，向海洋移动时水温又在逐渐下降，从而很快就接近周围海水的表层温度。在以排水口为中心的一定范围内，海域的表层形成了一个近似舌状的升温区。最后，所有的排热都扩散到大气中去了。

在温度状态下的海域，因为上面所讲的扩散过程，形成了由温排水造成的高温区。高温区的大小和形状取决于下列因素：

1）与排水口的方向有密切的关系，也与排水口周围的海岸地形及防波堤等水工建筑物的布置情况有关。在平直海岸，如果排水口排在与海岸线呈直角的方向，那么升温范围就形成了一个面向海洋的舌状形。与此相反，如果把排水口排在与海岸线平行的方向，那么水温上升范围就会沿着海岸线扩展，对海洋的影响停留在一个相对比较小的范围内。另外，排水口的形状、排放深度和排放速度也会影响扩散的范围。

2）沿岸的海流和潮汐作用也影响着升温区域的大小和形状。在周期性往返变化的潮流作用下，水温上升范围随着涨潮、落潮而有所变化，它的形状和大小也在时时刻刻发生变化，并在退潮时发生最大的扩散范围。

3）排水口前面的海底地形会对排水口周围的海水温度有一定的影响。如果排水口前面的水达到了一定的深度，当温排水沿着表层向外扩散时，深层的冷水就会补偿流入，从而使表层水的温度下降，水温上升的范围缩小。

4）风海流对升温区域也有一定的影响。风的作用产生了风海流，因为海流的传递作用而导致温度变化范围发生改变。风还会影响海水蒸发，同时加强了冷却的效果。而且风掀起的波浪还助长了破波带内温排水的混合和扩散。

5. 海洋放射性污染

（1）放射性污染来源。

1）核武器在大气层和水下爆炸使大量放射性核素进入海洋。

2）核工厂向海洋排放低水平放射性废弃物。

3）向海底排放放射性废弃物。

4）核动力舰艇在海上航行也有部分放射性物质泄入海中。

（2）放射性污染的影响。对生物的影响，直接摄食吸收和积累核素，核素能够沿着海洋食物链迁移、扩大；海水的低浓度放射性污染是否对鱼类胚胎发育有影响，还没有定论。对人体健康的影响分为：内辐射，主要是食用了受污染的海产品；外辐射，主要是在受污染的海域工作或者活动。人体受影响的程度取决于辐射剂量的大小、机体和环境状况。

6. 海洋重金属污染

（1）重金属污染来源。海洋中的重金属元素主要有汞、铬、铅、锌、镉、铜等。它们既有自然来源，又有人为来源。自然来源是地壳岩石风化、海底火山喷发和陆地水土流失。人为来源是工业污水、矿山废水的排放及重金属农药的流失，煤和石油在燃烧中释放出来的重金属进大气后又进入海洋。全世界每年因人类活动而进入海洋中的汞达到1万吨左右，和目前世界汞的年产量相当。

（2）重金属污染的危害。重金属元素主要通过生物富集作用对水生生物和人类产生影响。生物富集作用又叫生物浓缩，是指生物体通过对环境中某些元素或者难以分解的化合物的积累，使这些物质在生物体的浓度超过环境中浓度的现象。

（3）重金属污染的分布规律。河口及沿岸水域高于外海；底质高于水体；高营养阶生物高于低营养阶生物；北半球高于南半球。

四、地下水污染

地下水污染是环境污染的一部分。地下水污染是指，由于人类的活动使地下水的物理、化学和生物性质发生恶化，因而限制或妨碍人类对地下水的应用。伴随着工业的发展，环境污染的问题也日趋严重，我国的地下水污染不断地扩展，在经济高速发展的同时，相应地产生各方面的污染问题，控制及治理污染刻不容缓。我国地下水的开采量正在逐年上升，每年基本以25亿立方米的速度递增。

（一）地下水污染途径

地下水污染途径是多种多样的，大致可归为四种类型。

1. 间歇入渗型

大气降水或其他灌溉水使污染物随水通过非饱水带，周期地渗入含水层，主要是污染潜水。淋滤固体废物堆引起的污染，即属此类。

2. 连续入渗型

污染物随水不断地渗入含水层，主要也是污染潜水。废水聚集地段（如废水渠、废水池、废水渗井等）和受污染的地表水体连续渗漏造成地下水污染，即属此类。

3. 越流型

污染物是通过越流的方式从已受污染的含水层（或天然咸水层）转移到未受污染的含水层（或天然淡水层）。污染物通过整个层间，或者通过地层尖灭的天窗，或者通过破损的井管，污染潜水和承压水。地下水的开采改变了越流方向，使已受污染的潜水进入未受污染的承压水，即属此类。

4. 径流型

污染物通过地下径流进入含水层，污染潜水或承压水。污染物通过地下岩溶孔道进入含水层，即属此类。

（二）我国地下水污染的分布

由于地下水是我国重要的饮用水水源，我国有将近70%的人口饮用地下水，因此我国地下水的问题向来备受关注。早年我国的专家关注的是开采地下水引发的环境地质问题，如区域地下水位下降导致平原或盆地的湿地萎缩或消失、地表植被破坏、生态环境退化，地下水过度抽取导致的地面沉降、塌陷、裂缝对城市基础设施构成严重威胁，而沿海地区过度取用地下水则会导致海水入侵、引发地下水水质咸化等问题。

随后的调查研究才发现，我国江河湖库的水体污染已经导致我国的地下水污染危机。环境专家起初注意的地下水污染是浅层的地下水，由于地表水的污染比较普遍，自然造成浅层地下水污染也比较广泛。然而，近几十年来，随着工农业生产用水量的不断增加，地下水的超采现象越来越严重，造成地下水的开采不断往深度挖掘，而地下水越往深处开采，其水位与地表水的落差也越来越大。在压力作用下，周边被污染的地表水越来越容易渗入地下水层，这使得地下水越来越容易受到污染。

根据中国地质环境监测院公布的信息，目前，我国地下水污染呈现由点到面、由浅到深、由城市到农村的扩展趋势，污染程度日益严重。中国地质调查局的相关专家在国际地下水论坛发言中提到，全国有97%的地下水都遭受了不同程度的污染，约有64%的城市地下水遭受了严重污染，33%的城市地下水受到轻度污染，基本清洁的城市地下水只有3%。显然，地表环境污染加剧引发的地下水污染，已经对人体健康和生命安全构成了严重威胁。

2010年全国地下水水质情况如表5-4所示。

表 5-4 中国地下水水质情况

级别	优良级水	良好级水	较好级用水	较差级用水	极差级用水
比例/%	10	28	5	40	17

注：本表数据来源于《2010 年中国国土资源公报》。

东北地区重工业和油田开发区的地下水污染严重。东北地区的地下水污染在不同地区有不同特点：松嫩平原的主要污染物为亚硝酸盐氮、氨氮、石油类等；下辽河平原的硝酸盐氮、氨氮、挥发性酚、石油类等污染普遍。各大中城市地下水的污染程度不同，其中哈尔滨、长春、佳木斯、大连等城市的地下水污染较重。

华北地区地下水污染普遍呈加重趋势。华北地区人类经济活动强烈，从城市到乡村地下水污染较普遍，主要污染组分有硝酸盐氮、氰化物、铁、锰、石油类等。此外，该区地下水的总硬度和矿化度超标严重，大部分城市和地区水的总硬度超标，其中，北京、太原、呼和浩特等城市地下水污染较重。

西北地区地下水受人类活动影响相对较小，地下水污染总体较轻。内陆盆地地区的主要污染组分为硝酸盐氮；黄河中游、黄土高原地区的主要污染物有硝酸盐氮、亚硝酸盐氮、铬、铅等，以点状、线状分布于城市和工矿企业周边地区，其中，兰州、西安等城市地下水污染较重。

南方地区地下水局部污染严重。南方地区地下水水质总体较好，但局部地区污染严重。西南地区的主要污染组分有亚硝酸盐氮、氨氮、铁、锰、挥发性酚等，污染组分呈点状分布于城镇、乡村居民点，污染程度较轻，范围较小。中南地区主要污染组分有亚硝酸盐氮、氨氮、汞、砷等，污染程度轻。东南地区主要污染组分有硝酸盐氮、氨氮、汞、铬、锰等，地下水总体污染轻微，但城市及工矿区局部地域污染较重，特别是长江三角洲地区、珠江三角洲地区经济发达，浅层地下水污染普遍。南方城市中，武汉、襄阳、昆明、桂林等污染程度较重。

（三）地下水污染的治理方法

应以预防为主。为此，必须进行必要的监测，一旦发现地下水遭受污染，就应及时采取措施，防微杜渐。最好是尽量减少污染物进入地下含水层的机会和数量，诸如污水聚积地段的防渗，选择具有最优的地质、水文地质条件的地点排放废物等。地下水污染治理技术归纳起来主要有物理处理法、水动力控制法、稳定化与固化技术、抽出处理法、原位处理法、原位生物修复法。

1. 物理处理法

物理处理法是用物理的手段对受污染地下水进行治理的一种方法，概括起来又可分为屏蔽法和被动收集法

（1）屏蔽法。该法是在地下建立各种物理屏障，将受污染水体圈闭起来，以防止污染物进一步扩散蔓延。常用的灰浆帷幕法是用压力向地下灌注灰浆，在受污染水体周围形成一道帷幕，从而将受污染水体圈闭起来。其他的物理屏障法还有泥浆阻水墙、振动桩阻水墙、板桩阻水墙、块状置换、膜和合成材料帷幕圈闭法等，原理都与灰浆帷幕法相似。总的来说，物理屏蔽法只有在处理小范围的剧毒、难降解污染物时才可考虑作为一种永久性的封闭方法，多数情况下，它只是在地下水污染治理的初期，被用作一种临时性的控制方法。

（2）被动收集法。该法是在地下水流的下游挖一条足够深的沟道，在沟内布置收集系统，将水面漂浮的污染物质（如油类污染物等）收集起来，或将所有受污染地下水收集起来以便处理的一种方法。被动收集法一般在处理轻质污染物（如油类等）时比较有效，这种方法在美国治理地下水油污染时得到过广泛的应用。

2. 水动力控制法

水动力控制法是利用井群系统，通过抽水或向含水层注水，人为地改变地下水的水力梯度，从而将受污染水体与清洁水体分隔开来。根据井群系统布置方式的不同，水力控制法又可分为上游分水岭法和下游分水岭法。上游分水岭法是指在受污染水体的上游布置一排注水井，通过注水井向含水层注

入清水，使得在该注水井处形成一地下分水岭，从而阻止上游清洁水体向下补给已被污染水体；同时，在下游布置一排抽水井将受污染水体抽出处理。而下游分水岭法则是指在受污染水体下游布置一排注水井注水，在下游形成一分水岭以阻止污染羽流向下游扩散，同时在上游布置一排抽水井，抽出清洁水并送到下游注入。同样，水动力控制法一般也用作一种临时性的控制方法，在地下水污染治理的初期用于防止污染物的扩散蔓延。

3. 稳定化与固化技术

稳定化是指将污染物转化为不易溶解、迁移和毒性比较小的状态或者形式。而固化是指将污染物质包存起来，呈小颗粒状或者大块形状，使污染物质处于稳定状态，不再影响周围环境。稳定化和固化技术通常用于重金属离子和放射性物质的处理，一般步骤包括：

（1）中和过量的酸度。

（2）破坏金属络合物。

（3）控制金属的氧化还原态。

（4）转化为不溶性的稳定形态。

（5）采用固化剂形成稳定的固体形态物质。

4. 抽出处理法

抽出处理法是当前应用得很普遍的一种方法，可以根据污染物的类型和处理费用来选用，大致可分为以下三类：

（1）物理法。包括吸附法、重力分离法、过滤法、反渗透法、气吹法和焚烧法等。

（2）化学法。包括混凝沉淀法、氧化还原法、离子交换法和中和法等。

（3）生物法。包括活性污泥法、生物膜法、厌氧消化法和土壤处置法等。

受污染地下水抽出后的处理方法与地表水的处理相同，需要指出的是，在受污染地下水的抽出处理中，井群系统的建立是关键，井群系统要能控制整个受污染水体的流动。处理后地下水的去向有两个：一是直接使用，另一个则是用于回灌。抽出处理法用于回灌多一些的原因是：一方面可稀释受污染水体，冲洗含水层；另一方面可加速地下水的循环流动，从而缩短地下水的修复时间。

5. 原位处理法

原位处理法是地下水污染治理技术研究的热点，不但处理费用相对节省，而且可减少地表处理设施，最大程度上减少污染物的暴露，减少对环境的扰动，是一种很有前景的地下水污染治理技术。原位处理技术又包括物理化学处理法和生物处理法。

（1）加药法。通过井群系统向受污染水体灌注化学药剂，如灌注中和剂以中和酸性或碱性渗滤液，添加氧化剂降解有机物或使无机化合物形成沉淀等。

（2）渗透性处理床。渗透性处理床主要适用于较薄、较浅含水层，一般用于填埋渗滤液的无害化处理。具体做法是在污染水流的下游挖一条沟，该沟挖至含水层底部基岩层或不透水黏土层，然后在沟内填充能与污染物反应的透水性介质，受污染地下水流入沟内后与该介质发生反应，生成无害化产物或沉淀物而被去除。常用的填充介质有：①灰岩，用以中和酸性地下水或去除重金属；②活性炭，用以去除非极性污染物和 CCl_4、苯等；③沸石和合成离子交换树脂，用以去除溶解态重金属等。

（3）土壤改性法。利用土壤中的黏土层，通过注射井在原位注入表面活性剂及有机改性物质，使土壤中的黏土转变为有机黏土。经改性后形成的有机黏土能有效地吸附地下水中的有机污染物。

（4）冲洗法。对于有机烃类污染，可用空气冲洗，即将空气注入受污染区域底部，空气在上升过程中，污染物中的挥发性组分会随空气一起溢出，再用集气系统将气体进行收集处理。也可采用蒸汽冲洗，蒸汽不仅可以使挥发性组分溢出，还可以使有机物热解。另外，用酒精冲洗亦可。理论上，只要整个受污染区域都被冲洗过，则所有的烃类污染物都会被去除。

（5）射频放电加热法。通入电流使污染物降解。

原位处理法在运用时需要注意的是堵塞问题，尤其是当地下水中存在重金属时，物化反应易生成沉淀，从而堵塞含水层，影响处理过程的进行。

6. 原位生物修复法

原位生物修复的原理实际上是自然生物降解过程的人工强化。它是通过采取人为措施，包括添加氧和营养物等，刺激原位微生物的生长，从而强化污染物的自然生物降解过程。通常原位生物修复的过程为：先通过试验研究，确定原位微生物降解污染物的能力，然后确定能最大限度地促进微生物生长的氧需要量和营养配比，最后将研究结果应用于实际。如今所使用的各种原位生物修复技术都是围绕各种强化措施来进行的，例如强化供氧技术大致有以下几种：

（1）生物气冲技术。与原位物化法中的气冲技术相似，都是将空气注入受污染区域底部，所不同的是生物气冲的供气量要小一些，只要能达到刺激微生物生长的供气量即可。

（2）溶气水供氧技术。这项技术能制成一种由 2/3 气和 1/3 水组成的溶气水，气泡直径可小到 55μm，把这种气水混合物注入受污染区域，可大大提高氧的传递效率。

（3）过氧化氢供氧技术。把过氧化氢作为氧源注入受污染地下水中，过氧化氢分解以后产生氧以供给微生物生长。过氧化氢常常要与催化剂一起注入，催化剂用以控制过氧化氢的分解速度，使之与微生物的耗氧速度相一致。

（4）渗透墙技术。在污染区域内垂直于地下水流方向建一道渗透墙，先将渗透墙内的水抽出，添加营养物后再回灌入渗透墙。这时，添加了营养物的渗透墙就成了一个营养物扩散源，在渗透墙下游就会形成一个生物活跃区，从而强化了生物降解过程。

另外，强化措施还可以从微生物的角度入手。可以先在地表设施中对微生物进行选择性培养，然后通过注射井注入受污染区域，或直接引进商品化菌种，都可以起到强化生物降解过程的作用。总的来说，原位生物修复技术具体的工艺形式很多，但其原理无非都是自然生物降解过程的人工强化。一般情况下，原位生物修复要与井群系统配合运行，即通过抽水井与注射井的配合，以加速地下水的流动及氧和营养物的扩散，从而缩短处理时间。

第六章　同位素水文的基本原理及其应用

同位素水文知识能够帮助案件侦办人员在掌握不同水体化学静态特征的基础上，进一步利用水的同位素这一标志性特征判别案件中的“水”在水循环的动态过程中的流转情况，进而判断涉案人及涉案物品的活动区域、运动过程，更为准确地确定案件的性质和侦查范围。

第一节　同位素水文基本知识

以水的同位素知识作为工具，通过研究水的理化性质，分析得出刑事案件中所涉及的比较关键的水的质、量、时间的变化，缩小侦查的范围，为案件侦破提供便利。因为同位素在实验室化验和检验中具有指纹式的性质，歹徒不能够破坏，所以对案件的侦破帮助极大。

一、同位素及其应用

具有相同质子数、不同中子数（或不同质量数）的同一元素的不同核素互为同位素。在元素周期表中，同一元素的同位素占有同一位置。我们都知道，元素的化学性质是由原子序数所决定的，因此同种元素的同位素的化学性质是相同的。自然界中我们观察到同位素的浓度是相对变化的，主要是因为：

（1）同位素的化学物理性质并不完全相同，导致含有同位素的分子的化学和物理性质略有差异，从而引起同位素丰度的不同。

（2）如果同位素是放射性的，则在衰变过程中同位素分子浓度逐渐减少，这会导致同位素浓度差更大。

同位素的应用涉及很多方面。例如，军事上利用两种氢原子制造氢弹维护国家安全。此外，同位素示踪法在医疗科技、农业生产、科学研究等领域应用广泛。

二、同位素的组成及表示方法

同位素组成是指物质中某一元素的各种同位素含量，同位素组成的表示方法主要有同位素丰度、同位素比值（R）、千分偏差值（δ）。

某元素的各种同位素在一定范围内的相对含量称为同位素的丰度。例如海水中氧的同位素丰度：^{16}O 为 99.763%，^{17}O 为 0.0375%，^{18}O 为 0.1995%。

同位素比值（R）是某样品或物质中某元素的重同位素与常见轻同位素的含量或丰度之比，即

$$R=\frac{X'}{X} \tag{6-1}$$

式中，X'和 X 分别为重同位素与常见轻同位素的含量。例如，海水中氢氧同位素的 R 值为

$$R_D=\left(\frac{^2H}{H}\right)_{海水}=(158\pm2)\times10^{-6} \tag{6-2}$$

$$R_{^{18}O}=\left(\frac{^{18}O}{^{16}O}\right)_{海水}=(1993\ \pm 2.5)\times 10^{-6} \tag{6-3}$$

千分偏差值 δ 是指样品的同位素比值相对于标准样品同位素比值的千分偏差，可以表示为

$$\delta(‰)=\frac{R_{样}-R_{标}}{R_{标}}\times 1000 \tag{6-4}$$

三、同位素分馏

同种元素的各同位素原子以不同比例分配于不同物质或物相中的现象，称为同位素分馏。产生同位素分馏的原因主要是不同同位素分子间质量的差异，这种差异造成了物理、化学性质的不同，进而导致不同同位素分子以不同的比例分配于各种物质或物相之中。

（一）同位素分馏的分类

物理化学过程和生物化学过程都能引起同位素分馏。按照分馏机制，同位素分馏可分为质量相关分馏和质量不相关分馏。其中，质量相关分馏又可分为平衡分馏和非平衡分馏。

（二）同位素分馏的表示方法

同位素分馏使得重同位素相对集中于一种物质或物相，而轻同位素则在另一种物质或物相中富集。同位素分馏程度的大小通常用同位素分馏系数（α）来表示。它是用反应系统中生成物 A 中某元素的两种特定同位素含量的比值与反应物 B 中同一元素的同样两种同位素含量的比值的商来表示的，其定义式为

$$\alpha_{A/B}=\frac{R_A}{R_B} \tag{6-5}$$

式中，R_A 和 R_B 分别表示所研究的特定同位素在物质 A 和 B 中的同位素比值。$\alpha_{A/B}>1$，说明 A 物质比 B 物质富含重同位素；$\alpha_{A/B}<1$，则说明 B 物质比 A 物质富含重同位素；$\alpha_{A/B}=1$，则表示 A、B 物质中重同位素含量相同。

关于同位素分馏系数，除上式外，还可以表示为

$$\alpha_A(B)=\alpha_{B/A}=\frac{R(B)}{R(A)}=\frac{R_B}{R_A} \tag{6-6}$$

式中，下标 B/A 表示某特定同位素在物质 B 中的同位素比值相对于 A 物质中的同位素比值（之商）。

除了分馏系数，通常还用分馏差 Δ 来反映两种物质之间的同位素分馏程度。对于 A、B 两种物质，其分馏差可以表示为

$$\Delta_{A-B}=\delta_A-\delta_B \tag{6-7}$$

其中：

$$\delta_A=\frac{R_A-R_{标}}{R_{标}}\times 1000 \tag{6-8}$$

$$\delta_B=\frac{R_B-R_{标}}{R_{标}}\times 1000 \tag{6-9}$$

式中，R_A、R_B 分别表示 A、B 物质中元素的重同位素与丰有同位素的比值；$R_{标}$ 表示某种特定的标准参照物相应比值。

四、水的“指纹”——水的同位素特征

水的同位素包括水自身的氢、氧同位素，及水中溶质的同位素。如：氢，^{1}H、^{2}H、^{3}H；氧，^{16}O、^{17}O、^{18}O。稳定同位素有 ^{12}C 和 ^{13}C、^{32}S 和 ^{33}S、^{54}Fe 和 ^{56}Fe 等；放射性同位素有 ^{14}C、^{36}Cl、^{131}I 等。

随着自然界中同位素的发现，同位素在研究水的各种问题上发挥着重要的作用，成为研究水循环的有力工具。对水中同位素所做的研究首先主要从测量不同的 $^{18}O/^{16}O$ 浓度比率开始，接着开始研究自然界水中 $^{2}H/^{1}H$ 比率，20 世纪 50 年代末，开始对水中 ^{14}C 和 $^{13}C/^{12}C$ 进行研究。

第二节　同位素水文基本原理

一、十条宏观原理

（1）源汇流场相关定律。假设有两条河流 A、B 具有相同的补给源 C，在其他条件相似的情况下，A、B 的流场性质也具有相似性。这条定律也可以称作源汇相关性定律。

这里所说的河流可以是很小的区域径流，也可以是很宽泛的大江大河流域。流场的性质是指由水的流动带来的水的特性，是一个很宽泛的概念，如河流的流量、流速、范围等。

（2）源汇水位相关定律。假设河流 A 的补给源是河流 B，那么河流 A 的水位变化间接反映了河流 B 的水位变化。

（3）流场、介质场、水化学场相关定律。一条河流的流场、介质场、水化学场是相互统一的一个整体。流场和介质场制约着水化学场；通过对水化学场和介质场的分析，可以推测流场的某些特征。

（4）地上、地下相关定律。在蒸发和降水的反复作用过程中，地势场和温度场等控制着地表水体中同位素特征场的分布情况，在地势场和介质场的控制下，一部分地表水体又转入地下，因而记录了补给区水体的同位素特征场的分布情况，通过考察地下水体的同位素特征场的分布可以推断该水体所属补给区的情况。

（5）氚的路径记录规律。地表水体自补给区转入地下后，在不吸收其他含氚的物质或与之相混合的情况下，随着运移的进行，水中的氚随运移时间逐步衰减，因而该水体中氚特征场的分布刻画了水体各处运移时间的分布，进而反映了流场的流速分布，由于介质场部分地控制着流场，因而氚特征场的分布也间接刻画了水体流经区的地质构造的导水情况。

（6）在地表水由补给区转入地下，并由排泄区出露地表的过程中，如果在源区，水和周围的某些物质相结合（或吸收了某些物质），在运移过程中得以保持，在排泄区这种结合物重新分离为水和该物质，那么由这种物质可以推断源区的一些情况。

（7）水量平衡原理。某水体的流入量与流出量的差等于该水体水量的变化量。

顾慰祖等对巴丹吉林沙漠进行了水文观测，在对当地的降水、凝结水和蒸发进行水量平衡计算的基础上，发现当地的降水和凝结水在扣除蒸发之后不足以维持沙漠中高大沙丘的含水量，因而提出巴丹吉林沙漠蒸发的主要补给源不是当地降雨和凝结水，而是来自地下水。

（8）如果在 A 环境下，水体中某物质 m 和周围环境中的物质 m 进行持续交换，从而其某个特征的量值得以保持恒定，物质 m 一旦和 A 环境相隔离并进入 B 环境，则该量值发生有规律（或单调性）的变化，那么在 B 环境中，通过对该水体中物质 m 的该量值的考察，可以推断该水体离开环境 A 的时间。如果在 A 环境下，A 环境中某物质 m 的某特征的量值随时间发生单调性变化，并且因快速的混合使处于该环境中的水体 S 中的物质 m 获得同样的量值，一旦水体 S 和该环境相隔离并进入 B 环境，则此量值不再发生变化，那么在 B 环境中，通过对 S 水体中物质 m 的该量值的考察，可以推断该水体离开环境 A 的时间。

（9）如果仅有 A、B 两个环境含有物质 m，其某特征的量值分别保持恒定，相互间差别较大，水体 S 从环境 A 流向某未知环境 W 后，重新流回环境 A，这期间水体 S 分别与环境 A、W 发生混合作用，则通过考察回流后水体 S 中物质 m 的该量值情况，可以判断水体是否经过了环境 B。

例如，通过分析地下水体中 $^{3}He/^{4}He$、$^{4}He/^{20}Ne$、$^{87}Sr/^{86}Sr$ 的量值，可以推断该水体是否流经了深部地层。

（10）对于由大型地质构造控制下的地下水流，可以通过考察其地表出露物走向的方法，推断该控水构造的走向。

例如，可以通过地表泉眼的分布情况来判断地下的地质断裂构造的走向，通过地表钙华的排列方向判断地下导水断层的走向等。

二、三大微观定律

我们在水文同位素的研究中，常常用到的三大微观定律是质量守恒定律、瑞利分馏定律、放射性衰变与计时定律。

（一）质量守恒定律

在化学反应中，反应前后的物质的量是相等的，这就是质量守恒定律，也叫物质不灭定律。该定律适用于生活的方方面面，包括同位素水文领域。

（二）瑞利分馏定律

自然界中存在一种特殊的体系，在一定物理化学条件下发生物相分离，分离前不同物相之间保持着热力学平衡并处于封闭体系状态，但分离之后一相物质离开体系，不再与另一相保持平衡。这种在开放体系中进行的过程称为瑞利过程，在瑞利过程中发生的同位素分馏称为瑞利分馏。在海水蒸发、雨滴不断从云中蒸发并落下的过程中，均伴有瑞利分馏。

瑞利同位素分馏是一种平衡分馏，但它与同位素交换平衡又有所不同，后者一旦达到平衡状态，物质的同位素组成将保持不变；但在同位素瑞利分馏过程中，由于一部分产物不断地离开体系，物质的同位素将随着时间的推移不断发生变化。因此，瑞利分馏不仅与平衡分馏系数有关，还受此过程的完成程度的影响。

下面以恒温条件下蒸汽凝结成雨及水的蒸发为例来对同位素瑞利分馏进行说明。

1. 蒸汽恒温凝结的同位素瑞利分馏

设蒸汽和液态水的同位素比值分别为 R_g 和 R_l，则两相间的同位素分馏系数为

$$\alpha = \frac{R_g}{R_l} \tag{6-10}$$

对于质量为 M 的一团蒸汽，重同位素的总量为 MR_g，质量为 $\mathrm{d}M$ 的少量蒸汽的凝结会导致 $R_l\mathrm{d}M=\alpha\mathrm{d}MR_g$ 的重同位素的移出，同时蒸汽团中重同位素的变化量为 $\mathrm{d}(MR_g)$，因此可求得重同位素的质量守恒方程为

$$\mathrm{d}(MR_g) = M\mathrm{d}R_g + R_g\mathrm{d}M = R_l\mathrm{d}M = \alpha\mathrm{d}MR_g \tag{6-11}$$

整理可得

$$\frac{\mathrm{d}R_g}{R_g} = (\alpha - 1)\frac{\mathrm{d}M}{M} \tag{6-12}$$

设初始时，云团质量为 M_0，同位素比值为 R_g^0，经过凝结成雨后质量和同位素比值分别变为 M 和 R_g，则对上式积分可得

$$\int_{R_g^0}^{R_g}\frac{\mathrm{d}R_g}{R_g} = \int_{M_0}^{M}(\alpha - 1)\frac{\mathrm{d}M}{M} \tag{6-13}$$

恒温条件下 α 可视为常数，因此可得到

$$\frac{R_g}{R_g^0} = \left(\frac{M}{M_0}\right)^{\alpha-1} \tag{6-14}$$

令 $f=\frac{M}{M_0}$，则可以得到蒸汽恒温冷凝过程中的同位素瑞利分馏基本方程

$$R_g = R_g^0 f^{(\alpha-1)} \tag{6-15}$$

式中，f 表示蒸汽凝结过程中任一瞬时剩余蒸汽的份额。

由图 6-1 可知，随着冷凝过程的进行，残留水蒸气和冷凝水中的^{18}O 和^{2}H 含量不断减少，当水蒸气的$\delta(^{18}\mathrm{O}) = -9.11‰$、$\delta(^{2}\mathrm{H}) = -68.37‰$时，对应的冷凝水的$\delta(^{18}\mathrm{O})$ 和$\delta(^{2}\mathrm{H}) = 0$。此外，还可以

从图 6-1 中看出，随着f的减小，冷凝水与残留蒸汽之间的同位素差值$\Delta_{水-蒸汽}$逐渐减小。

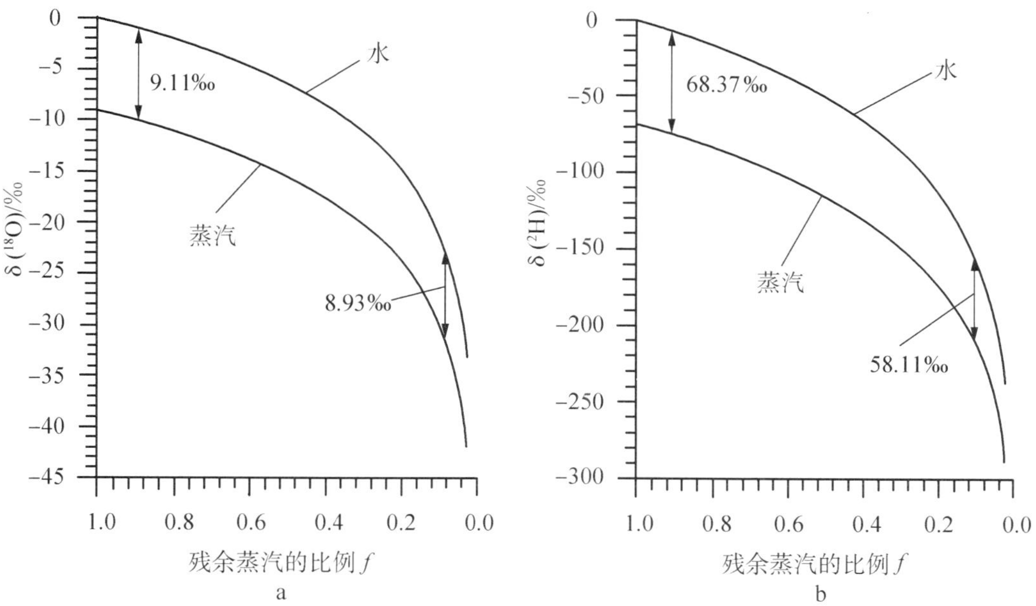

图 6-1　水蒸气冷凝过程中残留蒸汽及冷凝水的 δ（¹⁸O）及 δ（²H）值随 f 的变化关系

2. 水恒温蒸发的同位素瑞利分馏

令 α^* 为恒温蒸发过程中的同位素分馏系数，F 为任一瞬时剩余水的份额，则可以得到恒温蒸发过程中的瑞利分馏基本方程为

$$R_1 = R_1^0 f^{(\alpha^* - 1)} \tag{6-16}$$

又
$$\alpha^* = \frac{R_g}{R_1}$$

故
$$R_1 = R_1^0 F^{(1-\alpha)/\alpha} \tag{6-17}$$

于是可求得水恒温蒸发过程中蒸汽及残留水的 δ（¹⁸O）及 δ（²H）随 F 的变化关系（图 6-2）。

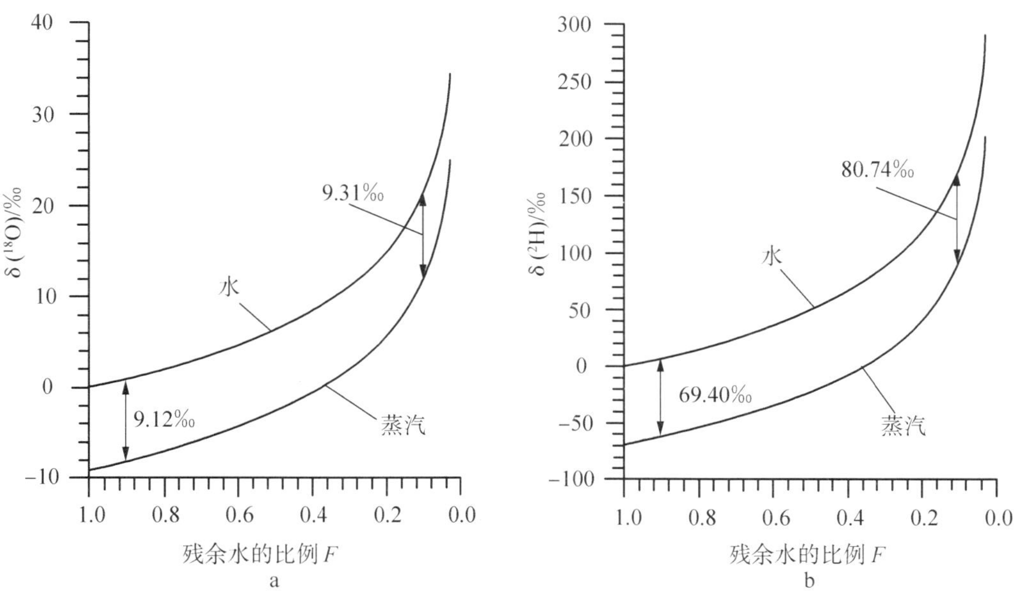

图 6-2　水恒温蒸发过程中蒸汽及残留水的 δ（¹⁸O）及 δ（²H）值随 F 的变化关系

由图 6-2 可知，随着水的不断蒸发，蒸汽和残余水中的 ¹⁸O 和 ²H 含量不断增大，当水的 δ（¹⁸O）=

δ（^{2}H）= 0 时，对应蒸汽的 δ（^{18}O）= −9.12‰、δ（^{2}H）= −69.40‰。同时，随着 F 的减小，冷凝水与残余蒸汽之间的同位素差值 $\Delta_{水-蒸汽}$不断增大。

（三）放射性衰变与计时定律

原子核自发地放射出各种射线的现象称为放射性，能发生这种放射性的同位素称为放射性同位素。放射性同位素的原子核很不稳定，会不间断地、自发地放射出射线，直至变成另一种稳定同位素，这就是核衰变。通过核衰变，放射性同位素会放射出 α 射线、β 射线、γ 射线等，但是，对于放射性同位素，同时放射出集中射线是不确定的。

放射性同位素内部由于发射某些射线，导致原子核内部发生变化，这种现象称为放射性同位素的放射衰变。放射性衰变是一个随机过程，其衰变速率与当时该核素的原子数成正比。放射性衰变基本定律是建立在衰变的实际情况基础上，是化学动力学中零级到三级反应的一级反应，即母核向子核的转化是一个概率过程。衰变的概率是一个原子核的基本性质，并且在时间上保持相等。在没有放射性原子补充的情况下，dt 时间内的核衰变数目为 dN，当 dN 正比于当时所有的原子核数目 N，dN 为 N 的减少量，因此取负号。在数学上，放射性衰变定律可以表示为

$$\mathrm{d}N = \lambda N \mathrm{d}t \tag{6-18}$$

或

$$\mathrm{d}N/\mathrm{d}t = -\lambda N \tag{6-19}$$

式中，λ 为比例常数，或衰变常数。由式（6-19）可求得

$$\lambda = \frac{(-\mathrm{d}N/\mathrm{d}t)}{N}$$

式（6-19）表明 λ 是表示所有的原子核数目中，在 dt 时间内发生衰变的原子核数目。如果原子数 N 足够大，并且每个原子在特定时间内具有一样的衰变机会，很明显地，λ 的物理意义为原子核在单位时间内发生衰变的概率值。λ 的量纲即为时间的倒数。

由式（6-19）还可求得放射性同位素衰变的基本规律：

$$N_t = N_0 \mathrm{e}^{-\lambda t} \tag{6-20}$$

式中，N_0 为起始时刻放射性核素的初始原子数；N_t 为经过时间 t 后，放射性核所剩余的原子数；t 是衰变时间；λ 为放射性同位素的衰变常数，它是一个定量，与时间无关，不受物理化学状态影响。

把放射性核素的原子数衰减到原来原子数的一半所需的时间定义为半衰期 T，即当 $t = T$ 时，$N_T = N_0/2$。由式（6-20）可求得

$$N_0/2 = N_0 \mathrm{e}^{-\lambda t} \tag{6-21}$$

故

$$T = \ln 2/\lambda = 0.693/\lambda \tag{6-22}$$

式（6-20）表明了半衰期与放射性原子数的关系，如图 6-3 所示。由图 6-3 可知，经过一个半衰期后，放射性原子核的数目变为原来的一半。经过两个半衰期时，剩下的原子核数目是原来原子核数目的 1/4，即（$1/2^2$）×N_0。而经过 10 个半衰期后，剩下的原子核数目仅为原来的 1‰，即（$1/2^{10}$）× $N_0 = N_0/1024$。

实际上，式（6-20）表明了 N_0 中的任何原子在给定时间段内的衰变都有一定的概率，在给定时间段内任何时候都有可能发生衰变，但这并不表明这些原子的衰变同步进行，应该是有先后的，有的可能在刚开始的时候就已经发生了衰变，有的可能在很长时间之后才开始发生衰变。因此，某种放射性核素的原子就有了寿命的概念。

从 t 到 t+dt 这个时间段内核衰变数目为−dN，由式（6-18）可以得到

$$-\mathrm{d}N = \lambda N \mathrm{d}t \tag{6-23}$$

这些放射性核素的生存时间为 t，当 $t = 0$ 时，放射性核素的初始原子数为 N_0，每个放射性原子都衰变完的该核素的平均寿命（τ）能够从这些放射性衰变原子及它们完全衰变的生存时间之积的总和除以 N_0 求得，对公式进行整理

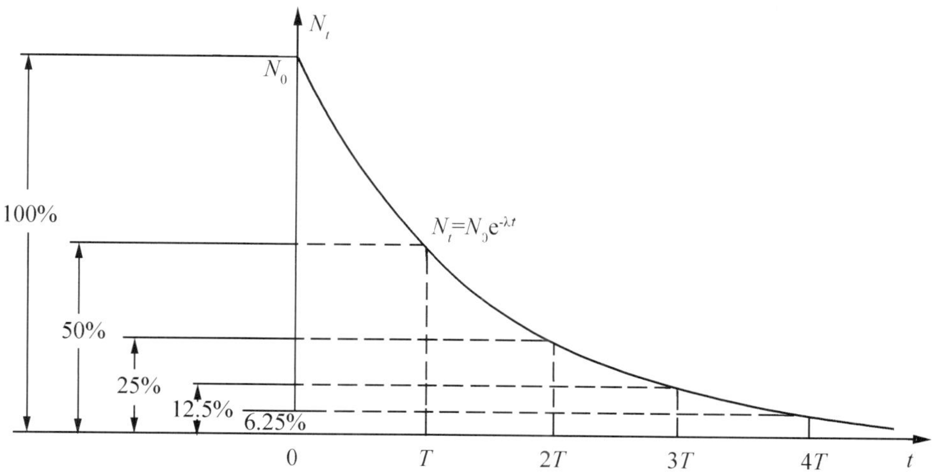

图 6-3 半衰期与放射性原子数的关系

$$\tau = \frac{1}{N_0}\int_0^{\infty} t \cdot \lambda N \cdot \mathrm{d}t = \lambda\int_0^{\infty} t \cdot \mathrm{e}^{-\lambda\tau}\mathrm{d}t = \lambda\left\{-\frac{t}{\lambda}\mathrm{e}^{-\lambda t}\Big|_0^{\infty} + \frac{1}{\lambda}\int_0^{\infty}\mathrm{e}^{-\lambda t}\mathrm{d}t\right\}$$

$$= \lambda\left\{0 + \frac{1}{\lambda}\left(-\frac{1}{\lambda}\mathrm{e}^{-\lambda t}\Big|_0^{\infty}\right)\right\} = \frac{1}{\lambda} \tag{6-24}$$

故

$$\tau = \frac{1}{\lambda} = \frac{T}{\ln 2} = 1.443T \tag{6-25}$$

由此可知，描述一个特定放射性核素的衰变特征需要 3 个参数，分别是半衰期 T、衰变常数 λ 及该放射性同位素的平均寿命 τ，它们之间互有关联，如式（6-22）和式（6-25）所示。例如，^{14}C 的半衰期 T 为 5730a，因此它的平均寿命 τ 为 8268a，衰变常数 $\lambda = 1/8268$，通过 λ 的定义可以得到每 8.3a ^{14}C 的活度大约减少 1‰。

从上述三个特征参数中还可以得到一个重要的参量——放射性强度或放射性活度 A，即单位时间内某特定放射性核素发生衰变的原子核数目，从式（6-19）和式（6-20）可知

$$A = \frac{-\mathrm{d}N}{\mathrm{d}t} = \frac{\lambda N\mathrm{d}t}{\mathrm{d}t} = \lambda N_0\mathrm{e}^{-\lambda t} = A_0\mathrm{e}^{-\lambda t} \tag{6-26}$$

这里涉及一个重要概念，即决定放射性强度的既不是 λ，也不是 N，而是式（6-26）中的 A。有关专家曾对此做过很合理的说明：天然钾中存在的放射性核素 ^{40}K，在我们周围的玻璃物品甚至是眼镜中几乎普遍存在，但是它的原子核数目并没有减少，原因就是它的半衰期很长，达到 1.3×10^9a。因此 λ 很小，发生衰变的概率很小，A 也很小，也就不会对健康造成危害。

三、放射性核素的衰变、生长和放射性平衡

（一）放射性核素衰变的种类

1. 单衰变

这是最简单的衰变，即母核是放射性核素，子核是稳定核素。有关专家曾用假设图（图 6-4）进行说明。设当 $t=0$ 时，母核数为 N_0（图 6-4 中为 120），而稳定子核数 D 为 0。在一个封闭系统中，子核和母核既不会添入系统也不会从系统中丢失，因此对于任一时刻的母核数 N，稳定子核数 D^*，都有 $D^* = N_0 - N$，说明母核因衰变减少的原子数就是相应所生成的子核数。如图 6-4 所示，每经过一个半衰期，母核的数目就减少一半。因此，在第 1、2、3、4、5 个半衰期末，衰变后所剩的原子数为 60、30、15、7.5、3.75，n 个半衰期后，原子数就剩下 $N_0\times2^{-n}$。而产生的稳定子核数平均地相应从 0 增加到 60、(60+30)、(60+30+15)……当 $t\to\infty$ 时，稳定子核数 $D\to N_0$（120）。因此，在每个半衰期时段内的衰变速率并不是常数，只有它的衰变核数比例保持不变。

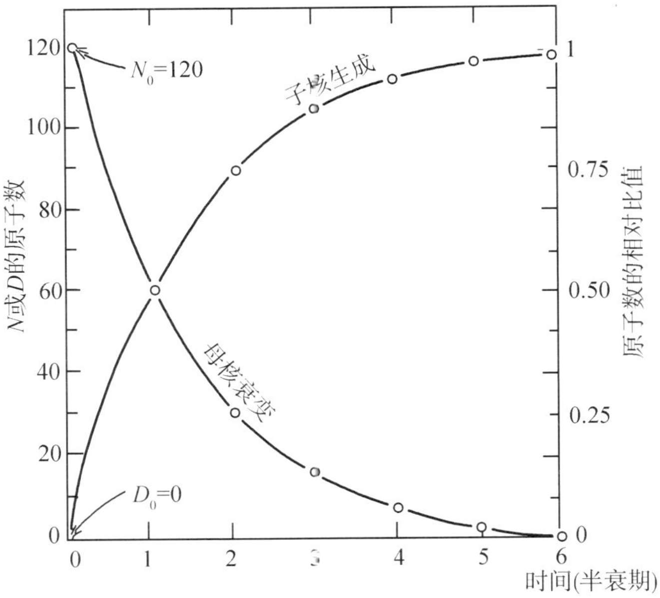

图 6-4　单衰变假设图

其中，图 6-4 中的母核衰变线为 $N=N_0e^{-\lambda t}$，稳定子核的生长线则为

$$D^* = N_0(e^{-\lambda t} - 1) \tag{6-27}$$

或

$$D^* = N_0 - N = N_0 - N_0e^{-\lambda t} = N_0(1 - e^{-\lambda t}) \tag{6-28}$$

2. 三核素级联衰变

天然放射系是从母体核素开始的衰变链，是级联衰变或递次衰变。当母体核素衰变产生的子核也具有放射性时，那么该子核会在它产生的时刻起，在母体核素不断进行衰变的同时，按照自身的规律开始衰变。由于子核不断得到新的补充，因此会导致它在一定的规律下生长或累积着。天然放射系中，从母体核素开始，由于受到其以上的各代核素的数量和衰变常数的影响，越向下代的子核的积累过程就越复杂。

假设母体核素为 A，衰变常数为 λ_A，它的子体核素设为 B、衰变常数为 λ_B，且 B 是放射性核素，会生成下一代核素 C。A 到 B 到 C 的两代衰变构成了最简单的级联衰变。A 以衰变常数 λ_A 并按式（6-20）的指数规律进行衰变，且产生了 B。而一方面 B 以衰变常数 λ_B 也按照式（6-20）的指数规律进行衰变，并且产生了 C。另一方面，B 还不断地因为 A 的衰变得到补充，它在不断地增长、积累。因此，经过时间 t 后，B 核素的原子核数在单位时间内的变化由 B 核素的生长和它本身衰变之差，即

$$dN_B/dt = N_A\lambda_A - N_B\lambda_B \tag{6-29}$$

其中，N_A、N_B 分别为 t 时刻 A、B 核素的原子核数。如果母体核素不再有新来源，唯一来源是 $t=0$ 时的初始原子数，即 N_{A_0}，因为 $N_A=N_{A_0}e^{-\lambda_A t}$，则式（6-29）可以转换为

$$dN_B/dt = N_{A_0}\lambda_A e^{-\lambda_A t} - N_B\lambda_B \tag{6-30}$$

或者$\frac{dN_B}{dt}+N_B\lambda_B-N_{A_0}\lambda_A e^{-\lambda_A t}=0$，方程两边同时乘以 $e^{-\lambda_B t}$ 可以得到

$$\frac{d}{dt}(N_Be^{-\lambda_B t}) = N_{A_0}\lambda_A e^{(-\lambda_B-\lambda_A)t} \tag{6-31}$$

设当 $t=0$ 时，$N_A=N_{A_0}$、$N_B=N_{B_0}$，将式（6-31）积分，求解后除以 $e^{-\lambda_B t}$，则可以求得式（6-30）的解为

$$N_B=N_{A_0}[\lambda_A/(\lambda_B-\lambda_A)](e^{-\lambda_A t}-e^{-\lambda_B t})+N_{B_0}e^{-\lambda_B t} \tag{6-32}$$

式中，N_{A_0}和 N_{B_0}分别是 $t=0$ 时 A 和 B 的原子核数；N_B 是 t 时刻 B 的原子核数。式（6-32）右边第一项是由 N_A 衰变产生的还没发生衰变的 N_B 原子核数目，第二项是从初始原子核数 N_{B_0} 中剩余保留下的

N_B 原子核数目。

如果用式（6-28）放射性活度表示，则式（6-32）可以表示为

$$N_B\lambda_B = N_{A_0}\lambda_A[\lambda_A/(\lambda_B-\lambda_A)](e^{-\lambda_A t}-e^{-\lambda_B t})+N_{B_0}\lambda_B e^{-\lambda_B t} \quad (6\text{-}33)$$

因为 t 时刻母核的放射性活度为 $N_A\lambda_A=N_{A_0}\lambda_A e^{-\lambda_A t}$，则式（6-32）可以表示为

$$N_B\lambda_B = N_A\lambda_A[\lambda_B/(\lambda_B-\lambda_A)](1-e^{(-\lambda_B-\lambda_A)t})+N_{B_0}\lambda_B e^{-\lambda_B t} \quad (6\text{-}34)$$

当 $t=0$ 时，$N_{B_0}=0$，式（6-34）可以化简为

$$N_B\lambda_B/N_A\lambda_A=[\lambda_B/(\lambda_B-\lambda_A)](1-e^{(-\lambda_B-\lambda_A)t}) \quad (6\text{-}35)$$

如果母体核素的寿命远远比子体长，$\lambda_A<<\lambda_B$，即 $\lambda_B-\lambda_A=\lambda_B$，因此，经过许多个子体核素的半衰期后，母体核素的放射性活度不会发生明显的变化，则式（6-35）可以写成

$$N_B\lambda_B=N_A\lambda_A\ (1-e^{-\lambda_B t}) \quad (6\text{-}36)$$

式（6-36）表明，子体核素的放射性活度以其自身的衰变常数为参数而生长或积累着，当经过的时间远远大于子核的半衰期，即 t 很大时，$(1-e^{-\lambda_B t})$ 趋近于1，此时单位时间内 B 核素衰变原子数等于 A 衰变原子数，即 A 与 B 的放射性活度相同，这样子体核素与母体核素之间就达到了放射性平衡，这种状态成为永久性平衡，从而得到

$$N_B\lambda_B=N_A\lambda_A \quad (6\text{-}37)$$

或

$$\lambda_A/\lambda_B=N_B/N_A \quad (6\text{-}38)$$

为了使 $(1-e^{-\lambda_B t})$ 趋近于1，理论上时间 t 要无限长。但实际上，当 $t=10T_B$ 时，$N_B\lambda_B\approx 0.999N_A\lambda_A$，此时可以近似地认为已经达到了放射性平衡。这种类型如图6-5所示，由衰变期为1620a的 $^{226}_{88}$Ra 衰变为半衰期为3.8d的 $^{222}_{88}$Rn。

上述讨论式建立在母体核素的半衰期远长于子体的基础上，即 $\lambda_A<<\lambda_B$ 时，除此之外，还有两种情况：

（1）母体核素的半衰期长于子体半衰期，即 $\lambda_A<\lambda_B$ 时，有

$$N_B=N_{A_0}\ [\lambda_A/\ (\lambda_B-\lambda_A)\ ]\ (e^{-\lambda_A t}-e^{-\lambda_B t})\ +N_{B_0}e^{-\lambda_B t}$$

式中，$e^{-\lambda_B t}$ 与 $e^{-\lambda_A t}$ 相比可以忽略，于是上式可写成

$$N_B=\frac{\lambda_A N_{A_0}}{\lambda_B-\lambda_A}e^{-\lambda_A t} \quad (6\text{-}39)$$

或者

$$N_B=N_A\frac{\lambda_A}{\lambda_B-\lambda_A}=N_A\frac{T_B}{T_A-T_B} \quad (6\text{-}40)$$

式（6-40）表明，子体的原子数与母体的原子数之比一定时，子体的放射性活度与母体的放射性活度之比也是一定的。这就建立了平衡，即过渡平衡。这种类型如图6-6a所示，由半衰期为1.9a的 $^{228}_{90}$Th 衰变为半衰期为3.66d的 $^{224}_{88}$Ra。

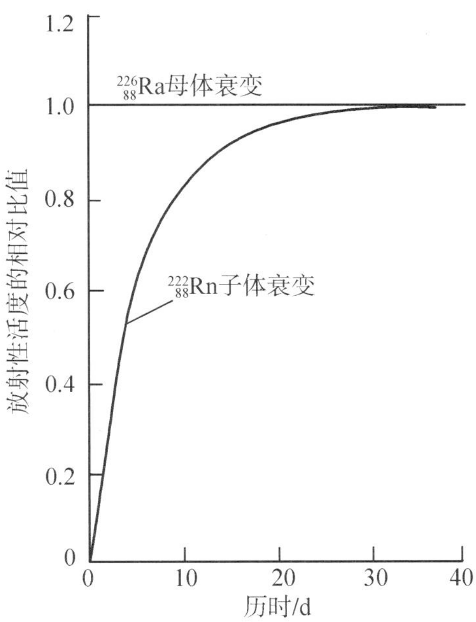

图6-5　由Ra衰变为Rn的放射性平衡

（2）母体核素半衰期短于子体半衰期，即 $\lambda_A>\lambda_B$ 时，母体很快衰变完成几乎只剩下子体，并且子体的原子数首先达到最大值后继续进行衰变。如图6-6b所示，由半衰期为3.05min的 $^{218}_{84}$Po 衰变为半衰期为26.8min的 $^{214}_{82}$Pb。

3. 多核素级联衰变

对于有 n 个核素 A、B、C、D、E 等的整个放射性衰变系，当母体核素 A 的半衰期远远长于其子体核素，即 $\lambda_A<<\lambda_B$（λ_C、λ_D 或 λ_E）时，经过若干个相当于子体核素中相对最长寿的半衰期后，达到久期平衡，因此式（6-37）可以写为

$$N_A\lambda_A=N_B\lambda_B=N_C\lambda_C=N_D\lambda_D=N_E\lambda_E=\cdots=N_{n-1}\lambda_{n-1}=N_n\lambda_n=常数 \quad (6\text{-}41)$$

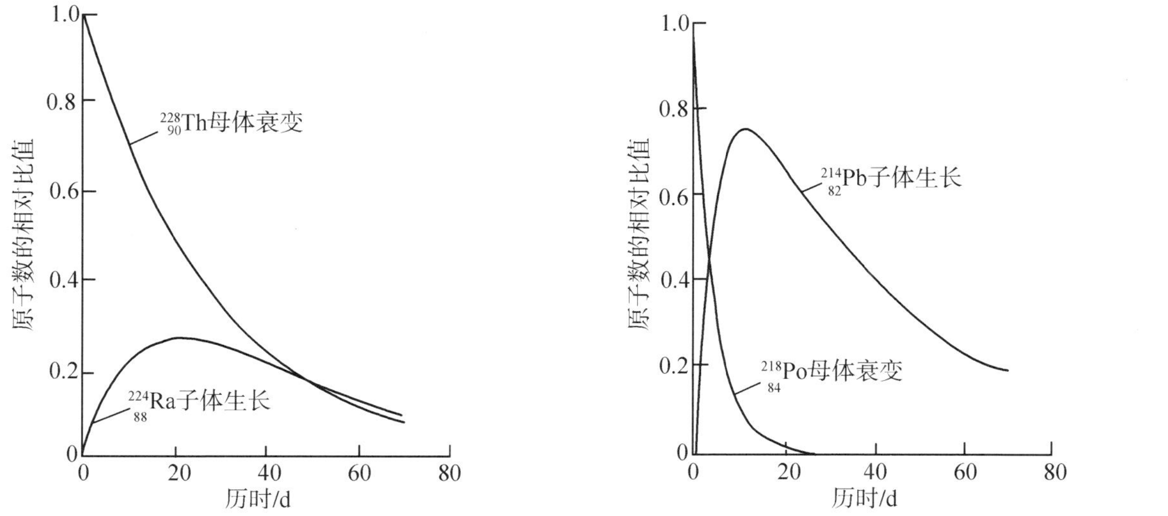

a. 由半衰期为 1.9a 的 $^{228}_{90}$Th衰变为半衰期为3.66d的 $^{224}_{88}$Ra　b. 由半衰期为3.05 min的 $^{218}_{84}$Po衰变为半衰期为26.8 min的 $^{214}_{82}$Pb

图 6-6　母体核素半衰期长于或短于子体半衰期的级联衰变

或

$$N_A : N_B : N_C : N_D : \cdots : N_n = \frac{1}{\lambda_A} : \frac{1}{\lambda_B} : \frac{1}{\lambda_C} : \frac{1}{\lambda_D} : \cdots : \frac{1}{\lambda_n} = T_A : T_B : T_C : T_D : \cdots : T_n \quad (6-42)$$

当达到长久平衡以后，通过式（6-42）可以求得任何一个放射性子核的原子数 N_i，即

$$N_i = \frac{\lambda_A}{\lambda_i} N_A \quad (6-43)$$

因此，按照式（6-41）推广可得到久期平衡时衰变系形成的稳定原子核数 D^*：

$$D^* = N_{A_0} - N_A - N_B - N_C - N_D - \cdots - N_n = N_{A_0} - N_A - N_A \frac{\lambda_A}{\lambda_B} - N_A \frac{\lambda_A}{\lambda_C} - N_A \frac{\lambda_A}{\lambda_D} - \cdots - N_A \frac{\lambda_A}{\lambda_n}$$

$$= N_{A_0} - N_A\left(1 + \frac{\lambda_A}{\lambda_B} + \frac{\lambda_A}{\lambda_C} + \frac{\lambda_A}{\lambda_D} + \cdots + \frac{\lambda_A}{\lambda_n}\right) \approx N_{A_0} - N_A = N_A(e^{\lambda t} - 1) \quad (6-44)$$

明显的是，该式与单衰变中稳定子核的生长线公式相同。这表明：长寿命的母体核素经过一系列的级联衰变达到久期平衡时，最终稳定子核的原子数只与母体的衰变有关，与中间经历的衰变过程无关，因此可作为上述单衰变方式处理。这是用铀-钍-铅法进行测年的基础。

由式（6-41）可得

$$\frac{\lambda_A N_A}{\lambda_B N_B} = \frac{\lambda_B N_B}{\lambda_C N_C} = \cdots = \frac{\lambda_{n-1} N_{n-1}}{\lambda_n N_n} = 1 \quad (6-45)$$

这是衰变系达到久期平衡后的一个特殊现象。其中，任何一对核素的放射性活度之比都为 1。因此，在漫长的地球历史过程中，上述三个天然放射系应该早就达到了久期平衡。但是，天然水中仍然存在着铀放射系不平衡。这就成了同位素水文学的一个重要工具。此外，式（6-38）所表示的达到的放射性平衡时，核素的原子核数之间存在一定的比例关系，例如自然界中，1g 铀处于平衡时的含镭量是 3.4×10^{-7}g，它们在不同水体发生的变化反映了这些水体的信息。

（二）放射性同位素的衰变机制

1. β（负电子）衰变

由一个中子转变成一个质子和一个电子，然后电子作为负 β 粒子从原子核中发射出来。衰变结果是原子序数增加 1，中子数减少 1。新生放射性子核与母核是一个同量异位素。

2. 正电子衰变

核中的质子转变为中子、正电子和中微子，由此产生的子核与母核为同量异位素。

3. K 层捕获衰变

通过捕获一个核外电子，减少质子数而增加中子数，可理解为一个核外电子和一个核中子反应生成一个中子和一个中微子，并发射 X 射线。

4. α 衰变

α 粒子由两个质子和两个中子组成，生成的子核原子序数和中子数都减少 2。质量数减少 4，因而属于其他元素的同位素。同位素通过自发发射 α 粒子而衰变。

（三）放射性衰变与增长

根据卢瑟福的理论，不稳定的母核在任一时刻 t 的衰变速率正比于尚未衰变的原子数 N。数学表达式为

$$-\mathrm{d}N/\mathrm{d}t \propto N \tag{6-46}$$

$-\mathrm{d}N/\mathrm{d}t$ 是母核原子数的变化速率，可实验测定同位素的衰变常数（衰变概率），用 λ 表示，此时有

$$-\mathrm{d}N/\mathrm{d}t = \lambda N\ （\lambda N \text{ 为任何时刻 } t \text{ 的衰变速率}） \tag{6-47}$$

整理式（6-47）并积分：

$$-\int \mathrm{d}N/N = \lambda \int \mathrm{d}t \tag{6-48}$$

$$-\ln N = \lambda t + C \tag{6-49}$$

当 $t=0$ 时有

$$-\ln N_0 = C \tag{6-50}$$

代入式（6-49）得

$$-\ln N = \lambda t - \ln N_0 \tag{6-51}$$

$$\ln(N/N_0) = -\lambda t$$

$$N/N_0 = e^{-\lambda t}$$

$$N = N_0 e^{-\lambda t} \tag{6-52}$$

该方程是放射性元素衰变过程的基本方程，它表明 N_0 个初始原子在任何时刻 t 仍存在的未衰变的原子数（N）。

在实际测试中，只能测得 t 时的放射性子体和母体的原子数（N），而不能得到初始放射性原子数（N_0）。设 t_0-t 由 N_0 衰变生成的子体量为 D^*，则

$$D^* = N_0 - N \tag{6-53}$$

将方程 $N=N_0 e^{-\lambda t}$ 代入式（6-53）得

$$D^* = N_0 - N_0 e^{-\lambda t}$$

$$D^* = N_0(1 - e^{-\lambda t}) \tag{6-54}$$

由式（6-52）得

$$N_0 = N/e^{-\lambda t} = N e^{\lambda t}$$

代入式（6-54）得

$$D^* = N e^{\lambda t}(1 - e^{-\lambda t})$$

$$D^* = N(e^{\lambda t} - 1) \tag{6-55}$$

当子体（D）在 $t_0 \neq 0$ 时，有

$$D = D_0 + N(e^{\lambda t} - 1) \tag{6-56}$$

式（6-56）是同位素年代学的基本公式，其中 $t = 1/\lambda[\ln(D^*/N + 1)]$。

要使测年结果准确，必须满足以下条件：

（1）放射性母体元素在矿物或岩石形成以来，除放射性衰变外没有丢失和增加（封闭体系）。

（2）放射性成因子体，除放射性母体来源外，没有别的来源，也没有丢失，要求放射性衰变在

一个封闭体系中完成。

（3）必须有精确的方法扣除初始子体同位素 D_0 的含量。

（四）等时线测年方法的基本原理

根据放射性同位素的测年公式

$$D = D_0 + N(e^{\lambda t} - 1) \tag{6-57}$$

要获得岩石或矿物的形成年龄，必须扣除岩石或矿物形成时体系已存在的初始放射性子体 D_0。对高度富含母体元素，同时又极端贫子体元素的矿物来说，$D \approx N(e^{\lambda t} - 1)$，这种情况下 D_0 对年龄的影响极小。通过对 D_0 的校正，可获得精确年龄。满足该类同位素测年体系的有钾-氩法、铀-铅法、氩-氩法等。

自然界中很多放射性同位素是呈分散状态分布的（不形成独立矿物），D_0 对年龄的影响极大，又无法直接扣除和校正。等时线法就是针对该类放射性同位素建立起来的一种测年方法。主要等时线测年方法有铷-锶法、铼-锇法、镥-铪法等。

$D = D_0 + N(e^{\lambda t} - 1)$ 是一个直线方程，D 和 N 可通过质谱计测试得到。D_0 为直线的截距，是矿物结晶时体系中的初始值，不能直接测得。

$N(e^{\lambda t}-1)$ 为直线方程的 bX 项，设斜率 $b=e^{\lambda t}-1$，则

$$\ln(b + 1) = \lambda t \tag{6-58}$$

$$t = (1/\lambda) \times [\ln(b + 1)] \tag{6-59}$$

根据直线方程 $D=D_0+N(e^{\lambda t}-1)$，同源、同时的一系列成分测试点将构成一条直线，通过最小二乘法拟合直线方程，可求出直线斜率（$b=e^{\lambda t}-1$）和直线截距 D_0。根据公式 $t = (1/\lambda) \times [\ln(b + 1)]$ 可求出岩石或矿物的形成时间 t。

等时线测年方法的前提条件是：所测试的一组样品必须满足同源、同时和封闭体系；为保证等时线的测试精度，样品数量一般不少于 5 件，放射性母体（N）含量在所选样品中必须具备一定的变化范围。

（五）铷-锶法年龄测定

铷是一个碱金属元素，它的离子半径（0.148nm）与钾的离子半径（0.133nm）十分相似，这使得铷能在所有含钾矿物中替代钾。铷是一种不形成任何独立矿物的分散元素。只在含钾矿物中富集，铷存在于云母（白云母、黑云母、金云母）、钾长石（正长石、微斜长石）、角闪石和某些黏土矿物等含钾矿物中。

锶的离子半径（0.113nm）略大于钙的离子半径（0.099nm），这使得锶能够在许多矿物中替换钙。锶也是一个分散元素，它存在于斜长石、磷灰石、碳酸钙，特别是文石等含钙矿物中。

铷有 ^{85}Rb 和 ^{87}Rb 两种天然同位素，它们的同位素丰度分别为 72.1654% 和 27.8346%。铷的原子量为 85.46776。^{87}Rb 是放射性的，它通过发射一个负 β 粒子，衰变为稳定的 ^{87}Sr。

锶有 4 种天然同位素（^{88}Sr、^{87}Sr、^{86}Sr 和 ^{84}Sr），它们都是稳定的。这些同位素的丰度分别为 82.53%、7.04%、9.87% 和 0.56%。由于自然界中 ^{87}Rb 的衰变形成放射性的 ^{87}Sr，使锶的同位素丰度不断变化。

根据同位素测年的基本公式 $D=D_0+N(e^{\lambda t} - 1)$ 可得

$$^{87}Sr = {}^{87}Sr_0 + {}^{87}Rb(e^{\lambda t}-1) \tag{6-60}$$

式中，^{87}Sr 是单位重量的矿物中该同位素的总原子数；$^{87}Sr_0$ 是矿物形成时进入矿物中的核同位素的原子数；^{87}Rb 为现在单位重量矿物中该同位素的原子数；λ 为 ^{87}Rb 的衰变常数，以年的倒数为单位；t 为矿物的形成年龄，以年为单位。

为提高测试精度和满足岩石成因研究需要，将式（6-60）除以 ^{86}Sr 得

$$^{87}Sr/^{86}Sr = (^{87}Sr/^{86}Sr)_0 + (^{87}Rb/^{86}Sr)(e^{\lambda t} - 1) \tag{6-61}$$

^{86}Sr 是一个稳定同位素，原子数为一常数。式（6-61）是 Rb-Sr 法测年的基本方程。$^{87}Sr/^{86}Sr$ 和 $^{87}Rb/^{86}Sr$ 可通过质谱计测试得到。

$(^{87}Sr/^{86}Sr)_0$ 为直线的截距，是矿物结晶时体系中的初始值，不能直接测得。$^{87}Rb/^{86}Sr\ (e^{\lambda t}-1)$ 为直线方程的 bX 项，斜率 $b=e^{\lambda t}-1$，t 可由斜率项求得

$$\ln(b+1)=\lambda t \tag{6-62}$$

$$t=(1/\lambda)\times[\ln(b+1)] \tag{6-63}$$

同源、同时的一系列成分测试点构成一条直线，通过最小二乘法求出直线斜率（$b=e^{\lambda t}-1$）和直线截距［一般表示为 $(^{87}Sr/^{86}Sr)_i$］。

根据 $t=(1/\lambda)\times[\ln(b+1)]$ 可求出岩石或矿物的形成时间 t，直线截距给出岩石初始 $(^{87}Sr/^{86}Sr)_i$ 比值。

Rb-Sr 同位素体系随时间的衰变特征和同时、同源岩石的衰变过程如图 6-7 所示。

在变质岩石测年中全岩等时线年龄可反映原岩形成年龄。岩石内部的矿物等时线年龄通常给出的是热扰动（变质）年龄或岩石冷却抬升年龄，如图 6-8 所示。

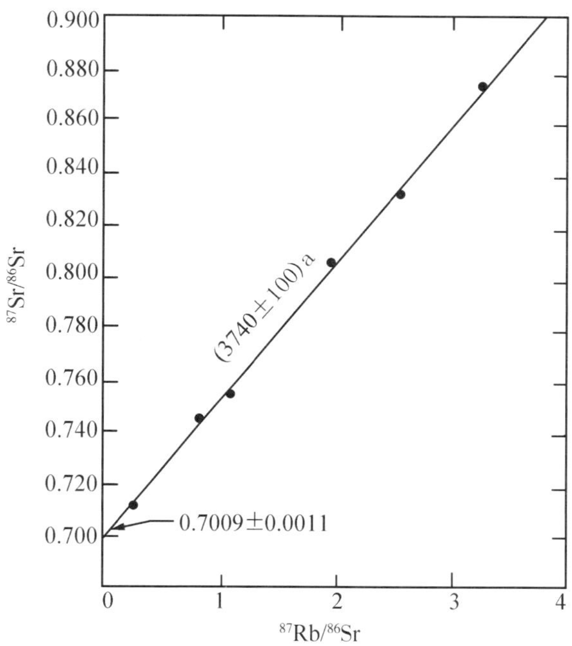

图 6-7 格陵兰西南部阿米左克片麻岩全岩 Rb-Sr 等时线

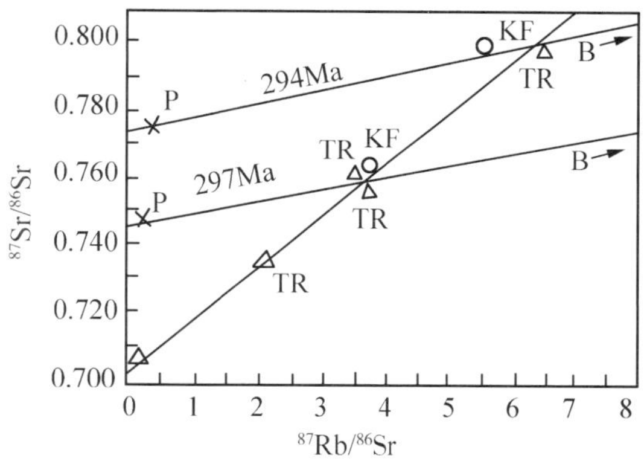

图 6-8 巴尔的摩片麻岩全岩及矿物等时线

1. 等时线测年的优点和缺点

（1）不需要对初始同位素组成校正，可由斜率直接计算出年龄。

（2）全岩和岩石内部矿物等时线年龄可揭示岩石的热演化历史。

（3）可获得体系初始同位素组成，对岩石成因具有重要示踪意义。

（4）假定所测一组样品为同源、同时和同位素封闭体系，实际应用中缺少严格的判据。

2. 锶同位素地球化学

每种岩石的初始锶同位素比值 $(^{87}Sr/^{86}Sr)_i$ 取决于岩石形成的时间及其体系的 Rb/Sr 比值。如果在地球起始到岩石的形成阶段内，体系的 Rb/Sr 比值发生了多次变化，则其岩石的初始锶同位素比值为

$$\left(\frac{^{87}Sr}{^{86}Sr}\right)_i=\left(\frac{^{87}Sr}{^{86}Sr}\right)_{地球原始值}+\sum_{i=1}^{m}\left(\frac{^{87}Rb}{^{86}Sr}\right)_m\left(e^{\lambda t_{i-1}}-e^{\lambda t_i}\right) \tag{6-64}$$

高 Rb/Sr 比的大陆地壳物质熔融形成的花岗岩浆具有高的 $(^{87}Sr/^{86}Sr)_i$ 值。

低 Rb/Sr 比的地幔物质熔融形成的岩浆具有低 $(^{87}Sr/^{86}Sr)_i$ 值（图 6-9）。

大陆地壳和地幔的演化过程是多阶段的，地壳和地幔起源岩浆的 $(^{87}Sr/^{86}Sr)_i$ 值可具有复杂性。例如，富集地幔来源岩浆可具有较高的 $(^{87}Sr/^{86}Sr)_i$ 值，金伯利岩较新地壳起源的花岗岩则具有较低

的（$^{87}Sr/^{86}Sr$）$_i$ 值。

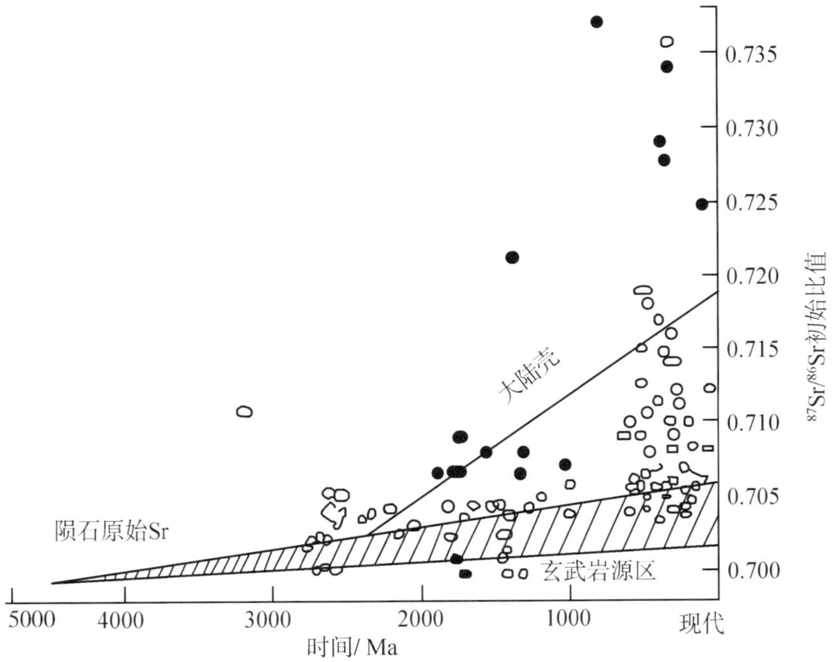

图 6-9　$^{87}Sr/^{86}Sr$ 初始比值与岩石物质来源的关系

第三节　同位素水文基本原理的应用

一、稳定同位素水文基本原理的应用

稳定同位素无辐射衰变，质量保持永恒不变。稳定同位素广泛存在于在自然界中，包括各种化合物、水及大气，因此在动植物及人体中也广泛存在。稳定同位素的物理化学性质与普通元素相同，因此常被用作示踪剂标记化合物，在科学研究、临床医学和药物生产等几乎所有自然科学领域应用广泛。加上没有辐射污染，稳定同位素示踪剂可以用于任何对象，包括婴儿、孕妇和患者，并且无论是口服还是注射，都绝对安全。此外，由于稳定同位素具有高精度和超高精度的测试定量（达到百万分之一的精度），还可以测定化合物的浓度，不仅事半功倍，且降低了测试误差。

稳定同位素的另一个特点则是其示踪能力的微观性和灵活多变性。稳定同位素不仅可以用来标记、追踪化合物分子内部某个或多个特定原子，还能够通过标记位点的合理选择和巧妙设计来追踪、定性定量测定化合物的不同代谢途径或者生成过程。

由于以上特性，稳定同位素被广泛用于医学、营养、代谢、食品、生态、农业及地质等研究和生产领域。近年来，在药物研发生产及新兴的基因工程、蛋白质组学、代谢组学和代谢工程等前沿领域，稳定同位素已经成为应用广泛、独特高效甚至必需的技术，使解决生产问题的能力和生产效率得到了显著提高。例如，在药物研发中，利用非放射性同位素技术来定性、定量测定药物的代谢参数，包括药物吸收、体内代谢和排泄速度，通过把来自两个或更多个体的、用不同同位素标记的样品混合后再测定，使定量结果更准确可靠，加快药研速度，降低成本，提高生产效率。

20 世纪 50 年代开始，同位素技术开始被用于解决各种水文学和水文地质学问题，同位素水文学成为一门新兴学科。随着同位素技术的发展，通过研究水体及某些溶解盐类的同位素组成，同位素技术已经成为水科学研究的现代手段之一。稳定同位素的组成受形成温度等条件的影响，往往会在不同物质或同一物质的不同相中产生分馏现象，成为天然的示踪剂。随着质谱仪的不断完善，精确测定水样中稳定同位素的含量成为可能，从而使稳定同位素技术被广泛应用于现代水文学中，主要应用于研究水体蒸发过程中同位素的变化，确定地下水起源、形成过程及污染源，研究流域产流机制，划分流量过程线，确定不同含水层之间水力关系及确定混合水的混合比例等。

（一）研究水体蒸发过程中同位素的变化

各种同位素水分子的蒸汽压与分子的质量成反比，蒸发水体中稳定同位素的分馏归因于水的轻重同位素的饱和水汽压 e 之间的差异，e（$H_2^{16}O$）高于 e（$H_2^{18}O$）和 e（$HD^{18}O$）（D 表示氢的同位素^2H），因此，在蒸发过程中，轻的水分子 $H_2^{16}O$ 比包含有一个重同位素水分子 $H_2^{18}O$ 和 $HD^{18}O$ 更活跃，率先从液相中逃逸。这样就导致水蒸气中富集 H 和^{16}O，而剩余水中富含 D 和^{18}O。蒸发过程作为水循环的一个重要的组成部分，稳定同位素技术对研究水体蒸发过程中同位素分馏具有重要意义，为蒸发量的计算提供了一种新方法。

（二）确定地下水起源、形成过程及污染源

1. 利用氢氧同位素研究地下水起源和形成过程

按照地下水的成因和生成环境可以将地下水区分为大气成因溶滤水、海相成因沉积水、变质成因再生水和岩浆成因初生水。这四种成因类型地下水由于其水的来源和生成环境的不同，在其氢、氧同位素的组成上存在着很大差异，因此可利用这一特性通过比较 δ（D）和 δ（^{18}O）的变化范围来研究水分的来源和成因。地下水的同位素组成取决于降水的同位素及其地下循环过程，若没经过同位素交换的地下水，则其同位素组成与补给水一致，但与围岩发生了水岩交换反应的地下水，其同位素组成就会发生变化。

2. 地下水污染源的确定

地下水源如果受到地表污水的影响，只要地下水与地表水的 δ（D）和 δ（^{18}O）存在一定的联系，就可以利用稳定同位素方法判定该地下水与地表水之间的水力联系，从而确定污水的地表来源。此外，有学者认为，可以定期测量研究区内的河流和井水中的 D 和^{18}O，并通过河流的季节变化确定河流对供水井的相对贡献，分析含水层的特征，从而可以建立被污染的河流含水层污染物的传播时间和速度的水力扩散模型。当河流污染程度确定后，可以根据扩散模型确定污染物到达出口断面的时间及浓度。

（三）研究流域产流机制

水文学研究中最重要的基础问题就是流域产流机制的研究。但是，传统的流域模型由于建模信息的缺乏，只能停留在概念性模型的水平。同位素在流域水源过程示踪研究中的应用，能有效地避免对自然状况模拟的失真问题，改善了信息缺乏的状况，为土壤水流规律研究、水文模型结构及参数识别提供了更详细的信息，是未来水文学发展的一个重要方向。

（四）划分流量过程线

流程过程线主要研究流域径流的不同成分及组成比例。由于流域水流的水源成分的复杂性，特别是土壤中水流向出口断面的运动，当其信息全部反映在流域出口断面的流量过程线中时，很难确定并区分水源成分。但由于同位素的分馏影响，且以不同水源的混合影响为主，因此，可用于示踪不同水源的径流关系。利用不同稳定同位素的质量平衡关系将一次降雨事件产生的流量过程线分割成不同的水源。这种分割方法是具有物理基础的一种流量分割方法，避免了斜线分割法的任意性，对研究土壤水分运动规律、分析流域水源成分、追踪研究流域径流形成具有重要的作用。

（五）确定不同含水层之间水力关系

如果不同含水层之间没有水力联系，它们的稳定同位素含量也会不同，因此可以根据各含水层中的^2H 和^{18}O 含量判断它们之间的相互联系程度。这种方法有时候可能是解决这种问题的唯一可行手段。在匈牙利大草原，为了研究碳酸盐地层中的承压水通过黏性土层补给第四系潜水含水层的可能性，人们分别对两个含水层中的地下水进行取样并测定其^2H 含量，得到了以下结论：承压水 δ（$^2H_{平均}$）$=-86‰$；潜水 δ（$^2H_{平均}$）$=-63‰$。根据这两个含水层的^2H 含量存在较大的差异，因此可以得出承压水对潜水的补给不明显。

湖泊、湿地与地下水通常联系密切，由于湖面及湿地强烈的蒸发作用，接受湖水或湿地补给的地下水的^{2}H 和^{18}O 会发生一定程度的富集。因此，通过比较各种类型水的$\delta(^2H)$和$\delta(^{18}O)$的值及$\delta(^2H)$和$\delta(^{18}O)$关系曲线的斜率便可以推测它们之间是否存在水力联系。有关专家曾经利用稳定同位素技术估计地下水和湖水的交换量，地下水化学及稳定同位素成分都可以用来估计湿地与地下水之间的交换量。

（六）确定混合水的混合比例

使用同位素技术确定混合水的混合比例有两个前提条件：①端元混合水样的同位素成分有明显差异；②发生混合作用后，水的同位素未与岩石相互作用发生改变。

两种不同类型水混合而成的地下水，水样 A 和水样 B，混合水的同位素组成（M_1）位于 A、B 之间的连线上，并且混合水的混合比例取决于 AM_1 与 M_1B 长度的比值。三种不同类型水混合而成的地下水，水样 A、B 和 C，混合水的同位素组成（M_2）位于 A、B、C 组成的三角形范围内，并且它的混合比例由三角形 AM_2B、BM_2C 及 AM_2C 面积的相对大小所决定。

对于由两种不同类型的水混合而成的地下水来说，如果已经测得端元混合水样 A、B 的同位素组成分别是 δ_A、δ_B，并且地下水的同位素组成为 δ_M。设水样 A 在混合水中的混合比例为 R，则水样 B 的混合比例为（$1-R$），由同位素的质量守恒定律可以得到

$$\delta_A \times R + \delta_B \times (1 - R) = \delta_M \tag{6-65}$$

因此有

$$R = \frac{\delta_M - \delta_B}{\delta_A - \delta_B} \tag{6-66}$$

对于由三种不同类型的水混合而成的地下水来说，如果已经测得端元混合水样 A、B、C 中的^{2}H 和^{18}O 的含量分别是$\delta(^2H_A)$、$\delta(^2H_B)$、$\delta(^2H_C)$及$\delta(^{18}O_A)$、$\delta(^{18}O_B)$、$\delta(^{18}O_C)$，并且地下水中的含量分别是$\delta(^2H_M)$和$\delta(^{18}O_M)$。设水样 A 在混合水中的混合比例为 R_1，水样 B 的混合比例为 R_2，则水样 C 的混合比例为（$1-R_1-R_2$），因此根据水中^{2}H 和^{18}O 的质量守恒定律可得到

$$\delta(^2H_A) \times R_1 + \delta(^2H_B) \times R_2 + \delta(^2H_C) \times (1 - R_1 - R_2) = \delta(^2H_M) \tag{6-67}$$

$$\delta(^{18}O_A) \times R_1 + \delta(^{18}O_B) \times R_2 + \delta(^{18}O_C) \times (1 - R_1 - R_2) = \delta(^{18}O_M) \tag{6-68}$$

联立上述两式即可求得水样 A、B、C 的混合比例。

（七）其他应用

对于承压水层的地下水滞留时间或地下水年龄的研究是水文地质研究的一个重要内容。利用同位素技术不仅可以有效测定地下水年龄，还可以分析河流古洪水平流沉积物，从而确定洪水发生的年代和最高水位，并通过精确的分析得到洪水流量，极大地扩展了洪水考证期，极大地提高了历史洪水分析计算的精度。此外，还可以利用同位素技术进行水环境保护和水质、水污染的监测。

二、放射性同位素水文基本原理的应用

由于放射性元素的半衰期是一个确定的常数，因此可以根据这一特性测定地下水在含水层中储存的时间，即地下水年龄。地下水的年龄一定程度上反映了地下水的更新能力和长期补给能力，因此地下水年龄的测定可以帮助分析地下水的起源、成因和再生能力，并有助于制定地下水资源开发和管理的合理决策。目前，地下水年龄的测定技术主要有氚同位素和^{14}C 测定技术。

（一）氚同位素测定地下水年龄

1. 氚的起源

氢有 3 种同位素，即两种稳定同位素（^{1}H 和^{2}H）和一种放射性同位素（^{3}H 或 T），其中 T 的半衰期为 12.43a、相对原子质量为 3.016049。天然水中氚的浓度单位称为“氚单位”，用“TU”表示。一个 TU 即在 10^{18} 个氢原子中有一个氚原子。

天然水中的氚主要有天然氚和人工氚两种起源，地层里虽然也有一些天然核反应产生氚，但是数

量不多，对地下水年龄的测定影响较小。

天然氚是由宇宙射线快中子冲击大气层中稳定的氮原子形成的，生成于大气层上部 10~20km 高空，表达式为

$$^{14}_{7}N+^{1}_{0}n \longrightarrow ^{3}_{1}H+^{12}_{6}C$$

数万年来宇宙射线的强度基本保持不变，因此，天然氚的产生率较稳定，使大气降水中天然氚的浓度相对比较稳定。由 1949 年和 1950 年的监测资料可知，大气降水中天然氚的平均浓度为 5~10TU。

人工氚主要通过核试验产生。人工氚的输入导致大气降水中的氚的含量大幅度增加。20 世纪 60 年代初，北半球中纬度地区降雨中氚的含量往往要超过 1000TU。

氚通过 β 衰变转化为氦，转化式为

$$^{3}H \longrightarrow ^{3}He+\beta^{-}$$

由于氚的半衰期为 12.43a，衰变常数为 $5.581\times10^{-2}/a$，因此氚的衰变方程为

$$\frac{a_t}{a_0}=P_T=e^{-0.05581t} \tag{6-69}$$

式中，P_T 为经过 t 年衰变后，剩余的氚在原始氚中的百分比。

2. 雨水氚的地理分布

随着地区的不同，大气降水中氚的浓度具有随机性，因此需要设站观测，并进行数理统计，从而找到统计学规律。国际原子能机构（IAEA）为此从 1960 年就开始通过在全球设立雨水同位素观测台站网络，进行系统地观测全球雨水氚的分布特征。之后不断有统计学研究成果发表，表明了全球雨水氚分布与地理和气象因素具有密切的关系。

（1）季节效应。雨水氚会随季节变化发生明显改变。每年的 6、7 月会出现高峰期，12 月到次年的 1 月降到最低，变化幅度达 5~6 倍。大气休止层发生季节性断裂导致了这种变化的发生。

大气圈的平流层和对流层之间有一个休止层，这个休止层阻碍了两层之间气流的交换。而在 3、4 月时，休止层一般会发生断裂，导致储存在平流层的氚大量进入到对流层。冬季的时候断裂会重新弥合，氚就又重新在平流层聚集，到第二年春天又大量进入对流层。季节效应表现为氚浓度动态曲线剧烈的季节振荡。

（2）纬度效应。北半球的雨水氚浓度与南半球不同，高于南半球。其原因有两个：一是核爆炸主要发生在北半球，而南北半球之间大气混合一次需要花费 10a 以上；二是南半球海水面积比北半球大，大气中的氚被大量吸收。

同一纬度上雨水氚浓度相差不大，原因是同一纬度上大气环流周转一次所用时间较短，只花费不到一个月的时间，大气氚混合比较均匀。

纬度效应是指不同纬度上的雨水氚浓度也相差很大，并且会随着纬度的变化而发生有规律的变化。平时高纬度地区的雨水氚浓度（10TU）比低纬度地区（5TU）高出 1 倍；1963 年高峰期时高纬度地区的雨水氚浓度比低纬度地区高出大约 300 倍。平时地球磁场屏蔽作用导致了雨水氚的纬度效应；核爆炸时雨水氚的纬度效应则主要和核爆炸地点有关。

20 世纪 70、80 年代，我国在罗布泊爆炸氢弹。20 世纪 70 年代起罗布泊以东地区（沿新疆-内蒙古-北京-黑龙江一线）就形成了纬向雨水氚异常带（>200TU），比两侧背景值 100TU 高出 1 倍多。

（3）大陆效应。同一纬度线上雨水氚浓度从沿海向内陆逐渐增加。大陆效应和纬度效应的共同作用使得我国雨水氚从东南向西北方向有规律地大约呈指数增长。

大陆效应的产生与海水对氚的吸收有关。通过海水的吸收，海域上空云团中的氚不断被低氚海水蒸气稀释，导致其浓度极低，又被叫作海洋稀释效应。

（4）高程效应。高程效应是指在山区，雨水氚浓度随着高程的增加而不断增加。

（5）核爆氚。1952~1963 年，全球热核爆炸导致大气层中的核爆氚大量增加，使得北半球的高纬度地区的雨水氚的浓度升高了 2、3 个数量级。我国雨水氚在新疆-内蒙古-北京-黑龙江一线有一条脊状高

峰带。在 1978 年脊柱雨水氚浓度>200TU；到 1990 年时降到了>40TU，但是脊柱并没有消失。这条脊柱线记录了中国在新疆罗布泊进行的核爆炸，并且它的轨迹与西风带大气环流方向相同。

我国没有更早的雨水氚记录。从当前雨水氚的分布格局来看，除了纬度效应和大陆效应之外，还要叠加上浓重的人工核爆氚效应的烙印。1970 年以来，核爆氚应该是支配我国雨水氚分布的至关重要的因素。

在 20 世纪 60 年代中期（1964~1966 年）的雨水氚高峰期之后，雨水氚浓度由于全球混合、海水吸收而迅速降低；雨水中的核爆氚经过 50 多年（4 个多半衰期）的衰减后已经减少到了几十分之一到几百分之一。一些重建工作表明，虽然我国的华北、华南地区高峰期雨水氚浓度达到 100~600TU，但在 2008 年已降低到10~15TU，与平时的氚浓度相比并未高出太多。

3. 利用氚同位素测定地下水的年龄

根据地下水中氚含量的实测资料，利用式（6-26）可以定量计算地下水的年龄。但是，往往由于各种原因导致这种计算很难取得很好的效果：首先，对于一个特定的地区来说，经常缺乏氚的输入资料（氚含量的初始值），为了克服这种问题，常常是借用距离该地区最近的观测站的资料，这就造成了一定的误差；其次，大气降水补给地下水之前，入渗的大气降水已经在包气带中进行了充分的混合，因此氚含量的初始值需要通过各次降雨的加权平均得到，这再一次使得地下水绝对年龄的计算变得更加复杂。因此，人们常常依据大气降雨中氚含量的变化特征，利用表 6-1 所示的定性的方法来估算地下水的年龄。

表 6-1　不同地区根据氚含量推测地下水年龄

地区	氚含量/TU	年龄
大陆地区	<0. 8	亚现代地下水，1952 年以前补给
	0. 8~4	亚现代与近期补给的混合水
	5~15	现代水（<5~10a）
	15~30	含有一些核爆氚的地下水
	30~50	含有可观量的 20 世纪 60 年代或 70 年代补给的水
	>50	主要是 20 世纪 60 年代补给的水
沿海和低纬度地区	<0. 8	亚现代地下水，1952 年以前补给
	0. 8~2	亚现代与近期补给的混合水
	2~8	现代水（<5~10a）
	10~20	含有一些核爆氚的地下水
	>20	含有可观量的 20 世纪 60 年代或 70 年代补给的水

氚衰变过程中形成的氦的含量也可以用来计算地下水的绝对年龄。由式（6-20）可以得到，经过时间 t 后，初始量为 $^3H_0$ 的氚的剩余含量为

$$^3H_t = {}^3H_0 e^{-\lambda t} \tag{6-70}$$

经过时间 t 后，由氚的衰变所得到的氦的含量（^3He_t）就等于氚的初始含量减去氚的剩余含量：

$$^3He_t = {}^3H_0 - {}^3H_0 e^{-\lambda t} = {}^3H_0 (1-e^{-\lambda t}) \tag{6-71}$$

由式（6-70）可以得到

$$^3H_0 = {}^3H_t e^{\lambda t} \tag{6-72}$$

把式（6-72）代入式（6-71）可得

$$^3He_t = {}^3H_t (e^{\lambda t}-1) \tag{6-73}$$

这里，氦的含量也可以用氚单位来表示。一般地，样品中的氚不仅包括天然大气氦，还包含着由

氚的衰变所形成的氦。对样品中来源于天然大气氦的那部分进行校正后，就可以得到地下水的年龄：

$$t=\frac{12.42}{\ln 2}\ln\left(1+\frac{{}^{3}He_{t}}{{}^{3}H_{t}}\right) \tag{6-74}$$

该方法的优点是不用对初始氚的含量进行估计，但是对^{3}He不容易取样也不容易检测。

（二）^{14}C定年

^{14}C定年是通过测定水中溶解含碳物质的^{14}C年代来实现的。如果含碳物质（含^{14}C）随着水分子同步移动的话，就能够把水中含碳物质的年龄看成地下水的年龄。将地下水年龄定义为含碳物质从交换库（土壤水）转移到非交换库（饱和带地下水）这一事件至今的时间，大致相当于土壤水到达地下水面的时间。

1. 地球上^{14}C的起源和分布

碳元素有 6 种同位素，但由于其中 3 种的半衰期很短，自然界中主要存在 3 种，如表 6-2 所示。

表 6-2　自然界中碳的同位素

同位素	丰度/%	半衰期/a
^{12}C	98.89	稳定
^{13}C	1.11	稳定
^{14}C	1.2×10^{-10}	5730

在大气圈上层，放射性碳是由氮原子被次生中子流轰击而形成的，其反应式为

$$^{14}_{7}N+^{1}_{0}n\longrightarrow^{14}_{6}C+^{1}_{1}p$$

式中，n 为中子；p 为质子。由此形成的^{14}C不久就被氧化为$^{14}CO_2$，参与“大气圈-生物圈-水圈”的循环。$^{14}CO_2$随着大气降水与其他气体分子一起到达地表，补给地下水和地表水。通过植物根部的吸收和光合作用，^{14}C进入到植物组织中，而通过食用植物或者直接吸收大气圈和水圈中的含碳离子或分子，动物也会获得恒定的^{14}C补给。当生物死亡后，生物会停止从大气中吸收^{14}C；而水圈中，形成碳酸盐沉淀的^{14}C也不会再与周围介质中的碳进行交换；或者$^{14}CO_2$会以$H^{14}CO_3^-$形式溶于地下水并停止交换，^{14}C的含量都会因为衰变而减少。

$$^{14}_{6}C\longrightarrow^{14}_{7}N+\beta^-$$

因此，可以利用放射性衰变定律来计算其年龄。

大气中的^{14}C的浓度还受到许多自然过程及人类活动的影响。图 6-10 所示是根据树木年轮及珊瑚礁的 U/Th 年龄得到的 30000a 以来的大气^{14}C浓度。从图 6-10 中可以看出，大气中的^{14}C浓度近 30000a 来

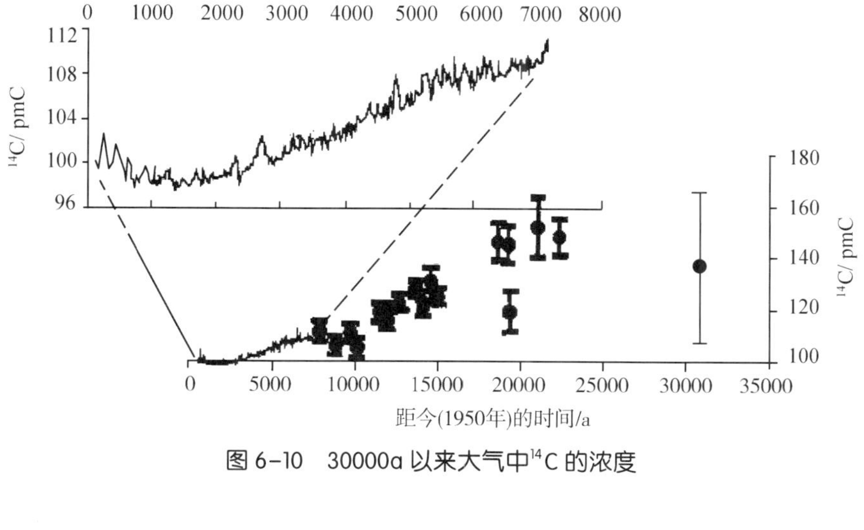

图 6-10　30000a 以来大气中^{14}C的浓度

呈现出系统降低的趋势，变化量超过了40%。此外，大气中^{14}C的浓度还显示了次一级的变化——大约200a一次的“休斯摆动”，甚至还有着与太阳黑子活动周期循环相一致的11a变化周期。但是，明显地，这种短期变化与^{14}C浓度的长期演化相比，幅度要小很多。

有证据显示，大气中^{14}C的浓度变化范围至少是97~140pmC（pmC为percent modern carbon的缩略写法，表示一种相对浓度），其中20世纪^{14}C受到了人类活动很大的影响。矿物燃料的燃烧导致大量的死碳（不含^{14}C的碳）进入到空气中，使得^{14}C稀释了25%。同时，20世纪50年代以来，核试验导致大量的^{14}C进入到大气圈和生物圈中，结果使得大气中CO_2中^{14}C的浓度大幅度增加，1963的峰值已达到原始值的2倍（图6-11）。该峰值与氚一样，成为含水层接受现代补给有力的证据。

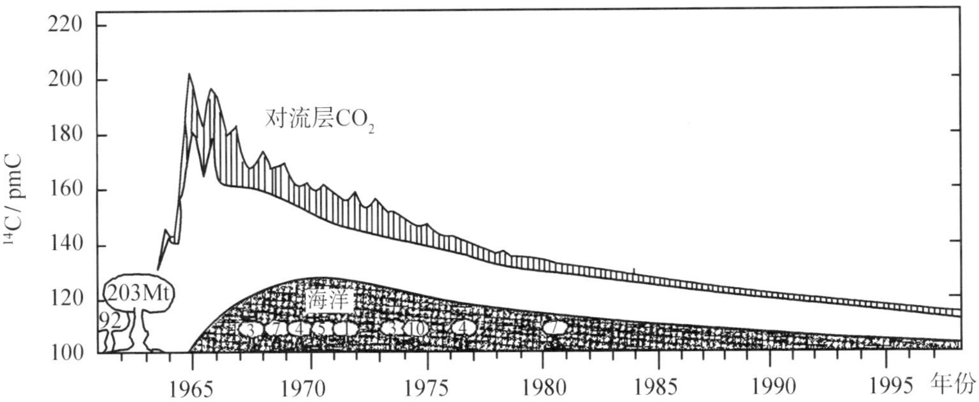

图6-11　20世纪50年代以来大气中^{14}C的浓度

（1）全球碳循环与碳库。地球上的碳元素存在于各种各样含碳的物质中，这些物质在全球循环中都称为碳储存库，简称碳库。全球碳循环是指宏观程度上的碳元素在碳库之间的转换和循环。从^{14}C循环的角度来说，碳储存库可以分为两大类，即交换库和非交换库。交换库是指与环境^{14}C发生交换，从而在地球上储存的一部分^{14}C。非交换库不与环境^{14}C发生交换。地球上的^{14}C储存在交换存储库及其刚刚从交换库转移过来的非交换库（如陆地水圈、死亡植物等），它们的碳数量如表6-3所示。

表6-3　全球碳数量

名称	碳含量/(10^{18}g)	生命物质的倍数	比例/%
海洋溶解无机碳	42	75	90.75
死亡植物	3	5.4	6.48
大气CO_2	0.72	1.3	1.56
生命物质	0.56	1	1.21

绝大多数非交换储存库，如岩石圈的各种碳库（煤炭、石油、海相碳酸盐岩石）和深层地下水等，不含^{14}C，被称为死碳库。地球上碳元素的总量约为3.2×10^{16}t，其中含^{14}C的碳库的总量只有1/1000强，死碳库达到99.9%。

（2）^{14}C在交换库中的分布。^{14}C在地球上的各交换库中及在它们之间的分布均匀与否，最终必须通过实际测量来确定，但是有了基本预测之后，也可以借助地球化学计算做些半定量评估。评价的原则为：如果每一种交换储存库完成一次全球周转的时间远远短于^{14}C的平均寿命（8268a），那么就认为^{14}C在所有交换库中和它们之间将达到均匀分布。在地球上，情况就是这样。

我们通过地球化学计算可以得到一些初步的认识。碳元素在生物圈中的平均滞留时间为10a；生物圈把全球交换碳周转一次所需要的时间约为250a。大西洋环流周转一次的时间为750~1000a；而太平洋环流周转一次的时间为1000~2000a。大气环流在同一纬度带上周转一次所需时间不到一个月；

全球混合（指南北方向，特别是南北半球间混合缓慢）则需要时间为10a以上。因此可以发现，不论碳在一个交换库内部混合，还是在交换库之间循环，其周期都远远小于^{14}C的平均寿命，从而导致地球上的^{14}C混合得比较均匀。这为^{14}C测年提供了非常有利的条件。

(3) ^{14}C的循环和同位素分馏。^{14}C的混合均匀是相对的。其在全球循环过程中会发生物理、化学变化及生物分馏（同时还会伴随着发生^{13}C分馏），从而导致相对均匀的各碳库之间发生^{14}C浓度的细微变化。这些变化可以借助^{13}C的分馏值进行预测。

大气圈无机碳（CO_2）和生物圈有机碳（生物机体）之间的循环是地球上碳循环最活跃的子系统。它是一种在相当短时间内完成的固碳-矿化循环。如图6-12所示，大气中的^{14}C被氧化为$^{14}CO_2$以后借助光合作用被植物吸收，转化为植物机体的一部分。这个过程在碳循环中被称为固碳作用。植物还通过呼吸利用有机体的养分和能量维持自身的生命，释放CO_2，使有机碳又转化为了无机碳，该过程称为矿化作用。此外，植物的^{14}C还随着食物链分散到整个生物圈。反复交换过程中^{14}C和^{13}C也会分别达到分馏平衡。结果呈现为大气CO_2的δ（^{13}C）值大约为-6.5‰，^{14}C的浓度约为104.3pmC。在含CO_2的土壤水作用下，碳酸盐矿物的溶解会分为开放系统及分布系统两种条件。开放系统的溶解无机碳（英文名称缩写为DIC）的δ（^{13}C）约为-15‰；^{14}C的浓度为102.3pmC。封闭系统的DIC的δ（^{13}C）值大于-15‰，^{14}C的浓度小于100pmC。

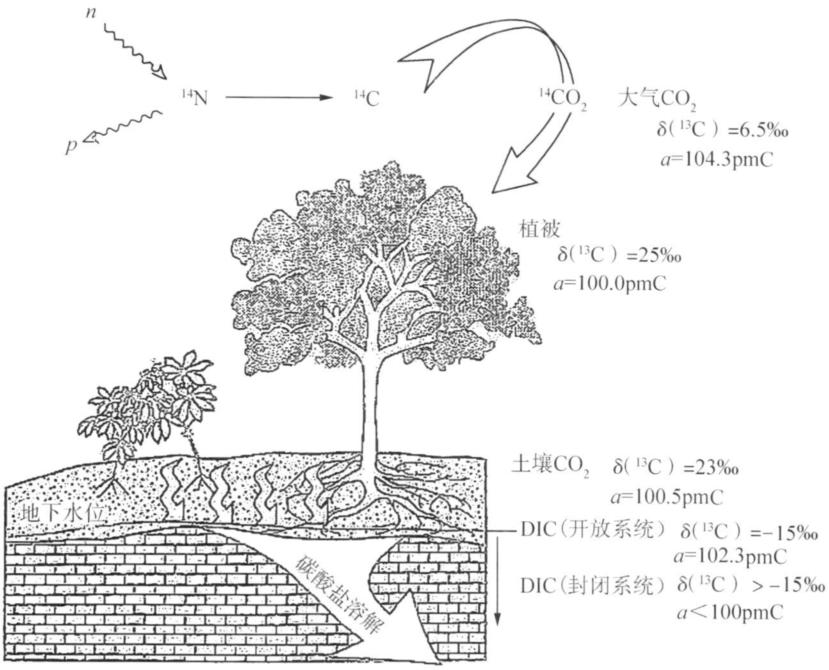

图6-12　^{14}C、^{13}C在自然界中的循环

上面所涉及的^{14}C的浓度和δ（^{13}C）值是一个平均估算量，对于每一个具体地点来说，还会出现细微的变化。因此，在^{14}C测年的操作中每次都要在实验室进行专门的校正。

(4) 在非交换库的分布。非交换库可分为两类。一类是从交换库转移过来不久的非交换库。这种交换库还残留着一部分^{14}C。^{14}C方法就是通过精确测定这类非交换库中^{14}C的残留浓度来确定它的年龄的。还有一类是从交换库转移过来很长时间的非交换库。由于年代久远，这种非交换库已经不含^{14}C，称为“死碳库”。但是，有时候它也会含有一些地下成因的^{14}C，其数量极少，只会对（5~6）$\times10^4$a以上年龄的测定产生影响。

2. ^{14}C含量的表示方法

常用的^{14}C含量的表示方法有两种：一是放射性比度，即每克碳的放射性活度；二是“现代碳的百分比”，就是pmC，是一种相对浓度，其定义式如下：

$$A = \frac{A_m}{A_s} \times 100(\text{pmC}) \tag{6-75}$$

式中，A_m 是待测样品的放射性比度；A_s 是标准样品（现代碳）的放射性比度。国际上统一把标准样品（现代碳）规定为 1840～1860 年间生长的未被工业污染的树木中的碳，它的放射性比度为 13.56dpm/g。因此，标准样品中^{14}C 的含量为 100pmC。但是，目前已经很难获得这种标准样品，草酸作为现代碳的标准物质并以 1950 年放射性的 95%作为现代碳的标准放射性。

3. ^{14}C 法定年

^{14}C 的半衰期为 $T_{1/2}=5730a$，衰变常数 λ 为 $1.291\times10^{-4}/a$，把它们代入 $t=\frac{\ln(a_0/a)}{\lambda}$就可以得到$^{14}C$ 的年龄计算公式，即

$$t=-7747.27\times\ln\frac{a_t}{a_0} \tag{6-76}$$

根据该式可以绘制出如图 6-13 所示的^{14}C 的衰变曲线。

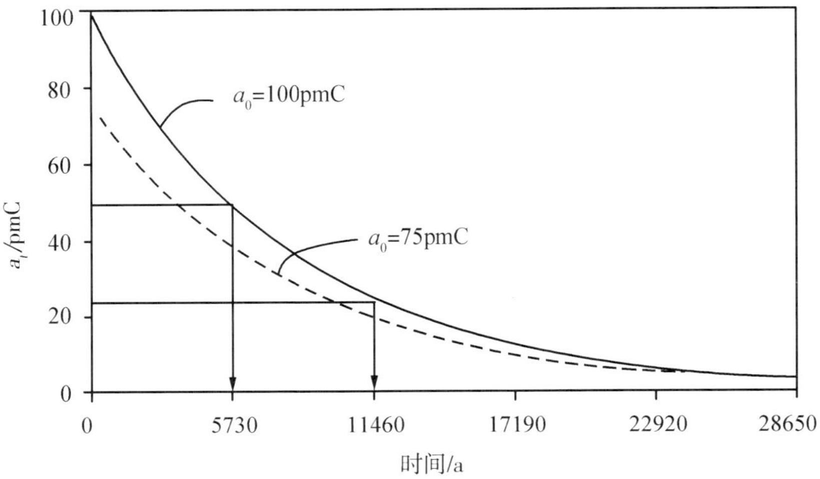

图 6-13　^{14}C 的衰变曲线

需要注意的是，^{14}C 测年要求被测系统必须满足以下两个条件：①放射性母核的初始浓度是已知的并且在过去一直保持恒定；②系统获得初始的放射性母核后就处于封闭状态，除了放射性衰变以外没有其他碳源或碳汇。

当以上两个条件都成立时，^{14}C 测年就仅仅是一个简单的计算问题。但是实际上以上两个条件很难满足。因为无论是在土壤中还是在地下水流动过程中，通过地球化学反应，^{14}C 的浓度不可避免地会发生改变，其中最典型的反应就是方解石和白云石的溶解。

目前，^{14}C 测年的潜在时间范围大致是 10 个 $T_{1/2}$（约合 60000 年），这主要是由^{14}C 的分析精度所确定的。但是，被测物质较差的保存条件及后期的污染导致^{14}C 测年的有效时间范围大幅度减少：有机质的有效测定范围通常小于 50000 年；地下水的有效测定范围大约为 30000 年，而且很多情况下会更小一点。方解石和白云石的溶解很大程度地稀释了水中 DIC 和溶解有机碳（英文名称缩写为 DOC）中的^{14}C 的原始浓度，因此，深入研究这种溶解过程来区分^{14}C 衰变和^{14}C 稀释成为一个非常重要的地球化学问题。

可以用稀释因子或者稀释率 q 来校正^{14}C 通过化学反应的稀释作用，设方解石溶解后地下水 DIC 中^{14}C 的活度为 a_{rech}，土壤中现代^{14}C 的活度为 a_0，因此可以得到

$$a_{rech} = q \times a_0 \tag{6-77}$$

因此，经过校正的衰变定律为

$$a_t = q \times a_0 \times e^{-\lambda t} \tag{6-78}$$

故可以得到相应的年龄计算公式

$$t = -7747.37 \times \ln \frac{a_t}{q \times a_0} \tag{6-79}$$

式中，稀释因子 q 跟地下水中碳酸盐的溶解和演化过程有关。人们提出了很多计算模型来计算这一参数，主要有经验模型、Tamers 模型及 δ（^{13}C）混合模型。

（1）经验模型。在地下水系统中，碳酸盐的演化一般都包含着土壤 CO_2 的溶解及随后碳酸盐的溶解，也就是：

$$CO_{2(soil)}+H_2O+CaCO_3 \longrightarrow Ca^{2+}+2HCO_3^- \tag{6-80}$$

因此，地下水中的 DIC 来源主要有两种：一种来自土壤中的 CO_2 气体，这种碳一般具有一定的 ^{14}C 活性；另一种来自不含 ^{14}C 的碳酸盐，它们进入地下水后会造成 $^{14}C_{soil}$ 的稀释。

有关专家认为 ^{14}C 的稀释与含水层的岩性关系密切，并且建议在公式中使用 q 经验值，即：岩溶系统，q 为 0.65~0.75；细粒碳沉积物，q 为 0.75~0.90；结晶岩石，q 为 0.90~1.00。

（2）Tamers 模型。1975 年由 Tamers 提出这个模型，以碳酸盐在地下水中溶解的化学计量关系为基础。根据式（6-80）可以得到，$CaCO_3$ 的溶解伴随着相同摩尔量的土壤 CO_2 的溶解，通过这种方式形成的 HCO_3^- 中，有一半是不含 ^{14}C 的，因此稀释因子可利用下式进行计算：

$$q = \frac{m_{H_2CO_3} + \frac{1}{2} m_{HCO_3^-}}{m_{H_2CO_3} + m_{HCO_3^-}} \tag{6-81}$$

由于在大多数地下水中，水溶液的 pH 值通常大于 7，因此 $m_{H_2CO_3}$ 与 $m_{HCO_3^-}$ 相比可以被忽略，所以 $q=0.5$。该模型适用于当方解石在土壤带溶解后，地下水就处于封闭状态的情况。

（3）δ（^{13}C）混合模型。在 DIC 演化过程中，^{13}C 是一种良好的示踪剂，土壤 CO_2 与含水层中碳酸盐矿物之间 δ（^{13}C）值的差异为对 ^{14}C 稀释作用进行判别提供了一种可靠的方法。依据地下水中 DIC、土壤 CO_2 及方解石中 ^{13}C 含量的测定结果，稀释因子能够根据 ^{13}C 的质量平衡关系利用下式进行计算：

$$q = \frac{\delta(^{13}C_{DIC}) - \delta(^{13}C_{carb})}{\delta(^{13}C_{Soil}) - \delta(^{13}C_{carb})} \tag{6-82}$$

式中，δ（$^{13}C_{DIC}$）表示地下水中溶解无机碳的值；δ（$^{13}C_{soil}$）表示土壤 CO_2 的 δ（^{13}C）值（通常接近于−23‰）；δ（$^{13}C_{carb}$）表示方解石中的 δ（^{13}C）值（接近于 0‰）。

只有在 $CO_{2(soil)}$ 溶于水的过程中没有发生很大的分馏作用时，式（6-82）才是正确的，但是在常见的地下水（pH=7.5~9.0）中，对于原始的 $CO_{2(soil)}$ 来说，地下水 DIC 中的 ^{13}C 发生了大约 8‰的富集。因此，δ（$^{13}C_{soil}$）应该用入渗水中 DIC 的 δ（^{13}C）值［δ（$^{13}C_{rech}$）］来替代，并且利用下式来计算：

$$\delta(^{13}C_{rech}) = \delta(^{13}C_{soil}) + \delta(^{13}C_{DIC}) - CO_{2(soil)} \tag{6-83}$$

式中，δ（$^{13}C_{DIC}$）$-CO_{2(soil)}$ 是土壤 CO_2 溶于水过程中的 ^{13}C 富集因子（约为 8‰），会随着 pH 值的变化发生改变。因此，可以得到稀释因子的计算公式：

$$q = \frac{\delta(^{13}C_{DIC}) - \delta(^{13}C_{carb})}{\delta(^{13}C_{rech}) - \delta(^{13}C_{carb})} \tag{6-84}$$

（4）应用实例。Bath 等（1979 年）对英国东部三叠纪 Bunter 砂岩含水层进行了研究，为在相对简单的地球化学条件下使用放射性碳进行地下水年龄测定提供了一个很好的实例。Bunter 砂岩含水层是一层非海相石英质砂岩（图 6-14），它的上部和下部岩层都是隔水的泥灰岩和泥岩，含水层出露于英国东部内陆地区，向东倾伏于北海下部。在上一个冰川作用极盛期，露头区的高地恰好位于冰川冰的外围，因此冰雪融化水是古地下水的补给源之一。

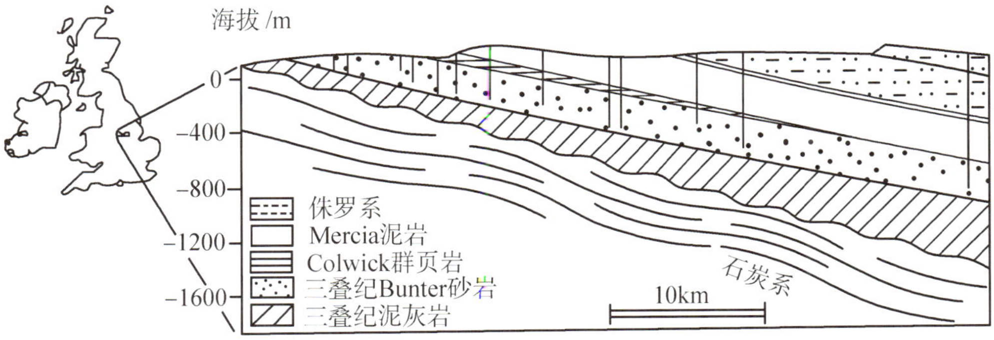

图 6-14　Bunter 砂岩含水层

地下水沿着流动方向的碳酸盐演化的特征是 $m_{HCO_3^-}$ 和 δ（$^{13}C_{DIC}$）的增加，这是由它与河流沉积物中微量碳酸盐相互作用所造成的结果。放射性碳的活度从非承压含水层中的 40~60pmC 降低到深层承压水中的不到 2pmC。^{14}C 和 ^{13}C 具有相反的演化趋势（图 6-15），沿着地下水的流动方向，随着 ^{14}C 含量的减少，δ（^{13}C）值呈现增加的趋势。这说明 ^{14}C 含量的减少是由地下水与砂岩基质中碳酸盐的反应造成的。

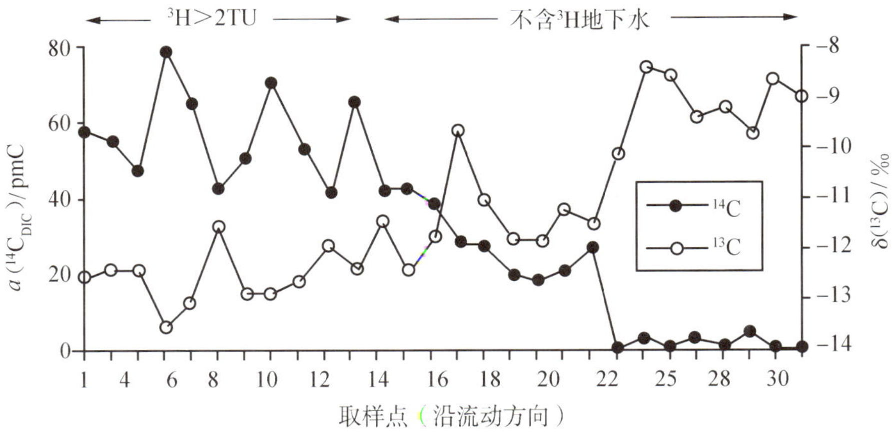

图 6-15　^{14}C 和 ^{13}C 含量沿着地下水流动方向的变化

根据图 6-15 中的数据，可以将地下水划分为三组：第一组是 ^{14}C 和 ^{13}C 含量高度变化的含氚地下水；第二组是中等 ^{14}C 含量的无氚地下水；第三组是 ^{14}C 含量极低（小于 5pmC）的无氚地下水。其中，第一组（含氚地下水）的年龄为 760a 至今；第二组（中等 ^{14}C 含量地下水）的年龄为 1300~8000a；第三组（深层地下水）的年龄为 19000~35000a。

地下水的 ^{18}O 测定结果证明了上述年龄测定的可靠性。由图 6-16 可知，全新世地下水的 δ（^{18}O）值接近于或高于现代地下水。Andrews 等依据地下水中氩和氪的相对浓度来确定的古温度（见图 6-16 右上角的嵌图）说明，全新世气温跟现今相同或者更高一些（全新世早期高温期），^{14}C 含量极低的深层地下水是在晚更新世较寒冷的气候条件下得到补给的。

氚和 ^{14}C 测年方法一般适用于对年轻到中等年龄的地下水进行定年。关于古老的地下水年龄的测定，虽然人们尝试了很多方法（其中包括 ^{16}Cl 和 ^{238}U 衰变系列的各种元素），但是这些方法不属于常规的方法，并且还受到各种因素的制约。

除了利用放射性同位素进行地下水年龄的测定外，还可以利用放射性同位素示踪技术研究地下水的运动规律，确定水文地质参数。利用放射性同位素（如 ^{3}H 和 ^{131}I）作为示踪剂，进行示踪实验，研究水循环过程，特别适用于地下水运动规律的分析。一般情况下，在某井（或地表水源）中投放示踪剂，在特定位置井中多次重复取水样，并及时进行同位素分析，以求得地下水的运动方向、运动速率、补给来源等。

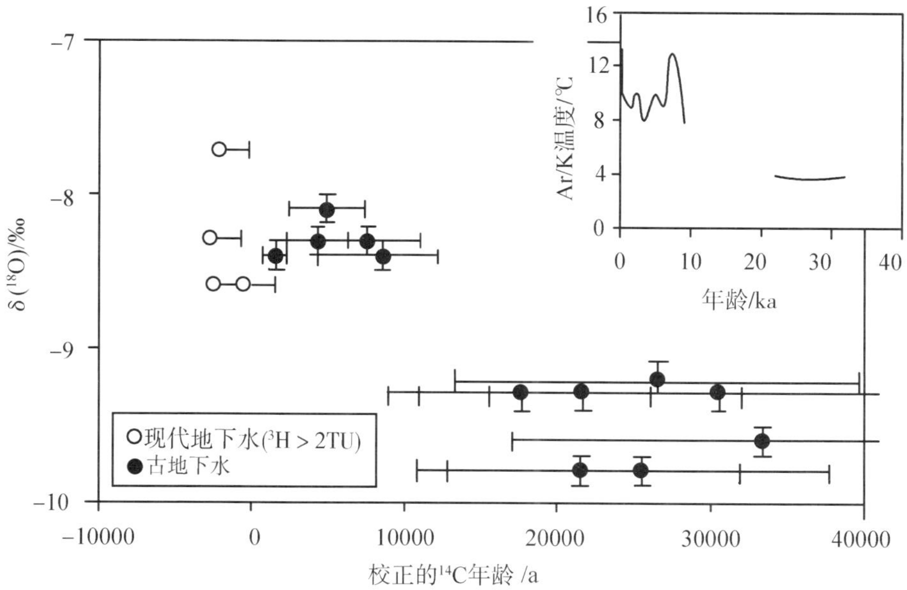

图 6-16　地下水 δ（^{18}O）值的测定

第七章　水的同位素特征及其分布规律

在掌握不同水体同位素的特征差异的基础上，进一步了解如何利用同位素对水展开分析，有助于刑事案件侦办人员，尤其是从事刑事技术领域的同志利用同位素原理掌握对案件中“水”的分析方法。

同位素水文循环涵盖浅层和深层水圈水文循环，包含水及组成水分子的氢、氧同位素的水文循环和以水为载体的溶质同位素循环。参与同位素水循环的这些核素的类型、组成、变化，是浅层和深层水文循环的总和。例如，地下水中测出的^{3}He是地下水中的^{3}He、因大气源和岩石圈中氚衰变生成的^{3}He、壳源^{3}He，及幔源^{3}He的总和。常规水文学概念通常认为，溶于水中的各种化学元素不可能像水分那样，构成完整的循环系统。实际上，水中的氢、氧、碳、硫等许多同位素不仅有全球尺度的水文循环，还存在各种局部尺度的水文循环。但需要注意的是，有些同位素不完全遵循水文循环的规律，如^{32}Si、^{32}P、^{33}P，由于它们主要通过吸收和同化作用存在于生物圈中，因此其循环多半受生物循环的制约。

第一节　大气水的同位素特征

一、天然水中$^{18}O/^{16}O$与$^{2}H/^{1}H$之间的关系

在大气降水中，$^{18}O/^{16}O$和$^{2}H/^{1}H$的变化之间有相当好的关联性，因此，在图7-1中，降水中的同位素组成呈线性关系，称为大气降水线（MWL）。全球平均大气降水线（GMWL）为：$\delta(^{2}H)=8\delta(^{18}O)+10‰$。

如果我们研究全球水循环中下列两个主要过程，将有利于我们更好地理解$\delta(^{18}O)$和$\delta(^{2}H)$之间的变化。

（1）表层海水的蒸发。

（2）水汽团移动到低温区，即更高经纬度区，它们不断形成降水的过程。

这两个过程及它们导致的同位素效应（非写实地）在图7-1中用分步形式予以表示。海水蒸发有一部分属于非平衡过程，这是由于海面上的空气中的水汽处于不饱和状态，及决定蒸发速率的步骤是从海洋表面到海洋上的空气的扩散过程。假设水汽饱和的话，那么同位素组成［($\delta(^{18}O)$，$\delta(^{2}H)$］将会

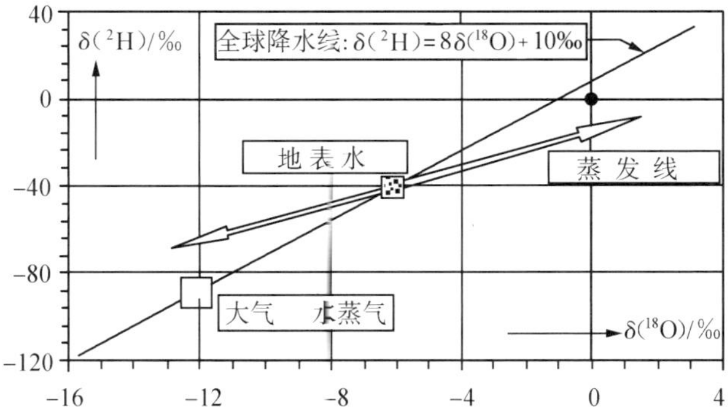

图7-1　经受蒸发作用的大气降水之［($\delta(^{18}O)$，$\delta(^{2}H)$］关系

沿着灰色箭头行进，这由^{18}O和^{2}H的平衡分馏作用来予以确定（表 7-1）。

表 7-1 平衡系统中液态水和水汽的氢氧同位素分馏作用

t/℃	$\varepsilon_{V/L}$（^{2}H）/‰	$\varepsilon_{V/L}$（^{18}O）/‰	$\varepsilon_{V/L}$（^{2}H）/$\varepsilon_{V/L}$（^{18}O）
0	-101.0	-11.55	8.7
5	-94.8	-11.07	8.5
10	-89.0	-10.60	8.4
15	-83.5	-10.15	8.2
20	-78.4	-9.71	8.1
25	-73.5	-9.29	7.9
30	-68.9	-8.89	7.7
35	-64.6	-8.49	7.6
40	-60.6	-8.11	7.4

注：$\varepsilon_{V/L}$表示水汽（V）相对于液态水（L）的分馏作用。

蒸发产生的水汽和残留的水的同位素组成由蒸发线来予以描述。如图 7-2 所示，与大气降水线相比，蒸发产生的水汽变轻（箭头），残留的水变重（充填了的箭头）。

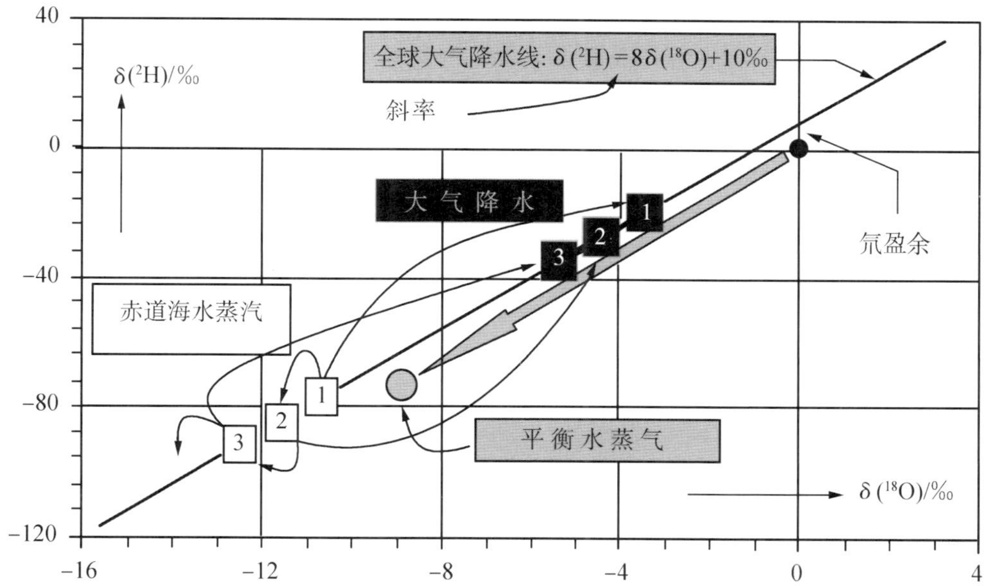

图 7-2 海洋（在（0，0）点）非平衡蒸发形成海洋上空水汽（白色方块）的同位素结果图解

非同位素平衡的蒸汽一经形成（标号为 1 的白色方框），由于水汽随后发生饱和，降水过程便趋向同位素平衡。第一次降水降落以后（标号为 1 的黑色方框），导致剩余水汽（标号为 2 的白色方框）^{18}O和^{2}H的贫化。这一过程继续进行，水汽与降雨重同位素成分不断贫化，同位素组成会沿着大气降水线（图 7-2 中的黑斜线）移动，其斜率由$\varepsilon_{V/L}$（^{2}H）/$\varepsilon_{V/L}$（^{18}O）的比率给出。

大气水的同位素组成变化幅度大，δ（D）值从+50‰到-500‰，δ（^{18}O）值从+10‰到-55‰，总的来讲，大气水比海水贫 D 和^{18}O。大气水的同位素组成呈现有规律的变化：从赤道到高纬度地区、从海洋到大陆内部、从低海拔到高海拔地区，重同位素的亏损依次递增，构成所谓的纬度效应、大陆效应和高度效应及季节效应、降水量效应等。这是由于水在蒸发、凝聚过程中的同位素分馏效应，蒸发时轻同位素优先汽化，凝聚时重同位素优先液化，随着蒸发、凝聚过程的不断进行，造成轻同位素在逐渐增加。

大气水同位素组成的另一特点是δ（D）和δ（^{18}O）之间有明显线性关系，可表示为

$$\delta(D)=8\delta(^{18}O)+10‰ \tag{7-1}$$

式（7-1）称为雨水线方程或Craig方程。这个方程的实质是：在$T=25℃$时，亦即

$$\delta(^{18}O_{水})-\delta(^{18}O_{汽})=9.15 \tag{7-2}$$

$$\delta(D_{水})-\delta(D_{汽})=71.4 \tag{7-3}$$

将上两式相除，即可得Craig方程。因此，方程中的斜率反映了同位素平衡条件下水汽二相氢、氧同位素富集系数之比，而截距则反映了汽相中氢、氧同位素组成的绝对值差。但如果只考虑海水蒸发和大气凝聚的平衡过程，则$\delta(^{18}O_{海水})\approx0$、$\delta(D_{海水})\approx0$，处于平衡水汽中的$\delta(^{18}O_{汽})=-9.14‰$、$\delta(D_{汽})=-74‰$，应该是$\delta(D_{水})=8\delta(^{18}O)$，没有截距，不完全符合Craig方程，可见式（7-2）是考虑了分馏的动力学特征。由于温度及过程进行的程度不一，各地区的氢、氧同位素组成有时并不严格服从Craig方程，但原则上方程斜率可用特定温度下大气水凝聚过程同位素平衡交换结果来解释，截距则包含了动力分馏结果，它是由同位素质量差、温度、环境等诸因素决定的。

二、大气的组成

大气是地球的气体外壳，这个生命得以延续的环境，是地球最为动态与多变的圈层。这一介质控制了地球表面能量的分布，而许多化学变化，特别是光化学诱导的化学变化也在其中发生。并且，大气层是一个“港口”，通过它地球与太阳系的其余部分和太空发生物质与能量交换。另外，它与海洋、大地生物圈和岩石圈有密切接触，起到了物质从一个圈层到另一个圈层的传媒作用。

大气主要由氮、氧和氩组成（表7-2）。这些气体的百分含量在高度近100km的范围内是恒定的。但从地质学的时间尺度来看，由于氧参与生命过程和其他化学作用，氧的含量并非一成不变。

表7-2　地面大气的组成

气体	浓度	滞留时间
N_2	78.084%	—
O_2	20.946%	—
Ar	0.934%	—
H_2O	$(0.4\sim400)\times10^2$ppm	10d
CO_2	370ppm*	4a
Ne	18.18ppm	—
He	5.24ppm	$\sim2\times10^6$a
CH_4	1.75ppm*	~10a
Kr	1.14ppm	—
H_2	0.4~1.0ppm	—
Xe	0.087ppm	—

注：表中带*的数据为2001年1月1日的数值。

在丰度较小的气体中，惰性气体Ne、He、Ar和Xe也以相当稳定的丰度出现。其他微量气体中，最有意义的是二氧化碳、水、甲烷、氮的氧化物（亚氧化物）和氢，它们的含量在时间与空间上均有较大的变化。水是一个极端的例子，含量的变化可达三个数量级。

大气中某一组分的易变标志着该组分在大气中滞留时间较短，这是由于相对于在大气中积累的量和迁移与混合速度而言，源汇项占优势的结果。

大多数气体组分的源与汇位于陆地和海洋表面，常常通过生物圈和生物活动而发生。这对于二氧化碳、氧和水，及大多数人类活动产生的气体和温室气体（如甲烷等）都是如此。但水是唯一一种相变出现在大气层下部温度范围内的组分，由于空气柱内的凝结作用而导致汇项的产生，并且相对于大气内的迁移与混合速度，其滞留时间较短。

大气中物质的垂直分布主要受重力的控制，并由 $P_z = P_0 \exp(-z/H)$ 来予以描述，这里 P_0 和 P_z 分别为地面和高度为 z 时的压力；H 为标尺高度，在下对流层约为 8.4km。在下大气层对流层，地球表面吸收的太阳辐射热驱动了明显的对流作用，导致空气柱的混合作用（图 7-3）。这种热驱动的对流作用在 8~15km 的高度发生减弱，这里温度的下降速率减小，被称为副对流层。在 15~25km 的高度，大气因吸收紫外线辐射而被进一步加热，导致温度随高度增加，使这一部分的大气（平流层）较为稳定，不易发生垂直方向运动。

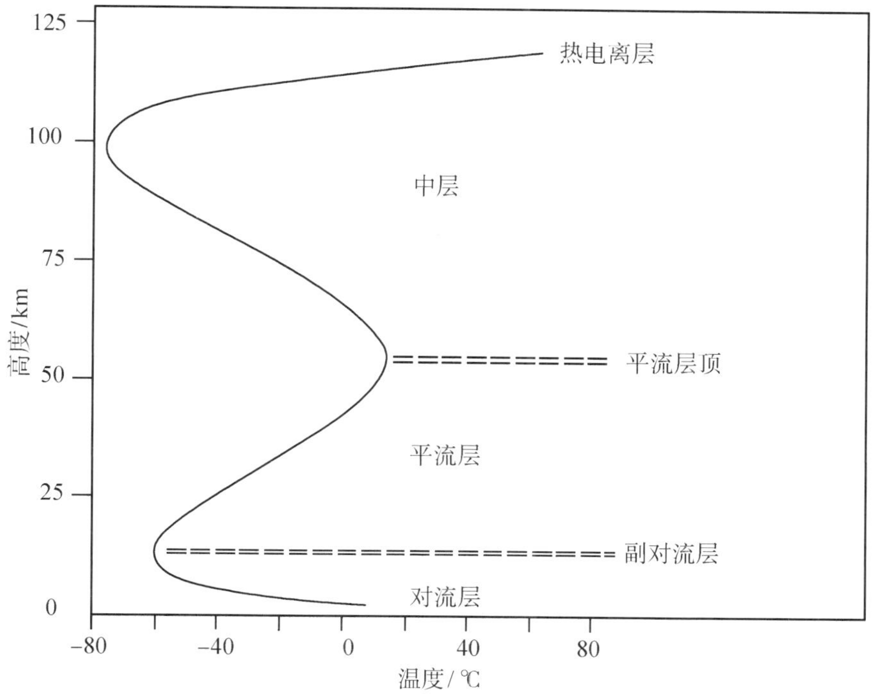

图 7-3 大气圈中温度的垂直剖面

注：已勾画出对流层、平流层和中层的范围。图中所示的为平均剖面，在特定地点的实际数据在季节和空间上略有不同。

大气中水蒸气含量的垂直分布（图 7-4）也主要受温度的控制。但由于对流层中既存在水的源项，又存在水的汇项，加上相对于空气的混合速率而言，水的滞留时间较短，因此，下大气层中水分的含量在时空上均有较大的变化。

大气的水平运动主要由地球的公转引起，并沿纬度带前进（图 7-5）。但在不同的压力区域有所不同，这反映了地球表面受热不均和由此产生的对流运动的影响。

除了上大气层，即外逸层空气稀薄和大气层的地表边界涡流运动受抑制外，大气系统均属涡流系统，其中分子扩散不是主要作用。关于海洋上空空气的源项问题尚远无定论。

三、大气中的水分

大气中的水分仅为海水质量的 10^{-5}，而海水接近地球表面水分的总量。如前所述，大气中不同部位水分的含量，主要受大气温度的控制。然而，每年通过大气的水分的流量约为大气中水分总量的 40 倍。这说明了大气在水循环中的重要作用，尽管大气水分的含量在任何时候都不大。大气中水的

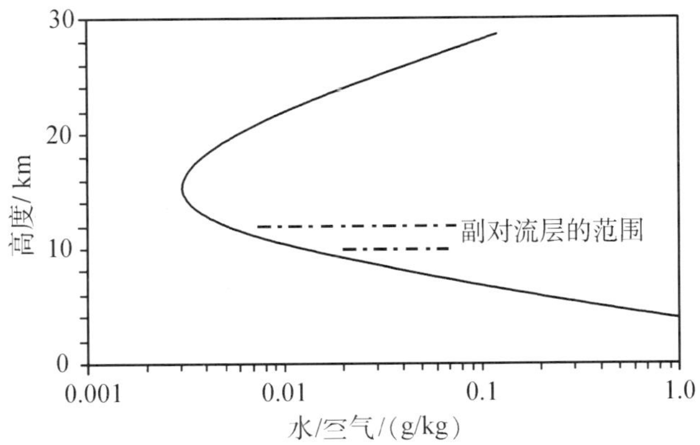

图 7-4 大气圈中湿度的垂直剖面

注：以大气中水蒸气的混合速率作为高度的函数来表示。图中所示的为平均剖面。

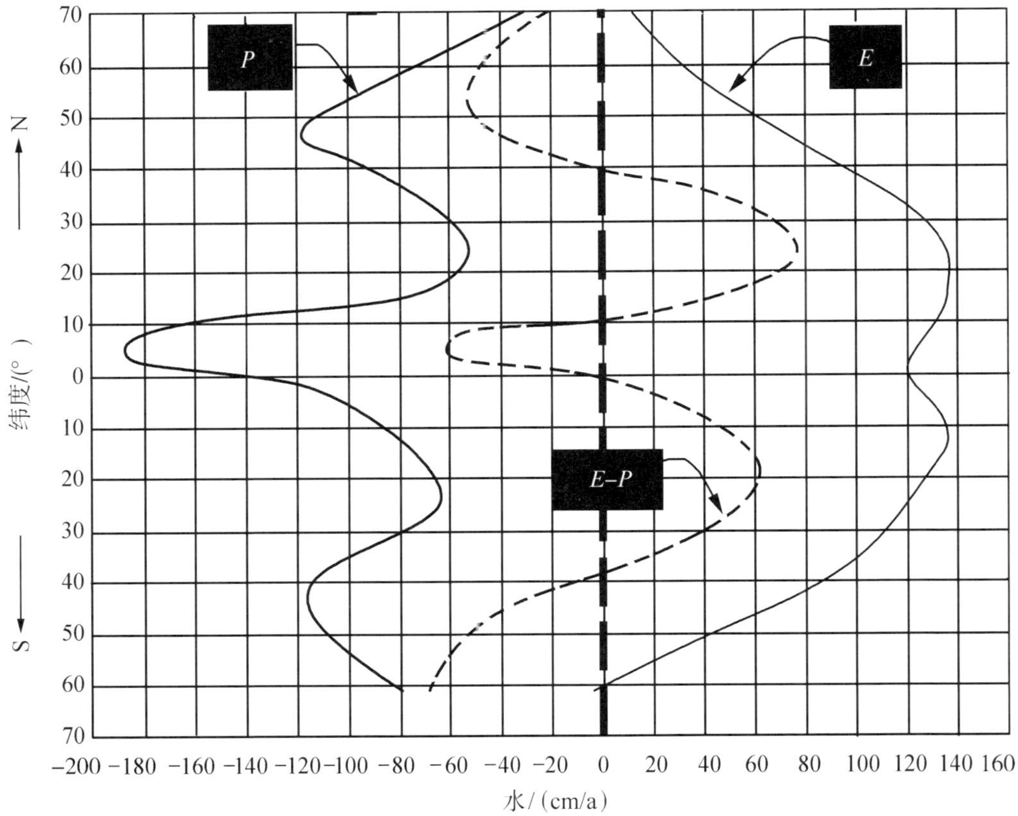

图 7-5 蒸发/降水平衡的地理分布

滞留时间约为 10 天，相对于大气中的混合时间而言是短暂的，因此在下大气层中水分的含量在时空上有较大的变化。大致来说，按纬度平均计算，蒸发量（E）与降水量（P）的比例（E/P）接近于 1，该参数以年为基础的地理分布（图 7-5），清楚地说明了 $E/P>1$ 的海洋源区和 $E/P<1$ 的大陆汇区。但对大陆水平衡的深入研究，如根据较冷月份里土壤中储存的水，对北美大陆水平衡的观察表明，在夏季 E 对 P 有轻微的过量。水循环的大气部分如图 7-6 所示。

四、水循环中的稳定同位素作用

水来自海水蒸发，海洋上空的水蒸气在向更高纬度和海拔处移动的过程中，冷却和凝结，形成了大部分降雨。部分水蒸气被带入大陆，在那里产生降雨，形成不同形式的地表水和地下水。还有“最

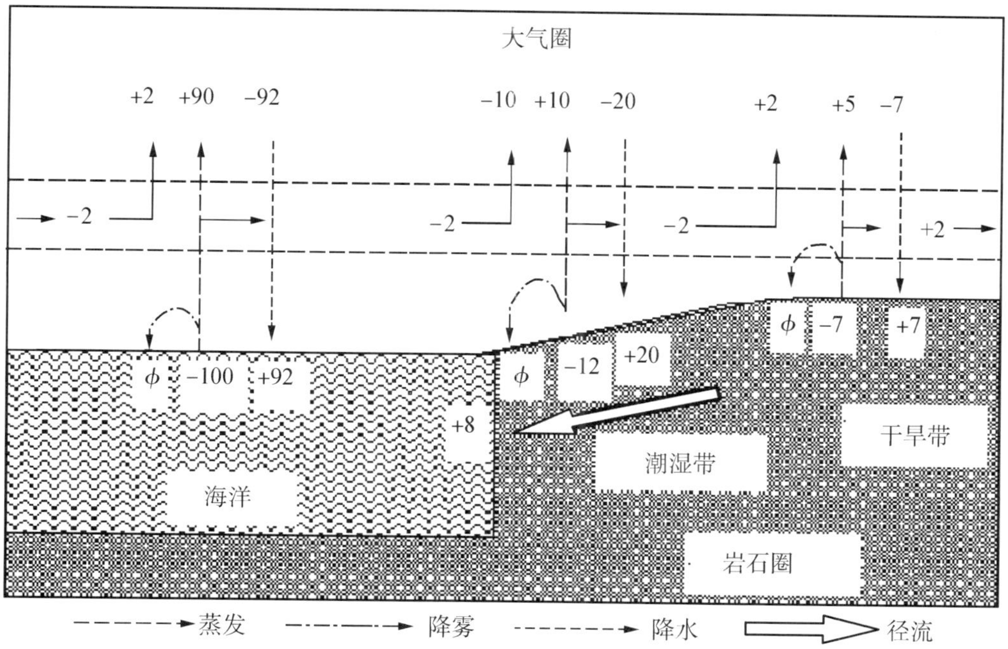

图 7-6　水循环的大气部分

注：单位为假定来自海洋的蒸发速率为 100 个流量单位时的相对流量；ϕ 为流量的微小分量。

后”一部分海洋水蒸气以冰的形式存在于南极和北极。

与海水相比，大气降水（大气中的水分、降水和源自它们的地表水和地下水）的重同位素成分 ^{18}O、^{17}O 和 ^{2}H 大都降低了。其主要原因是在大气这个有限的水气储存库中起作用的 Rayleigh 降雨效应。我们一般把海洋的平均组成作为这些同位素的参考标准值，定义为 $\delta_{SMOW}=0‰$。

所有水的 δ（^{2}H）和 δ（^{18}O）的值都是根据 δ_{SMOW} 的标准来给定的。

因此，大气的 δ 值都是负值，其中南极洲冰的 δ（^{18}O）只有 −50‰，为最小值。在水圈中，所有水的 δ（^{18}O）的平均值估计大约为 −0.64‰，而冰的 δ（^{18}O）平均值可能就是 −30‰，地下水的 δ（^{18}O）平均值为 −7‰。冰盖融化将可能改变海水同位素组成，使其 δ（^{18}O）的平均值变为 −0.6‰。另外，在最后一个冰期时代冰川作用的鼎盛时期，海水的平均组成估计为 δ（^{18}O）= +1‰，从而推断出“冰河增量”的总量大约为 1.6‰。这个数字对于研究深海中的碳酸盐结核的古温度效应影响具有重要意义。

在大气水中，关于地球同位素分布的描述来源于国际原子能机构（英文名称缩写为 IAEA）和世界气象组织（英文名称缩写为 WMO）共同建立起来的全球降水同位素监测网（英文名称缩写为 GNIP）上的数据。在该计划中，世界范围内每月的降水样品被收集起来，然后分析其 ^{18}O、^{2}H 和 ^{3}H 的成分。从现象上来看，水同位素减轻的程度与地理参数（如纬度、经度及离海岸的距离）有关，还与形成的降水占水气团的份额有关。

在 20 世纪 60 年代早期，GNIP 这样一个大气降水采样网被建立起来，旨在了解输入到水文系统中的 $^{2}H/^{1}H$、$^{18}O/^{16}O$ 和 ^{3}H 等同位素的特征及某些气象参数。该网络由全球（包括海洋、沿海及大陆在内）的 100 个台站组成。这么多年来，网络尽管有些减少，也有所改变，但样品仍每月被收集并被分析，而且一些当地网络和站点也很快地被增加。

得到的结果经过了有关专家的评估，有关的数据陆续出现在 IAEA 的系列技术报告中，最近已经发布在 GNIP 上，可供下载。

每月所采样品的动态可以用来说明较大的水文系统中的输入情况，但在区域水研究中，要求更精细的采样，而且，如果要理解气候变化及地表与大气之间互相作用模式对根据每月的数据得出的同位素特征的影响，就有必要掌握更详尽的关于降水和大气水分的数据。

GNIP 数据来源于降水样品。大气水汽中的重同位素成分通常要少得多，δ（^{18}O）平均几乎要少10‰。在大陆区域温暖而潮湿的地方，空气中的水分和降水被发现在常见的温度下很接近于同位素平衡。由此认为，近海或海岸地区接近于水汽源，严格来说是不正确的。在干燥条件下，也是如此，因为云层下的水滴经受了蒸发作用。这个问题将在下面予以论述。

（一）蒸发作用

1. 液体储库的完全混合

大气中的水来源于地球表面水分的蒸发作用，最主要的是来自海洋和开放的水体，较少的部分来自植物的蒸腾作用与土壤的蒸发。伴随蒸发作用发生的同位素的分馏作用是水循环中同位素组成发生变化的重要因素。

水分蒸发进入水面上空气中的速率受到水汽曰近水面气层向周围大气中迁移的限制。与此相比，水-空气界面的水-汽平衡的建立相当迅速。在此界面，地表水与饱和蒸汽之间的同位素平衡可以达到，即

$$\delta_V = \varepsilon_L + \varepsilon_{V/L} \quad (7\text{-}4)$$

这里，同位素平衡分馏项仅取决于温度和水的盐度。

从该界面的饱和层到周围大气的迁移机制和速率取决于空气边界层的结构和气流模式。对于不流动的空气层的简单情况（适用于土壤内部蒸发和植物水分通过气孔散失的情况），迁移通过分子扩散进行，在此，可以建立一个固定的（线性的）浓度剖面。水的流量及它的同位素成分由它们各自通过空气的扩散系数 D_m 来决定。

另一方面，对于在强风条件下的一个开放的分界面，绝大部分的迁移属于紊流扩散，而通过不稳定的变化着的空气层的分子扩散仅在地面附近起作用。瞬变涡流模式则可以被应用，在这个模型中，扩散流量与 $D_m^{-1/2}$ 成正比。在较温和的风速情况下，这一比例可能从 $D_m^{-1/2}$ 下降为 $D_m^{-2/3}$。

I 和 *B* 分别代表水面相间带和大气界面层；$x=1-h_N$，$y=\alpha_{V/L}R_L-h_NR_A$；在这里 h_N 是相对于在水面正常温度和盐度条件下的饱和蒸汽压，归一化了的相对湿度；δ_A 是指在扩散亚层的界面上的空气中水分的同位素组成，h_N 是指相应的相对湿度。

一个蒸发过程中的同位素分馏模型如图 7-7 所示。这一模型基于 Langmuir 的线性阻力模型，而且条件是假设在空气与水的界面上处于平衡状态和假设在垂直的空气柱中没有逸出或汇聚，及在整个的紊流迁移期间没有同位素分馏。在这个模型中，水蒸气的通量符合 Ohmian 法则，即水蒸气的通量等于浓度差异（以湿度差表示）和迁移阻力之商。

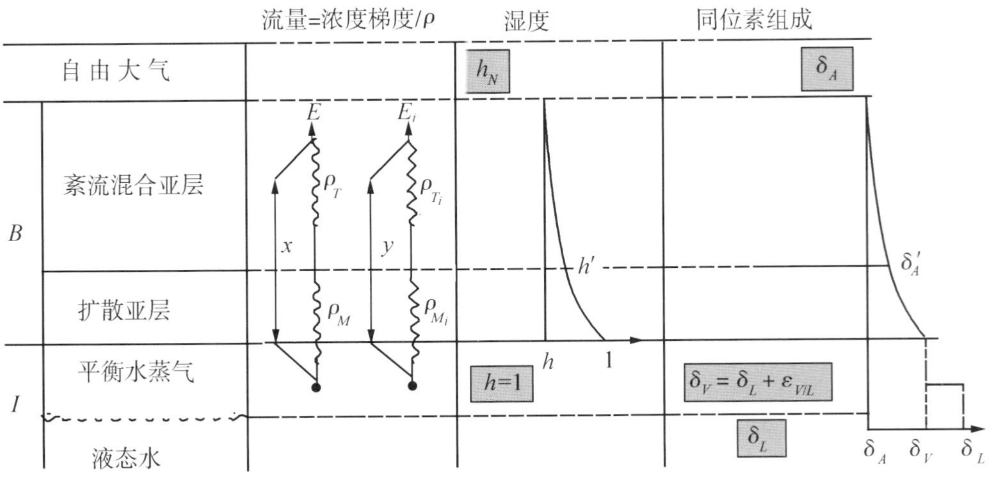

图 7-7　Craig-Gordon 同位素分馏模型

水（*E*）和同位素分子（E_i，要么是$^1H^2H^{16}O$，要么是$^1H_2^{18}O$）的标准通量方程为

$$E=(1-h_N)/\rho \text{ 且 } \rho=\rho_M+\rho_T \quad (7\text{-}5)$$

$$E_i=(\alpha_{V/L}R_L-h_N R_A)/\rho_i \text{ 且 } \rho_i=\rho_{M_i}+\rho_{T_i} \tag{7-6}$$

式中，ρ 表示相应的阻力；下标 M 和 N 分别表示扩散亚层和紊流亚层；下标 A 表示远离蒸发面上方的游离大气；下标 L 指的是液体（表面）；$R=N_i/N$ 是同位素比率（N_i 和 N 是同位素物种的数目，N_i 代表稀有同位素，对于轻元素，如氢、氮、碳和氧，$N>>N_i$）；h_N 指的是相对于在水面正常温度和盐度条件下的饱和蒸汽压，归一化了的相对湿度。

蒸发流的同位素组成为

$$R_E=E_i/E=(\alpha_{V/L}R_L-h_N R_A)/[(1-h_N)\rho_i/\rho] \tag{7-7}$$

如用 δ 值表示，分别用（$1+\delta$）代替每个 R，则式（7-7）可写为

$$\delta_E=(\alpha_{V/L}\delta_L-h_N\delta_A+\varepsilon_{V/L}+\varepsilon_{\mathrm{diff}})/(1-h_N) \tag{7-8}$$

近似值可写为

$$\delta_E\approx(\delta_L-h_N\delta_A+\varepsilon_{V/L}+\varepsilon_{\mathrm{diff}})/(1-h_N) \tag{7-9}$$

其中

$$\varepsilon_{\mathrm{diff}}=(1-h_N)/(1-\rho_i/\rho)=\Delta E \tag{7-10}$$

如图 7-7 所示，整个分馏过程包括两个步骤：

$$\varepsilon_{\text{总}}=\varepsilon_{V/L}-\varepsilon_{\mathrm{diff}} \tag{7-11}$$

每个 ε 小于 0，每个分馏过程导致 ^{18}O 和 ^{2}H 同位素的贫化。相反，Craig 和 Gordon 定义了 ε 值，使其总是为正值。

在线性阻力模型中，$\rho_i=\rho_{M_i}+\rho_{T_i}$、$\rho=\rho_M+\rho_T$，因此有

$$(\rho_i/\rho)=(\rho_{M_i}+\rho_{T_i})/(\rho_M+\rho_T)=(\rho_M/\rho)(\rho_{M_i}/\rho_M)+(\rho_T/\rho)(\rho_{T_i}/\rho_T) \tag{7-12}$$

于是，$(1-\rho_i)/\rho$ 可以写成：

$$1-(\rho_i/\rho)=(\rho_M/\rho)(1-\rho_{M_i}/\rho_M)+(\rho_T/\rho)(1-\rho_{T_i}/\rho_T) \tag{7-13}$$

在假设 $\rho_{T_i}=\rho_T$ 的情况下，式（7-13）右边的第二个项可以消去，结果 $\varepsilon_{\mathrm{diff}}$ 可以改写为

$$\varepsilon_{\mathrm{diff}}=(1-h_N)[(\rho_M/\rho)(1-\rho_{M_i}/\rho_M)] \tag{7-14}$$

前面已经讨论了在一个静止（不流动）的空气层中，$\rho_M\propto D_m^{-1}$，D_m 是指水在空气中的分子扩散率。在强风条件下，对于粗糙的界面 $\rho_M\propto D_m^{-1/2}$，而在较温和的风中，其比例有望从 $D_m^{-1/3}$ 下降到 $D_m^{-2/2}$。同样，$(1-\rho_{M_i}/\rho_M)$ 可以写为 $(1-D_m^n/D_{m_i}^n)$。在这里，$1/2<n<1$，$(1-D_m/D_{m_i})=\Delta_{\mathrm{diff}}$（发散）是一个很小的数字：

$$(1-D_m/D_{m_i})=\Delta_{\mathrm{diff}} \tag{7-15}$$

$$(1-D_m^n/D_{m_i}^n)\approx n(1-D_m/D_{m_i})=n\Delta_{\mathrm{diff}} \tag{7-16}$$

设 $C_m=D_{m_i}/D_m-1$，结果为 $\Delta_{\mathrm{diff}}\equiv 1/(1+1/C_m)$；$C_m>0$，而在这里 $\Delta_{\mathrm{diff}}<0$ 与 $\varepsilon_{\mathrm{diff}}<0$ 是一致的。

进而，通过定义 $\rho_M/\rho\equiv\theta$，该扩散同位素分馏的 $\varepsilon_{\mathrm{diff}}$ 可以被表示为

$$\varepsilon_{\mathrm{diff}}=n\theta(1-h_N)\Delta_{\mathrm{diff}} \tag{7-17}$$

因为轻分子或常见分子的扩散系数为最大，正像上面所指出的，$\varepsilon_{\mathrm{diff}}<0$。

根据图 7-7，加权项可以由 $\theta=(1-h_{N'})/(1-h_N)$ 给出。对于一个小的水体，它的蒸发流对周围的水分影响不大时，该值可以被假定为 1。然而，据北美洲的大湖数据显示，θ 值为 0.88；而对于东地中海的蒸发作用，该值则接近 0.5。由此看来，$\theta=0.5$ 是较大水体中的限值。

在自然状态下，对于一个开放的水体，$n=1/2$ 看来是合适的。与此相对照，在一个不流动的空气层的蒸发中，如土壤或植物叶，n 约等于 1 是比较合适的数字。空气中，$H_2^{18}O/H_2^{16}O$ 的分子扩散率和 $^1H^2HO/^1H_2O$ 的分子扩散率分别确定为 0.9723 和 0.9755。因此，对于 ^{18}O，$\Delta_{\mathrm{diff}}=-28.5‰$；对于 ^2H，$\Delta_{\mathrm{diff}}=-25.1‰$。

图 7-2 大致表明了这一过程的 $\delta(^{18}O)$ 与 $\delta(^2H)$ 之间的关系。δ_E 和 δ_L 定义了蒸发线，其斜率可表示为

$$S_E=\{h_N[\delta_A(^2H)-\delta_L(^2H)]-\varepsilon_{\mathrm{tot}}(^2H)\}/\{h_N[\delta_A(^{18}O)-\delta_L(^{18}O)]-\varepsilon_{\mathrm{tot}}(^{18}O)\} \tag{7-18}$$

正如图 7-2 所示，最初的水的组成、被蒸发的水分及残余液体（如湖水、表层海水或土壤水）的同位素组成都位于这条线上，而且，从物质平衡原理来考虑，这一点也是显而易见的。

图 7-8 表明，湿度和空气中水汽的同位素组成及 $\varepsilon_{V/L}$ 和 $\varepsilon_{\text{diff}}$，它们分别取决于温度和分馏机制，决定了线的斜度，且有一种特殊的情况也被列出，即对于氢、氧同位素，δ_L 和 δ_A 达到彼此平衡状态。对此，δ_E 与 h_N 无关。

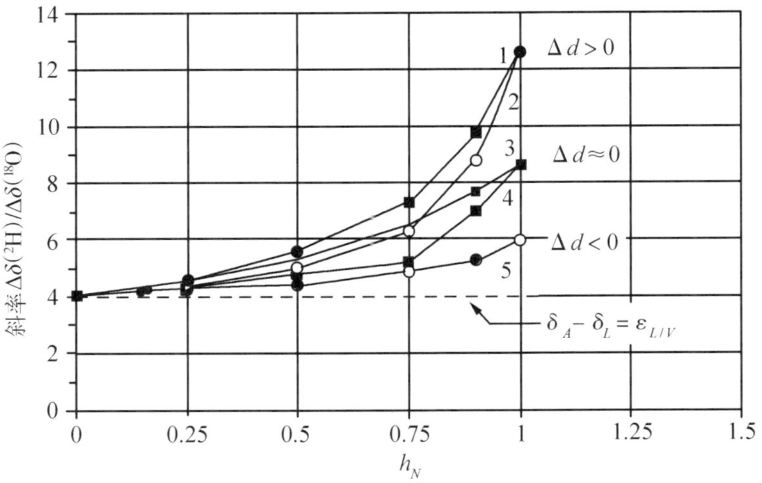

图 7-8　在对环境水分做了许多假设的条件下，开放水体蒸发线的斜率是环境湿度的函数

计算是以水体 δ（^{18}O）= −5‰和 δ（^{2}H）= −30‰的最初同位素组成为依据的：氘盈余值 = 10‰，温度为 20℃，虚线代表水和环境水汽之间同位素平衡的条件，即在这个温度下，它给出了在水和水汽 δ 的值之间的差异 $\Delta d = -0.8$‰。线 1：水汽来源于其 $\Delta\delta = +18$‰的蒸发体。线 2：环境水分与被蒸发水分混合的数据，其 $\Delta\delta = +10$‰。线 3：$\delta_A = \delta_O$，而且 $\Delta\delta = 0$‰。线 4：$\delta_A = \delta_O + \varepsilon_{V/L}$，且 $\Delta\delta = -2.8$‰。线 5：在此，空气中的水分在 20℃时与海水达到平衡，$\Delta d = -10.8$‰。

$$S_E^* = [\varepsilon_{V/L}(^2\text{H}) + n\theta\Delta_{\text{diff}}(^2\text{H})]/[\varepsilon_{V/L}(^{18}\text{O}) + n\theta\Delta_{\text{diff}}(^{18}\text{O})] \tag{7-19}$$

当 $\theta = 1$、$n = 0.5$ 时，斜率 $S_E^* = 3.82$。在不流动的界面层，斜率值要低一点；当 $n = 1$ 时，平衡斜率可以被算出为 2.72，如果 $\theta < 1$，那么相关的蒸发线的斜率值将要增加，这可表示为

$$\delta_L - \delta_A > \varepsilon_{L/V}$$

但 Craig-Gordon 模型不能解释雨滴和泡沫蒸发促成蒸发流的情况。

δ_E 是大气水分的同位素源项。只有在很不常见的情况下，即在 $\delta_A = \delta_L + \varepsilon_{V/L} + \varepsilon_{\text{diff}}$ 的条件下，δ_E 才会等于 δ_A。在较为平常情况下，正像它在图 7-8 中显示的，蒸发物与周围空气的同位素组成不同，其结果是它们的混合改变了大气水分的同位素组成，即通常增加了氘盈余值。与此同时，蒸发水中的同位素组成也发生了变化，在残余的液体中增加了重同位素的含量。这种同位素富集程度取决于蒸发量与蒸发水体中水的数量关系，及这个系统是开放的还是封闭的。

2. 液体储库的不完全混合

上面所述的公式可以运用于完全混合（或均匀）的水体，此时，$\delta_{L(\text{表层水})} = \delta_{L(\text{整个水体})}$。在无风情况下，对于开放的水体或从多孔介质（如土壤）中蒸发的水分，情况并非如此。于是不完全混合导致了重同位素在表层水中的富集，及在液体界面层形成浓度梯度，阻碍上方空气中的分馏作用。

在 Craig-Gordon 模型中，在不完全混合中有必要考虑引进一个附加的阻力项 ρ_L。它的最大阻力为 $\rho_L/\rho = 0.2$。

在表面边界层厚度恒定的假设条件下，通过这个层面的流量可计算为

$$E_i = ER_L - (R_S - R_L)/\rho_L$$

把上式代入相应的通量方程（注意 R_L 必须用表层水的同位素组成 R_S 代替），从而得到

$$E_i = [\alpha_{V/L}R_L(1+E\rho_L) - h_N R_A]/(\rho_{A_i}+\alpha_{V/L}\rho_L)$$

结果为

$$\mathrm{dln}R_L/\mathrm{dln}N = [h_N(R_L - R_A)/R_L - \varepsilon_{V/L} - \varepsilon_{\mathrm{diff}}]/[(1-h_N) - \varepsilon_{\mathrm{diff}} + \alpha_{V/L}E\rho_L] \quad (7\text{-}20)$$

如果没有液体阻力的话，则有

$$\mathrm{dln}R_L/\mathrm{dln}N = [h_N(R_L - R_A)/R_L - \varepsilon_{V/L} - \varepsilon_{\mathrm{diff}}]/[(1-h_N) - \varepsilon_{\mathrm{diff}}] \quad (7\text{-}21)$$

很明显，当$\rho_L \neq 0$时，同位素变化减缓。

（二）云与降水

1. 云内过程

降水的形成是移动的空气团上升到一定高度的结果。由于绝热膨胀，空气团随之冷却直至达到雾点。假如有合适的凝结核存在的话，就会形成云珠。这些云珠与暖云团处水分的同位素组成相同，这归结于云珠与空气中的水分之间发生了快速的同位素交换作用。然而，在冷云团部分，由于同位素水汽分子向固体冰粒子的扩散，导致了附加的同位素分馏作用的发生。然后，这种分馏在不再发生同位素交换的冷冻云团中被保留下来。当云珠合在一起，开始透过上升的空气往下降落时，就会发生进一步的同位素交换。这就增加了液汽之间的分馏。于是，许多学者把云描绘为多级垂直的蒸馏柱。有关专家发现，这垂直的云层内部的同位素组成的梯度能够很好地用理想的 Rayleigh 法则来描述。在高层云处，重同位素已贫化殆尽，在对流层顶处，δ（^{2}H）值约为-450‰。仅有雪和冰雹记录了上层空气中的同位素组成，而且，冰雹现在被用作考察云层内部结构的工具。在冰雹的不同层面，实测的稳定同位素组成能与根据 Rayleigh 法则预测的垂直同位素剖面相对应。

只要涉及云层本身下部空气的同位素组成，所有这些模型都会得出结论：雨水与地表空气的水分接近平衡。根据同期大陆地面空气水分与降水量汇集的数据，这一点可得到证实。

2. 雨滴与周围水分的相互作用

进一步审视降水天气系统得知，上述简单观点需要某些条件。首先，我们知道，雨滴的不同大小代表了与云层中高低层的平衡。而且，在雨滴降落到云区（在此空气处于不饱和状态）以下的地面时，会发生蒸发，结果导致重同位素的富集。而富集的程度取决于雨滴的大小及降雨的强度。另外一个要考虑的因素是，除了考虑云或云里的空气外，还得考虑从上层下压的空气，这种空气将给出负的同位素信号。与热带辐合区有关的巨大的热带云团就是一个极端的例子。

在优势温度，空气对雨滴而言达到饱和的情况下，雨滴与周围水汽之间的水分子交换使同位素达到平衡。考虑到饱和蒸汽压及在这些过程中同位素分馏的特性，我们便知：如果空气未饱和，就会发生蒸发；如果空气过于饱和，便会发生水的凝结。一旦达到平衡，水分子的动力交换继续进行，但不会导致明显的变化。

交换过程分两个步骤：一是液体表面的快速交换过程，二是慢得多的受对流和紊流控制的空气与整个液体混合的扩散过程。透过空气降落的液体及由此引起的空气对流提高了上述两个过程的效率。

像所有的交换作用一样，整个交换作用的动力机制遵循一级动力学原理，并可以用半生命期或释放时间，即达到最终平衡状态的时间来予以表征。对于下降雨滴的情况，雨滴的大小是一个决定性因素，因为它既影响雨滴落下的速度，又影响有关水的储库的大小。表 7-3 给出的以完全自由落体速度（在 10℃）往下掉的雨滴的数据可以作为参考。

表 7-3 降落的雨滴和周围空气中的水分之间交换作用的释放时间和距离

雨滴半径/cm	释放距离/m	释放时间/s
0.01	5.1	7.1
0.05	370	92.5
0.10	1600	246

当周围空气处于不饱和状态时，发生雨滴蒸发，其结果使液相水同位素富集，通常沿斜率小于 8 的蒸发线分布，引起氘盈余值的改变。雨水样品并不一定代表云内的成分。有关专家推算只有以每小时 10mm 降落的大阵雨，在距地面大约 1000m 时，相对改变不大，才能代表云区降水的组成。

在较干旱地区，拟合最好的当地大气降水线的斜率小于 8，究其原因，下落雨滴的交换和蒸发很可能是一个重要的因素。这种影响也解释了人们所观察到的雨滴的大小与它们^{2}H 含量的贫化之间的关系。

阵雨期间，同位素组成的演化有多种形式，并最终达到一个大致的模式。暴风雨期间或在不同的降水中，对于较短期的同位素的变化，我们还没有足够的数据来充分说明其特征。对于 δ 值的变化范围，δ（^{18}O）通常为 10‰。有关专家进行了研究，这些研究表明了暖峰云或冷峰云与相应的雷雨云所产生的降雨之间的差异。这些研究还表明，绝大部分早期的阵雨的重同位素更富集，这是由于在降雨期间，雨水通过空气柱有部分的蒸发。在他们以后的研究中更清楚地表明了这些变化主要反映了水汽的来源和它们的冲刷历史，而且在较小的程度上反映了当地降雨的强度。然而，对于这个规则有一个显著的例外，就是上面所提到的与热带辐合区和它的堆积云有关的强热带雨，倾盆而至，有重同位素极端贫化的降水出现。

（三）海洋上空的大气

正像人们所预料的，世界海洋的表层水在 $E/P>1$ 的那些地区，重同位素有轻微的富集，而在港湾区及在两极地区，δ 值就变成了微弱的负值。同位素富集程度最高的情况见于像红海和地中海这样的蒸发盆地，在那里 δ（^{18}O）可达到+2‰。

一些台站的纬度已被标出。如果海水以^{18}O 为−20‰的分馏来蒸发，正像图 7-9 中的实线所显示的，δ（^{18}O）和盐度之间的关系将显示出斜率。

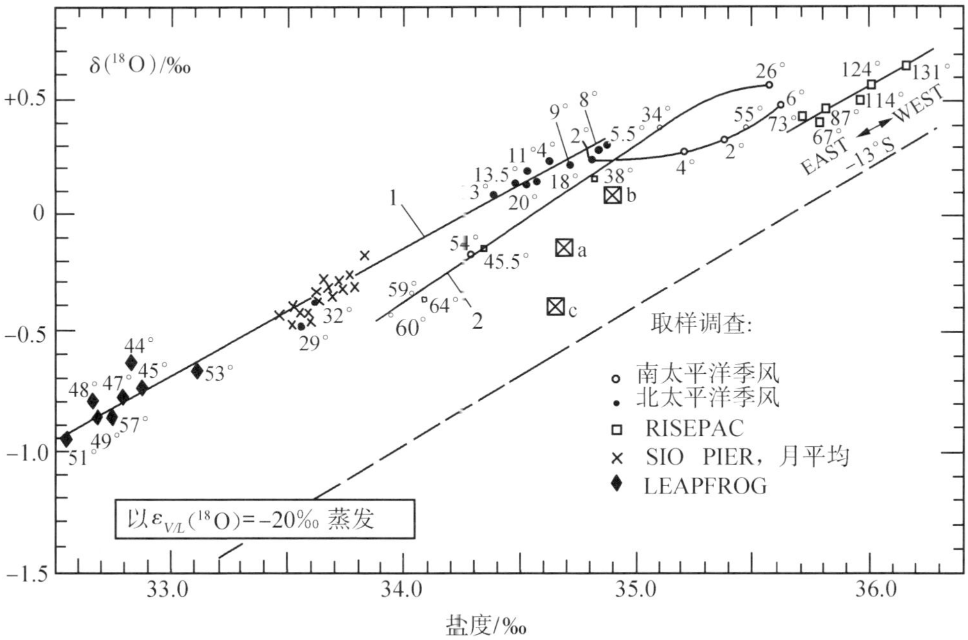

图 7-9　海洋表层水的同位素组成是盐度的函数

δ（^{18}O）和 δ（^{2}H）值的彼此之间及它们与盐度之间有很好的相关性。据测，北太平洋、北大西洋和红海的 $\Delta\delta$（^{2}H）/$\Delta\delta$（^{18}O）的值分别为 7.5、6.5 和 6.0。

地中海是个例外，δ（^{18}O）值的范围有所扩大，但 δ（^{2}H）值没有相应的增加。表层水稳定同位素的变化根源于空气-海水的相互作用，它一方面决定了 δ_E 的值，另一方面决定了降水的 δ 值，后者或多或少地使蒸发流达到平衡。

与盐度的相关性如图 7-9 所示。该图也含有一条在海水以氧同位素分馏 $\varepsilon_{V/L}$（^{18}O）= −20‰进行蒸发的情况下，标明了δ（^{18}O）相对于盐度S的斜率的直线。

海上空气中水分的同位素组成几乎没什么直接的测量数据。有报道称，在北太平洋沿季风探险队由北向南的线路和在大西洋沿纬度为20°N（西风探险队）自东至西的路线在桅杆高度采集了两个剖面的水汽样品。在这两个剖面中，所收集水汽的δ（^{18}O）值在-10.5‰~-14‰之间，与预期的与海洋表层水相平衡的值相比，重同位素贫化了3‰~4‰。

海洋蒸汽既不是简单地由海洋的蒸发流组成的，也不与海洋表层水达到局部平衡，这一事实可以全球范围来予以解释，如图7-10所示。

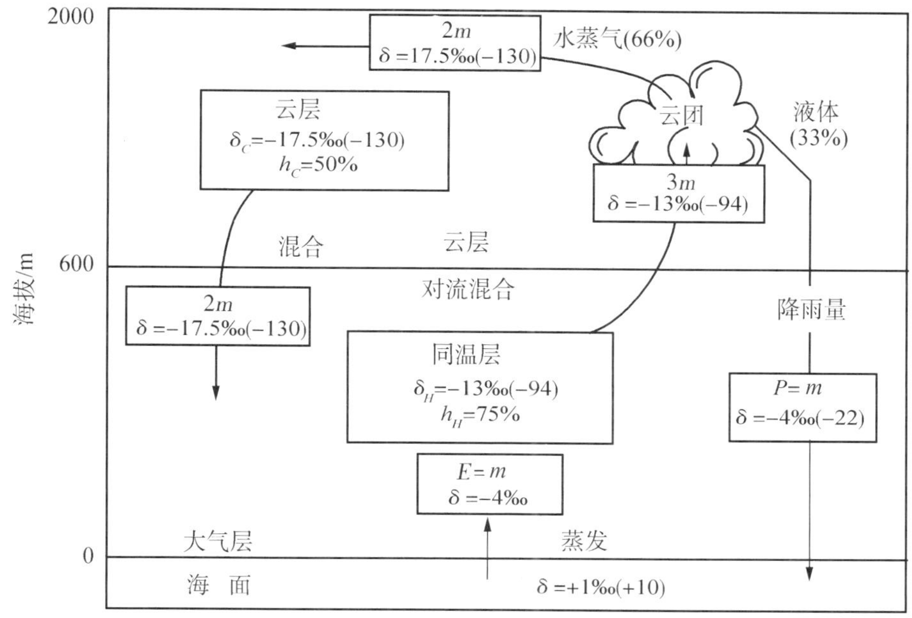

图7-10　Craig和Gorden关于海洋大气的同位素模式

注：δ=δ（^{18}O）；δ（^{2}H）值在括号中标出，水分的迁移以m/a为单位的液态水量来表示。

由于水汽数据的匮乏，人们通常试图以降水数据来推断出大气水分的同位素组成，假定条件是它们之间达到了同位素平衡。不像内陆地区，这种平衡能够很好地被建立，海洋作为水汽的来源，严格上来说，这种平衡可能不能达到。因此，海平面向上会存在梯度。

（四）大陆上空的大气

1. 瑞利过程

水汽不断形成降水，重同位素不断贫化。所谓的高度效应、纬度效应和远离海岸效应已经被确定，所有这些效应从根本上说与气团冷却时水分的析出有关，而且最主要的是与温度有关。

传统景象是，当空气冷却时，同位素与水汽达到平衡，形成降水。在水汽和水之间的热力学平衡中，后者的^{18}O和^{2}H有更高的含量。于是，残余水汽的重同位素不断贫化。图7-11所示是这个过程的简单的盒式模型，N_V是水分子的数量，大致相当于常见水分子的数量，从同位素上来说，是指轻分子；R_V是同位素分子之间的比率，指$^{2}H/^{1}H$或$^{18}O/^{16}O$。

当dN_V分子在同位素分馏系数为$\alpha_{L/V}$（$=1/\alpha_{V/L}$）的情况下被移去时，对于迁移水汽中稀有同位素的质量平衡可以写成

$$R_V N_V = (R_V - dR_V)(N_V - dN_V) + (\alpha_{L/V}/R_V)dN_V \quad (7-22)$$

从而得出

$$dR_V/R_V = (\alpha_{L/V} - 1)(dN_V/N_V)$$

我们假定轻同位素分子的数量与整个的分子数量相等，那么上述这个方程的最后结果为

$$R_V/R_{V_0} = (N_V/N_{V_0})(\alpha_{L/V} - 1) \quad (7-23)$$

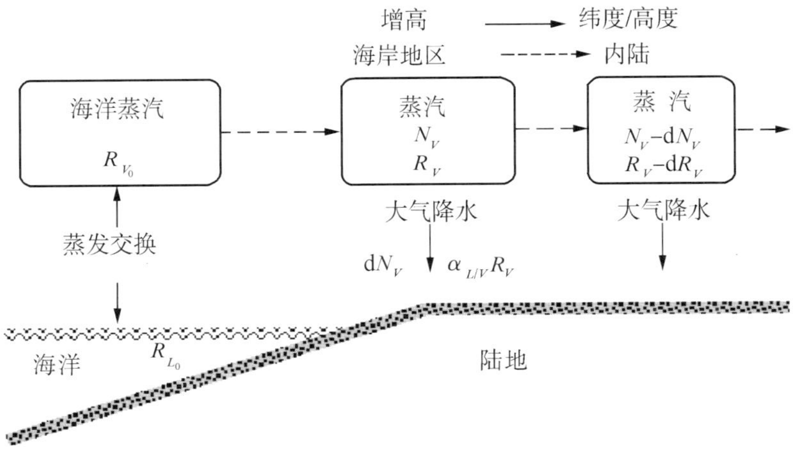

图 7-11 运用于海洋蒸发和陆地降水的、简化了的（非再循环）Rayleigh 模式图解

在这个式子中，下标“0”指的是初始条件，即水汽的发源地。

起源于海洋的水汽，遭受强烈蒸发向较低温度的高纬度和高海拔地区移动，水汽渐渐凝结成降水，由于同位素的分馏作用，$H_2^{18}O$ 与 $H_2^{16}O$ 消耗更快，引起残余水汽和后来形成的降水中的重同位素^{18}O 和^{2}H 不断贫化。

对于等压冷却，水汽量的变化率与饱和状态下蒸汽压 P_V 的变化率相等：

$$dN_V/N_V = dP_V/P_V$$

而且，根据 Clapeyron 法则，对于等压凝结过程，压力与温度之间的关系可表示为

$$P_V = C\exp(-D/T) \tag{7-24}$$

在这里，L 指摩尔蒸发热（$=44.4\times10^3$J/mol）；G 指气体常数［=8.35J/（K·mol）］；D 指 L/G（=5349K）；T 指绝对温度［$=t$（℃）+273.15K］；C 指水的常数。

从这里我们可以得出

$$dN_V/N_V = (D/T^2)dT$$

或

$$N_V/N_{V_0} = P_V/P_{V_0} = \exp D(1/T_0 - 1/T)$$

其结果为

$$P_V/P_{V_0} = \exp\{-D(1/T - 1/T_0)(\alpha_{L/V} - 1)\} \tag{7-25}$$

式中，T 指采样台站的温度；T_0 指水汽发源地的温度。

由于温度依赖于水汽与水之间的分馏作用，所以，我们选择的指数方程为

$$\alpha_{L/V} = A\exp(B/T) = 0.9845\exp(7.430/T) \tag{7-26}$$

温度关系是从 Dansgaard（1964 年）所得的数据中提取的。在温度范围上，他用的是源区与降水区之间的 α（^{18}O）的平均值。

从大气水汽中凝结的降水的同位素比率为 $R_L=\alpha_{L/V}R_V$，在这里，$\alpha_{L/V}$取决于凝结的温度或其云区的温度。把式（7-16）与式（7-17）合并，其中 $R_{V_0}=R_{VSMOW}$［$1+\delta_{V_0}$（^{18}O）］，又 δ_{V_0}（^{18}O）=-12‰，且 $R_{L_0}=R_{VSMOW}$，从而得出

$$\delta_{在温度T时的降水} = \delta_L = \alpha_{L/V}(R_V/R_{V_0})(R_{V_0}/R_{L_0}) - 1 \tag{7-27}$$

这个方程可让我们得出 δ（^{18}O）值与温度的曲线（图 7-12）。当然，这个模式过于简单，因为它假定所有的水汽来源于热赤道区而没有考虑较高纬度地区的所有海洋蒸发。

在应用式（7-27）时，我们必须注意，纬度效应与温度的相关性范围为从 0℃的-0.8‰/℃到 20℃的-0.5‰/℃（图 7-12）。

运用 Rayleigh 关系式是以雨滴和云中上升空气之间的同位素相交换为根据的，即无视降水云里过程中所形成的重同位素贫化的同位素标志，而认为降水与周围空气的同位素达到平衡。根据有关论述

内容，降水中的同位素组成的贫化在很大程度上与近地面的温度很有关联性。更确切地说，与云区的温度很有关联性。

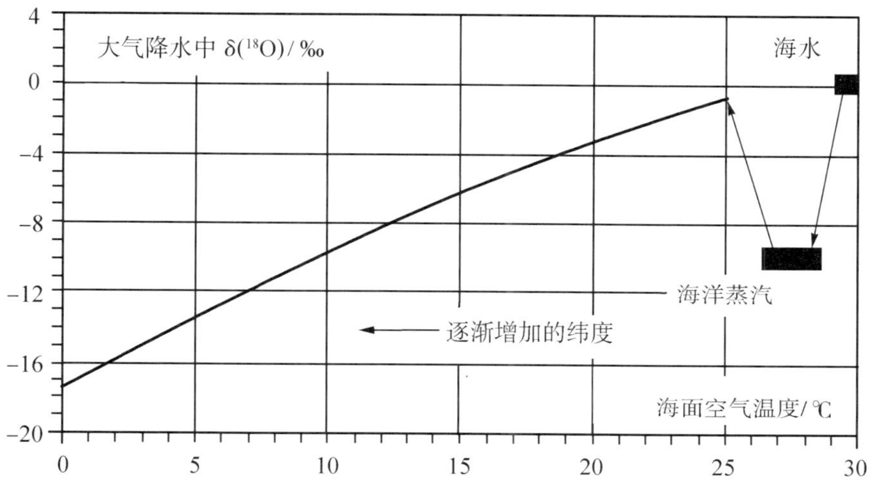

图 7-12　根据图 7-11 的简化模式和方程计算的纬度效应与温度关系的结果

注：R_{V_0}（^{18}O）/R_{L_0}（^{18}O）取值为 0.99，即原始海上水汽 δ（^{18}O）为-10‰，蒸发温度为 25℃。

图 7-12 的右边指的是海水水汽的形成和随后凝结形成降水的情况。

这个一般说来与那些数据相吻合的简单情况，在例外环境下可被修改为：

（1）雪或冰雹落到地下的情况。空气水分与该种形式的降水成分不发生同位素交换，其结果是降水中的同位素比处在平衡状态下的同位素更易贫化。另外，固态降水中的氘值更高，这得归结于在冰粒形成过程中的非平衡凝结。

（2）来自强烈对流系统（雷电云、冷峰云和与热带辐合区有关的热带云）中降水的情况。这种情况明显带有强烈的区域下压气流的特性。因此，雨滴不是与周围空气的平均样品有关系，而仅与云中部分空气有关。

在这两种情况下，降水中的同位素比真正达到平衡状态的降水的同位素更易贫化。这两种情况在雨水冲刷期间的同位素分馏比同位素贫化与降水量关系中等的 Rayleigh 过程的影响要小。

至今讨论的大气降水线实质上是 Rayleigh 线，很明显，它描绘的是一个空间分布数据系列，显示了特殊的降水空气团的变化。这种大气降水线也可用于在类似条件下形成的类似特性（水的含量、温度和 δ_{V_0}）的不同空气团。

由于蒸发、蒸腾作用，水回流进入大气包括三个变化：伴有同位素分馏的开放水体的蒸发；没有同位素分馏的来自植物的蒸腾作用；从有季节性选择的储库中或基于降雨量的储库中的周期蒸发、蒸腾作用。

2. 蒸发与蒸腾：陆地上水分的循环

当雨水落到地面上时，它有一部分进入了停滞的水池、形成地表径流及渗入到土壤里。如图 7-13 所示，由于直接的蒸发和通过植被而产生的蒸腾作用，使一部分大气水又重新回到了大气中，而且，当雨滴在云区下方落到地面上时，会发生相当程度的蒸发现象。

最大部分的蒸发、蒸腾水量由植被的蒸腾作用引起。在热带雨林区，空中被树冠拦截的水蒸发高达 35%，占有重要比例。来自植被、土壤和循环水的再蒸发水总量在绝大部分地区占了降水量的近 50%；在干燥地区接近 100%。以全球平均数而言，输入的水分要在大陆间循环 1.5 次。与蒸腾水情况不同，来自开放水体中的蒸发不能保存周围水分的同位素组成，因为 $\delta_{蒸发}$ 不等于 $\delta_{降水}$，而且，它也改变了大气水的氘剩余。然而，在水文稳定状态下，地面水池和尾闾湖的完全干竭，把近期的降水全部储存在大气中，结果其同位素组成仍然保持不变。

从同位素上看，蒸腾流实质上不进行同位素分馏，以至蒸腾水的增加弥补了降水所引起的水分丢

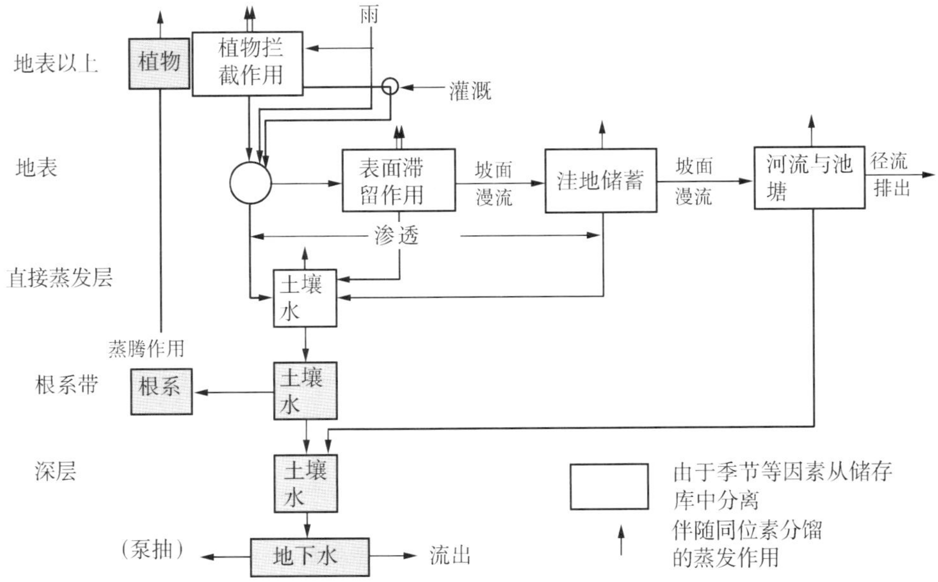

图 7-13　大气/陆地表面作用

失，使同位素组成没有发生变化。然而，既然蒸腾流要以季节性选择为基础来利用土壤水，而且，通常在降水同位素组成中有一个大的季节循环。因此，人们找到了一个不同于年平均值的值，这得归功于对部分雨水的有选择性的利用。

式（7-16）中所给的蒸发流的同位素组成在其他因素当中取决于正在蒸发的水体的同位素组成。在图 7-14 中，$\delta_{蒸发流}$位于降水线 MWL 之上并取决于在相对于初始状态下滞留地表水的富集程度。

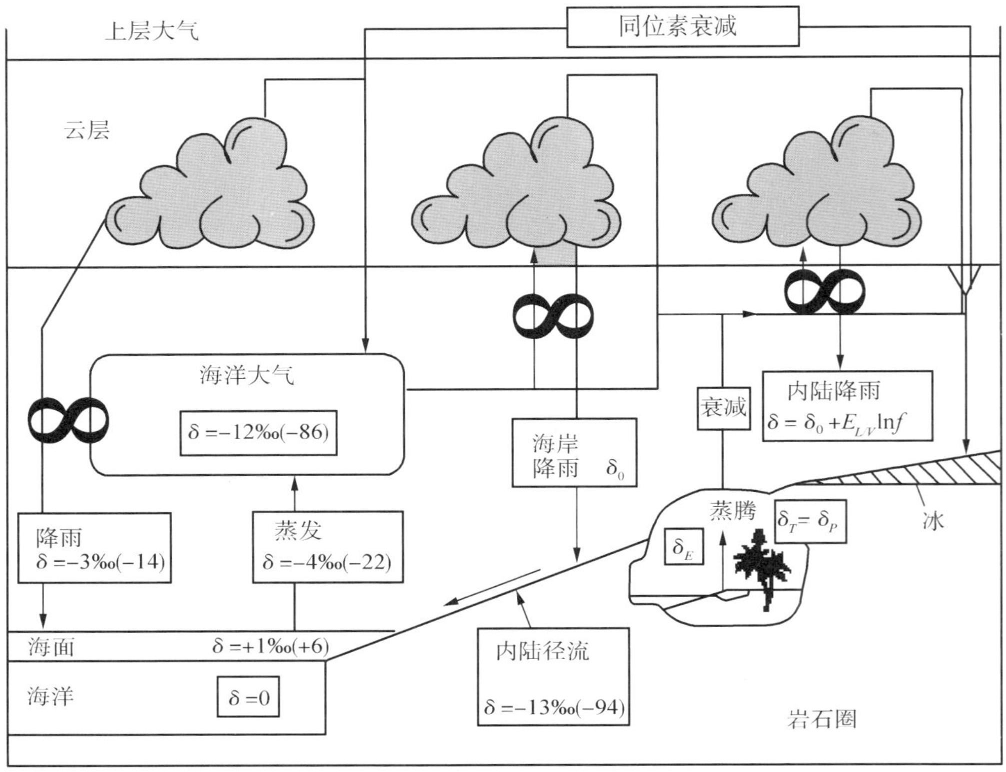

图 7-14　Craig-Gordon 模式在包括大陆水循环时的情况

注：双圈“∞”表示假定降水与周围水分达到了同位素平衡。

如图 7-14 所示，当滞留水的同位素组成一步一步地从最初的降水同位素的组成中移去时，应该注意，回流到大气中的同位素组成（δ_E）接近流进的同位素组成（δ_{in}）。在尾闾湖的条件下，$\delta_E=\delta_{in}$。考虑到物质平衡，得出 $\delta_E=\delta_{in}$。于是，当湖水对同位素组成影响最大时，蒸发流对空气水分的同位素组成的影响反而接近于无。

根据式（7-6）所写的氢氧同位素式子，并记为

$$d=\delta(^2\mathrm{H})-8\delta(^{18}\mathrm{O})$$

d_E 指蒸发流动的氘剩余，可以表示为

$$\begin{aligned}d_E&=\{d_W-h_Nd_A-[\varepsilon_{L/V}(^2\mathrm{H})-8\varepsilon_{L/V}(^{18}\mathrm{O})]-[\varepsilon_{\mathrm{diff}}(^2\mathrm{H})-8\varepsilon_{\mathrm{diff}}(^{18}\mathrm{O})]\}/(1-h_N)\\&=\{d_W-h_Nd_A-[\varepsilon_{L/V}(^2\mathrm{H})-8\varepsilon_{L/V}(^{18}\mathrm{O})]\}/(1-h_N)-n\theta[\Delta_m(^2\mathrm{H})-8\Delta_m(^{18}\mathrm{O})]\end{aligned}\quad(7\text{-}28)$$

在这里，d_E、d_W 和 d_A 分别表示蒸发流动的氘剩余值、地面水的氘剩余值和大气水分的氘剩余值。

在所有的这些情况中，$[\varepsilon_{L/V}(^2\mathrm{H})-8\varepsilon_{L/V}(^{18}\mathrm{O})]$ 项接近零。作为在循环水体中的运用，当 $n=0.5$ 时，$n[\Delta_m(^2\mathrm{H})-8\Delta_m(^{18}\mathrm{O})]=-100.3‰$，从而得出下式：

$$d_E-d_A\approx d_W-d_A/(1-h_N)+0.1\theta\quad(7\text{-}29)$$

幸好（d_E-d_A）的值不取决于离散的 δ_A 值，因为即使在 δ_A 值不确定的情况下，d_A 值也毫无疑问地大于千分之几。δ_A 值的不确定是由于空气团的雨水冲刷史的不同，或者是由于覆盖着植被的大陆地区的蒸腾水有可能混合而引起的。

式（7-29）提供了重要的尺度，使人们可依据它来比较因蒸发物的混合而引起的氘的测量变化。

总结上述所提到的过程，人们可以明显地发现，沿着大陆块的空气团中的氘有所增加，像在亚马孙盆地所观察到的一样。

刚刚已经描述过的大陆上空的水循环，对整个的大气水循环有影响，图 7-14 试图显示基本的 Craig-Gordon 模式如何受大陆部分水循环的影响。

第二节　地表水的同位素特征

一、江河水氢、氧同位素的组成及其变化

河水中的氢、氧同位素组成的时程变化和空间分布，受到流域的地形、地貌和人为活动的制约，是对流域内降水、冰雪融水、地下水等补给源的氢、氧同位素特征及河水所受蒸发影响的综合反映。

（一）江河水氢、氧同位素组成的时程变化

小流域降水径流量占河川径流的比重往往较大，河川径流对降水响应较快，因此河水氢、氧同位素组成的时程变化与降水的同位素组成有更直接的联系，主要体现了径流补给源的变化，而蒸发分馏的影响则相对较弱；大江大河河水还受到沿程蒸发、不同补给源来水的混合及人为活动等的综合影响。从年内或多年变化来看，河水氢、氧同位素组成的变幅小于降水的变幅，而且大体上也在年降水同位素组成平均值附近波动，因径流形成过程受流域因素影响，河水的平均同位素组成一般比降水更富集。

1. 山区小流域河水的典型变化

（1）一次降雨径流的 $\delta(^{18}\mathrm{O})$ 过程。如图 7-15 所示，年内一次主要降雨径流过程包括了流量、雨量、地下水过程和相应的 $\delta(^{18}\mathrm{O})$ 过程（图 7-15a）。降水过程中的 $\delta(^{18}\mathrm{O})$ 变化显著，尤以构成最大洪峰的降雨为甚，各次洪峰与降雨的 $\delta(^{18}\mathrm{O})$ 过程有一定的对应关系，流量峰值只略滞后于 $\delta(^{18}\mathrm{O})$ 值贫化的降水峰值，而且浅层地下水的 $\delta(^{18}\mathrm{O})$ 过程也与之对应。这是山区中小流域的一般规律。在一些特殊情况下（图 7-15b），流域峰值却对应于降水富 $\delta(^{18}\mathrm{O})$ 的峰值，这次过程是该年首次明显的径流过程，集中于流域谷地的占流域面积约 20%的水稻田积水随之泄出，水稻田积水由于已经经历几个月的蒸发而明显富集 $\delta(^{18}\mathrm{O})$。

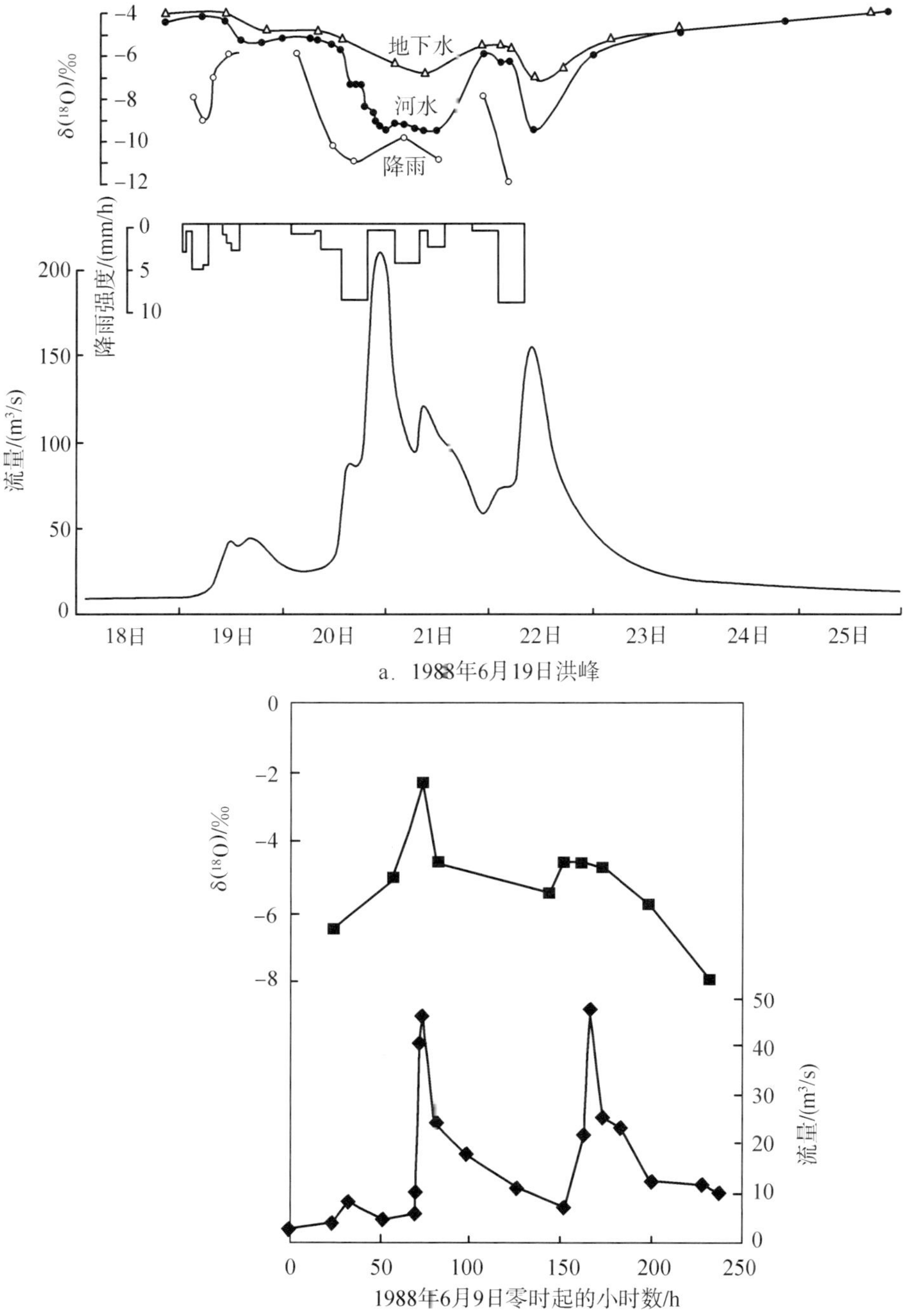

a. 1988年6月19日洪峰

b. 1988年6月9日洪峰

图 7-15 宜丰河藤桥流域流量和 δ（^{18}O）变化过程

（2）δ（^{18}O）的年内变化。该处河水近一年的 δ（^{18}O）时程变化如图 7-16 所示，其变化与流量过程相对应，表明降水是流域径流最主要的水源。在此期间，时段降水 δ（^{18}O）的变幅达-1%，对个次降雨按降水量加权平均的 δ（^{18}O）为-0.80%，河水 δ（^{18}O）的变幅较此为小，按日平均流量加权平均计算的 δ（^{18}O）为-0.73%，较降水加权平均值略富。以上是山区小河流域河水 δ（^{18}O）组成时程变化的一些典型特征。

上述特例见江西宜丰河藤桥流域（流域面积 303km^2）的观测。

2. 不同水源在时程变化中的反映

位于西欧的莱茵河主要接受瑞士阿尔卑斯山 δ（^{18}O）较贫化的冰雪融水补给，而荷兰境内的默兹河则主要接受降水的补给。前者 δ（^{18}O）的均值明显要低于后者。另外，两者河水同位素组成

δ（^{18}O）的季节变化成截然相反的分布样式（图 7-17）。正是夏季冰雪融水的补给，使时程变化分布样式发生这样的逆转。如果莱茵河河水是来自上游阿尔卑斯山区和其下区间两部分来水的混合，可求得夏季上游山区来水约占总水量的 50%，而冬季则只有约 20%。

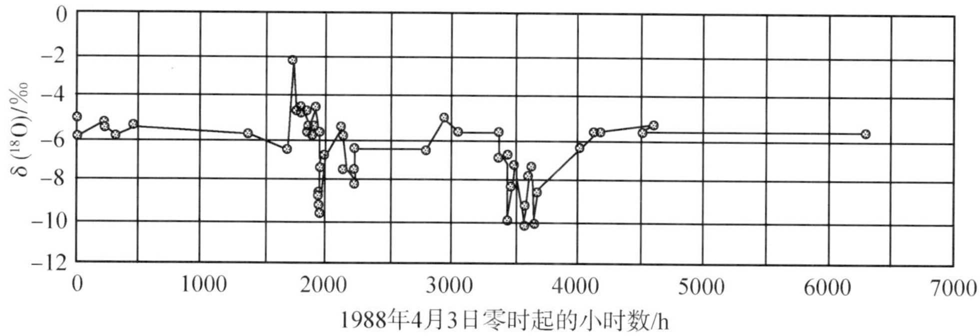

图 7-16　宜丰河藤桥流域流量和 δ（^{18}O）变化过程

注：采样和同位素分析同图 7-14。

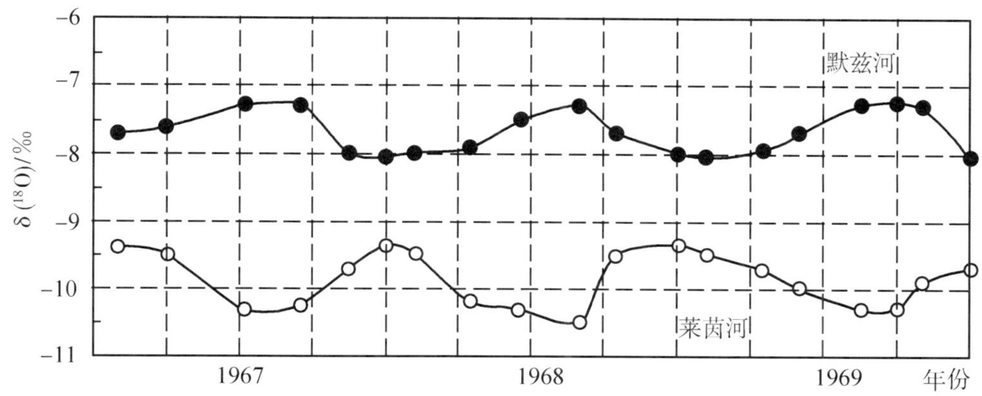

图 7-17　荷兰境内默兹河和莱茵河河水 δ（^{18}O）的变化

3. 大江大河河水的时程变化

随着流域面积的增大，地面径流的沿程滞留作用、地下水和湖泊等水体的调节作用都有增强。此外，流域内降水的高程效应也影响大江大河河水的同位素组成。一般而言，大流域河川径流 δ（^{18}O）的时程变化比中、小流域平缓，但仍有一定的变化规律，包括季节效应和多年变化趋势等。这些规律体现了补给比例的变化及补给源的同位素效应。下面以青藏高原那曲河为例进行介绍。

怒江水系上那曲水文站以上流域面积为 8478km^2，以丘陵山地为主，流域内有两个湖泊。1998 年 5~9 月夏季日降水量、日径流量和相应的 δ（^{18}O）如图 7-18 所示。在此期间，河水与降水 δ（^{18}O）的时程变化趋势相似，河水的 δ（^{18}O）变幅（<-1%）远小于降水（接近-3%），说明河水 δ（^{18}O）的时程变化除了降水因素以外，还受地下水补给和流域内湖泊的调节影响。图 7-18 中 6 月 30 日前为枯季径流，δ（^{18}O）平均值达-1. 066‰，为观测期间之最富，表明主要来自地下水补给和湖泊蓄水。此后季风活动期间，河水以降水补给为主，δ（^{18}O）随着降水 δ（^{18}O）的贫化而贫化。

4. 河水氚的多年变化与降水氚时程变化的关系

环境同位素氚也随着水分子的运动而迁移，自然状态下氚含量不高，核试验后降水中的氚含量剧增，河水中的氚含量也随之升高，总体而言，其时程变化是对降雨的响应。图 7-19 所示是观测序列最长的降水和河水氚的变化过程，河水氚的年变化趋势几乎与降水相同。然而河水氚含量却与降水氚过程的高峰相对应，这反映了降水转化为河川径流的匀化过程。图 7-19 中，个别河水的氚含量明显大于降水氚，可能和核电站泄漏等环境污染事件有关。

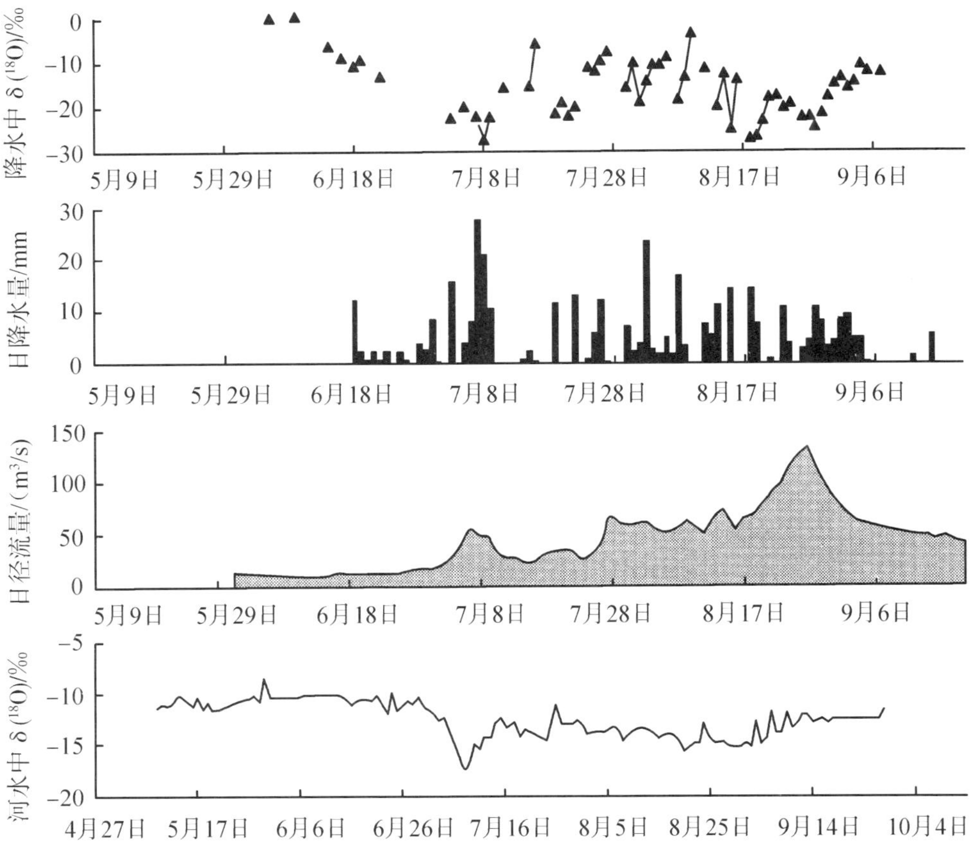

图 7-18 那曲水文站 1998 年夏季降水、径流过程及其相应的 δ (^{18}O) 变化过程

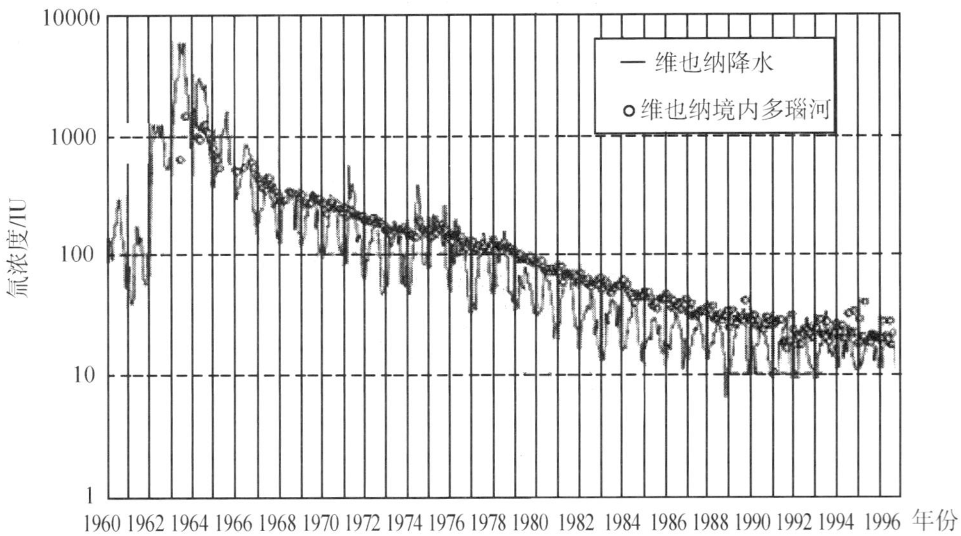

图 7-19 1960~1996 年维也纳降水及多瑙河河水（流域面积 101700km²）的氚同位素变化

（二）江河水氢、氧同位素组成在河流内的空间分布

江河水氢、氧同位素组成的空间分布，实际上也是上述时程变化在空间上的分布，反映了流域内不同位置的降水同位素效应（如高程效应、纬度效应）、补给源的组成与混合作用、沿途蒸发作用及人类活动等的影响。小流域的空间分布是上述某些影响的集中反映，而大江大河河水氢、氧同位素的空间分布则更大程度上是上述各种影响的综合反映。

1. 蒸发对中小流域河水同位素组成空间分布的影响

下面以黄土高原无定河的二级支流岔巴沟为例进行介绍。由于当地降水径流的消退速度快，降水径流的同位素组成的影响在于两个方面：一方面有效滞留蓄存了往往较贫化的大雨和暴雨的降雨径流；另一方面减缓了地表径流的水流速度，增大了蒸发面积，强化了地表水滞留过程中的蒸发。图 7-20 所示是在全流域降雨径流过程后，岔巴沟主沟和 12 条支沟在 2005 年 8 月中旬实测 δ（D）的空间分布。由此可以看出，δ（D）相对贫化的支沟地表水大体上都对应于相对最贫的降雨 δ（D）（图 7-21）。此外，右岸各支沟地表水的 δ（D）都从上游向下游逐渐富集，只有毕家荅沟的最上游两处由于流量很小而更加富集，表现出强烈的蒸发影响。蒸发的影响在地表水的关系曲线中也很明显（图 7-22）。

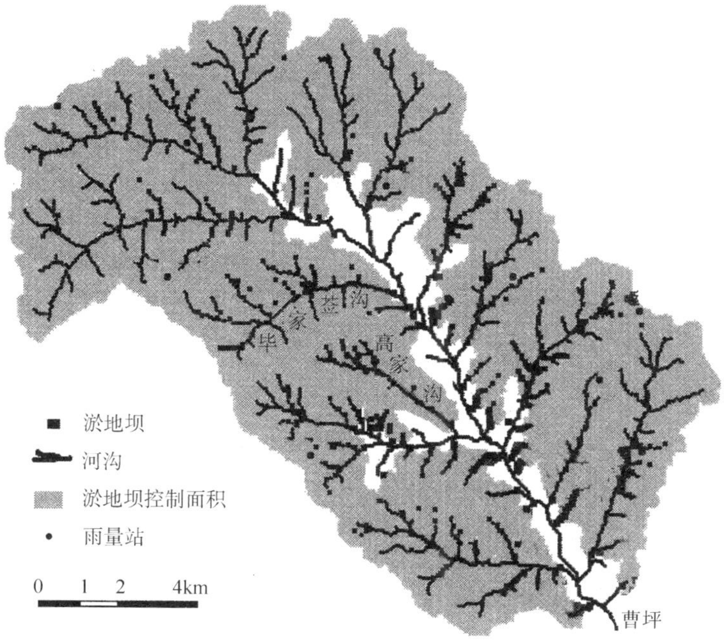

图 7-20　2005 年 8 月岔巴沟流域地表水 δ（D）的空间分布

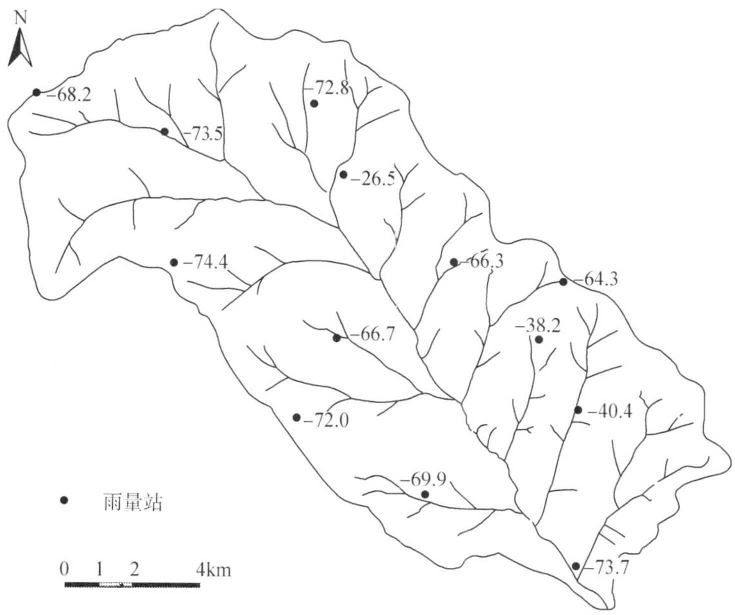

图 7-21　2005 年 8 月岔巴沟流域降水 δ（D）的空间分布

2. 大江大河河水同位素组成的空间分布

大江大河流域往往跨越不同气候区，从上游到下游，河水的氢、氧同位素组成受到不同补给源、地面水体、人为活动和蒸发的影响，还受到降水同位素大陆效应、高程效应的影响。对于源于高山地区冰雪融水的大河来说，上游地区受源头气温及降水的同位素效应等因素的影响更明显，同位素组成

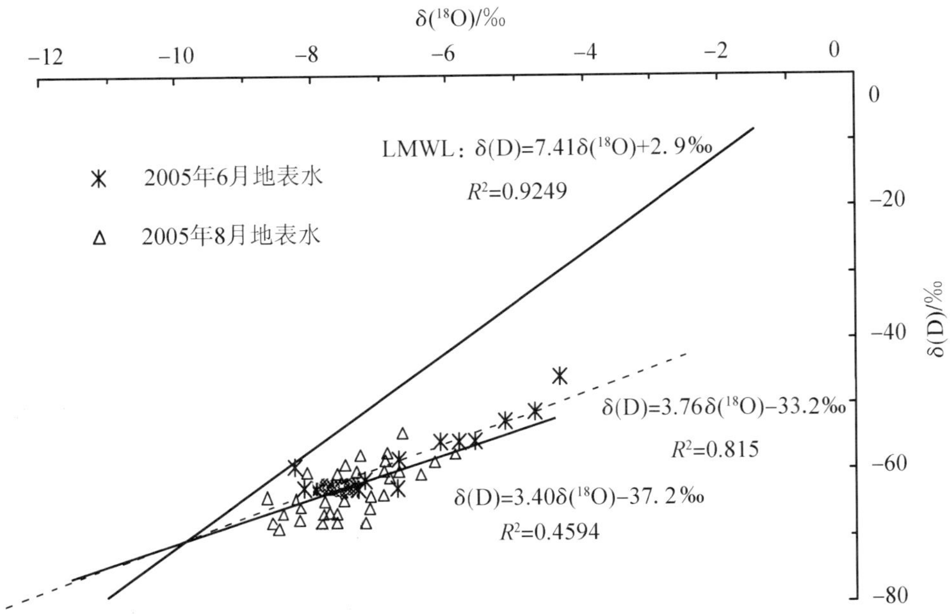

图 7-22　岔巴沟流域主沟和支沟水的 δ（^{18}O）−δ（D）关系曲线

较贫化且季节变化显著。愈向下游，随着径流量的增加，当地降水对河川径流的影响减弱，仅在洪水季节所占比例较大，而支流、湖水、地下水、灌溉回归水及沿程蒸发作用对河川径流的影响逐渐增强，因此河水的 δ 值往往与当地降水有较大差异，降水补给与地下水补给的混合也日益复杂。

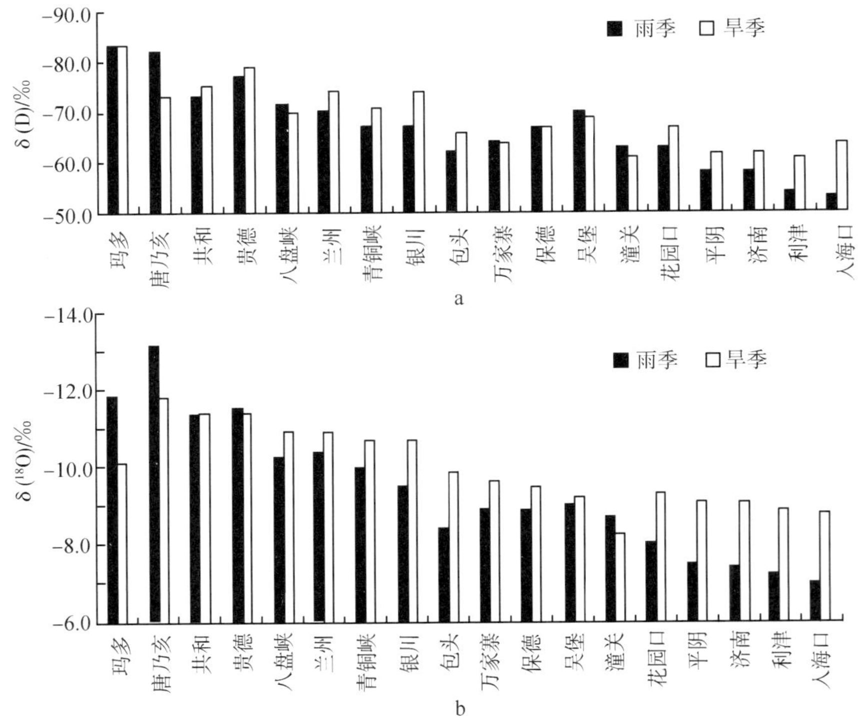

图 7-23　黄河 2000 年雨季与 2001 年旱季河水 δ（^{18}O）与 δ（D）的沿程变化

（1）黄河河水雨季和旱季氢、氧同位素的沿程变化。苏小四等（2004 年）首次研究了黄河从上游源头附近的玛多直到入海口 5194km 河段的 18 个断面的河水在雨季和旱季的氢、氧同位素组成。图 7-23、图 7-24 所示分别为雨季和旱季沿程河水的 δ（^{18}O）、δ（D）和氚的含量。无论雨季或旱季，河水的 δ（^{18}O）、δ（D）组成都从下游到上游趋于贫化，反映了与降水相似的同位素的大陆效应和高程效应。除源区外，旱季（3、4月）河水一般比雨季（8、9月）更负。笔者认为，影响黄河水同位素组成的主要因素是：不同补给水源的混合、河水的沿程蒸发和人为的活动影响。在兰州以上的河源地区，以包括冰雪融水在内的降水补给为主，间有地下水补给，且旱季大于雨季；中游为当地降水和岩溶水补给，并有同位素组成不同的一些支流发生混合；旱季的河水蒸发对于兰州—包头段和花园口以下的下游河段的同位素组成则有明显的影响，而雨季的影响相对较小，而灌溉回归水可能是雨季同位素组成变化的重要影响因素。

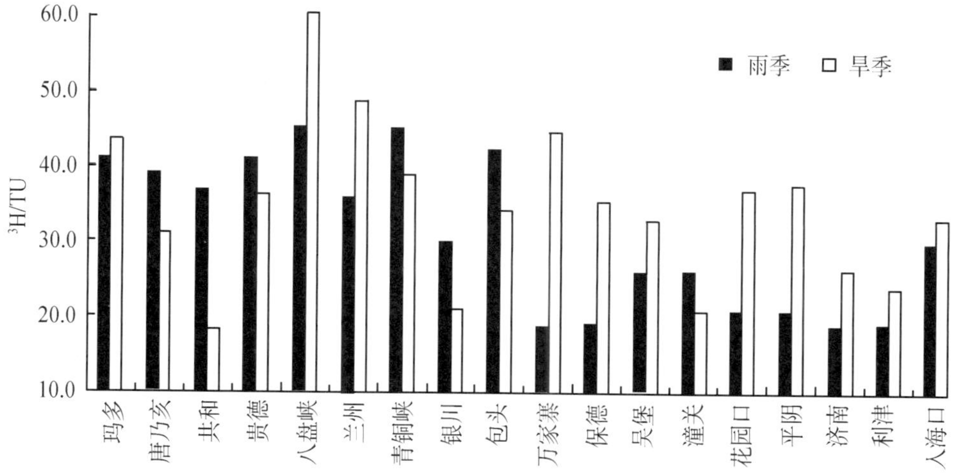

图7-24 黄河2000年雨季与2001年旱季河水氚的沿程变化

（2）长江河水。陆宝宏等首次从重庆到上海对长江干流江水做了同步监测，在2003年1月的2周内对三峡库区11个断面、库区以下30个断面进行了采样，长江干流江水中δ（^{18}O）的沿程变化见图7-25。以洪湖和枝江为界，大体上可分为三组：δ（^{18}O）小于-1.10‰的枝江以上各段界面，河川径流来自上游区，蒸发作用较小；δ（^{18}O）接近于-1.0‰的枝江到洪湖段，因湖泊、水库蒸发导致δ（^{18}O）增大；δ（^{18}O）大于-0.90‰的洪湖以下各断面，受感潮和蒸发的双重影响。这与中国地形的三级阶梯并不完全一致，表明影响长江江水氢、氧稳定同位素变化的原因除了纬度效应和高程效应以外，还叠加有降水，冰雪融水和地下水补给及沿程蒸发、支流汇水混合等的影响。

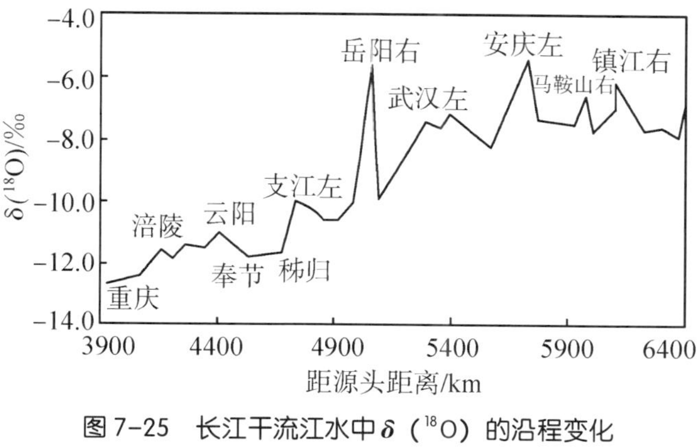

图7-25 长江干流江水中δ（^{18}O）的沿程变化

二、江河水其他环境同位素的组成及其变化

河流是陆地与海洋之间主要的物质传输通道，是水中的溶解质、悬移质和推移质的传输通道，因此河流是同位素水文循环中的主要一环。

（一）^{13}C

河流碳循环是流域碳循环的核心。江河水中的碳存在多种形态，可分为无机碳和有机碳两大类。

其中，无机碳包括 DIC、PIC（颗粒无机碳），有机碳包括 DOC、POC（颗粒有机碳）。这些还有更多的细分种类，如 DIC 还可以分为溶解碳酸（H_2CO_3）、溶解重碳酸盐（CO_3^{2-}）、溶解碳酸盐等。正是碳的这些众多的存在形式，使河流中的碳的来源及循环过程变得复杂。这里主要讲述江河水中的溶解碳的碳同位素组成的时空变化。

1. 小流域河水溶解无机碳的 δ（^{13}C）

河川径流的形成和产生，或通过地面途径，或经由地下途径，因而江河水的 DIC 或 DOC，除了江水外，主要取决于地面途径和地下途径的各种水源及江河生态系统。其中，土壤岩石圈无疑是最为关键的，不同尺度的流域对河水 DIC 和 DOC 会有不同程度的影响。图 7-26 所示为一个面积为 111km^2 的流域中地质条件相似的 3 个上游支流集水区，在融雪过程中河水 DIC 的δ（^{13}C）与δ（^{18}O）关系。选择融雪过程进行比较的原因是，融雪过程中的径流更多的是源自土壤非饱和带。土壤中 DIC 的形成首先是土壤母质，然后是由根呼吸和土壤有机质分解形成的土壤空气 CO_2，融雪下渗溶解等所生成的 CO_2、H_2CO_3、CO_3^{2-} 进入河水。图 7-26 清楚地反映了 3 个集水区因土层厚度不同而发生δ（^{13}C）的明显差异。

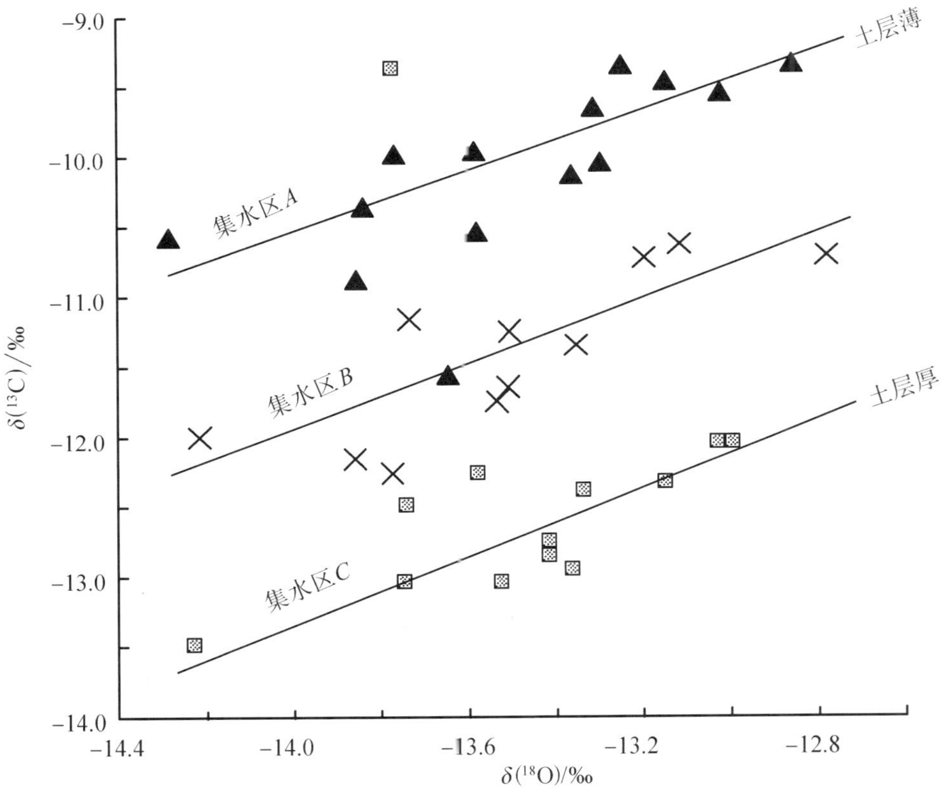

图 7-26　不同土层厚度集水区河水溶解无机碳的δ（^{13}C）和δ（^{18}O）的关系

2. 大河河水溶解无机碳的 δ（^{13}C）

Buhl 等（1991 年）讨论了莱茵河干流和支流河水溶解无机碳的δ（$^{13}C_{DIC}$）沿程变化情况。图 7-27 表明，δ（$^{13}C_{DIC}$）沿干流向下游逐渐减小，支流大多明显小于主干道。假设有机碳源产生的δ（$^{13}C_{DIC}$）为-25‰，而碳酸盐的溶解及其与大气的交换过程使δ（$^{13}C_{DIC}$）在 0‰左右，从这两个端元计算的结果表明，在阿尔卑斯莱茵河段，有机碳源产生的 DIC 不少于 1.8%，与主河道汇流后该比例增至 43%，这是由于支流的 DIC 有 60%是有机碳源所产生的。研究还表明，河流中过量的 CO_2 是河水在富营养化影响下微生物的呼吸作用产生的，支流强烈影响甚至控制着莱茵河的 CO_2 收支平衡，而且支流微生物呼吸作用所产生的 HCO_3^- 的δ（$^{13}C_{DIC}$）往往更贫化，对主河道河水的δ（$^{13}C_{DIC}$）有着重要的影响。这在很多流域中都有类似的结果。圣劳伦斯河干流δ（$^{13}C_{DIC}$）为-4.7‰~+0.7‰，支流为-16.5‰~-6.7‰。这表明支流上的细菌呼吸作用产生的 CO_2 对河流 δ（$^{13}C_{DIC}$）有重要的影响，而主河道五大湖区地表水与大气间的长时间交换作用的结果使细菌呼吸作用的影响不明显了。

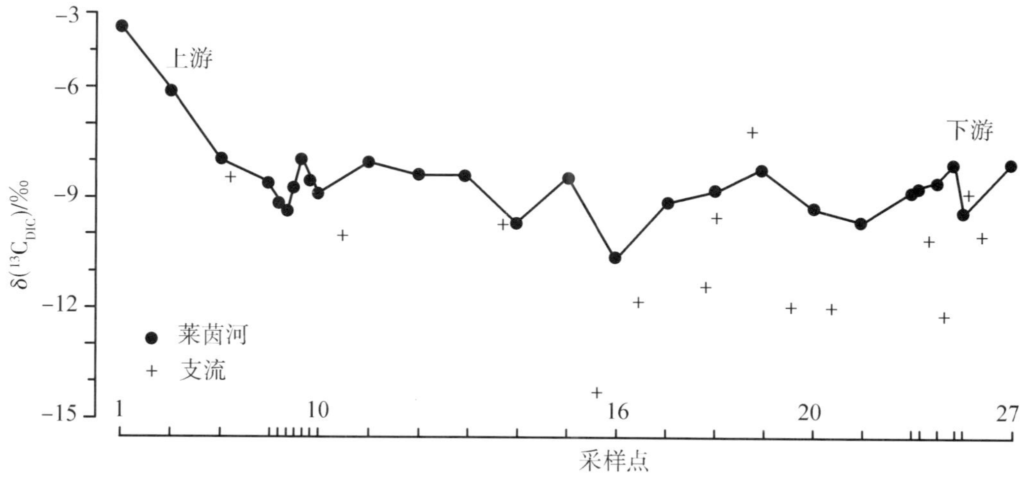

图 7-27　1989 年秋莱茵河及其支流中的 δ（$^{13}C_{DIC}$）值沿程变化

3. 大河河水溶解无机碳和溶解有机碳的 δ（^{13}C）

刘丛强等（2007 年）首次对流域面积较大的乌江和沅江水系舞阳河、清水江等江河的干流和支流枯水期和丰水期做了 DIC 和 DOC 及 δ（$^{13}C_{DIC}$）和 δ（$^{13}C_{DOC}$）的系统测试和研究。

（1）整体规律。对乌江、沅江干流和支流丰水期和枯水期河水 DIC 及 DOC 的 δ（$^{13}C_{DIC}$）和 δ（$^{13}C_{DOC}$）测试的结果见图 7-28、图 7-29，其中还标出了丰水期和枯水期河水 δ（$^{13}C_{DIC}$）的差值。乌江和沅江水系的舞阳河、清水江河水 δ（$^{13}C_{DIC}$）和 δ（$^{13}C_{DOC}$）在时程变化和空间分布上都变幅较大，丰水期的 δ（$^{13}C_{DIC}$）比枯水期更负。但 δ（$^{13}C_{DOC}$）却与此不同，大多数数据表明，丰水期的 δ（$^{13}C_{DOC}$）比枯水期富。

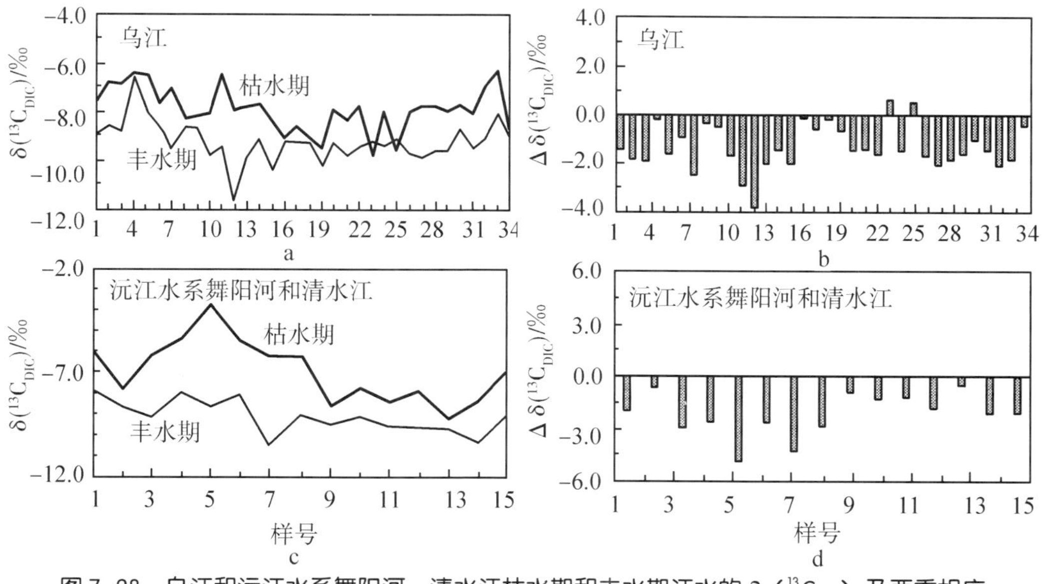

图 7-28　乌江和沅江水系舞阳河、清水江枯水期和丰水期江水的 δ（$^{13}C_{DIC}$）及两季相应 δ（$^{13}C_{DIC}$）的差［Δδ（$^{13}C_{DIC}$）］随水样号的变化

（2）河水 DIC 的来源。由 δ（^{13}C）并结合母岩、土壤碳酸盐岩等的 δ（^{13}C）综合分析、讨论了江河水 DIC 的来源。研究认为，土壤有机碳分解对此有相当大的贡献（P_{soc},%）。乌江和沅江水系舞阳河、清水江在冬季枯水期江水的 P_{soc} 分别达到 36.3%～52.6%、43.3%～49.8%、24.2%～43.7%。

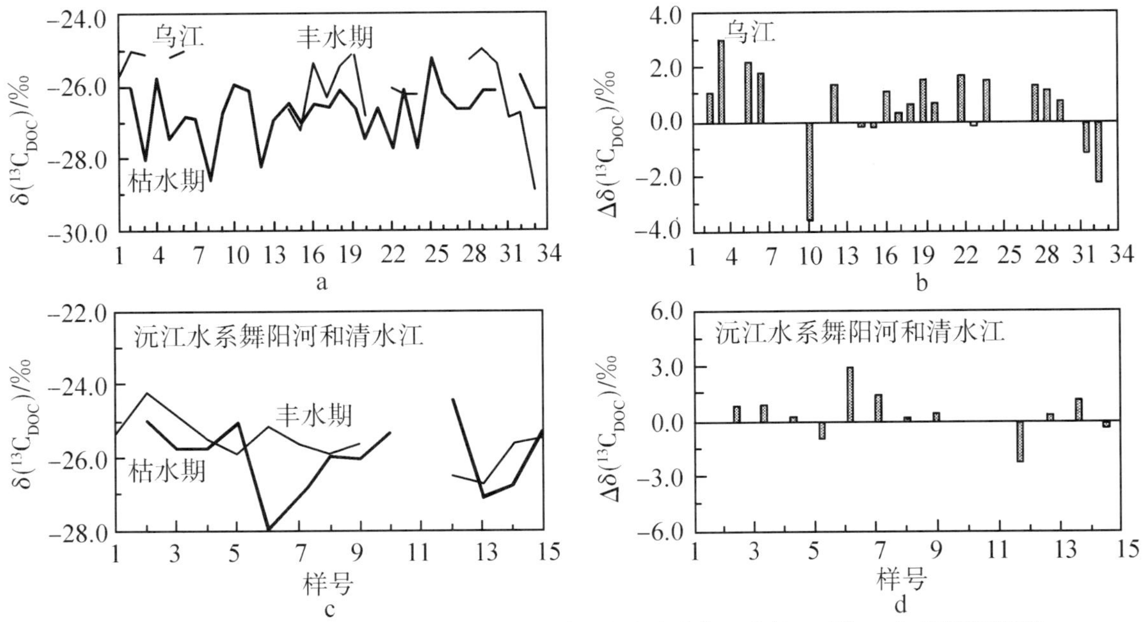

图 7-29　乌江和沅江水系舞阳河、清水江枯水期和丰水期江水的 δ（$^{13}C_{DOC}$）及两季相应 δ（$^{13}C_{DOC}$）的差［$\Delta\delta$（$^{13}C_{DOC}$）］随水样号的变化

然而，在夏季丰水期江水的 P_{soc} 还要高，一般大于 50%，分别达到 43.8%~71.4%、57.3%~64.3%、50.8%~64.9%。因此，可以认为除了土壤有机碳的贡献比枯水期更大以外，非碳酸盐风化及土壤本身的 DIC 也随丰水期的地面径流进入了河水。

（3）河水 DOC 的水源。上述三条江河水的大多数数据表明，夏季丰水期江水 δ（$^{13}C_{DOC}$）要比冬季枯水期富，表明更富集 δ（^{13}C）的碳水化合物或者 C4 型植物的贡献有所增加。又由于水生植物 δ（^{13}C）一般小于-30‰，而三条江河的河水 δ（$^{13}C_{DOC}$）都大于-30‰，说明 DOC 主要源于陆地生态系统。

（二）^{15}N

硝酸盐目前是河流系统的重要污染物，也是全球氮循环的重要组成部分。水中的氮主要以 NH_4^+、NO_3^-、NO_2^- 和有机氮等形式存在，这些存在形式之间可以相互转化，转化过程伴随着氮同位素组分 ^{15}N 的变化而变化。图 7-30 是不同来源的硝酸盐中的 δ（^{18}O）和 δ（^{15}N）的变化范围。由此可以看出，氨的硝化作用、有机废物及肥料和降水中的有机氮，都能引起 δ（^{15}N）的大幅变化。由于微生物驱动的氮循环中不同过程的同位素分馏特征差异明显，生物固氮、土壤有机氮矿化过程中的氮的同位素分馏效应小，而吸收同化、硝化和反硝化过程中氮的同位素分馏较大，因此可以利用各过程的同位素分馏特征示踪含氮物质的来源。

河流硝酸盐的潜在来源可分为天然的硝酸盐和非天然的硝酸盐两种。前者来源于天然有机氮的降解和硝化作用，后者则与人造化肥、污水、粪便等人类活动有关。河水中硝酸盐的来源分为点源和面源两种，而且氮循环过程伴随复杂的物理、化学、生物作用，使得很难通过浓度的变化来研究自然要素或人类活动对河流硝酸盐浓度的影响。与此同时，由于不同来源硝酸盐的氮同位素可能重叠在一起，单独使用氮同位素不能很好地区别反硝化过程，因此联合应用硝酸盐氮、氧同位素方法来研究河流中硝酸盐的来源及氮的循环过程逐渐受到国内外学者的广泛青睐。氨肥、土壤有机质、牲畜粪便等组分的 δ（^{18}O）值重叠，δ（^{15}N）可用来区分这些不同的来源；当 δ（^{15}N）值存在一定的重叠时，δ（^{18}O）值往往有较大差异，此时可以通过分析硝酸盐的 δ（^{18}O）和 δ（^{15}N）值进行研究。

（三）^{34}S

硫在环境地球化学循环中扮演着重要角色。自然界排放着大量的生物硫及燃煤过程排放的硫，是影响大气硫同位素组成的重要因素。除此之外，作为气溶胶出现的海盐、火山气体中的 SO_2 和 H_2S 等

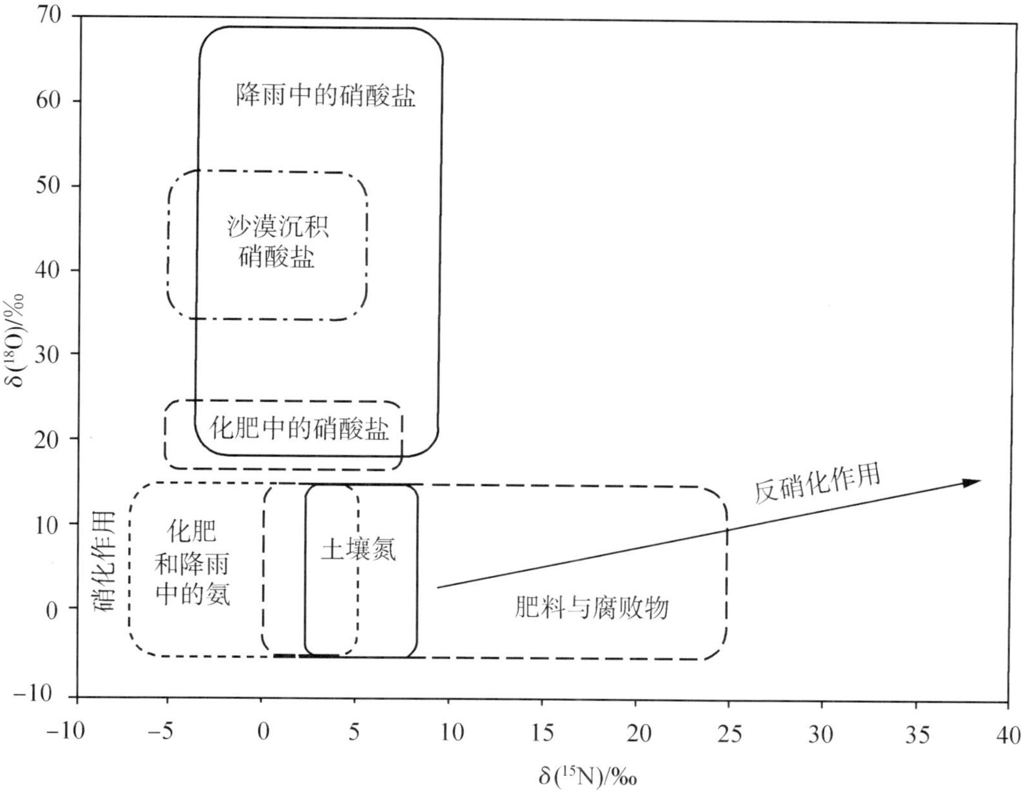

图 7-30　不同来源的硝酸盐中 δ（^{18}O）和 δ（^{15}N）的变化范围

也是局部地区大气硫同位素的来源，进而影响降水中的硫同位素组分。地表水中的硫主要以硫酸盐的形式存在，来源包括大气降水、硫化物氧化风化、石膏溶解、化石燃料燃烧所排放的 SO_2 等酸性气体和酸雨等，这些均会影响地表水中的 SO_4^{2-} 含量及 δ（^{34}S）值。这些变化反映了硫的地球化学行为和生物地球化学循环的特征。

世界主要大河河水中的硫同位素组成变化显著，参见表 7-4。

表 7-4　世界主要大河河水中的硫同位素组成

河流	δ($^{34}S_{SO_4^{2-}}$)/‰	
	变化范围	平均
黄河	+3.57～+11.1	+8.4
长江	−3.47～+5.94	+2.3
亚马孙河	+6.0～+8.3	+7.3
苏联河流	−5～+32	
加拿大马更些河	−24～+20	<+5
北美洲河流		<+4
南美洲河流		<+7
欧洲河流		<+6
日本等国家的太平洋岛弧河流		<+5
澳大利亚河流		<+12
非洲河流		<+2

三、湖泊氢氧稳定同位素的组成及其变化

（一）不同类型湖泊的氢氧稳定同位素组成

1. 深层淡湖水

许多深层湖泊都会形成垂向的密度分层，这样的分层可以在年内维持一个相对较长的时间。在湖水水量发生变化时，深层水与表层水之间的互相混合作用有时会非常明显。由于变温层的物质交换，若以 δ（*hyp*）表示变温层以下深层湖水的同位素组成，可得方程

$$\frac{X(epi-hyp)}{V}\{\delta(hyp)-\delta_L\}+\frac{\Delta V}{V}\times\{\delta(hyp)-\delta_L\}=0 \tag{7-30}$$

第一项 $\frac{X(epi-hyp)}{V}\{\delta(hyp)-\delta_L\}$ 考虑了在湖泊混合层体积不变的情况下变温层交换的影响，ΔV 为由恒温层流向混合层的湖水体积。虽然 $\{\delta(hyp)-\delta_L\}$ 的数值不大，但是在湖泊水层密度变化较大的时候，相对于水量平衡方程的其他项作用显著，因此，对于上面的同位素平衡方程来说，第二项 $\frac{\Delta V}{V}\times\{\delta(hyp)-\delta_L\}$ 影响作用相对较大。

Tiberias 湖水深 40m，湖水平均滞留时间为 5a，混合期在每年的 12 月到次年的 3 月。4 月时，湖水变温层的位置在湖表面以下 5m 处，随着变温层逐渐向下移动，夏季时可达湖面以下 18~19m，秋季变温层的范围比较稳定，初冬变温层的位置大约在湖表面以下 25m 处。在 12 月，随着湖水翻转期（湖泊上部水体与下部水体存在密度差而产生对流混合，发生上下循环，成为湖水翻转）的来临，湖水温度变化发生逆向变化，分层也消失。

图 7-31 所示为该湖分层和体积的年变化对其同位素组成改变的影响。有关研究结果表示，可用 3 月份均温层湖水的同位素组成代表 Tiberias 湖湖水的平均同位素组成。

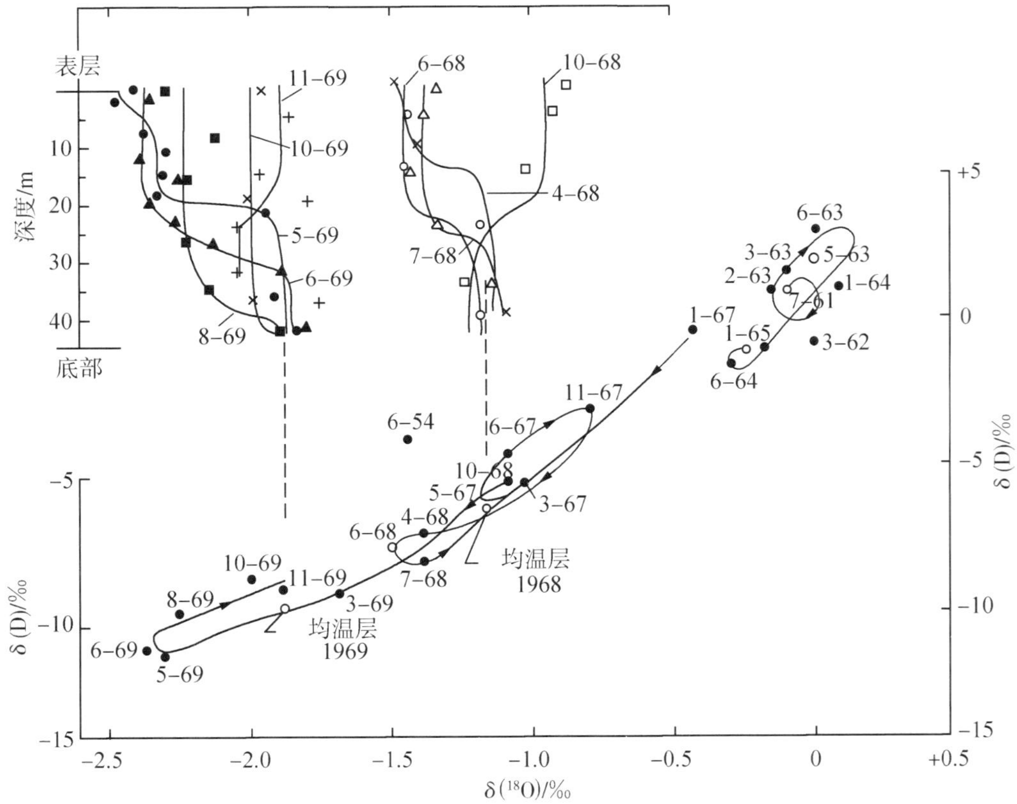

图 7-31　1963~1969 年 Tiberias 湖湖水同位素的时程变化（下部）和深度变化（上部）

图 7-32 所示为水深 20m 的 Sparking 湖冬季（冰雪覆盖）和夏季分层时期湖水的同位素随深度的变化情况。其典型的特征是，在冬季冰层以下表层水的同位素相对贫化，认为这是湖表面冰层的同位素富集，导致冰层以下湖水同位素的相对贫化。夏季湖水同位素分布正常，均温层相对富集。

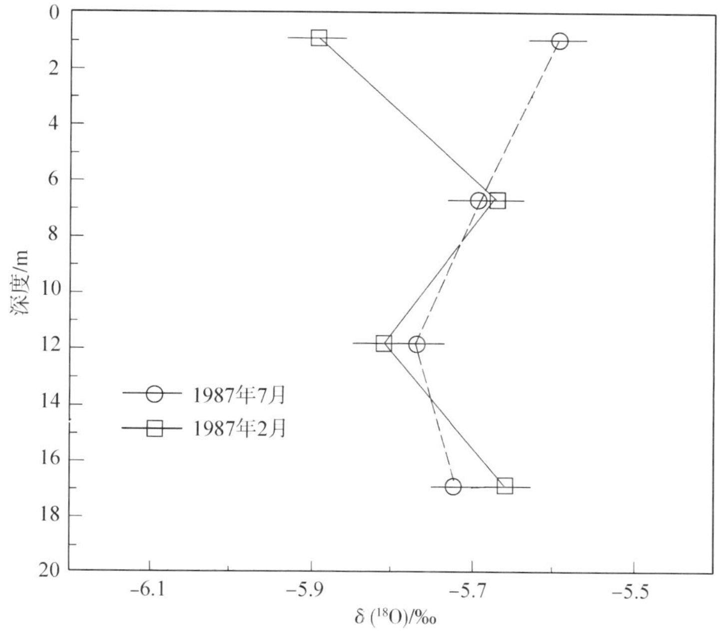

图 7-32　Sparking 湖冬季和夏季的同位素随深度的变化

2. 浅水湖泊系统

这里所提及的浅水湖泊系统泛指一些小型的湖泊和水库，此外一些位于丘陵及山区盆地内的塘坝也属于此类，它们的存在往往是季节性的。图 7-33 列出了几种典型的此类水体及其从丰水期到枯水期的水文和同位素演化过程。

（1）趋于干涸型湖泊（图 7-33a）。因蒸发大于补给，它渐趋于干涸。有以下同位素关系：

$$\Delta\delta=\delta_{LS}-\delta_0=\delta_A-\frac{\varepsilon}{h}-\delta_0=(\delta_A-\delta_0)-\frac{\varepsilon^*}{h}+\frac{(1-h)}{h}C_K \tag{7-31}$$

当 $\delta_A-\delta_0=\varepsilon^*$ 时有

$$\Delta\delta=\frac{(1-h)(C_K-\varepsilon^*)}{h} \tag{7-32}$$

（2）渗漏型湖泊(图 7-33b)。这里有输入和输出的类型，可应用上述简化的同位素水文平衡过程。

（3）终端型湖泊（图 7-33c）。具有的同位素关系为

$$\Delta\delta=\delta_{LS}-\delta_{\text{in}}=h(\delta_A-\delta_{\text{in}})-\varepsilon=h(\delta_A-\delta_{\text{in}})-\varepsilon^*+(1-h)C_K \tag{7-33}$$

当 $\delta_A-\delta_{\text{in}}=\varepsilon^*$ 时有

$$\Delta\delta=(1-h)(C_K-\varepsilon^*) \tag{7-34}$$

（4）过渡型湖泊。它实际上是终端型泊的一种特例，例如人工湖。高水期间被洪水淹没形成的湖泊是类似于此的一种，它在平原的低处（例如行洪区和蓄洪区）形成，此处洪水逐渐变少直至消失。有以下同位素关系：

$$\Delta\delta=\delta_{LS}-\delta_{\text{in}}=\frac{\delta_A-\delta_{\text{in}}-\dfrac{\varepsilon}{h}}{1+X\dfrac{(1-h)}{h}}=\frac{\delta_A-\delta_{\text{in}}-\dfrac{\varepsilon^*}{h}+\dfrac{(1-h)}{h}C_K}{1+X\dfrac{(1-h)}{h}} \tag{7-35}$$

当 $\delta_A-\delta_{\text{in}}=\varepsilon^*$ 时有

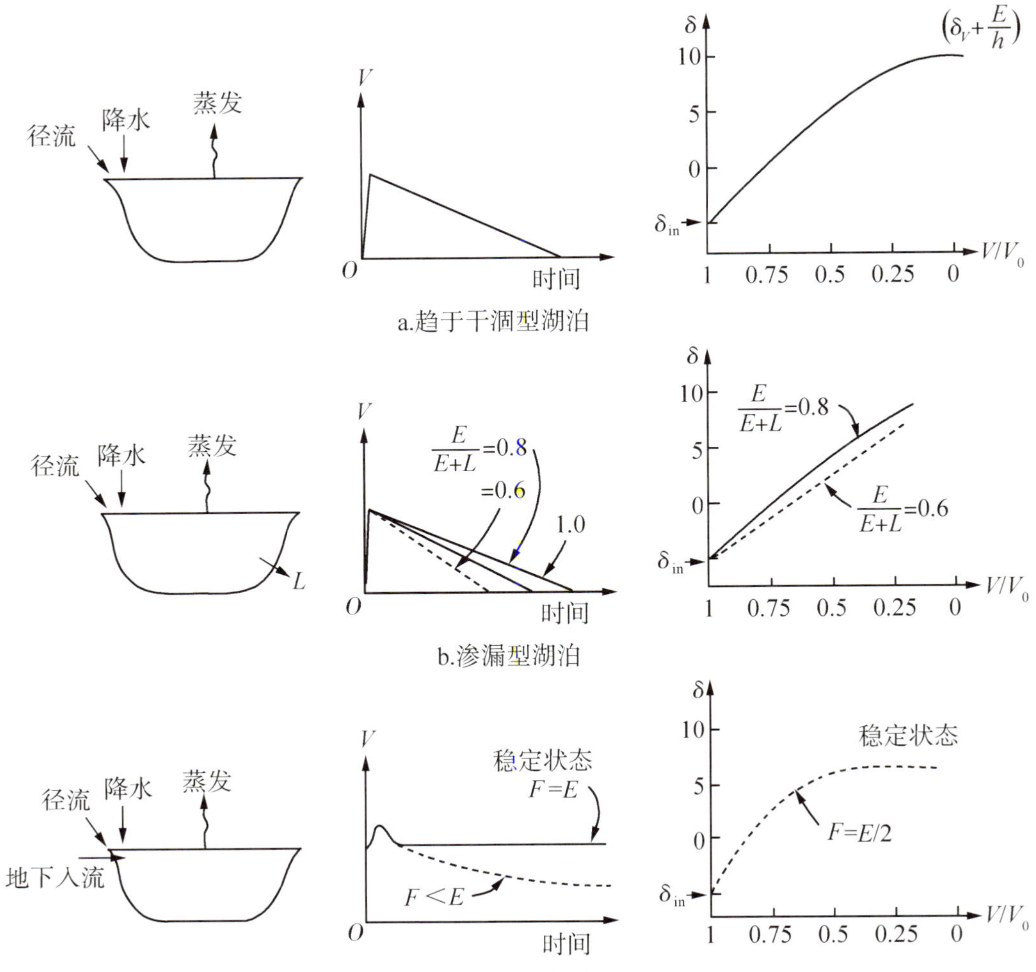

图 7-33　三种不同类型的浅水湖泊系统

$$\Delta\delta=\frac{(1-h)(C_K-\varepsilon^*)}{h+(1-h)X} \tag{7-36}$$

以上各式中：h 为周围空间的相对湿度；δ_A 为大气水的同位素组成；δ_0 为水蒸发时的初始同位素组成；δ_{in} 为入流的同位素组成；δ_{LS} 为湖泊水的稳定同位素组成；$X=\frac{I_{tot}}{E}$；ε^* 和 C_K 分别为同位素平衡分馏系数与动力分馏系数。

（二）湖泊氢氧稳定同位素的季节变化和年变化

影响湖泊水同位素组成的参数一般随季节而变化，有些敏感的参数即使变化不大也会引起湖泊水同位素组成发生明显的变化。蒸发和降水同位素都随季节和地区而异，降水同位素的季节变化还会直接影响湖泊入流的同位素组成。地下水同位素组成相对而言比较稳定，对湖泊的年内补给变化也不大。δ_{in} 的季节变化取决于当地的水文条件。在内陆地区，水汽同位素 δ_A 与降水同位素组成 δ_ρ 之间的差异则取决于以下平衡关系：

$$\delta_A-\delta_\rho=-\varepsilon^* \tag{7-37}$$

由式（7-37）可见，输入参数的变化对湖泊水同位素组成的影响取决于湖泊或水库的形态参数，特别是水体的平均滞留时间。平均滞留时间越长，湖泊水同位素的组成受周围环境的影响越大。一般而言，湖泊水同位素组成显著依赖于水文变量 $\frac{I_{tot}}{V}$ 和 $\frac{T_{tot}}{E}$ 的变化。

图 7-34 显示了湖泊水同位素的富集情况与当地水文和气候环境的关系。湖泊水 ^{18}O 的富集程度

表示为$\delta({}^{18}O)=\delta_{LS}({}^{18}O)-\delta_{in}({}^{18}O)$，它是湿度亏量$(1-h_N)$和$F=\frac{T_{tot}}{E}$（总入流水量与蒸发之比）的函数。图7-34可作为研究不同系统水量平衡关系的参考资料。

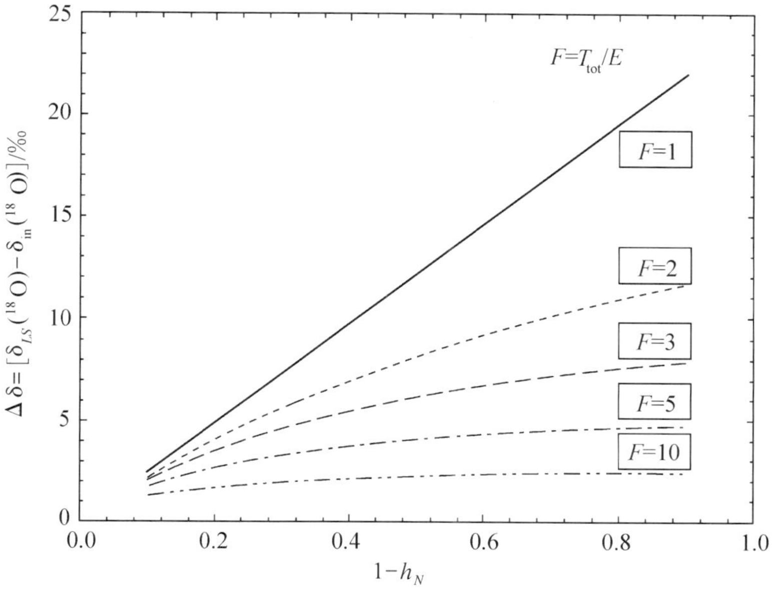

图7-34　稳定条件下湖水^{18}O的富集程度$[\Delta\delta({}^{18}O)=\delta_{LS}({}^{18}O)-\delta_{in}({}^{18}O)]$与湿度亏量$(1-h_N)$的关系

图7-35则表明了稳定状态下的湖泊水同位素组成δ_{LS}和与此相应的净蒸汽δ_E的同位素组成，它们都在$\delta({}^2H)$与$\delta({}^{18}O)$的关系线即蒸发线上，并随$F=\frac{T_{tot}}{E}$不同而有相应的变化。图7-35中总入流水同位素组成正好落在全球大气水线$[\delta_{in}({}^{18}O)=-8‰$和$\delta_{in}({}^2H)=-54‰]$上，对应的相对湿度是$h=0.75$。

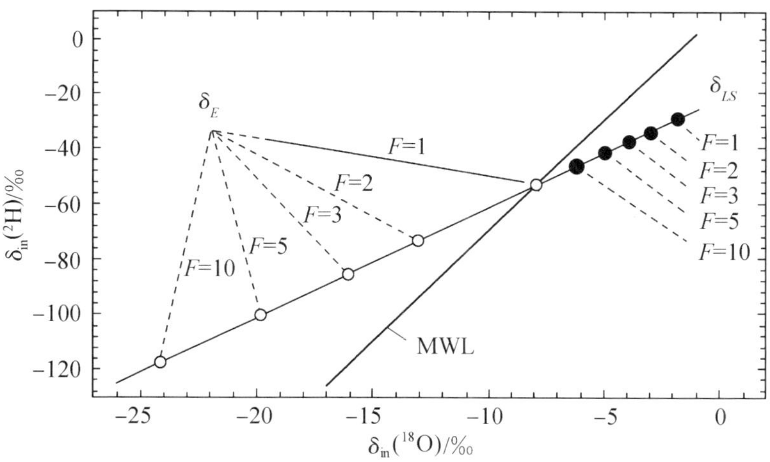

图7-35　湖泊水与净蒸发水汽的$\delta_{in}({}^2H)$和$\delta_{in}({}^{18}O)$关系

Zimmermann等（1976年）通过比较Kainjii水库入流、水库水和出流段Niger河水的同位素组成，推断出水库有效混合体积与水库总体积的比率，这个比率的变化范围大约从枯水期的10%到洪水期间的60%~80%。

一般在研究水文平衡中各水文要素的多年变化时，可以忽略年内季节变化的影响。干旱地区年入流量的变化是导致湖泊水同位素变化的主要原因（图7-36），在所有环境参数影响中它也是最大的。由于入流量的年变化，导致$\delta({}^{18}O)$有约2‰以上的改变，相比之下，由于季节的变化，导致的影响则是0.5‰。由此可见，湖泊水的同位素组成则可以看作区域水文循环中水量变化的指标。

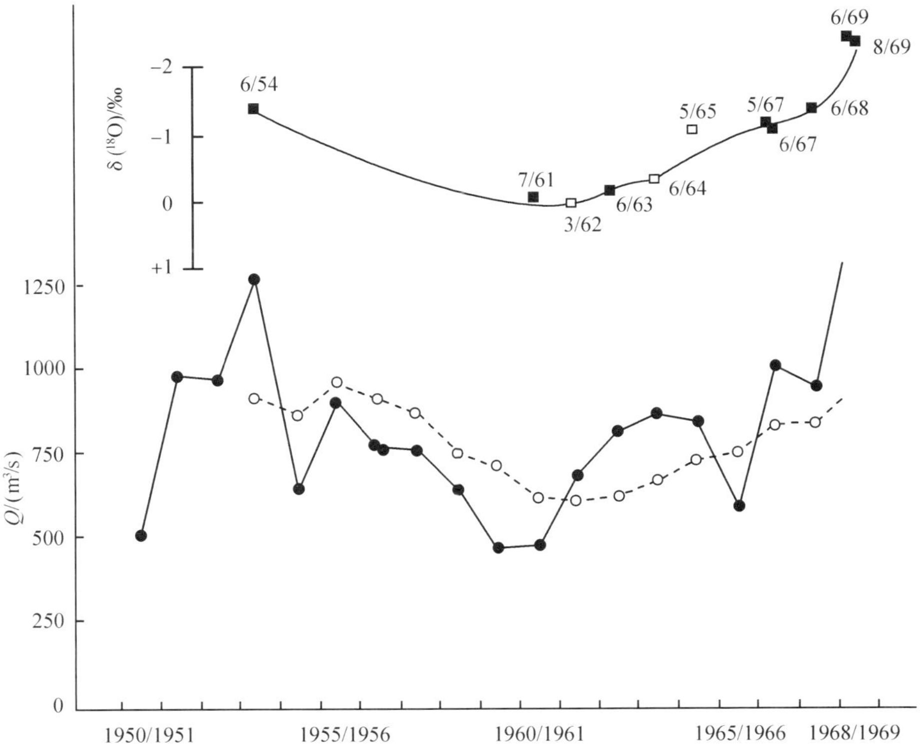

图 7-36 Tiberias 湖泊水 δ（^{18}O）随时间的变化过程（上部）和 5 年平均入流随时间的变化过程（下部）

第三节 地下水同位素的特征及分布规律

水中的同位素包括水自身的氢、氧同位素和水中溶质的同位素。其中，氢有三种同位素，即^{1}H、^{2}H、^{3}H；氧有六种同位素，分别为^{14}O、^{15}O、^{16}O、^{17}O、^{18}O 和^{19}O。在上述同位素中，^{1}H、^{2}H、^{16}O、^{17}O 和^{18}O 是稳定同位素，其余均为放射性同位素。氢的两种稳定同位素在水中的含量比例为$^{1}H:{}^{2}H=5000:1$，氧的三种稳定同位素在水中的含量比例为$^{16}O:{}^{17}O:{}^{18}O=3150:5:1$。因此，氢的两种稳定同位素中$^{1}H$ 占绝对优势，氧的三种稳定同位素中^{16}O 占绝对优势。水中溶质的同位素是指水与周围环境相互作用过程中进入水中的除氢、氧以外的其他元素的同位素。其中既包括了稳定同位素，如^{12}C 和^{13}C、^{32}S 和^{34}S、^{28}Si 和^{30}Si 等；也包括放射性同位素，如^{14}C、^{36}Al、^{238}U、^{234}U、^{131}I、^{59}Fe 等。

一、根据水-岩同位素交换反应得到的各类型地下水及其同位素特征

地下水储存并运动于岩土空隙之中，因此要理解地下水同位素成分的形成机制，首先应该明确岩土的同位素成分对地下水的影响。研究表明，水-岩同位素交换主要受到温度的控制，并且具有以下特点：

（1）如果地下水温度低于 60℃，水-岩同位素交换反应的速度非常缓慢，其同位素成分能够保持上万年而不发生改变。因此，对于温度低于 60℃的地下水来说，可以认为岩土的同位素成分对地下水的同位素成分没有造成影响。

（2）如果地下水温度高于 60℃，特别是高于 80℃时，水-岩同位素交换反应的速度明显变快。一般情况下，因为岩石中含氧矿物的^{18}O 含量明显比水的^{18}O 含量高［灰岩的 δ（^{18}O）值一般为 20‰~25‰，硅铝酸岩的 δ（^{18}O）值大约为 10‰］，所以水-岩同位素交换反应导致地下水的 δ（^{18}O）值显著增大，产生氧同位素重化漂移。又因为岩石中氢的含量极少，所以当地下水的 δ（^{18}O）值由于水-岩

同位素交换反应明显增大时，它的δ（^{2}H）值基本保持不变。

根据以上水–岩同位素交换反应的特征，从同位素水文地质学的角度可以把地下水分为下面几种类型：现代渗入成因的低温地下水、古地下水、沉积水、岩浆水、变质水、地下热水。下面分别对各个类型的地下水的同位素特征予以分析介绍。

（一）现代渗入成因的低温地下水

现代渗入成因的低温地下水是相对于古地下水和地下热水而言的，是指在现代气候条件下，温度低于60℃的由大气降水渗入而形成的地下水。由于其温度较低，因此可以不用考虑水与围岩间的同位素交换作用。大气降水通过包气带的渗透速度非常缓慢，导致其在包气带中进行了充分的混合，因此，在一般情况下，现代渗入成因的低温地下水的同位素成分跟当地大气降水的年平均同位素成分非常接近。但是，在有些地区，它们之间还是存在着一定的差异的。例如，在加拿大西部地区，降水的年平均δ（^{18}O）值跟当地浅层地下水相比，要高出几个千分之一。造成这种现象的主要原因是降水对地下水的补给不均，冬季降水中的^{18}O 含量比较少，但是它对地下水的补给比例相对来说比较大；夏季的降水量虽然很大，但由于蒸腾蒸发作用的影响，其对地下水的补给比例却比较少。

（二）古地下水

在气候条件不同于现代的地质历史时期中渗入地下的大气降水就是古地下水。目前利用同位素方法来研究的古地下水主要指第四纪以来由于冰期和间冰期的气候变化导致其同位素成分组成与现代水有所差异的地下水。

依据海平面的升降资料可以大致确定，全球范围内的最后一次冰期在25000a 前开始，在18000a 前达到高峰，冰川的退缩即气候的转暖大约开始于12000a 前，在8000a 前完成。

（三）沉积水

沉积水是指随着沉积物一起沉积下来的并且保存在地下的水，因此又被称为埋藏水。依据众多学者的研究，沉积水的同位素成分是沿着一条斜率比大气降水线小、但为正值的直线分布的（图 7–37）。

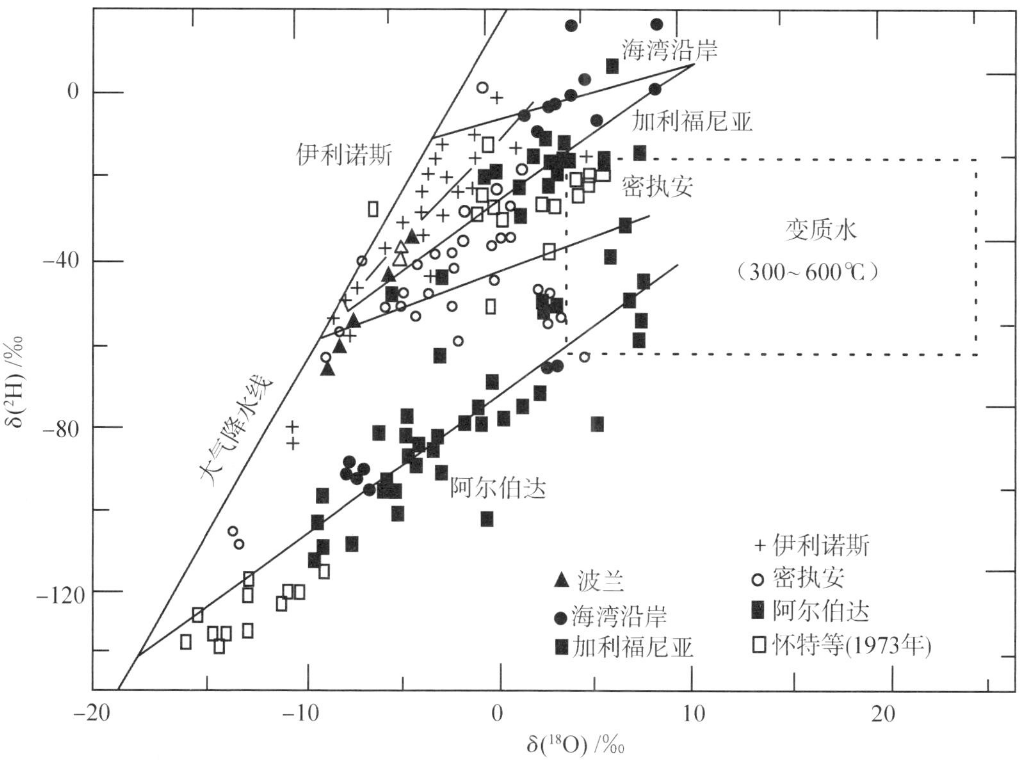

图 7–37　沉积水的同位素分布

这条直线与大气降水线的交点恰好是当地大气降水同位素成分的年平均值，而且它一般也不通过海水的同位素成分点。据此可以推测，沉积水并不是像人们以前所认为的那样，主要是海成的，而是由大气降水形成的。沉积水 δ（^{18}O）值的升高是因为跟岩土发生了同位素交换反应所造成的，δ（^{2}H）的升高则主要是因为跟沉积水中含量较多的 H_2S 及 CH_4 发生交换反应所造成的。

（四）岩浆水

岩浆冷凝过程中析出的水就是岩浆水。岩浆的主要成分是一些硅铝酸岩，水在岩浆中的含量有时可达到其总量的 5%。由于岩浆的成分比较单一，因此与其平衡的岩浆水也是由比较单一的同位素组成。根据计算及一些矿物包裹体实测的结果，岩浆水 δ（^{2}H）值的范围一般为 −50‰～−80‰，而 δ（^{18}O）值的变化范围则为 7.0‰～9.5‰。

这里存在一个问题：水圈形成的地球冷成说认为，地球上的水都是由岩浆冷凝形成的。我们知道海水作为地球上最大的地表水体，其 δ（^{2}H）≈δ（^{18}O）≈0‰。因此，海水的 ^{2}H 含量明显地比岩浆水高，而 ^{18}O 含量则比岩浆水低。如果海水起源于岩浆水，那么在地质历史时期中其δ（^{2}H）值为什么会升高，而 δ（^{18}O）值又为什么发生了较大程度的降低呢？这个问题是地球冷成说必须要回答的。

（五）变质水

岩石在高温高压下发生变质作用时释放出来的水就是变质水。由于变质作用是在高温高压下进行的，所以可以推测变质水与遭受变质的岩石矿物之间达到了同位素平衡状态。如果已经知道了变质作用进行过程中的温度，就可以根据矿物的同位素成分计算变质水的同位素组成，根据一些研究者的计算结果可以得到，变质水 δ（^{2}H）值的变化范围为 −20‰～−65‰，δ（^{18}O）值的变化范围为 5‰～25‰。

（六）地下热水

这里所提到的地下热水是指温度高于 60℃ 的地下水。通过对世界各地许多地下热水的氢氧稳定同位素成分进行研究，发现地下热水的同位素成分一般具有下列特点：

（1）地下热水的 δ（^{18}O）值一般比当地浅层低温地下水的 δ（^{18}O）值要高，也就是说地下热水的 δ（^{18}O）值产生了所谓的氧同位素重化漂移。

（2）地下热水的 δ（^{2}H）值一般等于当地浅层低温地下水的 δ（^{2}H）值，即跟当地大气降水的年平均 δ（^{2}H）值相等。

这说明地下热水大部分起源于大气降水，而其产生氧同位素重化漂移主要是由水–岩间的 ^{18}O 交换而造成的。图 7–38 给出了世界上一些著名的中、弱碱性地下热水和蒸汽的同位素成分。由图 7–38 可知其氧同位素都发生了不同程度的重化漂移。

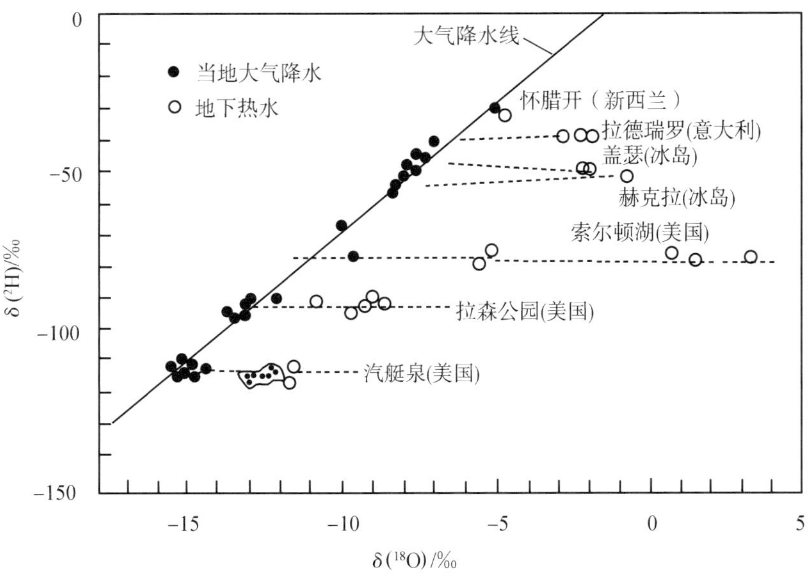

图 7–38 世界上一些著名的中–弱碱性地下热水和蒸汽的同位素成分

例如，新西兰的怀腊开地热田的δ（^{18}O）的漂移值约为1‰，美国索尔顿湖地下热水的δ（^{18}O）的漂移值则达到了15‰。实际上，地下热水氧同位素的漂移程度主要取决于几种因素，即热水的温度、围岩的δ（^{18}O）值、水/岩比值及热水在热储中的滞留时间。怀腊开地热田位于火山岩地区，岩石伴有热液蚀变，表明它的水/岩比值比较大；索尔顿湖地热田的热储层为富含^{18}O的沉积物，水温超过300℃，同位素交换时水与岩石大致是等量的。

此外，也存在着一些地下热水的δ（^{2}H）值随着δ（^{18}O）值的增大而增加的现象。图7-39表明，对于黄石公园、拉森公园、盖塞斯等酸性温泉来说，在^{18}O富集的同时也伴随着^{2}H含量的增加，它们的δ（^{2}H）-δ（^{18}O）的关系曲线是一条斜率大约等于3的直线。此外，地下热水的同位素组成并没有向单一点汇聚的现象，表明其成分不是由于与其他类型水混合而形成的。有关专家认为造成上述现象的原因是地下热水在70~90℃时的蒸发作用。实际上，依据这一温度范围内的简单蒸发实验，可以在实验室中再现类似于图7-39所示的同位素成分变化规律。

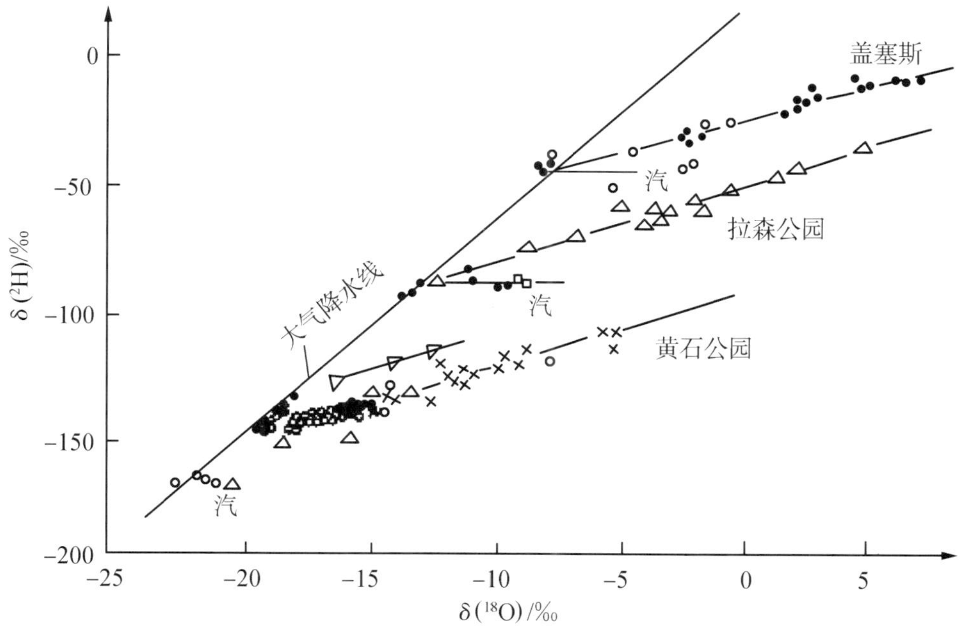

图7-39 不同地区地下热水的δ（^{2}H）-δ（^{18}O）关系曲线

二、地下卤水的同位素特征

（一）地下卤水的地质-地球化学特征

在中国地下卤水中已经检测出70余种化学元素。其溶解固体物质总量（*TDS*）最高达到614g/L。其中，与烃矿床伴存的地下卤水简称为烃矿床卤，这种卤多为淡卤，并且54%都为C-N型和C-C型；与盐矿床伴存的地下卤水简称为盐矿床卤，这种卤大多是浓卤（*TDS*=320~500g/L）和过饱和卤，并且86%为C-N型。

在大型沉积盆地（如四川盆地），自古剥蚀面向下往往由单组分工业水（如溴水、碘水）变化为多组分工业水（溴碘水、溴碘硼水、溴硼锂钾碘水），是宝贵的液态矿。中国烃矿床卤含碘最高为290mg/L，并且*TDS*较低，便于提取。中国盐矿床卤含钾最高为52g/L（川西，平落坝4井），次为25g/L（川东，川25井），均是饱和卤。四川盆地、江汉盆地及塔里木盆地的卤钾浓度都达到了工业钾水标准，对于液态钾矿开发远景和固态水溶性钾盐矿床的找矿具有指示意义。

（二）^{18}O和氘在地下卤水中的分布

地下卤水中氘和^{18}O的分布，作为多数情况下的一般规律，具有以下基本特征：①随着地下卤水埋藏深度的增加，它的*TDS*和δ（^{18}O）值及其与大气降水线之间的距离都会随之增大；②地下卤水的δ（^{18}O）值比平均大洋水要高，而δ（D）则比平均大洋水低；③地下卤水的氢氧同位素组成记录着它的起源和形成过程的信息。下面将会对几例著名地下卤水中的氘和^{18}O的分布情况做简要介绍。

1. ^{18}O和氘在中国地下卤水中的分布

（1）四川黄卤和黑卤。四川盆地多层赋存地下卤水，最著名的为黄卤和黑卤。侏罗纪和三叠系上统陆相地层中的卤水，因为颜色呈棕黄，俗称为“黄卤”。三叠系中统、二叠系、石炭系、奥陶系和震旦系等海相地层中的卤水，因色黑而俗称为“黑卤”。黄卤中富含钡，无硫酸根和硫化氢；黑卤中无钡，含硫酸根和硫化氢，富含微量组分溴、碘、硼、锂、锶等。从图7-40可以看出，分布于盆地周边山区和内部山区的淡泉水、盐泉水及热泉水与大气降水线分布基本一致，表明它们属于与现代大气降水有明显的水交替关联的“盆地外带循环水”（Xw）；盆地内部埋藏于50~3000m以下的卤水，都不同程度地远离大气降水线，属于与现代大气降水基本上无关联的“盆地内带封存水”。在内带封存水中Qj（川中地区侏罗系黄卤），埋藏比较浅，*TDS*比较低，是淡卤水，在开采卤水过程中有浅层淡水的混入，造成其δ（D）和δ（^{18}O）沿直线展布，δ值与*TDS*成正相关；Ps（川中地区三叠系上统与气田伴存的黄卤）埋深逾3000m，为浓卤水和超浓卤水，δ（D）较低，δ（^{18}O）较高；Zs（自贡地区三叠系中下统与盐矿床烃矿床伴存的黑卤）也为浓卤水和超浓卤水，其δ（D）和δ（^{18}O）跟参与卤水组成的石膏结晶水接近，δ（^{18}O）有显著漂移；只有Wz（威远地区震旦系与气田伴存的黑卤）是淡卤水。总之，四川盆地中，地区和层位不同的地下卤水，其同位素组成也不同，离散化和远离大气降水线为其基本分布特征。这表明它们的起源、形成与影响因素较为复杂。

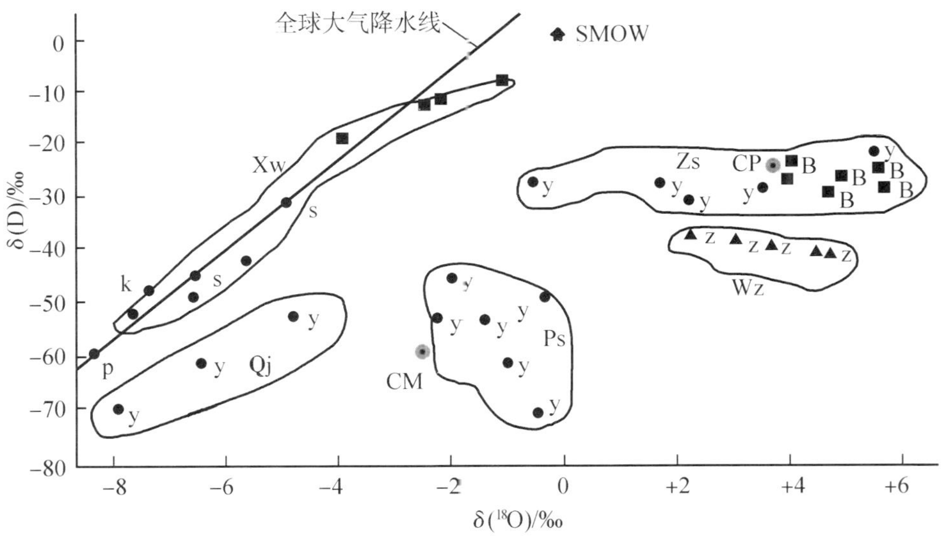

图7-40　四川盆地地下卤水的δ（^2H）-δ（^{18}O）关系曲线

（2）塔里木盆地地下卤水。塔里木盆地地下卤水赋存于陆相中新生代地层和海相古生代地层。其中，与盐类矿床有关者（第三系和满加尔坳陷石炭系）*TDS*比较高，达到220~320g/L；与烃类矿床伴存者*TDS*则比较低。例如，上第三系和下第三系分别为180~260g/L和180~260g/L；白垩系为179g/L；侏罗系为170g/L；三叠系为150~210g/L；石炭系为80~180g/L；志留系为50~140g/L，寒武奥陶系为90~180g/L。

塔里木油田地下卤水δ（^2H）的值域为-73‰~-27‰，δ（^{18}O）的值域为-12‰~-5‰。在主体上地下卤水具有比海水富^{18}O而贫氘的封存水属性，即在δ（^2H）-δ（^{18}O）关系图（图7-41）上，地下卤水点位于大气降水线右侧，海水点下方。从图7-41上的塔里木全图中可以看出，塔里木盆地与四川盆地地下卤水不同，其不同地区和不同层位卤水氢和氧同位素值域的分布具有密集和重叠的特征。但是，图7-41的其他三图则给出了具体信息，轮南（LN）地区的侏罗系、三叠系、奥陶系和寒武系卤水，及塔中地区的石炭系卤水，都是属于氘变化小而^{18}O变化大的类型。轮南地区的石炭系卤水属于氘随^{18}O增大而增大的类型。而塔中（TZ）地区的寒武奥陶系卤水和东河塘地区的第三系和石炭系卤水属于氘和^{18}O变化比较复杂的类型。

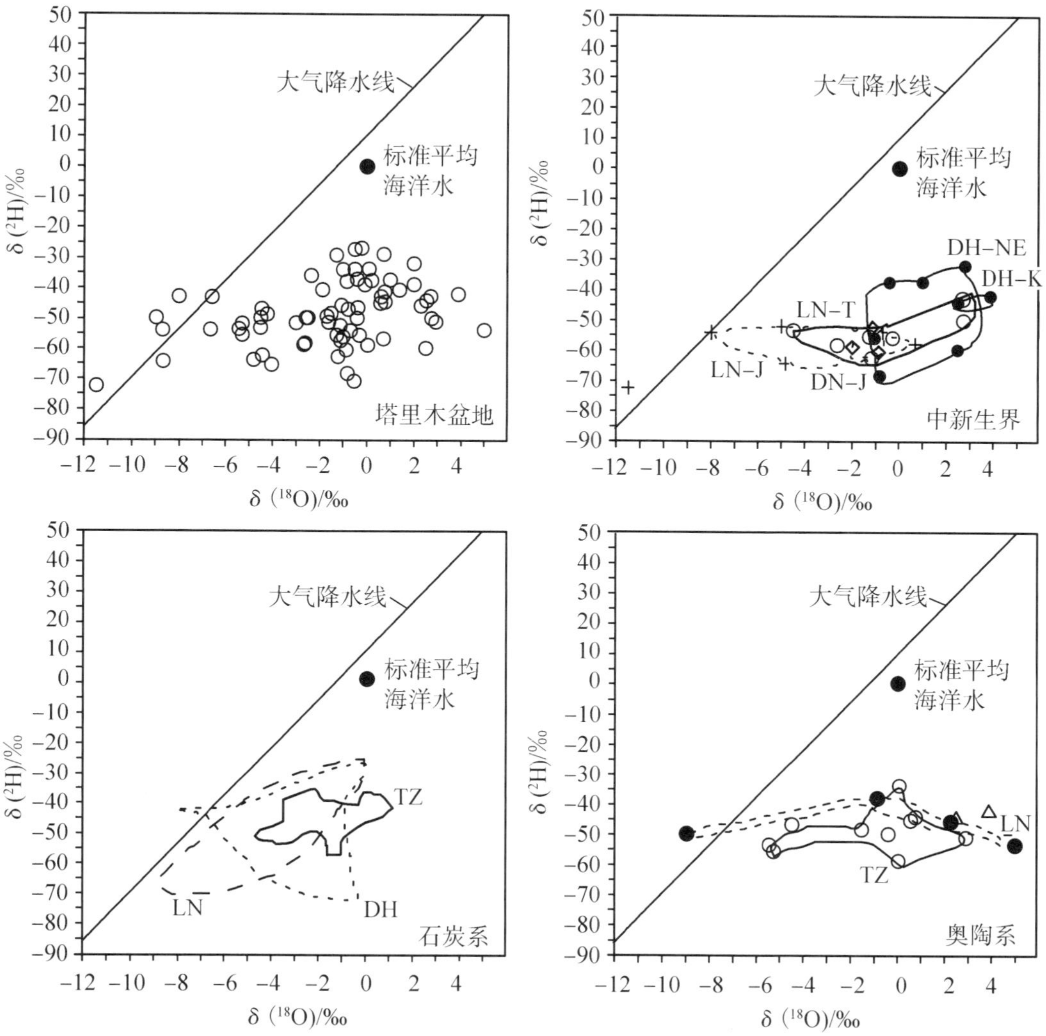

图7-41 塔里木盆地地下卤水的δ（^2H）-δ（^{18}O）关系曲线

（3）莱州湾地下卤水。在莱州湾滨海平原，从莱州到广利，面积为1500km^{2}的范围内，平行海岸带连续分布着3层地下卤水。最上层是潜水，底板埋藏深度为8～15m；它的下面两层是承压水，底板埋藏深度分别是20～42m和30～80m。

卤水赋存在全新世间冰期海进相砂类沉积物中。从垂直方向上来看，由连续分布的黏土和亚黏土陆相红色沉积构成的顶板和地板之间埋藏着承压卤水，其处于完全封存状态。从水平方向上来看，地下卤水在靠近内陆一侧与地下淡水接触，在靠海一侧与海水接触。在卤水与地下淡水、海水的接触带，发生机械和化学的混合、分子扩散、离子交替吸附及同位素交换等作用。这些作用的总体方向是卤水的*TDS*被稀释。因此，根据垂直地下卤水的走向，地下卤水可以被划分成三个水文地球化学带，即中部浓卤、陆侧淡卤和海侧淡卤。

莱州湾地下卤水同位素分布具有两个特征：其中一个基本特征是分带。地下卤水的δ（^2H）和δ（^{18}O）值，以中部浓卤（-32‰和-2.8‰）为起点，向地下淡水方向（-57‰和-9.0‰）降低，向海水方向（-7‰和-1.9‰）升高。另一个特征是，在δ（^2H）和δ（^{18}O）的关系图上，地下卤水与承压地下水近似沿着直线分布，即δ（^2H）=5.1×δ（^{18}O）-14.4。

（4）内蒙古达拉特旗芒硝矿卤水。内蒙古达拉特旗下更新统芒硝矿，分布在华北地台内蒙古地轴南缘和鄂尔多斯台坳北缘两条东西向深断裂带之间，第三世纪末形成的黄河断陷，即河套盆地。在干燥寒冷与相对湿润而温暖交替的古气候条件下，分别形成了芒硝矿层及碎屑夹层。

调查显示，芒硝矿具有3组可采层，由上至下分为Ⅰ、Ⅱ、Ⅲ矿组（表7-4）。它的矿物成分以芒硝（$Na_2SO_4 \cdot 10H_2O$）为主，含量超过95%，其余的为无水芒硝矿（Na_2SO_4）、石膏（$CaSO_4 \cdot 2H_2O$）、钙芒硝［$Na_2Ca(SO_4)_2$］及重碳钠盐（$NaHCO_3$）。

表7-4　内蒙古达拉特旗下更新统芒硝矿可采矿组有关数据

	矿层厚度/m	含卤层累厚/m	顶板埋深/m
Ⅰ矿组	23	4~13	236~273
Ⅱ矿组	3	0~4	228~265
Ⅲ矿组	约4	13	194~226

含卤层主要由粉砂质黏土组成，矿物成分主要为黏土矿物、硅酸盐碎屑矿物和碳酸盐矿物（包括自析和碎屑）及少量的芒硝和石膏。

下层部卤水对应于Ⅰ、Ⅱ矿组的碎屑层，自流量是0.069~0.35L/s，卤水的颜色呈棕褐色，有H_2S恶臭的气味，水的温度为12℃，pH值为8.9±0.1，*TDS*为（159±5）g/L，是CS-N型，阴离子中Cl^-占60%，SO_4^{2-}占30%，阳离子中Na^+占94%。上层卤水对应于Ⅲ矿组及Ⅲ矿组底板碎屑层，涌水量为5.62L/s，pH值为9.1，*TDS*为40~50g/L，是CS-N型，阴离子中Cl^-占20%，SO_4^{2-}占60%，阳离子中Na^+占99%。

2. ^{18}O和氘在国外地下卤水中的分布

（1）红海热卤水。红海含矿热卤水在1964年被发现，赋存在红海轴向地堑的几个深海渊中，其中最大的为lantisⅡ号海渊，达到5km×14km，含有约5km^{3}的饱和卤水。卤水沉积物的沉积年龄在2.5万年以上，呈层状的含金属泥。堆积速度约为50cm/1000a，比正常外海深渊海洋沉积物的3倍还要多。红海海水受到炎热和干燥环境下的强烈蒸发影响［$\delta(^2H)=6\delta(^{18}O)$］（表7-5），跟平均大洋水相比相对地富集重同位素（图7-42）。红海热卤水氢、氧同位素组成位于正常红海水同位素组成的变化范围内。

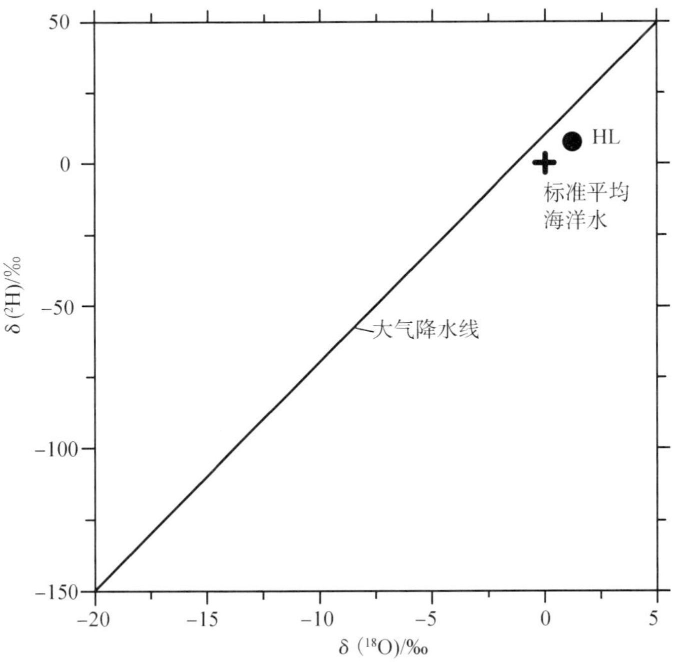

图7-42　红海热卤水的$\delta(^2H)-\delta(^{18}O)$关系曲线

表 7-5　红海深海渊中 ^{18}O 和氘的分布数据

样品	Cl/(g/kg)	δ（^2H）/‰（标准平均海洋水）	δ（^{18}O）/‰（标准平均海洋水）
发现海渊	155.4	7.6	1.22
发现海渊	155.6	7.8	1.22
大西洋Ⅱ海渊	155.3	7.4	1.18
大西洋Ⅱ海渊	155.5	7.6	
平均	155.5	7.5	1.21

（2）萨尔屯热卤水。加利福尼亚州萨尔屯地下卤水位于加利福尼亚海湾向内陆延伸部分，赋存于1400m 以下填满沉积物的萨尔屯海凹。这种热卤水富含重金属和微量元素（Cu-10ppm，Pb-104ppm，Zn-970ppm，Ag-1ppm），是 Cl-Na · Ca · K 型浓卤水。萨尔屯地热区热卤水的δ（D）-δ（^{18}O）关系曲线如图 7-43 所示。四个大气降水和湖水样品受到强烈蒸发作用，沿着斜率为 5 的直线展布。地下卤水中δ（D）-δ（^{18}O）的分布可以用作“氧同位素漂移”的典型例子，^{18}O 随着温度的升高而增加，氘很稳定，Cl^-浓度与δ（^{18}O）值成正比。萨尔屯地下卤水的形成，有进入地下岩石体系的局部大气降水，可能是沿萨尔屯海东部 Chocolate 山脉的基底断裂带渗入，溶解富 NaCl 的蒸发岩，接着至少将卤水加热到360℃，并从三角洲沉积物中淋滤出重金属、钙、钾和其他组分。

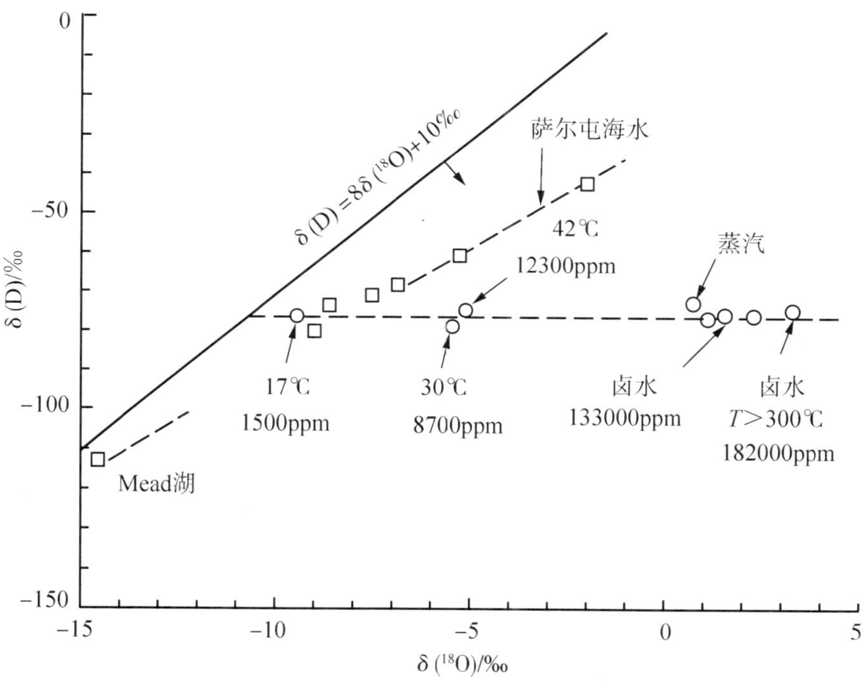

图 7-43　萨尔屯地热区热卤水的δ（D）-δ（^{18}O）关系曲线

（三）^{18}O 和氘在地下卤水中分布的控制和影响因素

1. 水的来源

地下卤水中水的同位素组成不仅与它的起始起源有关，还受到水的来源的影响。

（1）大气水。大气水是指大气降水及起源于大气降水且保持着大气降水基本属性的其他水体。大气水的特征是δ（D）和δ（^{18}O）符合线性关系：δ（D）= 8δ（^{18}O）+10‰。这条直线被称作大气降水线。在现代剥蚀区或者古剥蚀期，大气降水有可能驱替海相地层中的流体，而由于气候变化和地壳运动，现代海水或者古海水可以侵入陆相地层。因此，不管是陆相地层还是海相地层，大气水和海洋水都有可能参与地下卤水的形成。

（2）海洋水。由于海水量大，并且与雨水、大陆水不断循环，因此海水能保持相对恒定的同位素组成。但是，在地质历史时期海水的同位素组成是变化的。冰期中海水的同位素组成会发生短周期的变化。若全球所有现存的冰盖都融化，则海洋的δ（^{18}O）值大约会降低1‰。但是，Fairbanks（1989年）计算得到，δ（^{18}O）在末次盛冰期增加了125‰。Brand and Veizer研究表明，奥陶纪大洋水δ（^{18}O）值跟现代大洋水相比大约降低了55‰。

如上所述，红海裂谷热卤水的δ（D）跟红海海水一样，都大约为+72‰（标准平均海洋水），而其δ（^{18}O）值约为+121‰（标准平均海洋水），稍有漂移，因此Craig（1966年）认为红海热卤水的来源是入渗的红海水。此外，意大利Campi Flegnei热卤水的同位素组成跟地中海水的同位素组成相当一致，表明地热水主要来源于深循环海水与地区大气降水的混合。

（3）矿物结晶水。石膏的产出范围很广，是石盐的30~100倍，并且石膏在转化为硬石膏的过程中体积会缩小62%，同时会释放48.6%倍体积的结晶水，因此，石膏脱水对于地下卤水的形成有着不可忽视的作用。石膏脱出水具有特殊的同位素组成。在25℃时，石膏（$CaSO_4 \cdot 2H_2O$）结晶水相对于母液的分馏系数为：α（D）的范围为0.980~0.985，α（^{18}O）的范围为1.004~1.0041。芒硝（$Na_2SO_4 \cdot 10H_2O$）：α（D）的范围为1.0118~1.017，α（^{18}O）的范围为1.0014~1.0015。也就是说，石膏脱出的结晶水的δ（^{18}O）比母液高4‰~41‰（标准平均海洋水），δ（D）比母液减少了15‰~20‰（标准平均海洋水）。

四川盆地三叠系中统和下统的盐矿床地下卤水的氢氧同位素组成跟石膏结晶水的同位素组成接近，说明石膏在转化为硬石膏的过程中脱出的巨量的结晶水参与了地下卤水的形成。

（4）内生水。人们对内生水（深成水）的认识尚未统一。属于内生水范畴的有地幔水、岩浆水和变质水等。

1）地幔水。即直接来源于地幔脱水作用的水，其δ（D）为-60‰~-50‰、δ（^{18}O）约为+7‰。

2）岩浆水。岩浆水是指来源于高温（700~1100℃）硅酸岩熔融体或由岩浆分异作用形成的，从未接触地表的液态水，其δ（D）= -40‰~80‰、δ（^{18}O）= 55‰~95‰。

3）变质水。变质水来源于300~600℃温度下变质岩的脱水作用，其δ（D）为-65‰~-20‰、δ（^{18}O）为8‰~15‰。

2. 溶盐作用

次生卤水就是由易溶盐的溶解和溶滤（简称为溶盐作用）形成的地下卤水，也称“溶滤卤水”。溶滤卤水按照被溶盐的种类可以被划分为溶芒硝淡卤、溶天然碱淡卤、溶石盐饱和卤、溶钾石盐饱和卤等。溶滤卤水的化学成分由原始水体性质、被溶盐的成分和水文地球化学作用的性质所决定。溶滤卤水的氢氧稳定同位素组成反映了水（溶剂）的来源，因此，其δ值跟*TDS*没有线性关系。

3. 蒸发析盐作用

由形成盐类矿床的母液演化而来的卤水，被称为“沉积卤水”。析盐作用，即固体盐类矿物从母液中的结晶析出，对沉积卤水的化学成分和同位素组成具有重要的影响。

在蒸发过程中母液的化学成分会发生如下变化：一些元素在液相中的浓度随*TDS*的升高而有增大的趋势，伴随着有关盐类的析出发生逆转并趋向贫化。母液同位素组成会发生如下变化：δ（D）、δ（^{18}O）和*TDS*在液相中有同步升高趋势，发展到石膏析出阶段（*TDS*=167g/L）达到顶峰，随后重同位素开始贫化。在实际情况下溶盐作用与蒸发析盐作用可能相伴或相随。

4. 冰冻析盐作用

蒸发析盐作用使氘在液相中趋于富集，冰冻析盐作用与其不同，会造成氘在液相中的贫化。有关研究表明，地下卤水中常见的高浓度（>300g/L）能够在冰川环境中通过结冰带走水而获得。芒硝（$Na_2SO_4 \cdot 10H_2O$）和冻盐（$NaCl \cdot 2H_2O$）的先后结晶会造成Na/Cl比值的降低。芒硝的析出和细菌还原作用，会使卤水中的SO_4^{2-}降低。

5. 超滤作用

页岩和致密黏土都有半透膜的性质。半透膜允许水分子通过，却阻挡水中离子通过的作用被称作超滤作用或者薄膜渗滤作用。黏土材料的薄膜特性是由黏土颗粒表面和边缘上电荷不平衡所造成的。超滤作用会导致同位素分馏，在残留卤水中稍稍富集氘和^{18}O，Coplen 和 Hanshaw 通过实验证实了这一观点。在稀 NaCl 溶液中^{18}O和氘的单阶段分馏系数分别为 0.9993 和 0.9980。超滤作用的影响几乎比蒸发作用小一个数量级。但是，在地下卤水中，埋藏深度大于 1000m、高压和超高盐状态、运动极为滞缓等条件，都有助于薄膜渗透作用发挥效力，也就是提高了“滤过比”（输入浓度/输出浓度）。在大型自流盆地中沿含卤层倾没方向，超滤作用可能就是地下卤水 *TDS*、^{18}O和氘趋向富集的原因之一。

6. 水–岩作用

水–岩系统的封闭性、水和岩石的性质、水/岩比例及围岩的渗透性等决定了水–岩作用的性质、方向和强度。在封闭体系的水–岩交换过程中，水和岩石的同位素变化遵循质量守恒关系，即

$$W \times \delta(^{18}O_W^i) + R \times \delta(^{18}O_R^i) = W \times \delta(^{18}O_W^f) + R \times \delta(^{18}O_R^f) \tag{7-38}$$

式中，W和R分别表示体系中水和围岩的氧摩尔数；i和f分别为交换前与交换后的状态。设水–岩交换后体系达到了同位素平衡，则可以得到

$$\Delta(^{18}O)_{R-W} = \delta(^{18}O_R^f) - \delta(^{18}O_W^f) \tag{7-39}$$

热力学平衡条件下Δ（^{18}O）的值为$10^3\ln\alpha$，也就是在化学反应发生的温度下矿物与水间的分馏系数。

由式（7-38）和式（7-39）可得，围岩和水的δ（$^{18}O^f$）取决于温度和水/岩比值。在水/岩比值高（W/R>10）的情况下，温度高Δ（^{18}O）小，围岩的δ（$^{18}O^f$）跟水接近，因此较低，而水的δ（$^{18}O^f$）变化不大。在水/岩比值低（W/R<3）的情况下，温度低Δ（^{18}O）大，水的δ（$^{18}O^f$）跟围岩接近，甚至于比围岩的δ（$^{18}O^f$）高，而围岩的δ（$^{18}O^f$）变化不大。通常地下卤水的埋藏深度很大，而随着埋深的增加及地温的升高，水/岩体积比降低，成岩作用加强，因此通常水–岩作用对地下卤水的影响属于第二种情形。

研究表明，塔里木盆地寒武–奥陶系地下卤水δ（D）的范围为−66‰~−34‰，δ（^{18}O）的范围为−55‰~+49‰。氧同位素的变化幅度明显比氢大，说明可能存在水–岩作用，但是，相悖于部分地下卤水δ（^{18}O）值低于平均大洋水。考虑到奥陶纪大洋水比现代大洋水轻大约 55‰，所有地下卤水的δ（^{18}O）值都比古大洋水高，表明水–岩作用的确存在。

7. 同位素交换

地下卤水与围岩产生的同位素交换，主要是跟硅铝酸盐、碳酸盐矿物发生氧同位素交换。同位素交换会引起地下卤水的^{18}O的正漂移。另外，在含油气盆地的成岩过程中，泥质岩脱出的水跟干酪根生产的烃类混合，并且跟沉积卤水发生同位素交换，会引起地下卤水的δ（D）值降低。但是，水与甲烷和含碳更多的碳氢化合物之间的交换在沉积温度下反应速率会比较低，影响也可能仅限于局部。

8. 混合作用

在地下卤水的形成和演化过程中，不同来源水的混合就称为混合作用。在盆地剥蚀阶段的大气降水、在盆地埋藏阶段地层压力下的黏土岩释水及含水矿物的脱出水，都有可能跟不同成因的地下卤水混合，从而导致地下卤水的物理性质、化学成分及同位素组成的改变。混合作用可能会引起溶盐作用或者析盐作用。

据报道，伊利诺伊、加利福尼亚、海湾沿岸及阿尔伯塔盆地的地下卤水都曾经与淡水混合。从图 7-44 可以看出，淡水经过不同程度的稀释，会导致氢、氧同位素的δ值分布呈现出线性关系，直线外延跟全球大气降水线的交点与淡水的同位素值接近。混合作用同时改变水的化学成分及同位素组成，导致两者的变化具有相关性，据此可以得到混合比例及端元水的性质。大气降水可引起地下卤水的δ值从低纬度地区向高纬度地区降低。

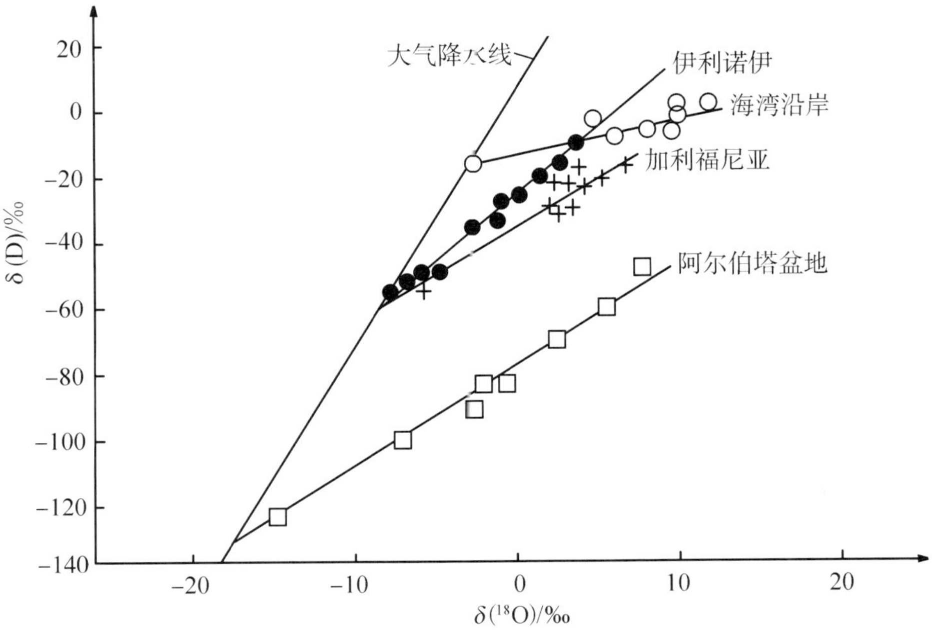

图 7-44　伊利诺伊、加利福尼亚、海湾沿岸及阿尔伯塔盆地的地下卤水中的 δ（^{18}O）和 δ（D）分布情况

9. 脱硫作用

在沉积盆地深部常常发生硫酸盐还原作用，该作用以分散有机质为还原剂，反应式如下：

$$CH_2O+1/2SO_4^{2-} \longrightarrow 1/2HS^-+HCO_3^-+1/2H^+$$

在地下卤水中，脱硫作用的产物 H_2S 作为溶解物质存在，$HS^-+H^+=H_2S$。深层地下卤水的 pH 值通常都小于 7，H_2S 是占统治地位的物质，会与地下卤水相互作用导致地下卤水贫氘。

三、矿区地下水的同位素特征——以皖北矿区为例

皖北矿区位于安徽省北部，东接江苏，南临渡河，西邻河南，北接山东，总面积约为 20000km^2。

（一）矿区地下水氢氧稳定同位素的特征

第四系第四含水层（四含）、二叠系煤系砂岩裂隙含水层（煤系含水层）、石炭系太原组灰岩岩溶含水层（太灰）、奥陶系灰岩岩溶含水层（奥灰）是皖北矿区内各开采矿井的四个主要突水含水层。下面将对这些突水含水层地下水的氢氧稳定同位素的特征加以介绍。

1. 影响水体氢氧稳定同位素组成的因素

（1）同位素交换平衡反应。在地质作用下皖北矿区大气降水形成各类水体的过程中，氢氧稳定同位素主要会发生三种同位素交换平衡反应，即硅酸盐交换、烃基交换、碳酸盐交换。

硅酸盐交换就是地下水与松散土体中的硅酸盐矿物及与裂隙发育的含硅酸盐矿物的岩石长时间充分接触而发生的氧同位素交换平衡反应，其反应式是

$$Si^{18}O_2+2H_2^{16}O \rightleftharpoons Si^{16}O_2+2H_2^{18}O$$

在煤系地层中总是含有各种烃基类等含氢物质，且煤系地层处于还原环境，因此在氧同位素交换已经达到平衡的基础上，氢同位素交换反应更显得突出，从而发生氢同位素交换平衡反应，简称为烃基交换，反应式为

$$H_2O+D_{煤系} \rightleftharpoons HDO+H_{煤系}$$

碳酸盐交换就是地下水与岩溶碳酸盐长时间充分接触而发生氧同位素交换平衡反应。

（2）古溶液渗入水作用。各种资料表明，冰期形成的古溶液渗入水的 δ 值要比现代水的 δ 值低。随着埋深的加大，在漫长的地下水循环中古溶液渗入水受阻的概率加大，跟现代地下水循环混合的程度也会随着矿区的地理分布展现出不均匀性。

2. 各水体氢氧稳定同位素组成

（1）浅层地下水（一含）。皖北矿区“一含”（第四系第一含水层）被表土层覆盖，底界面埋深为24.6~36.4m，是浅层地下水，其接受地表水体的补给，氢氧稳定同位素的关系为

$$\delta(D)=6.74\delta(^{18}O)-3.33‰$$

（2）四含水。皖北矿区四含水δ（^{18}O）值的范围为-9.50‰~-7.08‰。从图7-45可以看出，四含水8个样点中有7个位于大气降水线的下部，1个正好位于大气降水线之上。这表明该区四含水绝大部分接受的补给是有蒸发影响的大气降水，但也存在部分区域的大气降水直接补给四含水的情况（8号水样点）。

在图7-45上，δ（^{18}O）值明显地增高，δ（D）值变化不大，各个水样点大致以大气降水线为起点沿水平或接近水平的方向向右平移，产生了^{18}O漂移，其中方框内的水样点^{18}O漂移表现得更加明显。此外，还可以从图7-45中看出，少数水样点的δ（^{18}O）值变化范围比较小，δ（D）值的变化范围比较大，表现出了一定的氘漂移特征。

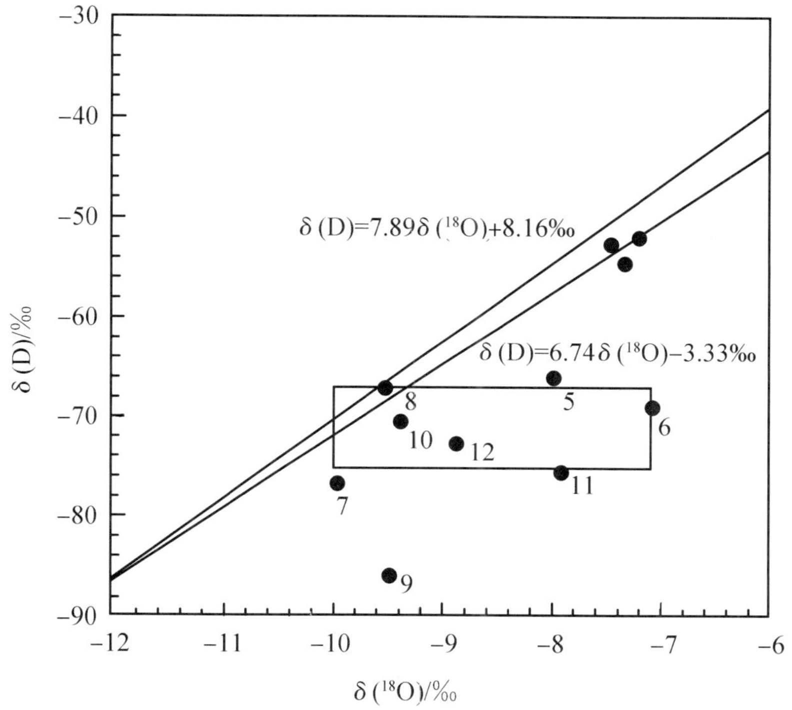

图7-45　四含水中δ（^{18}O）和δ（D）分布情况

（3）煤系水。皖北矿区煤系砂岩裂隙水的δ（^{18}O）值的范围为-9.20‰~-8.76‰，δ（D）值的范围为-87.4‰~-64.9‰。从图7-46可以看出，该区5个水样点全部位于大气降水线的下部，其中1个位于地表水体线的上部。这表明煤系砂岩水绝大部分接受的补给是有蒸发影响的大气降水，但其中也存在大气降水直接补给煤系砂岩水的情况（15号水样点）。跟四含水相反，在图7-46上，δ（D）值明显地增高，δ（^{18}O）值却变化不大，以大气降水线为终点沿垂直或接近垂直的方向向上移动，产生了氘漂移，其中方框内的水样点（13、14、15、16、17、18号）氘漂移明显。

（4）太灰水。皖北矿区太灰水δ（^{18}O）值的范围为-10.43‰~-5.13‰，δ（D）值的范围为-92.6‰~-56.4‰。从图7-47可以看出，太灰水12个样点中有11个位于大气降水线的下部，而有一个恰好位于大气降水线之上。这表明该区太灰水跟四含水一样绝大部分接受的补给来自有蒸发影响的大气降水，但也存在太灰水直接接受大气降水的补给的情况（28号水样点）。在图7-47上，同位素组成不仅产生了^{18}O漂移，也产生了氘漂移，方框内或附近的水样点表现得更加明显。

（5）奥灰水。皖北矿区奥灰水δ（^{18}O）值的范围为-11.78‰~7.38‰，δ（D）值的范围为

−92.8‰~−62.6‰。从图 7-48 可以看出，奥灰水的 8 个水样点都位于大气降水线的下方。这表明该区奥灰水接受的补给来自大气降水。奥灰水跟太灰水相似，在图 7-48 上，同位素组成不仅产生了^{18}O漂移，也产生了氘漂移，方框内或附近的水样点表现得也更加明显。

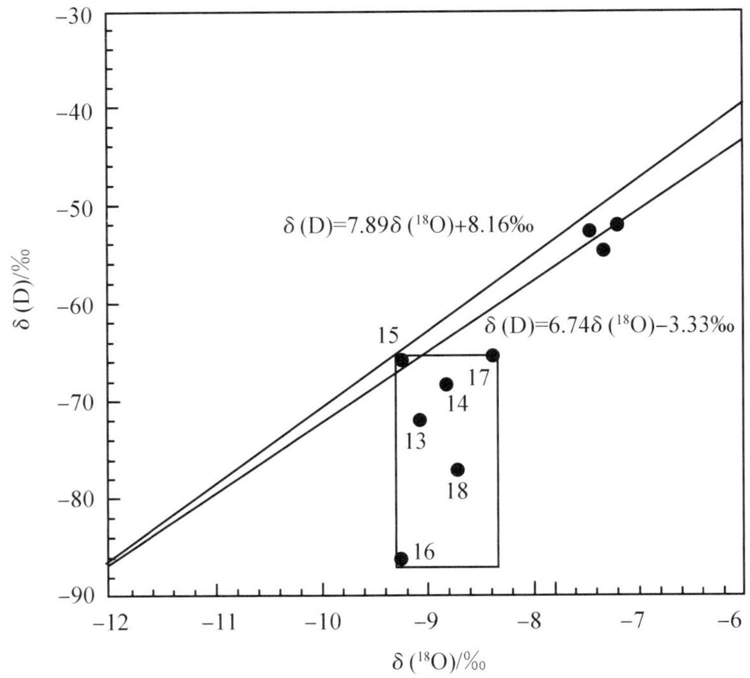

图 7-46 煤系水中 δ (^{18}O) 和 δ (D) 分布情况

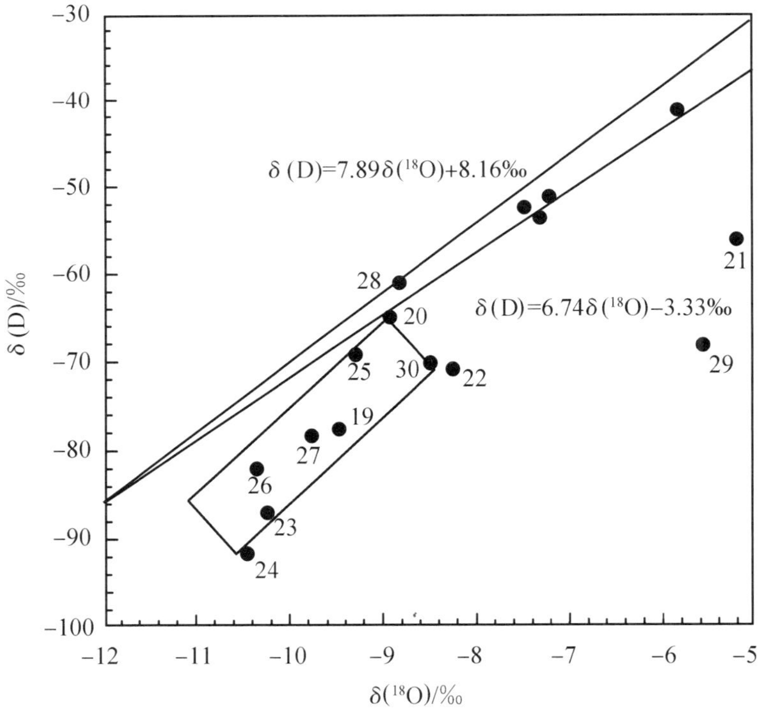

图 7-47 太灰水中 δ (^{18}O) 和 δ (D) 分布情况

（二）皖北矿区与华北其他矿区地下水氢、氧稳定同位素特征的比较

1. 平顶山矿区

该矿区在 1987、1988 年进行了对雨水、地表水、第四系孔隙水、上第三系泥灰岩水、二叠系砂

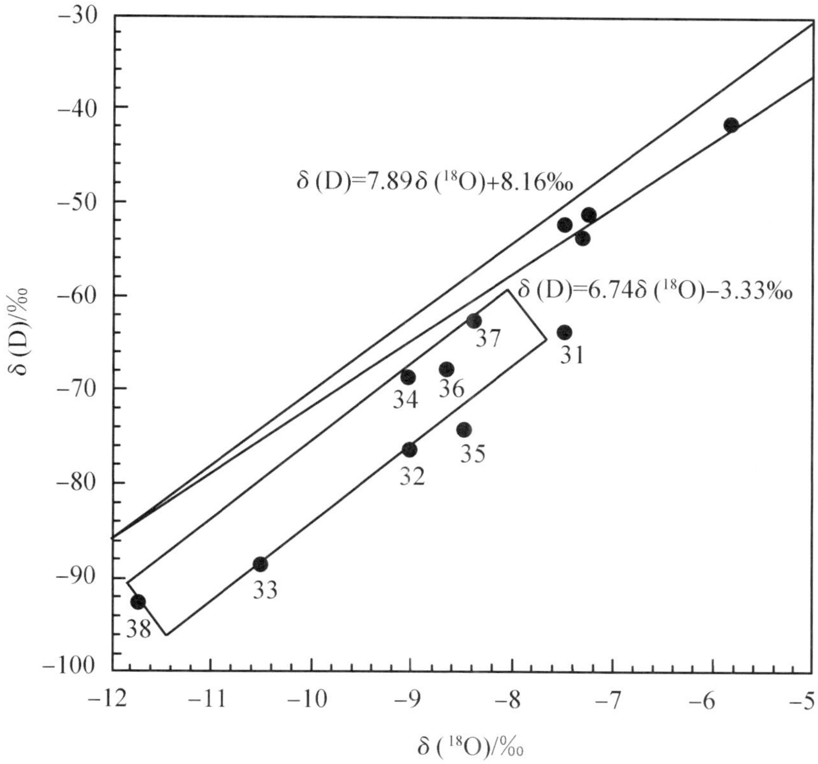

图 7-48　奥灰水中 δ（^{18}O）和 δ（D）分布情况

岩水、灰岩水 L_2、灰岩水 L_7、寒武系灰岩水氢氧稳定同位素的监测。从表 7-6 中可以看出，各地下水、地表水及雨水中 δ（^{18}O）分布由大到小的次序为：第四系孔隙水>地表水>灰岩水 L_7>上第三系泥灰岩水>雨水>灰岩水 L_2>二叠系砂岩水>寒武系灰岩水。δ（D）分布由大到小的次序为：地表水>雨水>第四系孔隙水>上第三系泥灰岩水>灰岩水 L_2>灰岩水 L_7>二叠系砂岩水>寒武系灰岩水。蒸发效应的规律为：地表水大于地下水，地下水中、上部含水层大于下部含水层。

表 7-6　平顶山矿区地下水、地表水和雨水中 δ（^{18}O）和 δ（D）的分布情况

水类型	点数	δ(D)/‰	δ(^{18}O)/‰	相关式	标准差 s	相关系数 r
雨水	10	−47.29	−7.06	δ(D)= 7.36δ(^{18}O)+4.69‰	3.88	0.995
地表水(水库、干渠水及河水)	15	−46.43	−5.69	δ(D)= 3.76δ(^{18}O)−25.07‰	3.24	0.680
第四系孔隙水	4	−50.22	−5.31	δ(D)= 3.19δ(^{18}O)−33.30‰	4.28	0.810
上第三系泥灰岩水	7	−51.31	−6.91	δ(D)= 4.91δ(^{18}O)−17.26‰	2.80	0.780
二叠系砂岩水	7	−55.80	−7.43	δ(D)= 6.83δ(^{18}O)−5.08‰	7.03	0.810
灰岩水 L_2	13	−52.64	−7.15	δ(D)= 4.20δ(^{18}O)−22.6‰	6.35	0.700
灰岩水 L_7	17	−53.51	−6.87	δ(D)= 6.38δ(^{18}O)−9.68‰	3.42	0.915
寒武系灰岩水	25	−62.72	−8.17	δ(D)= 6.44δ(^{18}O)−10.0‰	2.94	0.965

平顶山矿区的地下水稳定同位素的动态特征具有以下三点：

(1)降雨量效应的影响明显,枯水季节(4、5 月)氢氧稳定同位素的值升高,雨季氢氧稳定同位素的值则降低。

(2)主要接受降雨入渗补给的矿井水稳定同位素动态变化小,而主要接受地表水体入渗补给的矿井水动态变化大。

(3)地表水和雨水中的氢氧稳定同位素值动态变化大,而地下水的氢氧稳定同位素值动态变化则

较小。

2. 开滦矿区

在进行煤矿防治水过程中，开滦矿区选择了有代表性的点及不同含水层进行取样，并测试氕(^{1}H)、氘(D)、氚(T)、^{18}O、^{234}U、^{235}U 等同位素。$\delta(D)$、$\delta(^{18}C)$、T 的实测值如表 7-7 所示。从表 7-7 中可以看出，岩溶水中的 $\delta(D)$、$\delta(^{18}O)$ 值跟浅层孔隙水相似。这表明岩溶水与浅层孔隙水同源，并且它们的水力联系比较强。

表 7-7 开滦矿区 $\delta(D)$、$\delta(^{18}O)$、T 的实测数值

序号	采样位置	水类型	地层年代及代表性	采样时间	$\delta(D)$/‰	$\delta(^{18}O)$/‰	T/TU
1	赵各庄矿地震台	大气降水	雨水	1988 年 6 月	−71.6	−10.17	20.4
2	陡河水库	地表水	水库水	1988 年 6 月	−40.2	−3.44	47.2
3	大沙河上游新集	浅层孔隙水	第四系冲积层	1988 年 6 月	−63.9	−8.57	40.1
4	赵各庄矿四水平井口	岩溶水	奥陶系	1988 年 6 月	−61.9	−8.38	17.8
5	赵各庄矿五水平井口	岩溶水	奥陶系	1988 年 6 月	−63.2	−8.47	17.3
6	赵各庄矿七水平井口	岩溶水	奥陶系	1988 年 6 月	−62.2	−8.47	23.9
7	赵各庄矿九水平东 1 道	岩溶水	奥陶系	1988 年 6 月	−63.0	−8.45	21.4

3. 三个矿区的比较

皖北矿区的地层属于华北型煤系地层，它的含水层赋存状况跟华北其他矿区基本一致。从表 7-8 中可以看出，$\delta(^{18}O)$ 分布由大到小的次序为：地表水>一含水>煤系水>太灰水>四含水>奥灰水。$\delta(D)$ 分布由大到小的次序为：地表水>一含水>煤系水>四含水>太灰水>奥灰水。跟平顶山矿区的 $\delta(^{18}O)$ 及 $\delta(D)$ 分布次序基本一致，$\delta(^{18}O)$ 与 $\delta(D)$ 在地表水及浅层地下水中含量都比较高，向深部逐渐减小。另外，第四系四含水层孔隙水中的 $\delta(^{18}O)$ 和 $\delta(D)$ 值跟石炭系太灰水相近，这表明在第四系覆盖层之间的隐伏露头区石炭系地层接受了来自第四系四含水层的补给。这一观点也在开滦矿区得到了验证。

表 7-8 皖北矿区各地下水、地表水和雨水中 $\delta(^{18}O)$ 和 $\delta(D)$ 的分布情况

水类型	样品数量/个	$\delta(D)$/‰	$\delta(^{18}O)$/‰
地表水（浍河）	1	−42.10	−5.81
一含水（第四系）	3	−52.70	−7.33
四含水（第四系）	8	−73.18	−8.76
煤系水（二叠系）	6	−72.10	−8.59
太灰水（石炭系）	12	−73.56	−8.71
奥灰水（奥陶系）	8	−74.63	−9.18

由图 7-49 可以得到：在地下水中，$\delta(^{18}O)$ 和 $\delta(D)$ 的值向深部逐渐减小，地层越老，它们的值就越低。如果老地层中 $\delta(^{18}O)$ 和 $\delta(D)$ 值增大或者跟新含水层比较接近，这就表明有新生水的混合，或者含水层之间产生了水力联系。

例如，平顶山矿区上第三系泥灰岩水中的 $\delta(^{18}C)$ 和 $\delta(D)$ 值跟二叠系砂岩水与石炭系灰岩水(L_2)基本接近，在长期的开采过程中两含水层地下水已经构成了相对统一的含水体，具有相同的水的来源。开滦矿区奥灰水中的 $\delta(^{18}O)$ 和 $\delta(D)$ 值大于第四系水中的 $\delta(^{18}O)$ 和 $\delta(D)$ 值，它们的水力联系比较强，来源相同。皖北矿区的二叠系煤系水、第四系四含水、石炭系太灰水与奥陶系奥灰水中的 $\delta(^{18}O)$ 和 $\delta(D)$ 值基本接近，水力联系密切。

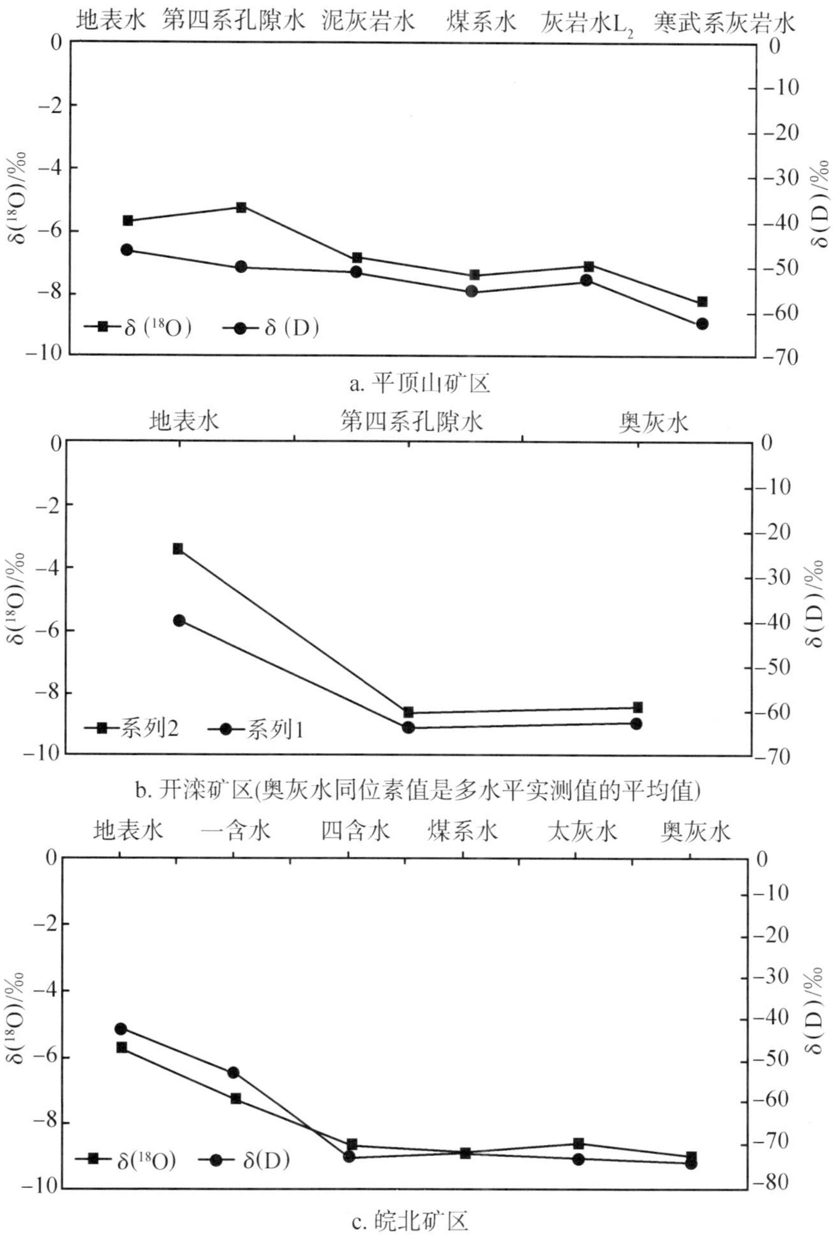

图 7-49　平顶山、开滦、皖北 3 个矿区地下水、地表水和雨水中 $\delta(^{18}O)$ 和 $\delta(D)$ 的分布情况

第八章 在刑侦工作中运用水文信息的初步设想

本章所拟订的内容只是作者在水文理论知识之上的一种设想，而这种设想，在现实中能否出现，也是不确定的，甚至几乎可以肯定是不会出现的，因为理论性的假设总是设定了种种理想的条件，而这些条件往往是现实中所不具备的。因而，本章所写的内容，与其说是为刑侦人员提供一种利用水文信息破案的范例，不如说是在刑侦人员面临破案信息不足时，为其提供一种思路上的拓展。

本章所写内容是这样安排的：首先概要介绍一下在刑侦工作中应用水文信息的总体思路，以可拓学中的有关求知问题的求解逻辑作为总体思路；其次针对水文信息和（假设的）案情的特点，给出具体的（设想中的）应用步骤，以水中所含同位素信息的应用为例。

第一节 在刑侦工作中运用水文信息的逻辑框架——以可拓学中求知问题的求解逻辑为纲

一、可拓学相关知识

（一）可拓学概述

可拓学是以广东工业大学的蔡文研究员为首的中国学者创立的新学科。

它是研究事物拓展的可能性和开拓创新的规律与方法，用以解决矛盾问题，有别于生物学、机械学、电工学等纵向学科，是与数学、系统论、信息论、控制论等相类似的横断学科。

可拓学是一门交叉学科，它的基本理论是可拓论，可拓方法是其特有的方法。

可拓工程是可拓论和可拓方法在各个领域的应用。该研究从1976年开始，第一篇有关可拓学的论文发表于1983年。

目前，可拓学已形成初步的理论框架，并建立了在人工智能、计算机、管理、控制、检测等领域的应用方法。

现实世界存在很多矛盾问题，如用一根最多能称200kg重物的秤，却要称数吨重的大象，公安部门凭借少量的信息，却要侦破复杂的案件，发明者根据少量的功能要求，却要构思复杂的新产品，靠左行驶的公路系统和靠右行驶的公路系统要连接成一个大系统。这些问题在人们的生活和工作中无处不在。

人类社会就是在处理各种各样的矛盾问题中发展起来的，通过总结古往今来种种矛盾现象的表现与处理方法，经过形式化、逻辑化与数学化，形成一门原创性的学问——可拓学。

可拓学是用形式化模型研究事物拓展的可能性和开拓创新的规律与方法，并用于解决矛盾问题的科学。

通俗地说，可拓学研究产生创意的理论和方法，成为生产创意的理论依据和方法来源。

可拓学的研究对象是矛盾问题，基本理论是可拓论，方法体系是可拓方法，逻辑基础是可拓逻辑，与各领域的交叉融合形成可拓工程。

可拓论、可拓创新方法和可拓工程构成了可拓学。

可拓学学科框架如图 8-1 所示。

1. 定位

可拓学是以矛盾问题为研究对象、以矛盾问题的智能化处理为主要研究内容、以可拓方法论为主要研究方法的一门新兴学科。矛盾问题智能化处理的研究对现代科学的发展具有重要意义。可拓学是哲学、数学和工程学的交叉学科；由于可拓学的研究对象存在于各个领域中，可拓学可以定位于如同信息论、控制论和系统论那样的横断学科。

- 可拓学
  - 可拓论
    - 基元理论
    - 可拓集合理论
    - 可拓逻辑
  - 可拓创新方法
    - 可拓分析方法
    - 共轭分析方法
    - 可拓变换方法
    - 可拓集合方法
    - 优度评价方法
    - 可拓创意生成方法
  - 可拓工程
    - 与信息领域的交叉融合
    - 与管理领域的交叉融合
    - 与工程领域的交叉融合
    - 与其他领域的交叉融合

图 8-1　可拓学学科框架

2. 框架

可拓学的研究对象是客观世界中的矛盾问题；基元（物元、事元和关系元）是可拓学的逻辑细胞；可拓逻辑是可拓学的逻辑基础；可拓论构成了可拓学的基本理论；可拓学的基本方法是可拓方法。

3. 核心问题

研究基于变换的动态集合论，以表达通过变换使矛盾问题转化为相容问题；研究描述事物性质变换过程的定量化工具；研究能把质和量结合进行研究的形式化模型，以克服数学模型只研究数量关系的局限性；研究既考虑形式化，又考虑事物的内涵和外延，既考虑推理，也结合变换的逻辑体系；研究变换及变换的对象产生的依据；研究可拓学的基本理论与方法和各领域的知识相结合等。

（二）可拓学理论

1. 可拓论

可拓论、可拓创新方法和可拓工程构成可拓学。可拓论研究事物拓展的可能性和开拓创新的规律，是可拓学的基本理论。可拓论的三个支柱是基元理论、可拓集合理论和可拓逻辑。基元理论包括可拓分析理论、共轭分析理论和可拓变换理论。可拓集合理论包括可拓集合和关联函数等。可拓逻辑是以形式逻辑的形式和辩证逻辑的思想结合而产生的新型逻辑。

基元理论、可拓集合理论和可拓逻辑是可拓论的三大支柱。

（1）基元理论。它是研究对象的表述方式，包括物元、事元、关系元及这三种基元组合形成的复合元。所有的事物、事件、关系、特性等，通过基元理论简洁明晰地描述出来。

（2）可拓集合理论。它是可拓学特有的一种集合关系。与经典数学和模糊数学的集合论都不同，它是一种动态的既可以定性又可以定量描述的方式。它把现实问题的转化过程纳入考虑范围，并通过距离和关联函数，使事物转化的过程可以进行定量描述。用可拓集合、可拓域、稳定域及零界等概念，来描述“是”与“非”的相互转化，它把一般的康托集只有“属于”和“不属于”这两种情况扩展为不同的层次，属于也有属于的程度是多少，定量地表述事物的质变和量变的过程，而零界概念则描述了事物“既是又非”的质变点。这些为矛盾问题的解决提供了合适的数学工具。比如，人的一只脚在门内，一只脚在门外，那么，人到底属于屋子里边的空间还是屋外的空间，由可拓集合理论，我们知道它属于零界，即质变点。

（3）可拓逻辑。它是贯穿在整个可拓学中的逻辑方法，包括最基本的理论建立的逻辑，及运算和变换的逻辑。

2. 可拓创新方法

可拓创新方法体系包括：①可拓分析方法；②共轭分析方法；③可拓变换方法；④可拓集合方法；⑤优度评价方法；⑥可拓创意生成方法。

3. 可拓工程

可拓论与可拓创新方法在实际领域中的应用方法与技术称为可拓工程，其中有：①可拓控制技术；②可拓故障诊断方法；③可拓策划方法；④可拓策略生成技术；⑤可拓信息技术；⑥可拓搜索技术；⑦可拓刑侦技术；⑧可拓设计技术；⑨可拓决策方法；⑩可拓营销方法；⑪可拓检测技术。可拓论与可拓创新方法应用到各个领域后会出现工业可拓工程、医学可拓工程、农业可拓工程、军事可拓工程、知识可拓工程等。

（三）可拓创新方法

可拓学有一套建立在基元理论和可拓集合理论上的可拓创新方法。可拓分析、共轭分析、可拓变换、可拓集合和菱形思维方法等是它的重要组成部分。

1. 可拓分析

可拓分析是直接用基元之间的相互联系进行分析。例如：（水，状态，液态），其固定特性有（状态，液态）这两项，可以联系到（油，状态，液态）等其他基元。它的分析方法主要有发散树、共轭对、相关网、分合链和蕴含系。通过特有的基元体系，它使事物间的关系显得非常显而易见。

2. 共轭分析

共轭分析是通过基元理论，把事物分为虚实、软硬、潜显和负正这四种共轭形式，共轭之间相互转化，比如企业的员工关系属于软部，生产设备属于硬部，可以通过员工关系增加生产设备数量，也可以通过设备的调整带来员工关系的调整。

3. 可拓变换

可拓变换是通过可拓学的逻辑形成的一种集合变换形式。可以由这个系统推导出一系列创新方法。可拓变换是处理问题的一种工具。通过基元或集合的变换，使不可知问题变为可知问题，不可行问题变为可行问题，使原来难以解决的事情得到解决。

4. 可拓集合

可拓集合即可拓集合理论的性质，是处理问题的定量化工具。通过距离和关联函数更加清晰地描述事物的变化。

5. 菱形思维方法

菱形思维方法是利用基元的可拓性，对基元进行拓展，然后以合适的方法进行评价筛选，从而减少或收敛物元。使得问题的解答最为精准简洁。

可拓学虽然建立不久，但它的初步逻辑已经确立了起来，在人工智能、思考决策、判断分析等方面有着强大的作用。目前，在中国知网上关于可拓学及其应用的论文已经有 2000 多篇，许多专家学者都正在对其进行进一步的完善，并利用它在各个领域推演出新的结果。

二、可拓学理论基础

（一）基元理论

客观世界的万事万物，可以分为物、事和它们之间的关系这三个方面。为了形式化地描述它们，可拓学用基元把它们纳入了逻辑范围。基元包括物元、事元、关系元及它们组合形成的复合元。基元是可拓学的逻辑细胞，这种形式化的表示加以基元的运算和变化规则，万事万物及其变化也就都可以用可拓学这个平台来建立。

物元、事元和关系元，分别用来描述事物、事件和事物事件之间的关系。它们的定义和表示方法类似，我们主要以物元为例来进行阐述。

（二）基元的基本概念

物体可以用它的特征及特征对应的量值清晰具体地描述出来。比如，篮球，它的特征有直径、颜色等，对应的量值分别是 30cm、棕色。在可拓学中，物元就是如此定义的。

定义：有序三元组 $R=(N,c,v)$ 称为一维物元，其中 N 表示物，c 表示特征，v 表示 N 关于 c 的量值。

其中，c 和 v 构成的二元组 $M=(c,v)$，称为物 N 的特征元。

例如，对于一张 A4 纸，我们可以表示为（纸，大小，A4），物为“纸”，特征元为（大小，A4）；对于一把木头椅子，我们可以表示为（椅子，材质，木头），（材质，木头）为“纸”的特征元。这样把它的特性都分别列出来，信息就可以分门别类地整理。

当然,一个物可能具有多个特征元,我们以阵列的形式表示:

定义:我们把阵列

$$R=\begin{bmatrix} N & c_1 & v_1 \\ & c_2 & v_2 \\ & \vdots & \vdots \\ & c_n & v_n \end{bmatrix}=(N,C,V)$$

称为 n 维物元。其中,N 表示物,c_1、c_2、…、c_n 为 N 的 n 个特征,v_1、v_2、…、v_n 是 N 关于 $c_i(i=1、2、\cdots、n)$ 的量值。把 v 和 c 写成向量的形式,就有

$$C=\begin{bmatrix} c_1 \\ c_2 \\ \vdots \\ c_n \end{bmatrix},V=\begin{bmatrix} v_1 \\ v_2 \\ \vdots \\ v_n \end{bmatrix}$$

例如:

$$R_1=\begin{bmatrix} \text{蒸馏水}A & \text{温度} & 40℃ \\ & \text{物相} & \text{液态} \end{bmatrix}$$

$$R_2=\begin{bmatrix} \text{圆柱}B & \text{直径} & 5\text{cm} \\ & \text{长度} & 10\text{cm} \\ & \text{质量} & 1\text{kg} \end{bmatrix}$$

现实生活中的事物总是处于不断地变化之中。为了描述事物的动态性质,我们将物元也赋予动态的概念。物的性质的量值的变化,会引起物的变化。我们引入 t 作为变化的参数,如时间等,于是物元就可以描述为

$$R(t)=[N(t),c,v(t)]$$

例如[水(t),温度,$T(t)$],水的温度随时间变化,$T=120℃$ 时水变成水蒸气,$T=-10℃$ 时水变成冰。

(三)物元的可拓性

有了物元的概念,世间的万物就有了一个系统可以纳入。而为了研究物元之间的关系,我们定义了物元的可拓性规则:发散性、可扩性、相关性、蕴含性和共轭性。其形成的相应的可拓分析方法称为发散树、分合链、相关网、蕴含系和共轭对。

1. 发散性

一个物具有多个特征,某个特征对应的物也有多个,关于同一量值,也会有多个物与之相符。这些性质称为物元的发散性。

对于一个物具有的多个特征,我们用下面的关系式表示:

$$R=(N,c,v)-|\{(N,c_1,v_1),\{(N,c_2,v_2),\cdots,\{(N,c_n,v_n)\}$$

可以理解为固定 N,变动 c,v 扩散产生不同的物元。

对于某个特征对应的多个物,类似地,我们用下面的关系式表示:

$$R=(N,c,v)-|\{(N_1,c,v_1),\{(N_2,c,v_2),\cdots,\{(N_n,c,v_n)\}$$

对于同一量值不同的物,我们也可以类似地表示:

$$R=(N,c,v)-|\{(N_1,c_1,v),\{(N_2,c_2,v),\cdots,\{(N_n,c_n,v)\}$$

此外,发散时我们也可以同时固定两个元素,仅留一个变化。

例如:由(笔,形状,圆柱),固定“形状”这个特征,可以发散出(魔方,形状,正方体),固定特征和对应的量值,可以发散出(水杯,形状,圆柱)。

利用物元的发散性,我们可以巧妙地使一些问题得到解决。例如:想知道大象的重量,直接称重是不现实的,可以表示为物元(大象,重量,x),我们可以固定特征元(重量,x),具有此特征元的还有石头、

沙子等，而它们的重量很方便获取。于是原来的物元就可以发散为(石头，重量，x)。对于称量，也可以由用秤发散为浮力、杠杆等。曹冲称象于是就可以作为这个系统的一个例子。

2. 可扩性

一个物元，可以和其他物元组合成新的物元，也可以拆分成几个不同的物元。新物元将会具备原来的物元不具备的性质，或者不再具备原来物元的某些性质。我们称物元的拆分组合为物元的可扩性。它包括可组合性、可分解性和可扩缩性。

(1)可组合性。不同的物元组合起来形成新的物元。

定义：给定物元 $R_1=(N_1,c_1,v_1)$ 和 $R_2=(N_2,c_2,v_2)$，把

$$R=\begin{bmatrix} N_1\oplus N_2 & c_1 & v_1\oplus c_1(N_2) \\ & c_2 & v_2\oplus c_2(N_1) \end{bmatrix}$$

称为 R 是 R_1 和 R_2 的组合。

其中，$c_1(N_2)$ 为物 N_2 关于性质 c_1 的量值，如 R_1 =(铅笔，用途，写字)，N_1 为“铅笔”，c_1 为“用途”；R_2 =(橡皮，用途，擦除字迹)，N_2 为“橡皮”，$c_1(N_2)$ 即为橡皮的用途，于是 R =[铅笔⊕橡皮，用途，写字⊕擦除字迹]，表示的也就是带橡皮的铅笔同时具有写字和擦除字迹进行修改的功能。

(2)可分解性。即一个物元可以分解为不同组分的组合。例如，智能手机=硬件⊕软件，衣服=布料⊕纽扣。

定义：物元 $R=R_1\oplus R_2\oplus\cdots\oplus R_n$，把 R 变换为 R_i，称为物元的分解，记为 $R/\{R_1,R_2,\cdots,R_n\}$。

物元的物、特征和量值也可以类似地进行分解。

(3)可扩缩性。即某些物元可以进行扩缩，相应的物元也进行扩缩。例如，一个水杯，进行扩大，乘以 2 即两个水杯，相应地，容积的值也扩大一倍。

3. 相关性

不同的物元之间具有一定的相关性。如气球的体积与面积有一定的函数关系，电动机的速度与传送带速度的关系。对于这类相关性，我们用以下的定义来描述：

定义：设 $R_1(t)=[N_1(t),c,v_1(t)]$，$R_2(t)=[N_2(t),c,v_2(t)]$，若 $v_1(t)=f[v_2(t)]$，即 v_1 是 v_2 的函数，则称 $R_1(t)$ 与 $R_2(t)$ 相关，记作 $R_1(t)\sim R_2(t)$。

4. 蕴含性

事物之间存在蕴含的关系。比如(天气，状态，大雨)，这个事件蕴含着(地面，干湿情况，湿)。

定义：如果由物元 R_1 存在可以推出物元 R_2 存在，则称 R_1 蕴含 R_2，记为 $R_1\Rightarrow R_2$。

5. 共轭性

一个物包含有多种不同的结构。物的结构，可以从物质性、系统性、动态性和对立性等方面进行研究。对于相应的这四个方面，只需分作虚部 im$N$ 和实部 re$N$，软部 sf$N$ 和硬部 hr$N$，潜部 lt$N$ 和显部 ap$N$，及负部 ng$N$ 和正部 ps$N$。也即物的结构可以表示为

$$N=\mathrm{im}N\oplus \mathrm{re}N=\mathrm{sf}N\oplus \mathrm{hr}N=\mathrm{lt}N\oplus \mathrm{ap}N=\mathrm{ng}N\oplus \mathrm{ps}N$$

例如，某公司按系统性，软部为制度，硬部为设备；人，按动态性，显部为健康部分，潜部为潜在疾病。

(四)事元和关系元

把物元的这些定义照搬过去，既可以定义出事元和关系元。事元是描述事件发生的一个组合，关系元则是描述事物关系的一个组合。物元=(物，特征，量值)。相似地，事元=(动词，动词的特征，量值)，如(打，对象，球)，(购买，施动对象，人)；关系元=(关系名，特征，量值)，例如：(借贷关系，维系方式，合同)，(朋友关系，程度，密切)。它们也都有相应的可拓性。

(五)复合元

对于一些复杂的事物，单纯的一种基元描述可能并不是很清晰。比如，我们有一个关系元 $Q=\begin{bmatrix} \text{互补关系} & a_1 & \text{甲} \\ & a_2 & \text{乙} \end{bmatrix}$，如果能够把甲和乙的一些互补的特征加上去，这个关系就更加清楚了。因此，

我们定义了复合元的概念。复合元有七种，分别由物元和物元、物元和事元、物元和关系元、事元和事元、事元和关系元、关系元和关系元及物元、事元、关系元复合形成。对于物元、事元关于关系元构成的复合元，我们用以下形式定义：

给定 $I=(d,b,u)$，$R=(N,c,v)$，称

$$Q=\begin{bmatrix} s & a_1 & I \\ & a_2 & R \\ & a_3 & w_3 \end{bmatrix}$$

为 I、R 和 Q 构成的复合元。

例如，上边的那个例子，关于物甲有物元（甲，脾气，温和），关于物乙有物元（乙，脾气，急躁），关于关系元的复合元就可以写成

$$Q=\begin{bmatrix} \text{互补关系} & a_1 & (\text{甲，脾气，温和}) \\ & a_2 & (\text{乙，脾气，急躁}) \end{bmatrix}$$

其他六种复合元的形式也与之类似。对于复合元，也可以类似物元那样定义它的可拓性。

至此，基元理论已搭建完毕。我们对之进行分析，就需要借助一些运算规则了。这将在下文叙述。

三、可拓集合

可拓集合是描述一个集合中元素的关系远近的一种基本方法。关系远近，即相当于可拓集合中元素的距离。程度的大小取自于整个实数集。正数表示具有该性质的程度，负数表示不具有该性质的程度，零则表示既具有该性质又不具有该性质，如一个人正跨在门槛上。

定义：设 U 为论域，即可取到的基元的集合。U 中任一元素 u，都有一实数与之对应，记这一对应关系为 $y=K(u)$，则称集合

$$A=\{(u,y)\mid u\in U,y=K(u)\}$$

为论域 U 上的一个可拓集合。

如果 U 为基元的集合，u 为基元，则称 A 为基元集 U 上的基元可拓集合。

其中 $y=K(u)$ 称为 A 关联函数，它的值 y 称为 u 关于 A 的关联度。$y\in(-\infty,+\infty)$。

对于集合 $\{(u,y)\mid u\in U,y=K(u)\}$，若 $y=K(u)\geqslant 0$，称之为 A 的正域；若 $y=K(u)\leqslant 0$，称之为 A 的负域；若 $y=K(u)=0$，称之为 A 的零域。

集合是描述事物的状态，给其增加上变换，就可以将动态过程描述出来。下面，我们先通过以下定义来描述事物量变质变的过程：

给定一个变换 T，如果 T 使 A 中的某些负域中的基元变到了正域，则称这些元素构成的集合为 A 关于变换 T 的正可拓域。记作：

$$A_+(T)=\{u\mid u\in U,K(u)\leqslant 0,K[T(u)]\geqslant 0\}$$

在变换 T 下，A 的正域中的某些元素经变换仍在 A 的正域中，则称这些元素构成的集合为 A 关于变换 T 的正稳定域。记作：

$$A_+(T)=\{u\mid u\in U,K(u)\geqslant 0,K[T(u)]\geqslant 0\}$$

同样，可以定义 A 关于 T 的负可拓域和负稳定域，分别表示为

$$A_-(T)=\{u\mid u\in U,K(u)\geqslant 0,K[T(u)]\leqslant 0\}$$

$$A_-(T)=\{u\mid u\in U,K(u)\leqslant 0,K[T(u)]\leqslant 0\}$$

可拓域描述了事物的是非转化，由属于变为不属于，或相反，定量地描述质变过程。稳定域则可以定量地描述事物的量变过程，经过变换，它还属于原来的集合，只是属于的程度发生了变化。

由于可拓集合包含基元、论域和关联函数三种元素，所以对于这三种元素都可以施行变换。上文只是对 u 施行了变换。为便于区分，对基元、论域和关联函数施行的变换 T 分别记为 T_u、T_U、T_K。

要通过逻辑来推导事物的变化,当然先要把事物进行量化。通过关联函数,我们可以把基元映射到实数域上。下面,我们就来考虑关联函数。

首先,我们定义距离:

设 x 为实数域中的一点,$X_0=<a,b>$为实数域上的一个区间,称

$$\rho(x,X_0)=\left|x-\frac{a+b}{2}\right|-\frac{1}{2}(b-a)$$

为点 x 与区间 X_0 的距离。

亦即,把$\rho(x,X_0)$看成一个函数,在平常的距离的意义下,点 x 在 X_0 中离边缘越远,$\rho(x,X_0)$的值越大。在 X_0 的边缘上,值为 0。

如果是点与点之间的距离,只需把其中的一个点看作是区间 X_0 的两端点重合,即 $a=b$。这与普通的点与点的距离相同。

在大部分时候,一个事物并不能用一个集合精确地刻画出量变质变的过程。例如,一个电器的额定电流范围是 1~2A,但是电流稍低于 1A 或稍高于 2A 时仍能运转。因此,这个电器还有一个质变的范围。1~2A 也在此范围之内。这时,一个点的位置可以用关于这两个区间的位置值来描述。我们称之为位值。

定义:设 $X_0=<a,b>$,$X=<c,d>$,且 $X_0\subset X$,则点 x 关于 X_0、X 的位值为

$$D(x,X_0,X)=\begin{cases}\rho(x,X)-\rho(x,X_0) & ,x\notin X_0\\ -1 & ,x\in X_0\end{cases}$$

X_0 为要求区间,称为经典域;X 为质变区间,称 $X-X_0$ 为可拓域,即从 X_0 又扩展出来的部分。

对于关联函数,它根据实际情况可以有很多的形式。

实数域上关联函数的基本公式为

$$k(x)=\frac{\rho(x,X)}{D(x,X_0,X)}$$

这个公式的建立,使问题的关联度计算不必依赖主观判断和统计,摆脱了主观判断的误差。

四、可拓分析方法

可拓推理的核心是拓展和变换,目的是生成恰当的对象去解决问题。有了基元理论,也就相当于有了数字。它只是一种表示符号。可拓变换则相当于定义在数集上的运算规则,使之产生千姿百态的变化。它是搭建在问题与答案之间的桥梁。

可拓分析方法包括可拓分析、共轭变换、可拓变换、可拓集合和菱形思维方法。

可拓分析是一个统称,是指运用可拓学的逻辑思维,利用可拓学的逻辑框架,对问题进行分析。下边对其余四种方法进行简要介绍。

(一)共轭变换

共轭变换,是利用基元的共轭性分析问题。前文讲过,基元根据结构分为虚实、软硬、潜显和负正这四个共轭对。也即物的结构可以表示为

$$N=\mathrm{im}N\oplus\mathrm{re}N=\mathrm{sf}N\oplus\mathrm{hr}N=\mathrm{lt}N\oplus\mathrm{ap}N=\mathrm{ng}N\oplus\mathrm{ps}N$$

同一共轭对有相关的特征,两种性质相互转化,便产生了不同的结果。

这四个共轭对的使用方法类似,我们主要以虚实共轭对为例讲解。

实以为基,虚以为用。虚实结合,方成一物。从事物的物质性考虑,任何事物都有虚实两部分。产品的实体是实部,品牌是虚部;空城计中老弱病残的士兵是实部,诸葛亮的"平生谨慎"是虚部。实是可以看到的事物本身;虚以实为基础,也是客观存在的部分,是实的性质和表现。

应用虚实的共轭性及基元变换解决问题的方法称为虚实共轭对,具体步骤如下:

(1)确定基元的实部基元和对应的特征 $R_i=(\mathrm{re}N,c_i,v_i)$。

(2)确定基元的虚部基元和对应的特征 $R_j=(\mathrm{re}N, c_j, v_j)$。

(3)利用实部和虚部相关的共轭性,欲求 v_i,先求 v_j。如果做了变换 $T_iR_i=R_{i'}$,可以先对 R_j 做变换 $T_jR_j=R_{j'}$。反之,亦然。

通过下面的例子对其加以说明:

一个树洞深 0.8m,皮球掉到了树洞里,小孩的手臂长只有 0.5m,不能拿到皮球。求怎样使小孩顺利取出皮球。

树洞的实部为树洞非空部分,虚部为树洞空间。我们可以通过把虚部转化为实部的方式求解。

令 R_1=(树洞,深度,0.8m),r=(手,长度,0.5m)。

由于深度和容积相关,我们利用物元的可扩性,深度~容积,取

$$R_2=(\text{树洞},\text{容积},V),$$

容积的共轭特征为体积,考虑 $R_x=\begin{bmatrix} N_x & \text{体积} & v/2 \\ & \text{状态} & \text{液态} \end{bmatrix}$,可以取 $N_x=\{\text{水},\text{油},\cdots\}$。

我们取 N_x=水,有 $R_x=\begin{bmatrix} \text{水} & \text{体积} & v/2 \\ & \text{状态} & \text{液态} \end{bmatrix}$,然后取 N=树洞⊕水,有

$$R_{\mathrm{im}}=\begin{bmatrix} \mathrm{im}(\text{树洞}\oplus\text{水}) & \text{容积} & v/2 \\ & \text{虚深} & 0.4\mathrm{m} \end{bmatrix}$$

这时球离洞口只有 0.4m,小孩用手可以取到。

该问题的解决方法是:把水倒进树洞里,水的体积达到树洞容积的一半,小孩即可取出皮球。

软硬、潜显和负正这三个共轭对的用法与之类似,读者可仿照尝试。

(二)可拓变换

可拓变换是可拓分析的一种重要方式。基本变换有置换变换、分解变换、增删变换和扩缩变换。它们的变换规则与物元的可扩性、蕴含性和扩缩性类似,当然也有区别。下面我们以置换变换为例进行说明。

进行置换变换的基元,与变换后的基元,相当于一个基元进行发散后生成的一个集合中的两个元素。为便于说明,我们以物元为例进行阐述。

定义:给定一个物元 $R_0=(N_0, c_0, v_0)$,若 N_0 变换为 N,c_0 与 v_0 不变,称此变换为对物元 R_0 中事物的置换变换。记作:

$$T_{N_0}N_0=N, T_{N_0}R_0=T_{N_0}(N_0, c_0, v_0)=(N, c_0, v_0)$$

类似地,我们也有对物元 R_0 中特征的置换变换和对物元 R_0 中量值的置换变换。

综合起来,我们可以得到对物元 R_0 的置换变换:

$$T_{N_0}N_0=N, T_{c_0}c_0=c, T_{v_0}v_0=v$$

$$T_{R_0}R_0=(T_{N_0}, T_{c_0}, T_{v_0})(N_0, c_0, v_0)=(T_{N_0}N_0, T_{c_0}c_0, T_{v_0}v_0)=(N, c_0, v_0)$$

对于物元的分解变换,也即把物元分解为它的组成部分的物元集合。增删变换,亦即物元的组合增加或删减去其中某一组成部分。而扩缩变换,完全利用的是物元的可扩缩性。

基元一次进行多个变换,如果只取开始和结论,也可以用一次总的变换表示。因此,我们引入变换的运算。我们定义积、逆、或、与这四种变换运算规则。

(1)变换之积。若 $T_1R_0=R_1, T_2R_1=R_2$,则称 $TR_0=T_2(T_1R_0)=T_2R_1=R_2$ 为 T_1 与 T_2 之积,记作 $T=T_2T_1$。

(2)变换之逆。若 $T_1R_0=R_1$,则称 $T'R_1=R_0$ 中的变换 T' 为 T 的逆变换,记作 $T'=T^{-1}$。

(3)变换之或。若 $T_1R_0=R_1$、$T_2R_0=R_2$,则称 $TR_0=R_1\vee R_2$ 的变换 T 为变换 T_1 与 T_2 的或变换,记作 $T=T_1\vee T_2$。其中,“$\vee$”表示“或”。

(4)变换之与。若 $T_1R_0=R_1$、$T_2R_0=R_2$,则称 $TR=R_1\wedge R_2$ 的变换 T 为变换 T_1 与 T_2 的或变换,记作 $T=T_1\wedge T_2$。其中,“$\wedge$”表示“与”。

这几种可拓变换的基本形式加上它们的运算规则,可以组合出许多巧妙的解题方法。

例如：甲厂有1万件 a 产品要出售，乙商店需要 a 产品1万件，但乙无法直接与甲合作。于是甲和一个中介丙合作，乙也通过丙购买产品。甲的产品通过丙出售给了乙。这个过程如下：

记 R_1=(甲，对 a 产品的态度，出售)，R_2=(乙，对 a 产品的态度，需求)，分别对 R_1 和 R_2 做置换变换：

$$R_1'=TR_1=(\text{丙，对 } a \text{ 产品的态度，出售}),\ R_2'=TR_2=(\text{丙，对 } a \text{ 产品的态度，需求})$$

于是有 $R_1' \oplus R_2'$=(丙，对 a 产品的态度，出售⊕需求)。于是通过丙，问题就得到了解决。

(三)可拓集合

可拓集合可以描述基元之间的相互关系，通过距离和关联函数使它们的关系得以量化。我们根据这样的性质，可以生成许多的应用，如分类、评价、真伪判别等。下面，我们以评价为例说明可拓集合的应用方法。

首先，我们定义“合格度”：物元集 $R=\{(N_1,c_1,v_1),(N_2,c_2,v_2),\cdots,(N_n,c_n,v_n)\}$，关于衡量优劣的条件 M，符合要求的量值范围为 X_0，不符合要求但可以转变为复合要求的量值为 X，量值允许范围为 U，则 X_0 为经典域，X 为可拓域。设其关联函数为 K_x，称它为 N 关于衡量条件 M 的合格度。

评价的具体步骤如下：

1. 确定衡量条件

要评价一个事物的程度，我们根据实际问题确定以什么为条件进行衡量。如评价杯子的好坏，抗摔能力就可以是一个衡量条件。不过，一般情况下衡量条件有多个，我们以集合的形式表示：衡量条件集 $M=\{M_1,M_2,\cdots,M_n\}$，其中 $M_i=(c_i,v_i)(i=1,2,\cdots,n)$ 是特征元，v_i 都是数量化的量值域。

2. 确定权系数

衡量条件关于评价对象有轻重之分，因此以权系数来表示衡量条件的重要性。重要程度赋以0~1之间的值，记为 $\{a_1,a_2,\cdots,a_n\}$。

3. 建立关联函数，计算合格度

建立衡量条件集 M 关于 v_i 的关联函数，计算 U 中每个物元在关联函数下的值，然后乘以相应的权系数，于是就可以得到这些物元的合格度。

(四)菱形思维方法

菱形思维方法是指利用基元的可拓性进行开拓后用合适的评价方式进行筛选，最终收敛集中得到少量的最佳答案。由于它是先发散然后收敛，思维过程像是一个菱形，所以称作菱形思维方法。

菱形思维方法模型如图8-2所示。

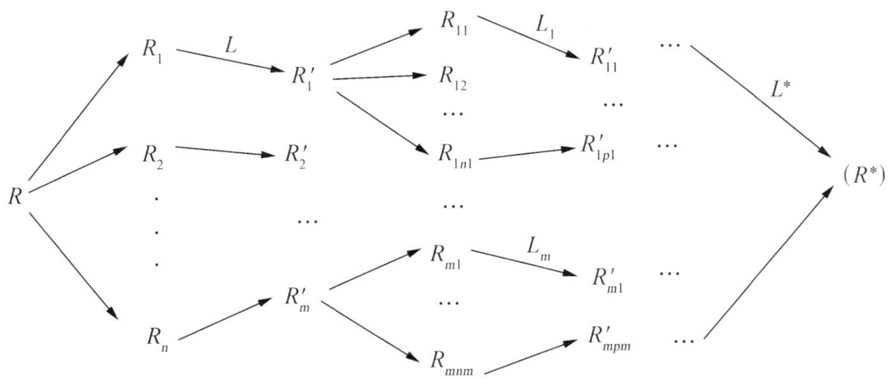

图8-2 菱形思维方法模型

由一个基元开拓出多个相关的基元，然后通过变换等方式再次拓展，再利用评价方式进行筛选。在这中间可以进行多次的收敛与拓展。

虽然我们需要的答案是一个或者少数几个，但是由单一的条件显然不能直接获取答案。因此，这些中间的开拓就必不可少，它们将会给我们提供更多的信息，以便于我们进行判断选择。

五、可拓学的应用

虽然可拓学出现的时间不长，但它已经应用到了各个领域。可拓学在处理人工智能、控制和检测、经济与管理、信息处理和搜索识别等领域有着广阔的应用前景。

可拓学的一般应用逻辑思路是：首先利用基元表达信息，然后利用基元和变换的运算规则进行推理，最终得到合适的答案。

例如，我们可以利用可拓学建立搜索罪犯的刑侦系统，同时让计算机代替人做一部分工作，减少侦查人员的工作量，提高工作效率。

建立刑侦系统的构想如下：

（1）建立基元库。根据已知的信息列出相应的基元，用基元的表示形式建立信息库。

（2）建立规则库。把基元的运算规则用程序语言输入计算机，进而让计算机对基元进行处理，并自动推理。

（3）把计算机推理得到的新的基元加入基元库，全面挖掘信息。

（4）计算关联值。建立可拓集合，确立关联函数，计算基元库中的有关基元的关联函数值。

（5）建立评价规则。

（6）确定嫌疑人。

此流程大部分步骤可以直接由计算机实现，以减少侦查人员的工作量。在必要的时候，通过人机对话，人为地判别及修改，以保证结果的正确性和对程序的进一步优化。

利用可拓学建立搜索罪犯的刑侦系统，如图 8-3 所示。

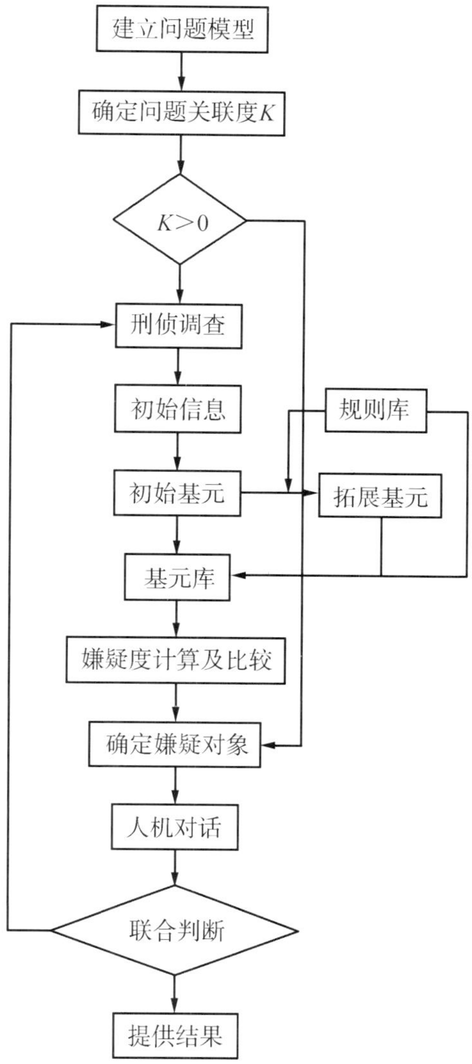

图 8-3　利用可拓学建立搜索罪犯的刑侦系统

六、结语

可拓学是研究事物扩展的可能性和事物拓展创新规律的一门学科。它巧妙地将数学引入到了事物的分析中，把信息的表现与处理方法形式化、逻辑化和数学化，创造出来一种系统的信息处理思维框架。通过建立起的这个逻辑系统，我们可以像计算数学算式一样，清晰地对现实信息对象做加减乘除等运算，产生出巧妙的思路和一种高效的思维模式。

第二节　在刑侦工作中运用水文信息的一些设想——以水中同位素信息的应用为例

一、放射性衰变原理的运用

（1）案例。某工地在施工时，在挖掘地基的过程中发现了一具尸体，据现有资料，本地附近居民小 D 曾在 N 年前失踪了，请初步判定一下，本具尸体有没有可能是小 D 的尸体。

（2）分析。假定作案人害怕案情被别人发现，因此，在小 D 死后不久，其尸体就由作案人迅速、秘密地掩埋,直至本次施工时被发现。在小D活着的时候,其体内所含水分积极参与体内循环,体液中水的放射性同位素^3H的含量应接近于当地大气水或者本地饮用水中^3H的含量,而一旦身体被埋入土中后,尸体中的水与其他来源的^3H接触通道被切断。此后,尸体中原有的^3H在放射性同位素衰变原理的约束下有规律地发生衰变。因此,我们在尸体刚被挖掘出来,尚未经过清洗等处理程序时,采集其体液中的水,并检测其中所含的放射性同位素^3H的含量,就可以大体推断出死者距目前的时间间隔。

(3)已知。目前当地饮用水中^3H的浓度为A,死者体液中^3H的浓度为B,^3H的半衰期为12.43a。

(4)问题。死者被掩埋在地下至今的时间是多少年?

(5)建模与求解。定义参变量物元如下:

$$M(t)=(\text{被害人}X,\text{尸体被掩埋的时间},t)$$

$$N(t)=[\text{被害人}X,\text{被害人体液中}^3\text{H的浓度},C(t)]$$

由于$M(t)$和$N(t)$之间具有相关性,因此可以通过$N(t)$来了解$M(t)$。

根据放射性同位素衰变的原理:

$$C(t)=C(0)\times e^{-\lambda}\approx A\times e^{-\lambda t}=B$$

可得到

$$\begin{aligned}-\lambda t&=\ln(B/A)\\ t&=\ln(B/A)/(-\lambda)\\ &=\ln(B/A)/(-\ln2/T_{1/2})\\ &=\ln(B/A)/(-\ln2/12.43)\\ &=M(a)\end{aligned}$$

(6)判断。由于$M>>N$,因此基本可以断定死者不是小D。

(7)利用水中的同位素放射性衰变原理测定尸体的时间在古尸的保存时间推定上已经有过应用,与其他证据反映的时间相吻合,时间越久远推测时间越精确。同时,对尸体的要求是:相对腐烂(尸体变质比腐烂快)轻,并且近乎完整。

二、稳定同位素分馏原理的应用

(1)案例。201×年冬天,在A地B小区第C单元D室的客厅中发现了一具尸体。案发现场的空调没关,尚在运行,室内温度恒定在26℃,同时在案发现场客厅的茶几上发现被害人尚未饮用完的半杯水。试问该死者被害的时间距今大约有多久?

(2)分析。假设被害人的被害时间与水杯中最后一次倒进茶水的时间之间的间隔可以忽略不计,那么水杯中的水经历蒸发的时间和被害人被害距今的时间长度在数值上可以看作是相同的;同时水杯中的水来自客厅的暖水瓶中,由于案发至今,空调一直运行并恒温在26℃,同时室内湿度为h,该室内空间相对于水杯内的空间而言,可看成是一个开放体系。因此,水杯中饮用后剩余的水,其中^2H和^{18}O同位素的含量随着蒸发的进行而发生有规律的变化,其含量变化遵循开放条件下的瑞利分馏原理。

(3)已知。客厅暖水瓶中水的氢同位素^2H的千分偏差为D_1,茶几上水杯中饮用后剩余水的体积为N,剩余水的氢同位素^2H的千分偏差为D_2,室内湿度为h,室内温度为26℃。

(4)问题。水杯中饮用后剩余的水经历的蒸发时间是多久?

(5)建模与求解。定义参变量物元如下:

$$M(t)=(\text{被害人}X,\text{被害时间距今},t)$$

$$N(t)=(\text{水杯中饮用后剩余的水},\text{经历蒸发的时间},t)$$

$$Q(t)=[\text{水杯中饮用后剩余的水},\text{水中稳定同位素}^2\text{H的浓度},D(t)]$$

由于$M(t)$和$N(t)$具有相关性,$N(t)$和$Q(t)$具有相关性,可通过$Q(t)$了解$N(t)$并最终了解$M(t)$。

由开放条件下稳定同位素分馏的基本原理可知:

$$D_2=(1+D_1)\times f^{(\alpha-1)}-1 \quad ①$$

$$\alpha = k(1-h) + g(T) \quad ②$$

①、②两公式中左边各项系数的具体数值和函数 $g(T)$ 的具体展开形式，参见本书第七章中对瑞利分馏模型和分馏系数的有关论述。

由湿度 h、温度 T 通过②式我们可以算出分馏系数 α，进而由①式及 D_1 和 D_2，我们可以算出蒸发后水体占蒸发前水体的比例 f。同时，有了温度、湿度及蒸发度 $(1-f)$、剩余水的体积 N，再通过温度和湿度估算出蒸发速率 e（可以通过水文气象中的有关经验公式，如彭曼公式估算，也可以通过实际的模拟实验估算），就可以最终算出水经历的蒸发时间 t。

设未蒸发前水的体积为 M，则有

$$M \times f = N$$

$$E \times t = M - N = (N/f) - N$$

$$t = [(N/f) - N]/\mathrm{e}$$

(5)结论。死者被害至今至少已有 $[(N/f - N)/\mathrm{e}]$d。

(6)稳定同位素分馏是在没有其他更好的办法推测时间的情况下应用的。例如，水杯中水的蒸发分馏时间与当地的温度和湿度的关系较大，同时影响其蒸发的变量因素太多。如果没有其他方法推测时间，应该将现场发案到勘查这几天的天气情况了解清楚再建模进行推测。

三、利用同位素进行溯源调查

(1)案例。201×年×月×日，××高速公路上发生一起红酒运输车辆撞人事件。现场显示被撞者已经无生命特征，而肇事司机已经畏罪驾车潜逃。公路系统摄像监控显示，该车辆为无牌车辆，对司机的相貌未能留下清晰图像，同时现场还发现了事故发生时，从运输车上掉下的未完全破裂的红酒 3 箱。从现场死者和红酒箱的相对位置及监控录像初步推断，事故发生时，运输车前进方向为经 A 地向 B 地前进。试问，该车上的红酒来自哪里？

(2)分析。现场未完全破裂的红酒箱中尚有密封保存完好的某品牌红酒 N 瓶，因为红酒接触空气后容易变质，因此红酒瓶的密封质量良好。经检测，红酒中所含水的 ^{2}H 同位素的含量为 A，经调查现场至 A 地之间共有某品牌红酒类批发供应点 2 个，分别为 C 地点和 D 地点，其中一个为国际某知名品牌在国内的酒庄，另一个为从国外渠道直接进货的公司。假定肇事者所批发红酒来自上述两个供应点中的一个，并且在时间上为相邻批次的红酒，其中所含水的 ^{2}H 的同位素浓度在数值上变化也不大。经过检测，C 地点最近一个批次的某品牌红酒中 ^{2}H 的含量为 E，D 地点最近一个批次的某品牌红酒中 ^{2}H 的含量为 F，案发现场某品牌红酒中 ^{2}H 的含量为 G，根据 E、F、G 三者之间的数量关系，可以大体判断现场的红酒更有可能属于 C 地点还是 D 地点。

物证的溯源技术的研究已经有数年的历史，是公安部近年来的科技攻关课题，利用同位素进行溯源性调查得到的结论相对精确，而且有些特殊的物质在溯源中可以起到主要作用。

四、结语

古人在形容“医道”之难时，曾长叹道：“呜呼远哉！天之道也，如迎浮云，若视深渊，视深渊尚可测，迎浮云莫知其极。”

如果说，某些学问掌握得精当与否对社会而言，后果不甚严重的话，那么对自我的约束从客观上说可以放宽一些。比如，绘画、雕塑、考古之类，即便从业者的技能掌握得不好，对社会、对他人也无关大碍，但是，有一些学问，比如军事指挥和医疗行业，如果从业者的技艺或者责任感，两者之一发生了问题，都有可能对他人、对社会带来不可逆转的伤害。我们认为，刑侦工作应该也在这个行列之中。同时，刑侦工作面对的可能是心理复杂、变幻多端、时刻准备逃脱责任、掩盖罪行，甚至提高对他人的伤害程度的亡命之徒，因此，刑侦工作的难度是可想而知的。为了发现线索，刑侦人员不得不开动脑筋，广开思路，千方百计地获取线索；为了及时破案，刑侦人员不得不雷厉风行，抓住稍纵即逝的线索；为了避免错案冤案，刑侦人员还要尽力排除主观臆断，从罪犯“涂改”后的现场中，从自己的多重推理中，筛选出最符合“客观”原则的线索与推断。可以这么说，刑侦不是一门严格的科学，而是一门艺术，因为它需要刑侦人员发挥自己的想象力，有时甚至是戏剧性的想象力。然而，要使刑侦工作得出正确的结论，又需要将科学原则始终贯彻在侦查的过程中，在刑侦工作的实际过程中，又要用到各个领域的知识及对这些知识之间的贯通性的思考。

我们在本书的最后介绍可拓学的知识和3个设想的案例，就是想对集“科学性”和“艺术性”于一身的刑侦工作做一个提醒：可拓学的例子指出，即便是充满创造性智慧的思维过程，其实它也是有章可循的；3个设想的案例表明，很多物证都有“示踪剂”的特性，对其善加利用，有可能从迷雾中寻找出蛛丝马迹，从而增强刑侦工作中的指向性与精确性。

目前有了互联网与计算机的帮助，以前许多看似不可能的模拟实验变得简单了（如每天的温度、湿度记录可以通过天气预报精确到小时，而事后查询的数据更是实际情况），利用计算机进行建模也减少了许多工作量，对全过程的各项数据、指标和变量可以在计算机的控制下变得精确。当然和“水”相关的各种研究与资料也越来越多，类似天气情况一样可以查询得到的数据也越来越多。

希望我们所编写的这本书能助刑侦人员一臂之力，为刑侦人员在侦查工作中打开一扇窗户。

附录　和水有关的几个案例

一、推断溺亡地点案例一

（一）总述

根据重庆江湖水域硅藻的分布情况，推断被害溺死人的溺亡地点。

（二）分析

硅藻是生存在水中的浮游单细胞生物，在法医学溺死诊断中具有重要价值；尤其对于水中腐败尸体死亡原因的鉴定，硅藻检验为最常用的鉴定方法。溺死尸体肺脏中的硅藻与水体密切相关，通过对溺死尸体肺脏中硅藻种类的分析可追踪溺死地点相关的水生环境，如溺水深度、pH 值、污染程度等，而建立主要河流的硅藻分布数据库对于解决水中尸体溺死诊断甚至落水地点的推断具有重要意义。

于 2012 年 12 月内日间相同时间段（15～17 时），采集长江重庆区段不同地点和长寿湖的水样，分别提取河道中央位置水面下 0.5m 处水样（富含浮游类硅藻）和距江底 0.5m 处水样（富含底栖类硅藻）各 500mL，9 个采样点共采集水样 18 份。各采样点水温在 4.1～15.7℃，平均为 11.2℃。

9 个采样点采集的 18 份水样中，共鉴定出 56 种硅藻，包括 24 个属类。其中羽纹纲有 49 种，占总数的 87.5%，中心纲有 7 种，占总数的 12.5%。长江重庆区域的常见硅藻以小环藻属、菱形藻属、曲壳藻属、舟形藻属、桥弯藻属、直链藻属占优势。

长江水体内不同地点采集的底栖类硅藻远多于浮游类硅藻，两者相差 12 倍。其中浮游类硅藻含量为 11.2～48.8 个/mL，数量变化差异不大，平均含量为 25.1/mL；底栖类硅藻含量为 2.2～1046.5 个/mL，不同地点间数量变化差异很大，平均含量为 320.8 个/mL。长寿湖水体内浮游类硅藻含量为 70.2 个/mL，底栖类硅藻含量为 1170 个/mL，两者的差距同样也达到了 16 倍。长江流域自上游到下游，硅藻数量由多到少，底栖类硅藻这一趋势尤为明显。

采样点的优势属类有所不同，如江津段的长江水体中浮游类硅藻的优势属为舟形藻和菱形藻（优势度分别为 0.056 和 0.024），而在长寿段，其优势属则为冠盘藻和菱形藻（优势度分别为 0.066 和 0.035）。有些硅藻属类在特定地区富集，其他地区则很少，如异极藻在奉节段出现很多，其优势度达到了 0.018，其他地区很少出现。

根据长江重庆段 12 月的硅藻分布规律，证实重庆区域不同段和长寿湖水体硅藻分布差异较大，硅藻数量的变化范围相差数倍，各区段的硅藻属类也呈现不明显的差异；各区段中常见的硅藻以小环藻、菱形藻、曲壳藻、舟形藻、桥弯藻、直链藻属多见，其优势度均在 0.02 以上。所观察分析的重庆地区硅藻分布规律数据对该水体中尸体的溺死诊断具有实际参考价值，但需注意，仅根据硅藻种类的统计学分析难以对溺水地点进行可靠推断，需结合尸体的发现地点、河流地理特征及尸体的病理检验特征进行综合判断。

二、推断溺亡地点案例二

“尸漂”是我国水域附近常发生的情况，特别是在暴雨和洪水过后，以前尸体经过长途漂流和腐败可能在下游被发现后就被就地掩埋了（DNA 技术应用之前）；当然也有刑事技术前辈利用当时的技术根据尸体腐败程度进行检验，利用水文信息和生物信息推断出死者的死亡时间或揭露犯罪。我国河流的长度较长，比如黄河、长江及淮河，它们几乎都是穿过了好几个省区，穿越了几个气候区。例如，黄河中的尸体有在山东营口入海时被发现,途中经过的几个省区都可能是尸体入水的地方。对尸体上的生物或咬痕进行检测可以推断尸体的入水地点。特定的生物在不同地质带(如长江流经青藏高原与四川盆地)在短时间留下的痕迹不一样,与硅藻相同,可以起到推定尸体入水地点的作用。

三、推断死亡原因案例一

(一)案情

某日,在某镇一条河的南岸发现一具女性尸体,调查证实死者22岁,农民,生前有精神病史8年,长期服药治疗,已失踪9d。该河呈东西走向,河宽30m,水深5m,水流缓慢,尸体仰面浮于水中,头北脚南。衣着完好,未见鞋袜。死者肝脏及胃内容物中检出氯氮平。试问,该水中尸体属溺死还是死后入水?

(二)分析

实践证明,硅藻检验是目前鉴别水中腐败尸体系生前落水还是死后抛尸水中的一项有效方法。通过硅藻的定性定量分析,不仅可以对死亡原因有更直接的判断,也可以指向可能的溺死地点。目前,国内外法医工作者采用的硅藻检验方法主要包括强酸消化法、酶消化法、微波消解法、DNA分析法、焚灼法、浸渍法、硅胶梯度离心法、硅藻定性定量分析等。

目前,在利用硅藻检验结果鉴定水中尸体属溺水还是死后入水所持的原则是:凡是组织(一般取肺膜下组织)检出硅藻为阳性,肝、肾、牙齿和骨髓等器官也有硅藻,且硅藻种类与实地水样一致的,即可诊断为溺死。单纯从肺中检出硅藻的不能作为溺死的诊断依据。大的硅藻很可能只到达肺脏、胃和十二指肠;小的硅藻则可以进入血液、肝脏、肾脏,甚至轻易进入骨髓。

内脏器官没有检测到硅藻为非溺死,这种现象还多见于死后抛尸入水或水中休克死亡或溺液中无硅藻存在等。另外,由于入水前的生理状态(酒醉、冠心病、癫痫发作等)、精神状态(被追打时的紧张、越狱逃跑后的恐惧等)及身体状态(手脚被绑、戴手铐、严重受伤等)会缩短个体在水中的存活时间,从而使进入组织脏器中的硅藻数量大大减少,所以有上述生理、精神或机体异常的个体即使是生前入水,也可能在组织脏器中无法检出硅藻。

在本例死者的肺和肝脏中检出硅藻(肺中22436个/10g,肝脏中6个/10g),并且符合打捞水域硅藻种类。死者肺和肝脏中的硅藻数目远小于单纯溺死尸体中硅藻检出数目,且未在肾脏、骨髓中检出硅藻。

出现上述结果需要排除一些可能的因素:一方面排除污染可能性。本次实验操作规范,将尸体的肺、肝脏中的硅藻与尸体所在水域硅藻的直径及种类进行对比,可以排除被污染的可能性,检查结果可靠。另一方面,排除死后入水的可能性。单纯从肺中检出硅藻不能作为溺死的诊断依据。死后抛尸入水由于受到水压的作用,水能通过气管进入肺中,并将肺泡内的空气排除,充满肺,因此肺中能够检出硅藻。但死后心脏停止跳动,血液无法循环,硅藻不能通过肺部的毛细血管进入体循环从而进入肝脏、肾脏,更不可能进入骨髓和牙齿。因此,死后入水是无法在肝脏中检出硅藻的。据此对本例死者可排除死后入水的可能性。

本例死者肝血中检出氯氮平含量为2.8μg/mL,达到氯氮平中毒浓度,但未达致死浓度(中毒浓度为0.8~1.3μg/mL,致死浓度为3μg/mL)。分析死因为:死者由于服用大量氯氮平导致中毒,造成在水中存活时间短,进入肺中的溺液减少,进而由肺循环进入血液的硅藻量大大减少。因此,在死者的肺、肝脏中检出的硅藻数目远小于正常溺死尸体中检出的硅藻数目,且在肾脏、骨髓中未检出硅藻。结合上述检验结果及案情,可断定死者在生前入水,死因为溺死,且在该水域溺死。

四、推断死亡原因案例二

(一)案情

某河道内发现一具高度腐败的未知名男尸,尸体位于河道内芦苇丛中,呈仰卧位浮在水面。尸体上身赤裸,下身由外至内依次着蓝色牛仔裤、白色秋裤。后经死者家属辨认并经DNA检验确认死者系陈某某,男,36岁,系本市居民,有吸毒史。由于死者上身未着装,下身所穿裤子明显不合身,而且尸体被发现位于河道内芦苇丛中。死者家属对其死因提出异议,要求尸检查明死因。

（二）分析

1. 现场勘查

现场勘查中，首先必须对现场周围进行认真、细致的搜索，通过仔细搜索，常能发现死者遗留在现场的衣物、鞋及其他随身物品等，这些物品对于认定死者身份、判断案件性质、了解死亡原因具有重要作用；其次必须对现场的各种痕迹、物证进行认真、细致的勘查，寻找死者落水地点，这对分析判断案件性质及死因具有重要意义；再次必须注意观察现场水流方向、水深及周边环境等，这些情况对分析水中尸体漂移、尸表损伤情况等具有重要意义。必要时还需提取现场水样，以便在进行硅藻检验时对照。

本案例中的尸体具有一些典型特征，如口鼻部出现蕈样泡沫。人在活着的状态下坠入水中，溺液进入呼吸道，由于冷水的刺激作用，呼吸道黏膜分泌大量黏液，黏液、溺液及空气三者经剧烈的呼吸运动而相互混合搅拌，产生了大量细小均匀的白色泡沫，这种泡沫因富含黏液而较为稳定，不易破灭消失，抹去后可再溢出。压迫尸体胸腹部或翻动尸体，泡沫溢出得更多。这种泡沫涌出并附着在口、鼻孔部及其周围，通常称为蕈样泡沫。若支气管黏膜或肺泡壁由于压力增加引起破裂出血，则泡沫呈浅粉红色。蕈样泡沫是一种生活反应，对确认溺死具有重要意义。如果是死后抛尸入水，则尸体的口鼻部不会出现蕈样泡沫。由于溺死者在水中挣扎和尸体痉挛，往往手中抓有水草、树枝、泥沙或其他异物，指甲缝内也可嵌有泥沙，这种征象对确认溺死也有重要意义。此外，对于溺死尸体表面的损伤情况必须全面、认真检查，仔细甄别这些损伤是生前损伤，或是尸体在水中漂流时与各种硬物相互碰撞形成的损伤，或是被水中浮游生物、鱼类等咬伤等。溺水死亡的腐败尸体也有一些典型特征：

(1)由于尸体长期浸泡在水中(夏季1周，冬季2~3周)，加之自溶腐败作用，尸体手足皮肤的表皮与真皮层脱离，指(趾)甲脱落，形成手套或足套样脱皮，故称为“溺死手套”或“溺死足套”，随后出现全身皮肤脱落。这种现象对于判断死亡时间具有一定价值。

(2)由于水中尸体内腐败气体不断产生，使尸体全身皮下、消化管充满腐败气体，导致水中尸体腐败膨大呈“巨人观”。这种尸体一旦离开水，由于空气中温度较水中温度高，且尸体内水分多，故腐败很快发展，若不及时尸检，会使很多有价值的尸体征象受到破坏而影响鉴定结果。

2. 解剖实验

鉴定是否为溺死，不能仅靠尸表检验，还必须进行全面、系统的尸体解剖检验。其中以呼吸道溺液及硅藻的实验室检验尤为重要。

(1)上呼吸道内有溺液、泡沫和异物。溺死者在溺水过程中，由于剧烈呛咳，可出现喉头、气管、支气管的黏膜上皮肿胀、充血和出血等现象。又由于溺水者在呼吸困难期和终末呼吸期，吸入了大量溺液和水中异物，使气管和支气管内充满与口、鼻孔部相同的白色或淡粉红色泡沫液。

(2)水性肺气肿是确定溺死的重要证据之一。解剖时肉眼观察肺体积膨大，重量增加，约为正常肺的2倍。肺表面常有肋骨压痕，边缘钝圆，触之有揉面感，指压凹陷，肺表面湿润，光泽感强，颜色常较淡，浅灰色中夹杂淡红色斑块，浅灰色是肺泡缺血区，红色是出血区，此系肺内压突然增高，肺泡壁破裂出血并溶血所形成的溺死斑，多见于肺叶间及肺下叶。切开肺时，流出大量泡沫状可带血色的液体。全肺呈“水性肺气肿”，在溺死尸体中约占80%，以青壮年溺死者较为明显。水性肺气肿的成因，系溺水者剧烈呼吸使溺液、黏液和空气三者在呼吸道相互混合而形成泡沫，又因在呼吸困难期和终末呼吸期吸气力量大于呼气力量，溺液吸入肺泡后不易呼出，于是形成水性肺气肿。这种现象是一种生活反应，对确定溺死具有重要意义。

(3)胃和十二指肠内有溺液与异物。溺液被吸入肺的同时，也可吞咽入胃，再进入十二指肠内。因此，在胃和十二指肠内发现溺液和异物，也是判断溺死的有力证据。胃肠溺液应与现场液体分别进行化验和镜检，以确定是否为同一液体。

(4)内脏器官中有浮游生物。浮游生物是指水中生活的一些微小的动物和植物，它们中最具诊断意义的是硅藻。溺水者吸入了大量的溺液于肺泡内，溺液再经体循环分布至全身。因此，心脏、肺、肝脏、脾、骨髓、牙齿中均能检测到溺液中的硅藻。

3. 硅藻检验

硅藻是一种单细胞藻类，种类繁多，有15000余种。其最明显的特征是细胞壁除个别种类外，均高度硅质化，形成上、下两个透明的壳，以壳环带套合形成一个硅质细胞壁。我国于20世纪30年代开始硅藻分类学研究。2003年《中国海藻志(第五卷)：硅藻门中心纲》正式出版，该书记述了海产硅藻门中心纲的四个目——盘状硅藻目、管状硅藻目、盒形硅藻目、周辐硅藻目，共12科58属401种50变种10变型。硅藻细胞壁因为抵抗力强而不易被破坏，硅质含量高者，即使用浓硫酸、浓硝酸煮沸甚至高温灼烧也不被破坏。因此，在尸体高度腐败时也能保持其原形，有利于溺死的诊断。硅藻检测方法很多，不同组织根据不同需要采用不同的方法。实践中常用的方法有化学消化法、浸渍法、硅胶梯度离心法和焚灼法。尸体各器官组织中硅藻的含量分布依次为：肺>肝脏>肾>脾>骨髓。各器官硅藻检出率为：肺100%、肝脏100%、心血50%、肾32.5%、心27%、脾14.3%、骨髓14.3%~20.8%。硅藻检验技术简单易行，稳定可靠，只要没有污染，加之准确的硅藻计数在大多数情况下可以鉴定溺死。如果遇到肢解和腐败尸体，可取骨髓做硅藻检验。凡是肺组织(一般取肺膜下肺组织)检出硅藻为阳性，肝脏、肾、牙齿和骨髓等脏器也有硅藻，且硅藻种类与实地水样一致，即可诊断为溺死。特别是对于高度腐败的尸体，各种尸表征象已不存在，内脏也腐烂如泥，这时如检出骨髓和牙齿中有硅藻，是鉴别生前溺死与死后抛尸入水的最好方法。如仅单独在肺内检出硅藻，即使量多也不能作为判断溺死的依据。总之，诊断溺死时一定要多器官检出硅藻，反之，在溺死者器官中未检出硅藻，也不能确定不是溺死。

分析本案例：由于尸体已高度腐败，尸检未发现明显异常，但在死者的肺、肝脏、肾中检出硅藻且与现场水样中的一致，气管内见少量黑色泥沙，肝脏、胃及内容物中均检出甲基苯丙胺成分，结合其失踪前的活动轨迹，我们认为死亡原因为死者生前吸食甲基苯丙胺后产生幻觉自行进入河道芦苇丛中溺死。经过耐心解释，死者家属最终同意了鉴定结论。

4. 总结

溺水死亡的法医学鉴定是一项十分常见且较为复杂的课题，尤其是对一些高度腐败尸体的法医学鉴定更为困难。在实际工作中必须严格进行现场勘查，对尸体进行规范的检验，全面、认真做好上述各项工作，并结合外围调查情况具体分析，只有这样才能做出科学、准确的鉴定结论。

参考文献

[1]黄锡荃,李惠明,金伯欣．水文学[M]．北京:高等教育出版社,2008.
[2]周淑贞,张如一,张超．气象学与气候学[M]．北京:高等教育出版社,2009.
[3]房明惠．环境水文学[M]．合肥:中国科学技术大学出版社,2009.
[4]张仁铎．环境水文学[M]．广州:中山大学出版社,2007.
[5]董志勇．环境水力学[M]．北京:科学出版社,2008.
[6]邓绶林．普通水文学[M].2 版．北京:教育出版社,1979.
[7]河北师范大学,上海师范大学,吉林师范大学地理系．普通水文学[M]．北京:人民教育出版社,1979.
[8]丁兰璋,赵秉栋．水文学与水资源基础[M]．开封:河南大学出版社,1987.
[9]达维道夫 J K,康金娜 H F. 普通水文学[M]．杨显明,译．北京:商务印书馆,1963.
[10]沈晋,沈冰．环境水文学[M]．合肥:安徽科学技术出版社,1982.
[11]山东省水文总站．水文基础知识[M]．济南:山东科学技术出版社,1979.
[12]南京大学地理系,中山大学地理系．普通水文学[M]．北京:高等教育出版社,1978.
[13]汤奇成,熊怡,许炯心,等．中国河流水文[M]．北京:科学出版社,1998.
[14]《中国自然地理》编写组．中国自然地理[M].2 版．北京:高等教育出版社,1979.
[15]中山大学地理系,兰州大学地理系,南京大学地理系,等．自然地理学[M]．北京:高等教育出版社,1978.
[16]钱会,马致远．水文地球化学[M]．北京:地质出版社,2005.
[17]秦大河．全球水循环与水资源[M]．北京:气象出版社,2012.
[18]王双合,胡兴林,赵治文,等．甘肃省河流天然水化学特征的分布规律及控制因素分析[J]．冰川冻土,2010,32(2):373-380.
[19]王家生．河流泥沙运动物理化学过程初步研究[D]．武汉:武汉大学,2005.
[20]乐嘉祥,王德春．中国河流水化学特征[J]．地理学报,1963,29(1):1-13.
[21]杨春燕,蔡文．可拓工程[M]．北京科学出版社,2007.
[22]蔡文．可拓工程方法[M]．北京科学出版社,1999.
[23]蔡文．可拓逻辑初步[M]．北京科学出版社,2003.
[24]蔡文．杨春燕,王光华．一门新的交叉学科——可拓学[J]．中国科学基金,2004:268-272.
[25]杨春燕,蔡文．可拓工程研究[J]．中国工程科学,2000,2(12):90-96.
[26]蔡文,杨春燕．可拓学的基础理论与方法体系[J]．科学通报,2013,58(13):1190-1199.
[27]蔡文．可拓学概述[J]．系统工程理论与实践,1998,18(1):77-84.
[28]赵子琴．法医病理学[M].3 版．北京:人民卫生出版社,2004:6.
[29]马开军,李桀,张晓东,等．上海地区水域中硅藻的基本分布调查[J]．中国司法鉴定,2012(3):82,83,98.
[30]徐永举．溺水死亡的法医学鉴定研究[J]．湖北警官学院学报,2014,27(1):179,180.
[31] 礼晓明, 李学金, 礼跃．淡水中溺死血中 K^{+}、Cl^{-} 含量变化的实验研究[J]．数理医药学杂志,

2006, 19(2):132-133.

[32] 王玉仲, 刘超, 胡孙林,等. 重庆江湖水域硅藻分布及其在推断溺死地点中的价值[C]// 中国法医学理论与实践创新成果精选:全国第九次法医学术交流会论文集,2013.

[33]刘萌妍,陈昌灿,李长荣. 氯氮平中毒溺死案件中的硅藻检验[J]. 刑事技术,2017,42(1):85-86.

[34] 赵建,胡孙林,刘超,等. 硅藻检验方法综述[J]. 刑事技术,2012(2):44-47.